Practice and Research of Handball Sports

# 竞技手球运动科学探索与实践

丁轶建　徐希　著

北京理工大学出版社
BEIJING INSTITUTE OF TECHNOLOGY PRESS

版权专有　侵权必究

### 图书在版编目（CIP）数据

竞技手球运动科学探索与实践/丁轶建，徐希著. —北京：北京理工大学出版社，2019.4（2024.7重印）

ISBN 978 – 7 – 5682 – 0073 – 8

Ⅰ.①竞…　Ⅱ.①丁…②徐…　Ⅲ.①手球运动–研究　Ⅳ.①G844

中国版本图书馆 CIP 数据核字（2019）第 063027 号

出版发行 / 北京理工大学出版社有限责任公司
社　　址 / 北京市海淀区中关村南大街 5 号
邮　　编 / 100081
电　　话 /（010）68914775（总编室）
　　　　　（010）82562903（教材售后服务热线）
　　　　　（010）68948351（其他图书服务热线）
网　　址 / http：//www.bitpress.com.cn
经　　销 / 全国各地新华书店
印　　刷 / 北京虎彩文化传播有限公司
开　　本 / 710 毫米 × 1000 毫米　1/16
印　　张 / 24.5　　　　　　　　　　　　　　　责任编辑 / 张海丽
字　　数 / 401 千字　　　　　　　　　　　　　文案编辑 / 国　珊
版　　次 / 2019 年 4 月第 1 版　2024 年 7 月第 2 次印刷　责任校对 / 周瑞红
定　　价 / 87.00 元　　　　　　　　　　　　　责任印制 / 李志强

图书出现印装质量问题，请拨打售后服务热线，本社负责调换

# 前 言

手球是同场对抗的集体球类项目,集竞技性、趣味性、娱乐性、团队性于一体,是一种很好的健身项目,也是奥运会的经典项目。目前,国际手球联合会会员已超过200个,受欢迎程度仅次于足球。手球在欧洲、西亚非常受欢迎,欧洲各国都有完善的手球联赛,各类型手球俱乐部超过1万个,手球职业球员超过百万人。然而,在中国手球属于"舶来品",了解、熟悉、喜欢手球的人极少,群众基础薄弱。目前,中国手球竞赛依然采用赛会制,一年有两三次锦标比赛;竞赛队伍均来自各省专业队,男女队总数不超过20支;专业男女球员(包括青年、成年)不超过1 000人,相当多球员还是从篮球、排球、田径项目转行而来的。手球在国家的竞技体育中也不是重点项目,属于"冷门"运动,竞技成绩也相对落后,特别是近20年未获得过参加奥运会的资格。运动项目要想获得更大的发展,需要获得更多的关注、参与、投入,而竞技成绩的突破往往是"冷门"项目获得发展机遇的突破口,手球在中国的发展之路并不平坦。

竞技手球追求比赛的胜负,对抗性、激烈性、变化性、持续性更强,需要队伍的技战术、体能、意识、意志、团队的有机融合。每支手球队伍所遇到的竞技问题不同,在一个队伍内,每名队员的竞技问题也不相同,所以影响成绩的因素复杂多样。作为"冷门"、落后项目的中国手球要在相对较短的时间实现运动成绩的突破,依靠科学的方法是必由之路。从2006年多哈亚运会的"低谷",到2008年北京奥运会第6名,到2010年广州亚运会的冠军,再到2014年仁川亚运会的"低谷",中国女子手球队经历了不畏困难、刻苦训练、奋勇拼搏的曲折之路,取得了一段成绩的"波峰",但遗憾地未获得伦敦和里约奥运会的参赛资格,是20年来中国手球与世界手球接触"最亲密"的一段时间,具有典型特征。这期间,中国女子手球队探索和利用了科学方法,在对运动员机能监控、队伍技战术分析等方面充分挖掘项目规律,分析对手,提升竞技状态,成为取得成绩的重要支撑,也对中国手球的问题和形势进行了深刻剖析。本书节选了2006—2015年我国国家女子手球队在体能研究与实践、技战术研究与实践、比赛分析调研等内容,很多资料和数据是首次公开发表,希望能够给竞技手球科学的发展以及为中国手球队成绩的提高提供参考,希望能对集体球类发展的科学化提供帮助。

作　者

# 目 录

## 第一篇 手球概论

第一章 手球项目简介 ...... 3

第二章 手球运动学特点研究 ...... 13

第三章 手球项目规律探索 ...... 20

第四章 手球项目发展特点和趋势探索 ...... 33

第五章 对手球运动员选材的思考 ...... 52

## 第二篇 手球体能

第一章 手球运动员身体形态学特征研究 ...... 63

第二章 手球运动员机能监督 ...... 70

第三章 手球比赛能量代谢特点研究 ...... 107

第四章 手球运动员身体功能测评 ...... 138

第五章 中国优秀女子手球运动员身体机能的位置特点 ...... 167

## 第三篇　手球技战术

第一章　手球技战术视频分析系统建立与应用 …………… 175

第二章　手球技战术统计分析举例 …………………………… 179

第三章　女子手球快攻解析 …………………………………… 208

第四章　韩国、日本、哈萨克斯坦女子手球队打法特点 …… 219

## 第四篇　手球大赛调研

第一章　2008 年北京奥运会女子手球比赛调研 …………… 233

第二章　2009 年第 11 届全运会女子手球比赛调研 ………… 247

第三章　2010 年广州亚运会女子手球比赛调研 …………… 270

第四章　2011 年女子手球亚洲区伦敦奥运会资格赛调研 … 296

第五章　2013 年第 12 届全运会男子手球比赛调研 ………… 310

第六章　2013 年世界女子手球锦标赛调研 ………………… 349

第七章　2014 年仁川亚运会女子手球比赛调研 …………… 364

参考文献 …………………………………………………………… 376

致谢 ………………………………………………………………… 385

# 第一篇 手球概论

# 第一章

# 手球项目简介

## 一、手球运动的历史

公元 8 世纪的古希腊就有供达官贵人消遣娱乐的手球游戏。古希腊诗人荷马在他的长诗《奥德赛》中曾赞颂"手球运动员"的精湛球艺。当时的游戏情景在 1926 年发现的雅典附近的德普策斯城墙旁的墓碑浮雕上得到了证实。我国史料记载,早在公元前 200 年的汉代,我国就有"手鞠"游戏,到唐、宋两代颇为流行。唐代的"执球"是一种有颜色的圆球,上面系有美丽夺目的飘带。中世纪欧洲用作娱乐的"手球"活动,球上系有小铃铛,用手抛接时会发出悦耳的响声,与我国系有飘带的"执球"有异曲同工之妙。

现代手球运动起源于欧洲。1917 年,德国柏林一位名叫海泽尔的体育教师看到男孩子踢足球,互相追逐,为了给女孩子创造活动机会,他就发明了一种柔和地传递、不能互相冲撞身体的手球游戏。1919 年,柏林的另一位体育教师舍伦茨为了使手球运动对姑娘和小伙子都有吸引力,他选用了较小的球,而且规定传球前可以跑 3 步,双方身体可以频繁接触,于是比赛就激烈多了,致使原来喜欢踢足球的小伙子不仅踢足球,手球也玩得很出色。于是,德国的体育教师被公认为是室外手球(后来统称为 11 人制手球)的奠基人。

1925年，德国和奥地利举行了第一次国际手球比赛。1926年，德国发起举行了国际手球比赛。1928年，在荷兰阿姆斯特丹举行的第9届奥运会期间，成立了国际业余手球协会。1936年，在德国柏林举行的第11届奥运会上，11人制手球被列为正式比赛项目。北欧的丹麦、瑞典等国家因夏短冬长，不便于11人制手球发展，于是就产生了7人制的室内手球运动。室内手球运动不受气候影响，技术巧妙细腻，战术灵活多变，比赛紧张激烈，很精彩，因此发展非常迅速。1965年，在西班牙马德里国际奥委会会议上，7人制手球被批准为1972年在联邦德国慕尼黑举行的第20届奥运会的比赛项目。从20世纪60年代起，11人制手球便为7人制手球所代替。根据国际手球联合会1984年的统计，该会共有95个会员组织，全世界有128个国家开展手球运动，有男女手球队20万个左右，运动员450万人。当时，手球运动已成为各国人民喜爱的运动项目之一。

女子手球的发展比男子稍微晚一些。1957年，在南斯拉夫首次举行世界室内女子手球锦标赛；1976年，在加拿大蒙特利尔奥运会上被列为正式比赛项目。世界性的手球比赛，除"世界手球锦标赛"和"奥运会"以外，还有世界大学生手球比赛、世界中学生手球比赛、世界青年手球比赛和各洲的手球比赛等。手球运动的历史并不长，但发展很快。特别是近十几年来，世界各国都相继开展了手球运动。据世界手球联合会统计，现在开展手球运动的国家已有200多个。手球运动在欧洲开展非常普遍，水平较高，深为广大群众所喜爱。

## 二、手球运动在中国的发展

1956年，北京体育学院首次开展手球教学，继而在解放军军事体育学校开展了手球的教育教学活动，这是我国手球运动的启蒙阶段，从技术和理论上给我国培养了一批手球运动骨干，使这个新兴的运动项目逐渐开展起来。1957年7月，在北京手球首次举行了全国7个单位男子11人制手球表演赛，从此在全国开始了这个项目的竞赛活动。1958年在上海举行了全国13个单位手球锦标赛，进一步推动了手球运动的开展。各省、市、自治区相继建立了手球队。1959年，在第1届全运会上，手球被列为正式比赛项目，当时参加比赛的男女队30多个。1960年，又分别在重庆市、武汉市、西安市举行了手球分区比赛。1960年以前，我国开展的是11人制手球，共进行了4次全国性比赛。

根据国际手球运动的发展趋势，中国试行并开展了7人制手球。1964

年5月，在安徽省合肥市举行了第一次7人制手球全国锦标赛，这是我国手球运动的历史转折。这次比赛为我国开展7人制手球奠定了良好的基础。为了检查我国手球运动技术水平，1964年8月，我国解放军男子手球队赴苏联参加了社会主义国家军队手球比赛。1965年4月，我国邀请了当时第5届世界手球锦标赛的第11名日本男子手球队来访问，我国多数省、市代表队都以优势比分战胜了日本队，获得八胜一负的成绩。1966年，我国解放军手球队回访日本，同样是八胜一负。这说明我国7人制手球运动在短短的两年时间内所取得的成绩是显著的。

  1979年9月17日，中国手球协会正式成立。20多年来我国手球运动经历了一个从无到有、从小到大、由低到高、波折断续的发展过程。实际上，此时中国开展手球运动只有15年左右。1977年，由科威特、伊朗等国家发起成立了亚洲手球联合会，共有14个国家参加，中国手球协会是该联合会的会员；同年在科威特举行了第1届亚洲手球锦标赛。中国男子手球队居日本、韩国之后获第3名。1979年11月，在南京市举行了第2届亚洲手球锦标赛，中国男子手球队居日本之后获第2名，科威特获得第3名。1980年8月，国际手球联合会做出决定，接纳中国手球协会为正式会员。1982年11月，在印度举行的第9届亚运会上，中国男子手球队以七战全胜的成绩荣获冠军。中国女子手球队在1984年美国洛杉矶第23届奥运会上获得第3名，为中国手球冲出亚洲走向世界做出了极大的贡献，有力地推动了中国手球运动的飞快发展。中国女子手球队在2010年亚运会上取得冠军，创造了新的纪录。

## 三、当今世界手球竞技发展格局

  从1996年亚特兰大奥运会到2015年卡塔尔男子手球世锦赛，前三名绝大多数是欧洲国家球队，法国男子手球队夺得了四次世界冠军，克罗地亚男子手球队夺得了三次世界冠军，是欧洲手球运动的代表，说明当今世界男子手球最高水平在欧洲。非洲、南美洲和亚洲手球球队整体水平相当，但进入21世纪后非洲手球发展很快。亚洲手球最好成绩是韩国队创造的，在2004年、2008年奥运会上夺得第8名，亚洲男子手球水平与欧洲差距较大，韩国队、日本队、卡塔尔队、科威特队代表了亚洲手球最高水平，特别是近10年来，西亚男子手球整体水平已超越东亚，卡塔尔队取得2015年世锦赛亚军并参加了2016年奥运会，夺得第8名，而韩国队30年来首次未获得参赛资格。2008年，中国男子手球队第一次参加奥运会，虽然力拼到底，但未取得一胜。历届世界男子手球锦标赛和历届奥运会男子手球比赛前三名的球队及亚洲球队成绩见表1-1、表1-2。

表1-1　历届世界男子手球锦标赛前三名的球队及亚洲球队成绩一览表

| 世锦赛 | 年份/年 | 地点 | 金牌 | 银牌 | 铜牌 | 中国队名次 | 其他亚洲球队名次 | 参赛球队/支 |
|---|---|---|---|---|---|---|---|---|
| 第1届 | 1938 | 德国 | 德国 | 奥地利 | 瑞典 | 无 | 无 | 4 |
| 第2届 | 1954 | 瑞典 | 瑞典 | 德国① | 捷克斯洛伐克 | 无 | 无 | 6 |
| 第3届 | 1958 | 民主德国 | 瑞典 | 捷克斯洛伐克 | 德国② | 无 | 无 | 8 |
| 第4届 | 1961 | 联邦德国 | 罗马尼亚 | 捷克斯洛伐克 | 瑞典 | 无 | 无 | 8 |
| 第5届 | 1964 | 捷克斯洛伐克 | 罗马尼亚 | 瑞典 | 捷克斯洛伐克 | 无 | 无 | 8 |
| 第6届 | 1967 | 瑞典 | 捷克斯洛伐克 | 丹麦 | 罗马尼亚 | 无 | 无 | 8 |
| 第7届 | 1970 | 法国 | 罗马尼亚 | 民主德国 | 南斯拉夫 | 无 | 日本10 | 12 |
| 第8届 | 1974 | 民主德国 | 罗马尼亚 | 民主德国 | 南斯拉夫 | 无 | 日本12 | 12 |
| 第9届 | 1978 | 丹麦 | 法国 | 苏联 | 民主德国 | 无 | 日本12 | 12 |
| 第10届 | 1982 | 联邦德国 | 苏联 | 南斯拉夫 | 波兰 | 无 | 日本14 科威特15 | 16 |
| 第11届 | 1986 | 瑞士 | 南斯拉夫 | 匈牙利 | 民主德国 | 无 | 韩国12 | 16 |
| 第12届 | 1990 | 捷克斯洛伐克 | 瑞典 | 苏联 | 罗马尼亚 | 无 | 韩国12 日本15 | 16 |
| 第13届 | 1993 | 瑞典 | 俄罗斯 | 法国 | 瑞典 | 无 | 韩国15 | 16 |
| 第14届 | 1995 | 冰岛 | 法国 | 克罗地亚 | 瑞典 | 无 | 韩国12 科威特20 日本23 | 24 |
| 第15届 | 1997 | 日本 | 俄罗斯 | 瑞典 | 法国 | 20 | 韩国8 日本15 沙特21 | 24 |

① 德国队由联邦德国和民主德国的运动员组成；
② 德国队由联邦德国和民主德国的运动员组成。

续表

| 世锦赛 | 年份/年 | 地点 | 金牌 | 银牌 | 铜牌 | 中国队名次 | 其他亚洲球队名次 | 参赛球队/支 |
|---|---|---|---|---|---|---|---|---|
| 第16届 | 1999 | 埃及 | 瑞典 | 俄罗斯 | 南斯拉夫 | 20 | 韩国14<br>科威特19<br>沙特22 | 24 |
| 第17届 | 2001 | 法国 | 法国 | 瑞典 | 南斯拉夫 | 无 | 韩国12<br>沙特21<br>科威特23 | 24 |
| 第18届 | 2003 | 葡萄牙 | 克罗地亚 | 德国 | 法国 | 无 | 卡塔尔16<br>沙特19<br>科威特20 | 24 |
| 第19届 | 2005 | 突尼斯 | 西班牙 | 克罗地亚 | 法国 | 无 | 日本16<br>卡塔尔22<br>科威特23 | 24 |
| 第20届 | 2007 | 德国 | 德国 | 波兰 | 丹麦 | 无 | 韩国15<br>科威特18<br>卡塔尔23 | 24 |
| 第21届 | 2009 | 克罗地亚 | 法国 | 克罗地亚 | 波兰 | 无 | 韩国12<br>科威特22<br>沙特23 | 24 |
| 第22届 | 2011 | 瑞典 | 法国 | 丹麦 | 西班牙 | 无 | 韩国13<br>日本16<br>巴林23 | 24 |
| 第23届 | 2013 | 西班牙 | 西班牙 | 丹麦 | 克罗地亚 | 无 | 沙特19<br>卡塔尔20<br>韩国21 | 24 |
| 第24届 | 2015 | 卡塔尔 | 法国 | 卡塔尔 | 波兰 | 无 | 伊朗21<br>沙特22 | 24 |

表1-2 历届奥运会男子手球比赛前3名的球队及亚洲球队成绩一览表

| 奥运会 | 年份/年 | 地点 | 金牌 | 银牌 | 铜牌 | 中国队名次 | 其他亚洲球队名次 | 参赛球队/支 |
|---|---|---|---|---|---|---|---|---|
| 第11届 | 1936 | 柏林 | 德国 | 奥地利 | 瑞士 | 无 | 无 | 6 |
| 第20届 | 1972 | 慕尼黑 | 南斯拉夫 | 捷克斯洛伐克 | 罗马尼亚 | 无 | 日本11 | 16 |
| 第21届 | 1976 | 蒙特利尔 | 苏联 | 罗马尼亚 | 波兰 | 无 | 日本9 | 11 |

续表

| 奥运会 | 年份/年 | 地点 | 金牌 | 银牌 | 铜牌 | 中国队名次 | 其他亚洲球队名次 | 参赛球队/支 |
|---|---|---|---|---|---|---|---|---|
| 第22届 | 1980 | 莫斯科 | 民主德国 | 苏联 | 罗马尼亚 | 无 | 科威特12 | 12 |
| 第23届 | 1984 | 洛杉矶 | 南斯拉夫 | 法国 | 罗马尼亚 | 无 | 日本10 韩国11 | 12 |
| 第24届 | 1988 | 汉城(今首尔) | 苏联 | 韩国 | 南斯拉夫 | 无 | 韩国2 日本11 | 12 |
| 第25届 | 1992 | 巴塞罗那 | 独联体 | 瑞典 | 法国 | 无 | 韩国6 | 12 |
| 第26届 | 1996 | 亚特兰大 | 克罗地亚 | 瑞典 | 西班牙 | 无 | 科威特12 | 12 |
| 第27届 | 2000 | 悉尼 | 俄罗斯 | 瑞典 | 西班牙 | 无 | 韩国9 | 12 |
| 第28届 | 2004 | 雅典 | 克罗地亚 | 德国 | 俄罗斯 | 无 | 韩国8 | 12 |
| 第29届 | 2008 | 北京 | 法国 | 冰岛 | 西班牙 | 12 | 韩国8 | 12 |
| 第30届 | 2012 | 伦敦 | 法国 | 瑞典 | 克罗地亚 | 无 | 韩国11 | 12 |
| 第31届 | 2016 | 里约热内卢 | 丹麦 | 法国 | 德国 | 无 | 卡塔尔8 | 12 |

女子手球运动竞争越来越激烈,在奥运会和世界锦标赛所有比赛中,共有10个国家女子手球队获得过奥运会冠军或世锦赛冠军,主要由欧洲国家球队和亚洲的韩国队获得,女子手球的争夺呈现多极化发展趋势。纵观奥运会女子手球比赛成绩,优势仍在欧洲,但显示出由东欧国家向北欧和亚洲个别国家转移的趋势。丹麦队获得2004年奥运会冠军,俄罗斯队获得2005年世锦赛冠军,2006年欧锦赛冠军是挪威队。中国队在历届奥运会上曾获得过第3名、第5名、第6名、第8名的成绩。韩国队从20世纪80年代以来已排在世界女子手球的先进行列之中,多次取得过奥运会和世锦赛的前3名,是与欧洲各强队抗争的亚洲代表。目前中国队仍处于世界第二档次上。从历史战绩来看,亚洲比非洲、美洲、大洋洲具有一定优势。安哥拉队、突尼斯队、科特迪瓦队、刚果(金)队是非洲女子手球的代表,而巴西队在美洲一枝独秀,大洋洲水平相对来说最低。历届世界女子手球锦标赛前3名的球队及中国队成绩见表1-3,第21~31届奥运会女子手球比赛前3名的球队及亚洲球队成绩见表1-4。

表1-3 历届世界女子手球锦标赛前3名的球队及中国队成绩一览表

| 世锦赛 | 年份/年 | 地点 | 金牌 | 银牌 | 铜牌 | 中国队名次 |
|---|---|---|---|---|---|---|
| 第1届 | 1957 | 南斯拉夫 | 捷克斯洛伐克 | 匈牙利 | 南斯拉夫 | 无 |
| 第2届 | 1962 | 罗马尼亚 | 罗马尼亚 | 丹麦 | 捷克斯洛伐克 | 无 |

续表

| 世锦赛 | 年份/年 | 地点 | 金牌 | 银牌 | 铜牌 | 中国队名次 |
|---|---|---|---|---|---|---|
| 第3届 | 1965 | 联邦德国 | 匈牙利 | 南斯拉夫 | 联邦德国 | 无 |
| 第4届 | 1971 | 荷兰 | 民主德国 | 南斯拉夫 | 匈牙利 | 无 |
| 第5届 | 1973 | 南斯拉夫 | 南斯拉夫 | 罗马尼亚 | 苏联 | 无 |
| 第6届 | 1975 | 苏联 | 民主德国 | 苏联 | 匈牙利 | 无 |
| 第7届 | 1978 | 捷克斯洛伐克 | 民主德国 | 苏联 | 匈牙利 | 无 |
| 第8届 | 1982 | 匈牙利 | 苏联 | 匈牙利 | 南斯拉夫 | 无 |
| 第9届 | 1986 | 荷兰 | 苏联 | 捷克斯洛伐克 | 挪威 | 9 |
| 第10届 | 1990 | 韩国 | 苏联 | 南斯拉夫 | 民主德国 | 8 |
| 第11届 | 1993 | 挪威 | 德国 | 丹麦 | 挪威 | 14 |
| 第12届 | 1995 | 奥地利/匈牙利 | 韩国 | 匈牙利 | 丹麦 | 14 |
| 第13届 | 1997 | 德国 | 丹麦 | 挪威 | 德国 | 22 |
| 第14届 | 1999 | 丹麦/挪威 | 挪威 | 法国 | 奥地利 | 19 |
| 第15届 | 2001 | 意大利 | 俄罗斯 | 挪威 | 南斯拉夫 | 11 |
| 第16届 | 2003 | 克罗地亚 | 法国 | 匈牙利 | 韩国 | 19 |
| 第17届 | 2005 | 俄罗斯 | 俄罗斯 | 罗马尼亚 | 匈牙利 | 17 |
| 第18届 | 2007 | 法国 | 俄罗斯 | 挪威 | 德国 | 21 |
| 第19届 | 2009 | 中国 | 俄罗斯 | 法国 | 挪威 | 12 |
| 第20届 | 2011 | 巴西 | 挪威 | 法国 | 西班牙 | 21 |
| 第21届 | 2013 | 塞尔维亚 | 巴西 | 塞尔维亚 | 丹麦 | 18 |
| 第22届 | 2015 | 丹麦 | 挪威 | 荷兰 | 罗马尼亚 | 17 |
| 第23届 | 2017 | 德国 | 法国 | 挪威 | 荷兰 | 22 |

表1-4 第21~31届奥运会女子手球比赛前3名的球队及亚洲球队成绩一览表

| 奥运会 | 年份/年 | 地点 | 金牌 | 银牌 | 铜牌 | 亚洲队名次 |
|---|---|---|---|---|---|---|
| 第21届 | 1976 | 蒙特利尔 | 苏联 | 民主德国 | 匈牙利 | 日本5 |
| 第22届 | 1980 | 莫斯科 | 苏联 | 南斯拉夫 | 民主德国 | 无 |

续表

| 奥运会 | 年份/年 | 地点 | 金牌 | 银牌 | 铜牌 | 亚洲队名次 |
|---|---|---|---|---|---|---|
| 第23届 | 1984 | 洛杉矶 | 南斯拉夫 | 韩国 | 中国 | 无 |
| 第24届 | 1988 | 汉城（今首尔） | 韩国 | 挪威 | 苏联 | 中国6 |
| 第25届 | 1992 | 巴塞罗那 | 韩国 | 挪威 | 独联体 | 无 |
| 第26届 | 1996 | 亚特兰大 | 丹麦 | 韩国 | 匈牙利 | 中国5 |
| 第27届 | 2000 | 悉尼 | 丹麦 | 匈牙利 | 挪威 | 韩国4 |
| 第28届 | 2004 | 雅典 | 丹麦 | 韩国 | 乌克兰 | 中国8 |
| 第29届 | 2008 | 北京 | 挪威 | 俄罗斯 | 韩国 | 中国6 |
| 第30届 | 2012 | 伦敦 | 挪威 | 黑山 | 西班牙 | 韩国4 |
| 第31届 | 2016 | 里约热内卢 | 俄罗斯 | 法国 | 挪威 | 韩国10 |

2010年世界青年女子手球锦标赛于7月17日至31日在韩国举行，11支欧洲球队、5支亚洲球队、3支非洲球队、2支北美洲球队、2支南美洲球队、1支大洋洲球队，共24支球队展开竞赛，最后挪威队获得冠军，俄罗斯队获得亚军，黑山队获得季军，前三名都是欧洲球队。韩国队第4名，巴西队第12名，安哥拉队第14名，墨西哥队第18名，澳大利亚队第22名，是亚洲、南美洲、非洲、北美洲、大洋洲此次比赛的最好成绩。从球队排名来看，青年女子手球最高水平的球队依然来自欧洲，亚洲韩国队对欧洲强队有一定的竞争力。总体来看，亚、非、拉的手球水平与欧洲差距较大，这与2000年后成年女子手球发展格局特点相似。2010年世界青年女子手球锦标赛名次见表1-5。

表1-5　2010年世界青年女子手球锦标赛名次

| 球　队 | 名　次 |
|---|---|
| 挪威 | 1 |
| 俄罗斯 | 2 |
| 黑山 | 3 |
| 韩国 | 4 |
| 巴西 | 12 |
| 安哥拉 | 14 |

续表

| 球　队 | 名　次 |
|---|---|
| 日本 | 16 |
| 中国 | 17 |
| 墨西哥 | 18 |
| 澳大利亚 | 22 |

## 四、手球项目特点

　　手球是一种综合性的球类项目，它是综合了篮球和足球的特点而发展起来的一种球类运动。7人制手球的运动员中，1人是守门员，其余6人分别为左边锋、右边锋、底线和左、中、右内卫。7人制手球比赛在一个长40m、宽20m的场地上进行。场地中间有一条平行于球门线连接两边线的中线把场地分成两个相等的半场。场地两端中间各设置一个宽3m、高2m的球门，上挂一张网。球门前有一条距球门6m的弧形球门区线，线内为球门区。球门分别位于两条球门线中央。手球用皮革或化学合成材料制成，圆形，内装橡皮胆，色白或黑白相间，表面不发亮、不光滑。根据不同的比赛级别，分为以下三种用球：

　　（1）3号，周长58～60cm，重425～475g，为男子和男子青年队（16岁以上）用球；

　　（2）2号，周长54～56cm，重325～375g，为女子和女子青年队（14岁以上）及男子少年队（12～16岁）用球；

　　（3）1号，周长50～52cm，重290～330g，为女子青少年队（8～14岁）和男子少年队（8～12岁）用球。

　　手球比赛时，双方队员各自站在本半场区内，由攻方在中线的中点处开球。每进1球后都按此方法开球。在比赛中，球场上队员可以在球门区外利用各种攻防技术战术进行对抗，力争把球射入对方球门，进1球得1分，得分多者为胜。守门员则可以在球门区内利用身体任何部位封挡对方射来的球。全场比赛时间60min，分为上、下两个半场，中间休息10min，以射入对方球门的球数多少决定胜负。例如，比赛时间终了两队得分相等，而比赛又必须决出胜负，应进行决胜期的比赛。决胜期的比赛时间是两个5min,中间不休息只交换场地。如果仍打平则互罚7m球,决出胜负。手球比赛场上队员位置如图1-1所示。

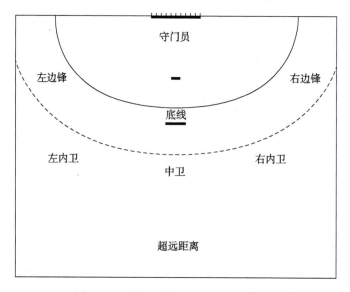

图1-1 手球比赛场上队员位置示意图

# 第二章

# 手球运动学特点研究

专项运动特点是研究运动项目生物学特点的基础。对手球专项特点的认识是手球运动员生物学研究的最基础内容之一。手球是一项对抗性强、拼抢激烈的间歇性、集体球类运动项目。手球比赛时运动员跑动位移距离短、次数多,方向和速度变化多。一场比赛平均每人10m以内的快速移动为115次,占快速移动总次数的71%,10m以上快速移动平均每人48次,最长快速移动距离为40m。对国内运动员的研究发现,一场女子手球比赛平均每人快跑距离为1 562m,最高达2 643m,平均慢跑距离为587m,最高达1 027m。男子手球比赛运动距离为4 700~5 600m,每分钟运动距离80~90m,队员平均要进行70次加速跑,相当于要加速470~560m距离,平均加速距离6~8m,两次加速的间隔50s。Cambel(1985)研究认为,比赛场上手球队员大约80%的跑动和走动是以2m/s的速度进行,15%是以2~4m/s的速度进行,5%是以4~8m/s的速度进行,只有1%是以8~9m/s的速度进行。因此,手球运动员不仅需要很强的跑动能力,还需要各种速度的跑动能力。除了周期性的走、跑运动外,手球运动员还必须在场上完成各种非周期性、不规则性的运动。手球比赛中平均每人射门11次,最多达26次;一场比赛平均每人对抗128次,最多达274次;一场比赛平均每人跳起15次,最多达31次;起动至3m的平均时间为1.026 8s,最快为0.948s;射门时球的出手速度平均为18.08m/s,最快为19.30m/s。所以,手球比赛千变万化,为了打好手球,运动员必须进行各种方向、各种速度的跑动,而且要根据赛场上的情况变化,随机应变,迅速做出躲闪、转身、跳动、倒地等动作,需要有相应的生理和心理素质。

## 一、实例分析

以中国女子手球队对法国队（2007年3月）、对韩国队、挪威队（2007年6月），对匈牙利队（2007年10月），对波兰队、罗马尼亚队（2007年12月）6场比赛录像作为研究对象,对比赛各队各场上位置（底线、左边锋、右边锋、左内卫、右内卫、中卫）的几种运动情况进行次数统计。运动种类分类：加速,即正向直线速度增快的运动,包括起动、爆发加速；跳跃,即身体主动离开地面向上的运动,包括跳跃接球、传球；变向,即主动改变方向的运动,包括转身、各种变向；身体碰撞,即两身体接触,且任何一方或双方主动抗衡用力；射门,即各种使球射向球门的动作。中国女子手球队与其他国家球队比赛时不同位置运动员平均运动次数统计见表1-6。

表1-6 中国女子手球队与其他国家球队比赛时不同位置运动员平均运动次数统计表　　　单位：次

| 位置 | 球队 | 加速次数 | 跳跃次数 | 变向次数 | 身体碰撞次数 | 射门次数 |
|---|---|---|---|---|---|---|
| 中卫 | 中国 | 39.5±7.3¥ | 16.9±3.2¥ | 25.6±4.6 | 23±9.5@ | 11.9±2.4 |
| | 其他 | 34.7±6.2 | 17.2±3.3 | 24.3±3.7 | 22.2±4.9 | 13.3±3.4 |
| 左内卫 | 中国 | 42.8±9.7¥ | 20±5.8 | 27.3±5.6¥ | 24.8±10.3@ | 18.8±6.2 |
| | 其他 | 35.3±6.6 | 17.7±1.4 | 24.5±5 | 21.5±7.6 | 14.5±1.5 |
| 右内卫 | 中国 | 34±11.6 | 18±2.1¥ | 22.7±4.6 | 19.3±5.4@ | 12±3.3 |
| | 其他 | 27.8±8.3 | 14.7±3.2 | 20±4.2 | 14.5±4.5 | 10.3±1.9 |
| 左边锋 | 中国 | 19.7±4.4* | 8.2±3.4* | 11.8±3.7*@ | 7±2.4@ | 3.5±1.9* |
| | 其他 | 17±3.3 | 10±2.3 | 9.8±3.5 | 6±2.1 | 4.8±1.2 |
| 右边锋 | 中国 | 17.7±1* | 7.8±2.2* | 10.5±2.7*@ | 9.5±3.8@ | 4.8±1.5* |
| | 其他 | 17.5±4 | 11.5±2.2& | 7±2.7& | 7.3±3.8 | 5.2±2.5 |

续表

| 位置 | 球队 | 加速次数 | 跳跃次数 | 变向次数 | 身体碰撞次数 | 射门次数 |
|---|---|---|---|---|---|---|
| 底线 | 中国 | 18.2±3.6* | 9.2±2.5* | 21.8±4.7 | 132.3±35.6# | 6.3±1.5* |
| | 其他 | 21.2±5.7 | 13.8±3.9& | 18.2±1.7 | 135.3±18.4 | 9.8±2.6& |

\*：中国队相同运动种类与中卫的比较，$p<0.05$；¥：中国队相同运动种类与底线的比较，$p<0.05$；@：中国队相同运动种类与底线的比较，$p<0.01$；#：中国队相同运动种类与中卫的比较，$p<0.01$；&：同一位置与中国队比较，$p<0.05$。

手球比赛中的一些运动方式，如慢跑、快走、后退跑、下蹲步，是一些强度较小的运动，也是手球比赛主要的运动方式，是比赛的基本运动。加速、变向、碰撞、跳跃、射门这几种运动方式是爆发性的运动，是决定比赛胜负的关键性运动。各种运动在比赛中的持续时间：加速在各位置间有一定区别，其中边锋直线的加速（防守转快攻、阵地进攻转快速退防）最长持续时间可以到6s，其他动作一般为1s。研究发现，在统计的运动中，中国队和其他强队有相似的特点，与加速、变向、碰撞、跳跃，相比射门是在所有位置（除守门员）中最少的一种运动，其次是跳跃。

研究结果发现，中卫、左内卫和右内卫的加速、变向、碰撞、跳跃、射门次数无显著差异。左、右边锋间的加速、变向、碰撞、跳跃、射门次数无显著差异。底线加速次数与边锋无显著差异，比中卫、左内卫少（$p<0.05$）；底线跳跃次数与边锋无显著差异，与中内卫、右内卫有显著差异；底线变向次数与中卫、右内卫无显著差异，比边锋多（$p<0.01$）；底线的身体碰撞次数比各位置多（$p<0.01$）；底线射门次数与边锋无差异，比中卫、左内卫、右内卫少（$p<0.05$）。中卫、左内卫和右内卫的加速、跳跃次数比左、右边锋和底线多（$p<0.05$），中卫、左内卫和右内卫的加速、跳跃、变向次数比边锋多（$P<0.05$）。从关键性运动的统计来看，各个位置有位置间的运动特点差异（抛开运动方向、运动时间、运动方位的特点）。其中中卫、左内卫、右内卫相似；左、右边锋相似；底线有较为独特的运动方式：加速、跳跃、射门次数与边锋相似，变向次数与中卫、右内卫相似，碰撞比各位置都多得多（见表1-7）。这些位置运动特点的差异也为我们的体能训练提供了参照，除了需要有基本的素质去支撑加速、变向、碰撞、跳跃、射门的需要外，底线要加大身体力量训练的比例，以提高身体对抗碰撞能力，卫线队员的突然爆发起动能力、步伐灵活性、弹跳能力和弹跳耐力、射门爆发力的训练也要突出，边锋的起动、加速和速度能力训练要突出。

表 1-7 中国女子手球队与韩国队、波兰队和匈牙利队比赛中关键性运动统计表

单位：次

| 比赛 | 位置 | 球队 | 加速次数 | 跳跃次数 | 变向次数 | 身体碰撞次数 | 射门次数 | 合计 |
|---|---|---|---|---|---|---|---|---|
| 中国队与韩国队（25∶26） | 中卫 | 中国 | 42 | 23 | 29 | 15 | 16 | 125 |
| | | 韩国 | 30 | 22 | 24 | 14 | 8 | 98 |
| | 左边锋 | 中国 | 19 | 11 | 12 | 4 | 3 | 49 |
| | | 韩国 | 17 | 9 | 9 | 4 | 5 | 44 |
| | 右边锋 | 中国 | 18 | 8 | 9 | 8 | 3 | 46 |
| | | 韩国 | 19 | 12 | 4 | 3 | 5 | 43 |
| | 左内卫 | 中国 | 42 | 12 | 26 | 23 | 8 | 111 |
| | | 韩国 | 36 | 16 | 23 | 15 | 12 | 102 |
| | 右内卫 | 中国 | 21 | 20 | 18 | 13 | 7 | 79 |
| | | 韩国 | 18 | 16 | 17 | 6 | 8 | 65 |
| | 底线 | 中国 | 18 | 9 | 18 | 108 | 7 | 160 |
| | | 韩国 | 17 | 11 | 21 | 152 | 9 | 210 |
| 中国队与波兰队（20∶27） | 中卫 | 中国 | 52 | 16 | 27 | 16 | 13 | 124 |
| | | 波兰 | 45 | 13 | 24 | 21 | 15 | 118 |
| | 左边锋 | 中国 | 26 | 13 | 10 | 5 | 7 | 61 |
| | | 波兰 | 21 | 11 | 10 | 4 | 3 | 49 |
| | 右边锋 | 中国 | 19 | 8 | 11 | 7 | 4 | 49 |
| | | 波兰 | 15 | 14 | 6 | 3 | 3 | 41 |
| | 左内卫 | 中国 | 59 | 26 | 32 | 12 | 21 | 150 |
| | | 波兰 | 46 | 18 | 31 | 13 | 14 | 122 |
| | 右内卫 | 中国 | 50 | 19 | 30 | 20 | 15 | 134 |
| | | 波兰 | 42 | 15 | 27 | 18 | 13 | 115 |
| | 底线 | 中国 | 14 | 12 | 23 | 156 | 4 | 209 |
| | | 波兰 | 14 | 8 | 19 | 144 | 7 | 192 |

续表

| 比赛 | 位置 | 球队 | 加速次数 | 跳跃次数 | 变向次数 | 身体碰撞次数 | 射门次数 | 合计 |
|---|---|---|---|---|---|---|---|---|
| 中国队与匈牙利队(21∶40) | 中卫 | 中国 | 40 | 16 | 20 | 36 | 11 | 123 |
| | | 匈牙利 | 39 | 14 | 21 | 27 | 14 | 115 |
| | 左边锋 | 中国 | 14 | 9 | 10 | 10 | 2 | 45 |
| | | 匈牙利 | 12 | 8 | 8 | 8 | 4 | 40 |
| | 右边锋 | 中国 | 18 | 12 | 7 | 16 | 7 | 60 |
| | | 匈牙利 | 16 | 9 | 8 | 8 | 5 | 46 |
| | 左内卫 | 中国 | 46 | 25 | 35 | 42 | 27 | 175 |
| | | 匈牙利 | 39 | 18 | 20 | 34 | 15 | 126 |
| | 右内卫 | 中国 | 40 | 18 | 19 | 29 | 11 | 117 |
| | | 匈牙利 | 30 | 12 | 16 | 18 | 10 | 86 |
| | 底线 | 中国 | 24 | 12 | 20 | 105 | 7 | 168 |
| | | 匈牙利 | 25 | 16 | 18 | 126 | 12 | 197 |

与中国女子手球队比,其他球队右边锋跳跃多($p<0.05$)、变向少($p<0.05$);底线跳跃多($p<0.05$)、射门多($p<0.05$);其他方面没有差异。在这些位置运动上我国队员与其他国家队员的差异,一方面可能体现了打法特点、风格上的差异,也可能是成绩差异的原因之一。当时,中国队这几场比赛,与韩国队属于势均力敌的比赛,与波兰队属于有一定差距的比赛,与匈牙利队属于有很大差距的比赛。从每场比赛的统计发现,中国队员的关键性运动次数绝大多数多于对手相应位置相应的运动;绝大多数这些关键性运动方式,中国队与其他队无显著差异。所以,中国队与其他队相比,风格并没有很大差异,也不比她们运动得少,但从技战术效果(见表1-8)来看,不及人家,中国队输球了,推测中国队关键性运动的效果不如对手,也提示我们:中国队在关键性运动的体能使用效率方面与强队存在较大的差距。

表1-8 中国女子手球队与韩国队、波兰队和匈牙利队比赛的技战术统计表

| 项目球队 | 射门/次 | | | | | | | | 其他/次 | | | |
|---|---|---|---|---|---|---|---|---|---|---|---|---|
| | 底线 | 边锋 | 9m | 7m | 快攻 | 突破 | 合计 | 百分比/% | 2min | 失误 | 抢断 | 封挡 |
| 中国 | 4/5 | 2/6 | 6/14 | 3/5 | 4/10 | 6/10 | 25/50 | 50 | 4 | 18 | 1 | 2 |
| 韩国 | 3/4 | 4/6 | 7/13 | 2/3 | 5/8 | 5/8 | 26/42 | 62 | 3 | 10 | 2 | 3 |

续表

| 项目\球队 | 射门/次 ||||||| 其他/次 ||||
|---|---|---|---|---|---|---|---|---|---|---|---|
| | 底线 | 边锋 | 9m | 7m | 快攻 | 突破 | 合计 | 百分比/% | 2min | 失误 | 抢断 | 封挡 |
| 中国 | 2/4 | 1/7 | 9/25 | 2/3 | 4/8 | 2/5 | 20/52 | 38 | 5 | 20 | 3 | 1 |
| 波兰 | 10/10 | 1/2 | 3/13 | 3/4 | 7/7 | 3/8 | 27/44 | 61 | 4 | 10 | 2 | 8 |
| 中国 | 5/5 | 4/11 | 6/26 | 1/3 | 0/0 | 5/8 | 21/53 | 39 | 3 | 18 | 4 | 0 |
| 匈牙利 | 8/10 | 6/11 | 8/15 | 2/2 | 9/12 | 7/9 | 40/59 | 68 | 2 | 9 | 4 | 4 |

## 二、手球与足球、篮球的比较

比赛场地和时间是专项运动能量动员的影响因素之一。手球与足球、篮球相比，比赛场地比篮球大，比足球小；全场比赛时间不一样，每节比赛时间不一样，节间休息时间不一样；而且与足球相比，比赛时可以随意换人；进球规则不一样，上场人数不一样等，这些因素的不同必然要求不同项目运动员的生物学特征不同。手球场地长40m，比篮球场长，比足球场短，如果一个运动员处于快攻或者快攻持续跑位的时候，手球需要不高于40m的持续爆发加速能力，比篮球长，但比足球短。可以推测，足球运动员有氧能力及糖酵解供能能力需要比手球和篮球运动员高，而篮球运动员弹跳爆发力需要高于手球、更高于足球，手球运动员身体直接对抗的能力需要高于足球、篮球运动员，而三者对起动爆发冲刺能力要求都很高。这种反复的攻防转换是集体球类的根本特点，而不同球类项目这种根本特点有相似性，但又有本质区别，即它们的场地不同对跑动的要求也不同。

手球和篮球换人相对随意，这就可以让教练员根据队员技战术、体能特点对队员上场比赛进行安排。当然，最好的情况是所有队员在每场比赛中体能都充沛，所有队员技战术状态都很好，所有队员意志都很顽强、信心都很足，但实际情况是人无完人，没有一个人是完美的。如何根据每个队员的特点，对球队进行整合，以达到球队竞技能力的最大化，这是手球项目的根本特点。如匈牙利女子手球队13号Anita、西班牙女子手球队13号Mora、德国女子手球队4号Grit曾经是顶级进攻球员，并不是场场打满，教练往往让她们在球队进攻时上场，而在防守或者有相当优势的时候下场，有了相对多的间歇休息时间能更好地发挥她们的进攻能力。例如，俄罗斯队女子手球队10号Polenova在奥运会比赛时膝关节受伤，但教练安排她罚 7m 球，偶尔参与阵地进攻。教练员可以根据手球换人规则，以及队员技术特点、体能特点、伤病特点、对手特点进行人员安排，以取得全队在一个赛事中优势最大化的效果。当然，训练时要为最艰苦的比赛做准备，力拼每一场，伤几个队员，取得最后胜利。由此可以得出的结论是：①球队里可以存在一些体能差（耐力、力量）但技术有特点的队员，但他们的体能问题是水平受到限制的重要因素；②运动训练要充分发掘运动员的体能潜力，但发掘体能不是主要目的，应该在发展球队技战术的前提下，对体能进行发展。如何在训练中把技战术训练和体能训练更好地融合，如何在周期训练中把发展体能和发展技战术水平、进行比赛更好地融合，是对一支球队执教管理水平的考验。

第三章

# 手球项目规律探索

## 一、2008年北京奥运会对手球项目规律的思考

### (一)"拼"是手球专项的根本特点

持续拼搏争取每一秒都拼赢的意志品质是手球比赛的根本要求,也是技战术、身体弱势球队试图取胜的前提。

在2008年北京奥运会上,韩国男子手球队能战胜世界冠军克罗地亚队、战胜冰岛队(冰岛队战胜了俄罗斯队),特别是韩国女子手球队以10个球的优势大胜德国队、两次大胜匈牙利队,是韩国队的技术比德国队、匈牙利队好吗?是韩国队队员的身体比德国队、匈牙利队队员强壮高大吗?显然不是。韩国队有一个明显的优势,那就是气势。韩国队利用高德国队与匈牙利队一筹的顽强斗志和玩命拼搏,抓住一切微小的机会,一点点把意志很强大、技战术公认的强队——德国队和匈牙利队打垮了。在北京奥运会上,中国队也战胜了法国队,看起来不能完成的任务也拿下来了。其实,意志上输了,比赛肯定就要输。"拼"谁都能说,没有想着把每一个抢球、每一个防守、每一个跑位、每一个射门……每一个场上对抗都要拼赢,其实不叫拼。不是说队员要拼就能拼倒对手,因为对手也在

拼，要看谁拼得更专业、更有效、更团队性，拼得让对方找不着头绪。一旦没拼过别人，球队的技战术、心理、体能上的弱点就会被放大。每一秒钟都要拼，每一秒钟都要争取拼赢，才有赢的希望。"拼"是手球专项的根本特点，任何一场比赛、任何一刻都要贯穿始终，否则就离输更近了。强打弱、弱打强，都必须拼，才有赢的希望。一个人不拼基本要输球，每一个人都拼才有赢的希望。

韩国队这种"玩命"的竞赛精神除了来自韩国人天生的骨气，还有就是他们所受的教育和磨炼——生活中的磨炼和比赛中的磨炼。任何手球技术、战术、意识等方面的提高，都有赖于长时间或一定重复次数的专项训练。技战术的成果要通过不断重复的训练才能达到技战术训练的痕迹效应，达到超量恢复；体能训练要通过大负荷的训练来达到一定程度的疲劳，甚至是一定程度的疲劳积累，才能达到更好的超量恢复。超过累、忍住累，是技战术和体能训练取得成果的基本要求，也是精神意志提升的重要方法。中国队队员是全国最好的，而且我国体育有举国体制的优势，通过请高水平教练，通过常年集训，通过技战术、体能和心理上的一点点提高，争取让球队在较短时间提高水平是有可能的。但是，每当需要咬牙熬住、顶住困难训练以提升的时候，就会出现伤病或是很累坚持不住，而不能练上去。就像比赛有时出现这种现象：每当有机会提升、赶超或是最后射门那一刻，就会出现莫名其妙的失误，或停滞不前，或被对手赶超一样，这种现象有可能是平时"练"出来的。例如，李薇薇有老伤病，坚持不了大负荷训练；刘晓妹、王莎莎、刘赟、王旻、吴雯绢虽然没有大伤，但是一上负荷，总有那么几天来点小伤，负荷积累不足就根本达不到超量恢复；有些队员训练一有点儿负荷就喊累……为什么伤病问题会成为国家队挥之不去的阴影？在奥运赛场上也这样。第一，能打球并能经过重重考验被寄予厚望的运动员很多都有伤病或潜在的伤病；第二，国内其他没什么伤病的运动员由于能力有限、不能经受住重重考验而不能顶替那些队员。这些伤病出现的原因很多，但最主要的可能是因为她们年轻时参加的比赛太少，是杠铃、跑步练出来的训练体格和精神，而不是通过"真刀真枪"拼出来的专项竞赛体格和精神。通过比赛及时发现问题、发掘人才，然后通过训练和选拔去提高队员个人能力和球队比赛水平，这可以促进手球健康发展。训练体格到大赛上的拼抢碰撞一下，就难免出问题。能够利用最小的身体损失，去取得比赛的胜利，这是比赛的根本目的，不仅需要身体上，也需要心理上的适应，这种适应也正是需要通过反复的比赛去培养磨炼，通过意志、智慧、耐力、柔韧、协调、灵敏的不断磨合，去找到既可以拼下比赛又可以主动避免伤病的技巧和体格。大家都在努力，最后一些队员因为这种那种原因，还是在这种或那种困难面前低下了头，妥协了，停滞了下来，这可能就是在赛场上出现种种"掉链子"的重要原因。

### （二）凶猛激烈的防守和进攻是手球专项的基本特点

从北京奥运会来看，更凶猛更强硬的手球球队，如俄罗斯队、匈牙利队和韩国队在与技术型的罗马尼亚队、法国队比赛时都占有优势。女子手球发展更趋于男性化，对抗更凶猛、激烈、快速。可以说，手球运动真是"勇敢者的游戏"。凶猛激烈的防守和进攻是手球专项的基本特点，场上身体接触不可避免，最多的是底线，其次是中内卫。身体接触并且在接触中取得优势是手球对抗的基本要求和特点。要敢于和善于进行身体接触，并争取优势，良好的步伐是身体接触能力的基础。软弱的防守肯定抵不住对手凶猛的进攻，软弱的防守不是手球防守所需要的。

凶猛激烈的防守和进攻是要通过参加真正的比赛练出来的。不可否认，中国队太缺乏真正的孤注一掷、无路可退的、凶猛激烈的比赛了。通过友谊比赛、教学比赛还不能达到这种专项程度，从备战奥运会我们所参加的各种赛事技战术演变图来看，奥运会各种进攻成功率与之前赛事相比都有下降。国内各球队间的比赛，一年两次，强队需要稍微拼的就是一两场，一年就一两场拼点儿命，人才发现的周期长，而且经过几年的培养，即使队员不理想，也只能将就，与国外联赛每周都拼命的比赛相比，我们的队员真是太缺乏比赛经验了，也不利于队员的更新提升和天赋队员的涌现。联赛体制有利于缩短人才发现的周期，也有利于人才的更新换代和快速发展，以及增强队员对不同组合、球队的适应能力。韩国没有联赛的体制，但有很好的各级学校级别的联赛，是一种花费少、效果好的办法，让年少的人去感受纯真的比赛，去享受运动的乐趣和比赛获胜的欢乐。目前中国手球没有任何联赛，但中国有很大的举国体制优越性，国家可以集中力量进行发展，但不可否认的是，不少队员似乎没有老一代体育人为国家荣誉愿意不惜一切的牺牲精神，队员一年就两次比较大的比赛，所以不少队员就得不到持续的考验。磨炼竞赛性格最好的时候就是队员年轻之时，这时他们的潜力最大。

### （三）手球是建立在个人攻防基础上的团队项目

手球比赛的形式和效果都通过集体来展现，手球攻防的集体目的是进球和防止进球，个人的攻击和防守是集体目的实现的基础。拿球队员都应该是进攻的核心,其他队员要积极互动配合支持,并把进攻核心推向最有进球机会的地方,每个进攻队员的第一目的是找机会进球,在进行集体配合时,个人如果仅仅是跑位或传球,就与集体目的不一致,大大削弱了进攻的力量。防守时,每一名防守队员的防守都是集体防守的基础,首先是个人防守;其次是集体配合防守。过于强调集体进攻和防守,将个人攻防建立在集体攻防的基础上,就会造成依赖集体的情况,而集体反应往往没有个人快,会造成攻防的削弱。过于强调某个人的作用,会给这个人附加压力,同时也可能会弱化其他队员的作用。手球是集体项目,但要突出个人作用,场上各个队员都要在集体目标指引下,在共同战术的铺垫下,充分发挥自己的技战术、意识、思想的个性特点,所以称为"个性十足"。

### (四)手球运动员的选材不能忽视防守能力、坚强的意志品质和意识天赋

选拔手球队队员时往往会偏向得分多、身材有优势的队员,但是这些队员很多是在全国的优秀球队里,遭到的挑战和竞争少,他们可能更缺乏心理上的这种自我突破,而往往自满自傲。如果总要通过思想教育去劝说才能练,没有克服一切困难为中国手球崛起而拼搏的精神,总归不是长远之计。除了要考虑基本的技术、身材外,还要特别重视运动员的拼搏意志、防守天赋和防守能力。没有坚强的意志,没有"玩命"的拼劲,没有灵活的脑袋,是很难达到高级水平的。这种精神素质的塑造和养成与运动员少儿时的教育及平时训练生活的管理有很大关系。中国不少手球队员进攻都有一定特点,在国内也是风云人物,但防守较弱。在激烈的对抗中,防守能力是非常重要的。所以,为了手球的发展,千万不能忽视培养队员的防守能力和发掘有防守天赋的队员。

综上所述,结合近几年手球的国际发展趋势和我国手球发展进程,我们认为手球运动要着重强调力拼到底、激烈凶猛、快速多变、个性十足。

## 二、手球项目规律图解

手球是技战术主导的以体能为基础的集体球类项目,项目竞技能力细分为技术、战术、体能、心理、球感(图1-2)。此外还有规则的利用。

技术、战术、体能、心理、球感五大因素不是平面的关系,而是立体的三维间的关系,任何一个因素都与其他因素有直接或间接的关联,而五

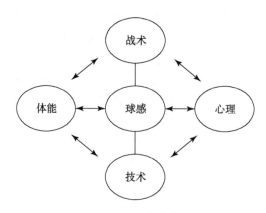

图1-2 手球竞技能力构成

大因素组成的三维立体结构强度就是手球竞技水平的厚度。技术、战术、体能、心理4个因素的融合与发挥要靠球感的作用,如何在场上根据千变万化的情况打出最有效率的球,要依靠球感。技术、战术、体能、心理可以通过训练去培养,而球感的形成主要靠比赛去发掘和形成。

## (一) 技术

技术、战术的对抗性是专项的基本规律,战术是由技术组成的。手球技术既包括有球技术(传接球、运球、突破、射门),也包括无球技术(跑位、跟进、突破、掩护、防守、封挡),手球技术是有球技术和无球技术的融合体,无球技术和有球技术相辅相成,缺一不可(图1-3)。在整场比赛时间中,个体有球时间只占到10%左右,而无球时间大概达到90%,而且防守技术主要由无球技术组成。目前,国内对手球技术的理解还主要停留在有球技术上,对无球技术的想当然和忽视是造成队员技术缺陷的最核心问题之一。而战术的执行过程中,无球战术也相应占90%左右,所以,提高运动员无球技术水平是取得进步的必然选择。

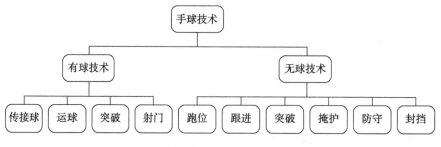

图1-3 手球技术分类

对抗环境下的传、接、运、射和配合技战术是竞技手球制胜的根本载体，其中包括以下内容：

（1）被夹击情况下的传、接、运、射和配合技战术；

（2）快速突破情况下的传、接、运、射和配合技战术；

（3）吸引对方的假动作后衔接的传、接、运、射和配合技战术；

（4）看不见、看不清队友，看不见、看不清球门，看东击西的传、接、运、射和配合技战术。

## （二）战术

手球战术包括进攻战术、防守战术和攻防转换战术。战术成分分解分别如图1-4~图1-7所示。

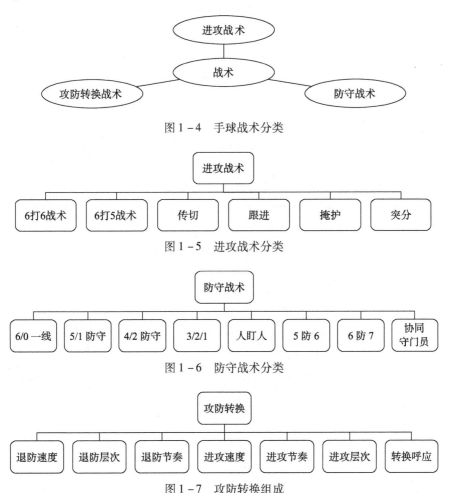

图1-4 手球战术分类

图1-5 进攻战术分类

图1-6 防守战术分类

图1-7 攻防转换组成

## （三）体能

手球运动员体能由运动员身体形态、运动素质、运动机能等共同组成，如图 1-8~图 1-11 所示。

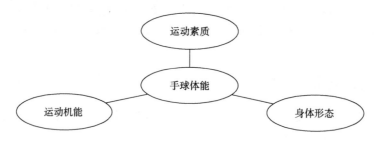

图 1-8　手球运动员体能组成

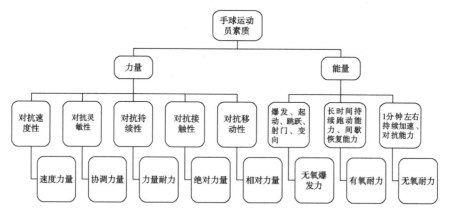

图 1-9　手球运动员素质组成

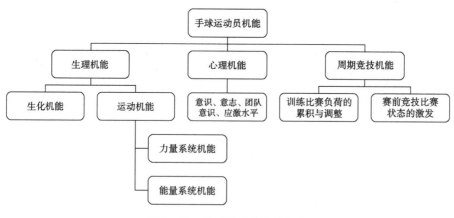

图 1-10　手球运动员机能组成

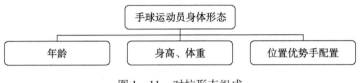

图 1-11 对抗形态组成

### （四）心理

心理、体能、技术、战术是手球获胜的必备四因素，各因素相互影响、相辅相成，缺一不可，其中心理、体能是技战术能力的保障。没有心理、体能的支撑，个体技战术能力再强也只是昙花一现，而有心理、体能的保障，个体技战术的潜能和威力将大大增加，能提高个体和整体能力。重复训练和比赛对提高个体技战术能力、体能是有限的，然而对提高个体心理能力（精神、运动智力）潜力巨大。良好心理的养成与个体成长环境、发展进程和学识息息相关，通过短期培训教育试图让个体突然心理开窍是不太可能的。手球运动员专项心理包括的内容如图 1-12 所示。

图 1-12 手球运动员专项心理包括的内容

### （五）利用规则

遵守项目规则是项目竞赛制胜的基本要求，但在严格遵守规则的前提下，巧妙应用"潜规则"为球队胜利提供帮助也体现了专业性。手球专项运动利用规则解析如图 1-13 所示。

## 三、手球是同场对抗的集体球类项目

手球是同场对抗的集体球类项目，体能、技术、战术、心理、规则利用都必须具备对抗性，同时技战术执行、运动和队员心理必须具备集体性，是手球的专项规律，而专项属性与制胜目的性的结合是手球专项的制

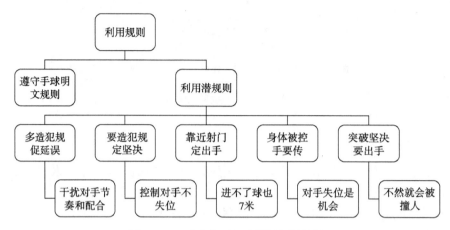

图1-13 手球专项运动利用规则解析

胜规律。任何球队缺乏对抗制胜性、集体制胜性其中之一都是非专业球队。下面通过图1-14~图1-26将技战术、体能、心理、规则利用的对抗性和集体性各要素进行分解。

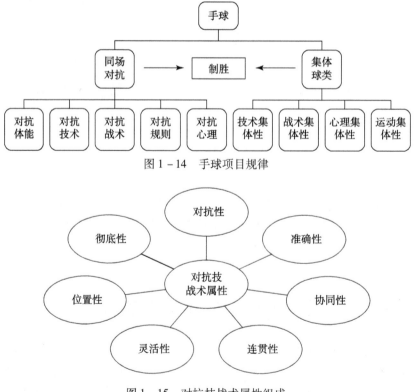

图1-14 手球项目规律

图1-15 对抗技战术属性组成

第三章　手球项目规律探索

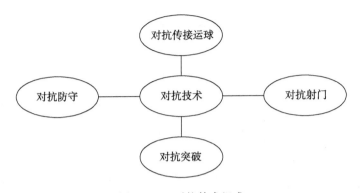

图 1-16　对抗技术组成

图 1-17　对抗传接运技术组成

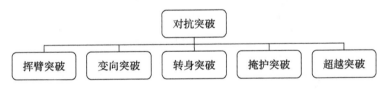

图 1-18　对抗突破组成

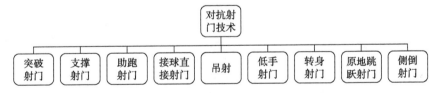

图 1-19　对抗射门技术组成

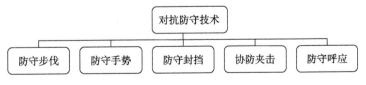

图 1-20　对抗防守技术组成

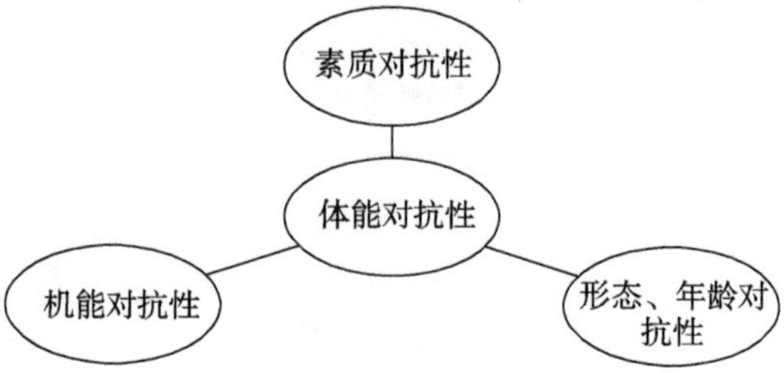

图 1-21 对抗规则组成

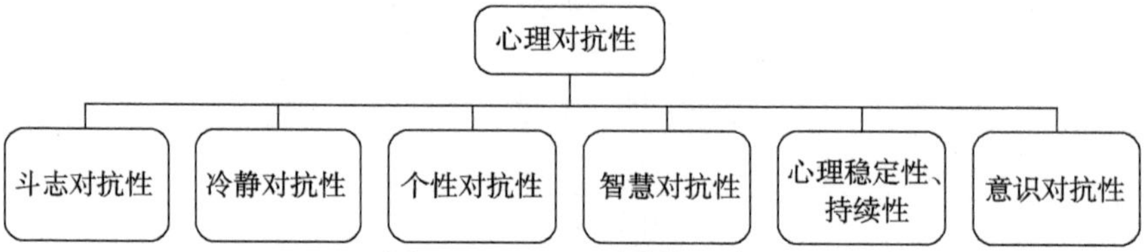

图 1-22 心理对抗性组成

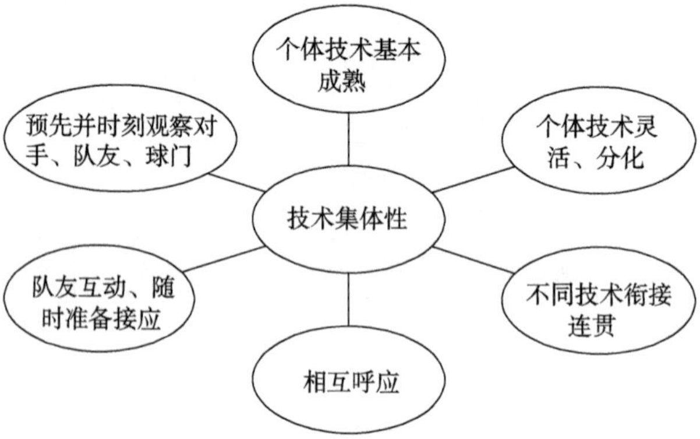

图 1-23 技术集体性组成

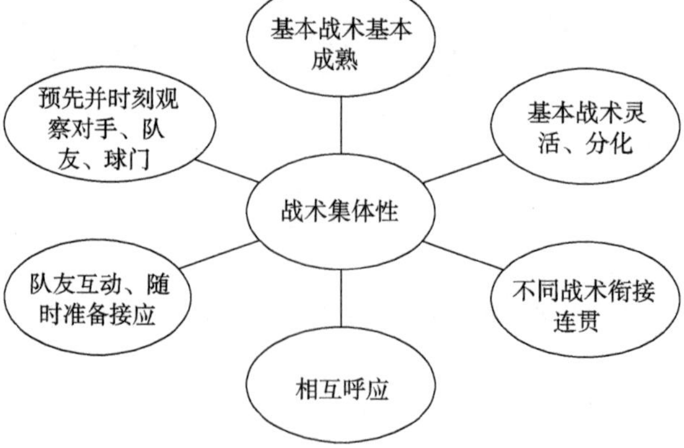

图 1-24 战术集体性组成

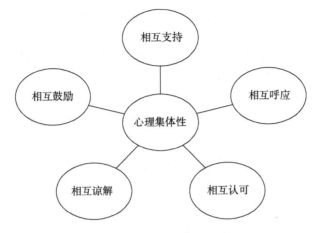

图 1-25 心理集体性组成

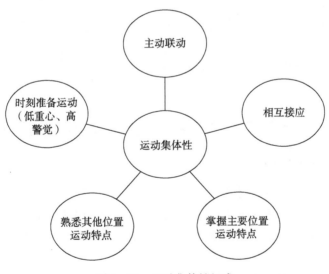

图 1-26 运动集体性组成

## 四、时空的利用是手球比赛制胜的关键

手球作为集体球类项目，竞技能力（技战术能力、体能、智慧）发挥的水平与"三到"有关，即想到、脚到、手到。思想、意识决定运动员竞技水平的高度，脚步、腾空、跑位决定运动员竞技水平的难度，传球、运球、射门决定运动员竞技水平的力度。要通过思想、脚步和手法去创造时

空优势，手球根本制胜条件是利用对抗中的时空差寻求进攻和防守优势，进行遏制或反遏制。

（1）阵地进攻要在站位基础上，以有球队员移位及无球队员要位为核心进行组织。

（2）阵地防守要在移位基础上，以站位及卡位为核心进行组织。

（3）攻转防要在争位基础上，以回位及对持球人员挠位为核心进行组织。

（4）防转攻要在防位基础上，以跑位及与队友交叉换位为核心进行组织。

（5）快防转快攻要在原位基础上，以抢位及跑位为核心进行组织。

（6）快攻转快防要在原位基础上，以回位及卡位为核心进行组织。

（7）阵地进攻的时间对抗在于节奏的变化，依靠判断及动作速率，创造时机，赢得时机。

（8）阵地防守的时间对抗在于节奏变换中立足稳定，依靠判断及动作对抗赢得时间。

（9）攻防转换要抢时间，争对抗时机。

## 五、世界手球竞赛发展的特点和趋势促进手球规律的更新

当今手球在速度、对抗、变化、配合、个性各方面都有显著的发展，现在的手球必须具备的属性是快速、强韧、灵变、团队、个性。

（1）快速：个体技术的速度、团队配合的速度、意识的速度和牵引速度（节奏的变化）。

（2）强韧：对抗中，身体、移动、技术、战术、心理需要强悍，但必须具备韧性。

（3）灵变：技术幅度、速度、角度、时机、空间的变化要做到巧妙、变化多端，战术演变要随时机、空间变化，心理、体能变化和波动应尽量小。

（4）团队：团队的意志品质，两人、三人到多人间协同配合。

（5）个性：比赛中应根据比赛规则充分、开放地发挥个体技术、意识、心理、天赋。

# 第四章

# 手球项目发展特点和趋势探索

## 第一节 女子手球项目特点和发展趋势

中国女子手球队未能获得2012年伦敦奥运会和2016年里约奥运会参赛资格，人才数量少、水平低是根本原因。发掘人才、发展人才是中国女子手球项目竞赛水平走出低谷的核心问题。新时期手球发生了新的变化，一定要认清新时期世界女子手球发展趋势，才能在发掘人才、发展人才的道路上走得更好。要把握趋势就必须调查研究事物的过去和现在，要进行科学的逻辑分析。50多年来，世界女子手球格局、运动员形态特征、技战术特点、体能特点都一直经历着发展变化。本节通过对国际女子手球运动过去和现在的比较，通过对近年来最高水平的球队的特点分析，探索女子手球项目发展趋势。

### 一、世界女子手球格局发展变化趋势

世界女子手球锦标赛开始于1957年，一直到1993年，每5年、4年、3年一届，1993年以后每2年一届。从世锦赛最初八九支参赛球队到12

支、16支再到24支球队，从奥运会最初6支参赛球队到8支、10支再到12支球队，女子手球运动一直就没有停止发展的脚步，规模逐渐扩大并趋于稳定。在有女子手球项目的所有9届奥运会和第19届世锦赛中，亚洲仅韩国队取得过3次冠军，其余冠军都被欧洲球队垄断（10支欧洲球队）。1995年以后至今，所有世锦赛、奥运会的冠军都是欧洲球队。所以，女子手球最高水平的球队相当长时间都在欧洲，而且这种趋势还在延续，从早期的东欧球队占优势发展演变到北欧、俄罗斯队的崛起。中国队在1984年奥运会上夺得季军；韩国队夺得1988年、1992年奥运会冠军，1995年世锦赛冠军，1996年、2004年奥运会亚军，2008年北京奥运会季军，2003世锦赛季军。中国队和韩国队是历史上在女子手球最高级别比赛中能站上领奖台的唯一2支非欧洲球队。从历史战绩来看，亚洲球队比非洲、美洲、大洋洲球队具有一定优势。安哥拉球队、突尼斯球队、科特迪瓦球队、刚果（金）球队是非洲球队的代表，而巴西在美洲一枝独秀，大洋洲水平相对来说最弱。历届奥运会女子手球比赛前3名及中国队等亚洲队名次见表1-9，历届世界女子手球锦标赛前3名及中国队名次见表1-10。

表1-9　历届奥运会女子手球比赛前3名及中国队等亚洲队名次一览表

| 奥运会 | 年份/年 | 地点 | 金牌 | 银牌 | 铜牌 | 中国队名次 | 亚洲其他队名次 |
|---|---|---|---|---|---|---|---|
| 第21届 | 1976 | 蒙特利尔 | 苏联 | 民主德国 | 匈牙利 | 无 | 日本6 |
| 第22届 | 1980 | 莫斯科 | 苏联 | 南斯拉夫 | 民主德国 | 无 | 无 |
| 第23届 | 1984 | 洛杉矶 | 南斯拉夫 | 韩国 | 中国 | 3 | 韩国2 |
| 第24届 | 1988 | 汉城（今首尔） | 韩国 | 挪威 | 苏联 | 6 | 韩国1 |
| 第25届 | 1992 | 巴塞罗那 | 韩国 | 挪威 | 独联体 | 无 | 韩国1 |
| 第26届 | 1996 | 亚特兰大 | 丹麦 | 韩国 | 匈牙利 | 5 | 韩国2 |
| 第27届 | 2000 | 悉尼 | 丹麦 | 匈牙利 | 挪威 | 无 | 韩国4 |
| 第28届 | 2004 | 希腊 | 丹麦 | 韩国 | 乌克兰 | 8 | 韩国2 |
| 第29届 | 2008 | 北京 | 挪威 | 俄罗斯 | 韩国 | 6 | 哈萨克斯坦12 |
| 第30届 | 2012 | 伦敦 | 挪威 | 黑山 | 西班牙 | 无 | 韩国4 |
| 第31届 | 2016 | 里约热内卢 | 俄罗斯 | 法国 | 挪威 | 无 | 韩国12 |

表1-10 历届世界女子手球锦标赛前3名及中国队名次一览表

| 世锦赛 | 年份/年 | 地点 | 金牌 | 银牌 | 铜牌 | 中国队名次 |
|---|---|---|---|---|---|---|
| 第1届 | 1957 | 南斯拉夫 | 捷克斯洛伐克 | 匈牙利 | 南斯拉夫 | 无 |
| 第2届 | 1962 | 罗马尼亚 | 罗马尼亚 | 丹麦 | 捷克斯洛伐克 | 无 |
| 第3届 | 1965 | 联邦德国 | 匈牙利 | 南斯拉夫 | 联邦德国 | 无 |
| 第4届 | 1971 | 荷兰 | 民主德国 | 南斯拉夫 | 匈牙利 | 无 |
| 第5届 | 1973 | 南斯拉夫 | 南斯拉夫 | 罗马尼亚 | 苏联 | 无 |
| 第6届 | 1975 | 苏联 | 民主德国 | 苏联 | 匈牙利 | 无 |
| 第7届 | 1978 | 捷克斯洛伐克 | 民主德国 | 苏联 | 匈牙利 | 无 |
| 第8届 | 1982 | 匈牙利 | 苏联 | 匈牙利 | 南斯拉夫 | 无 |
| 第9届 | 1986 | 荷兰 | 苏联 | 捷克斯洛伐克 | 挪威 | 9 |
| 第10届 | 1990 | 韩国 | 苏联 | 南斯拉夫 | 民主德国 | 8 |
| 第11届 | 1993 | 挪威 | 德国 | 丹麦 | 挪威 | 14 |
| 第12届 | 1995 | 奥地利/匈牙利 | 韩国 | 匈牙利 | 丹麦 | 14 |
| 第13届 | 1997 | 德国 | 丹麦 | 挪威 | 德国 | 22 |
| 第14届 | 1999 | 丹麦/挪威 | 挪威 | 法国 | 奥地利 | 19 |
| 第15届 | 2001 | 意大利 | 俄罗斯 | 挪威 | 南斯拉夫 | 11 |
| 第16届 | 2003 | 克罗地亚 | 法国 | 匈牙利 | 韩国 | 19 |
| 第17届 | 2005 | 俄罗斯 | 俄罗斯 | 罗马尼亚 | 匈牙利 | 17 |
| 第18届 | 2007 | 法国 | 俄罗斯 | 挪威 | 德国 | 21 |
| 第19届 | 2009 | 中国 | 俄罗斯 | 法国 | 挪威 | 12 |
| 第20届 | 2011 | 巴西 | 挪威 | 法国 | 西班牙 | 21 |
| 第21届 | 2013 | 塞尔维亚 | 巴西 | 塞尔维亚 | 丹麦 | 18 |
| 第22届 | 2015 | 丹麦 | 挪威 | 荷兰 | 罗马尼亚 | 17 |
| 第23届 | 2017 | 德国 | 法国 | 挪威 | 荷兰 | 22 |

虽然亚洲手球整体水平不尽如人意，但亚洲女子手球也一直没有放慢摸索发展的脚步。韩国女子手球队在亚洲近30年来很少被超过，一支球队成绩一直突出，也反映了地区手球发展不平衡的问题。欧洲女子手球一直处于世界最高水平，从东欧到北欧，再到东欧、北欧共举，正是有了不断

的竞争和完善的联赛，才使欧洲手球一直处于世界最高水平。

手球比赛精彩激烈，是观赏性、娱乐性、竞技性与健身性融合的项目，随着经济和科技的发展，手球运动得到越来越多的人关注和喜爱将会是大概率事件。越来越多的国家、地区会更加重视本国、本地区手球运动的发展，以满足大众对手球的需要和期待。伴随手球的发展，世界女子手球的交流更加频繁，世界范围和区域范围的锦标赛、冠军赛、友谊赛，以及俱乐部比赛将会更多。比赛在发现人才、发展人才方面的作用会越来越突出。

## 二、女子手球运动员身体形态、年龄发展特点

### （一）从世界女子手球最高水平探讨运动员年龄趋势

本节我们采用了2006—2012年的数据，因为这段时间正好是中国女子手球队与世界强队接触比较多、研究比较深的时期，从中国队与世界强队的接触中，更能看到世界手球发展的水平和中国手球发展的问题。从表1-11、表1-12可以看出，世界女子手球强队运动员年龄平均为25~28岁，各队均有两3名30岁以上和20岁左右的队员。

表1-11 2008年奥运会前6名的球队队员基本情况

| 球队 | 平均身高/m | 平均体重/kg | BMI | 平均年龄/岁 |
| --- | --- | --- | --- | --- |
| 挪威 | 1.78（1.72~1.84） | 71.3（62~80） | 22.3 | 27（23~33） |
| 俄罗斯 | 1.82（1.63~2） | 69.8（53~98） | 21.1 | 26.6（22~32） |
| 韩国 | 1.72（1.62~1.8） | 64.7（50~72） | 21.9 | 28（20~36） |
| 匈牙利 | 1.77（1.67~1.87） | 69.5（57~79） | 22.2 | 26.1（21~33） |
| 法国 | 1.76（1.6~1.88） | 66.5（55~82） | 21.5 | 27.3（21~37） |
| 中国 | 1.78（1.71~1.87） | 70（64~76） | 21.8 | 25.5（19~28） |

表1-12 2009年世锦赛前6名和亚洲、非洲代表队队员基本情况

| 球队 | 平均身高/m | 平均体重/kg | BMI | 平均年龄/岁 |
| --- | --- | --- | --- | --- |
| 挪威 | 1.78（1.67~1.85） | — | — | 26.7（23~34） |
| 俄罗斯 | 1.81（1.65~1.90） | 72（60~82） | 22.0 | 24.5（19~31） |

续表

| 球队 | 平均身高/m | 平均体重/kg | BMI | 平均年龄/岁 |
|---|---|---|---|---|
| 西班牙 | 1.74（1.66~1.83） | 69.3（62~90） | 22.9 | 26.4（19~36） |
| 法国 | 1.77（1.63~1.89） | 70（58~84） | 22.3 | 24.4（19~30） |
| 罗马尼亚 | 1.77（1.70~1.84） | 70（58~84） | 22.3 | 26.8（21~33） |
| 匈牙利 | 1.77（1.68~1.86） | 68（56~77） | 21.7 | 23.8（18~29） |
| 日本 | 1.68（1.61~1.79） | 63.1（54~74） | 22.4 | 25.7（20~32） |
| 哈萨克斯坦 | 1.80（1.63~1.88） | 73（50~95） | 22.5 | 22.6（17~34） |
| 韩国 | 1.73（1.62~1.86） | 63（50~78） | 21.0 | 24.8（19~30） |
| 安哥拉 | 1.74（1.67~1.89） | 69（56~86） | 22.8 | 24.9（19~33） |
| 中国 | 1.79（1.71~1.90） | 69（62~85） | 21.5 | 22.3（16~29） |

## （二）从世界女子手球最高水平探讨运动员形态学趋势

体质指数（BMI）＝体重（kg）/身高（m）$^2$，综合了身高、体重的特点，世界卫生组织通用 BMI 来衡量体重是否超重，BMI 也是判断人体形态是否均衡的重要指标。通过综合分析发现，女子手球运动员的 BMI 为 21~23，说明整体上队员体重适中、形态均衡。一般认为，手球运动员应该有较大的体重以增强对抗能力，特别是底线运动员，因为底线运动员与对手对抗碰撞比其他位置都多得多，但较大的体重会影响移动能力，而在移动中的对抗是手球真正的专项对抗，不能一味强调对抗增加体重而牺牲移动能力。从实践研究发现，世界强队队员 BMI 适中，队员形态均衡，并没有为了增强对抗能力而使体重偏高，这是在平衡身体对抗能力和身体移动能力中达成的一致。这种体重能保证队员具备移动和对抗能力、灵敏性、一定的耐力和爆发力，是手球专项体重。

总之，世界最高水平的女子手球队队员身材匀称、形态均衡，BMI 为 21~23。从身材形态上看有两种风格。

（1）身材高大型，以欧洲各队和中国队为代表，身高 1.77~1.80m，体重 69~71kg。边锋 1.70~1.75m，底线、外围、守门员 1.76~1.85m；

（2）身材矮小型，以韩国队、日本队为代表，身高 1.71~1.73m，体重 63~64kg。边锋 1.70m 左右，底线、外围、守门员 1.75m 左右。

## 三、女子手球技战术发展趋势

### (一) 进攻战术

世锦赛是最高级别的赛事,通过女子手球世锦赛纵向数据对比,可以发现技战术变化的可能趋势。2005 年、2007 年、2009 年世锦赛分别进行了 168、184、220 场比赛,说明女子手球世锦赛的赛事规模在扩大。从每支球队总体比赛的射门数和射门成功率来看,2005 年、2007 年、2009 年世锦赛几乎无显著变化,推测女子手球赛事的整体攻防水平未发生显著变化。但与 20 世纪 70 至 80 年代世锦赛相比,进球数大大增加,在比赛时间一定的情况下,说明进攻速度提高,是比赛速度变快的佐证。

2005 年、2007 年、2009 年世锦赛的底线射门成功率下降,但底线区射门和得分比例增加,说明女子手球在底线区的攻防更加激烈;边锋射门数、得分比例、射门成功率无显著变化,说明女子手球在边锋位的攻防水平整体保持平稳;9 m 射门成功率有下降趋势,得分比例下降,说明女子手球外围进攻整体有下降趋势;快攻成功率逐渐下降,但快攻射门数、得分比例逐渐提高,说明女子手球越来越加大快攻在进攻中的比例;突破射门成功率有下降趋势,但突破射门数增加,说明女子手球对突破的攻防也在加强。2min 判罚呈下降趋势,推测队员逐渐减少采用较多的犯规手段;失误逐渐增多,而抢断和封挡无明显变化。总之,世界女子手球对抗性增强,快攻、底线和突破在总体进攻中的比重增加,边锋保持稳定;远射得分比重下降,但仍是第一得分手段。2005 年、2007 年、2009 年世锦赛的相关数据见表 1-13 和图 1-27。

表 1-13 2005 年、2007 年、2009 年世锦赛平均值综合比较

| 赛事 \ 项目 | 场数 | 射门成功率/得分/占比 | | | | | | | 其他/次 | | | |
|---|---|---|---|---|---|---|---|---|---|---|---|---|
| | | 底线 | 边锋 | 9m | 7m | 快攻 | 突破 | 合计 | 2min | 失误 | 抢断 | 封挡 |
| 2005 年世锦赛 | 168 | 66%<br>9.2<br>17.4% | 52%<br>7.2<br>13.6% | 36%<br>22<br>41.6% | 73%<br>4.7<br>8.9% | 76%<br>6.8<br>12.8% | 79%<br>3<br>5.7% | 54%<br>53<br>100% | 4.8 | 16.9 | 6 | 3.4 |
| 2007 年世锦赛 | 184 | 60%<br>9.7<br>19.0% | 51%<br>6.9<br>13.5% | 36%<br>19.7<br>38.5% | 73%<br>4.4<br>8.6% | 71%<br>7.9<br>15.5% | 81%<br>3<br>5.9% | 54%<br>51<br>100% | 3.5 | 18 | 5.8 | 3.1 |
| 2009 年世锦赛 | 220 | 57%<br>11<br>21.1% | 50%<br>7<br>13.5% | 32%<br>16<br>30.8% | 73%<br>4<br>7.7% | 69%<br>9<br>17.3% | 66%<br>5<br>9.6% | 52%<br>52<br>100% | 3.2 | 19 | 6 | 3.4 |

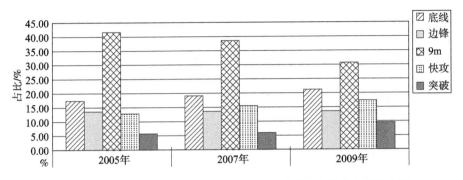

图1-27 2005年、2007年、2009年女子手球世锦赛得分比例分布图

另外，研究发现2007年、2009年世锦赛冠军俄罗斯队，2008年奥运会冠军挪威队和季军韩国队得分特点不一样。2007年俄罗斯队突出远射和快攻，2008年挪威队快攻、远射和底线突出，2008年韩国队快攻和远射突出，2009年俄罗斯队快攻突出，与世界女子手球整体变化并不一样。球队自身不可能不变，对手不可能不变，而目的是不变的，所以，球队的风格不可能一成不变。2007年世锦赛俄罗斯队第一得分手段是远射，得分比例达到25%，2009年世锦赛快攻得分为第一得分手段，比例达到27%，而且2010年世青赛俄罗斯队第一得分手段是底线，得分比例占到29%。所以，不同的球队风格不一样，同一支球队不同时期风格也不完全一样。根据队员特点，根据对手情况，每个球队都可发展适合自身的战术风格，有球队员与无球队员的扯动、跑位、掩护、跟进将进一步协同优化与流畅高效。总体而言，战术目的更明确、套路更简单实用、速度更快、对抗性更强、变化（方向与节奏）更多、配合更连续是大趋势。这里有一个关键词"更"，"更"是与过去、与对手相比而言。为了在适应这种趋势中取胜，要具备多方位、多角度、多速度的攻防能力，所以风格的大融合趋势很难改变。只要能取胜，什么风格都行。

传统认为，所谓典型的力量流派的代表俄罗斯队，2009年世锦赛快攻得分比例达到27%，是第一得分手段，比韩国队都高（韩国快攻得分22%）。韩国队限于队员形态学上的弱点，缺少又快又高的队员，只能退而求又快又好又不太矮的队员。风格是球队打出来的，是根据自身情况、对手特点，为了战胜对手，一段时期内呈现出来的比较稳定的特征。形成风格不是目的，取胜才是目的。风格的形成是在取胜的过程中自然而然、水到渠成的。当今世界女子手球各种风格之大融合与个性突出之大包容同时存在，相辅相成。

传统的力量型、速度型、技巧型的这种分类，分类标准似乎不太清晰，既有体能要素标准，又有技战术标准，还有精神因素，这样可能会导致对运动员训练培养的理念偏差，出现有速度没技术、有技术没体能、有体能有技术但"没头脑"等怪现象。风格其实就两种：赢的风格和输的风格。要在比赛中去赢，而不是等待，更不是乞求，要努力把"赢"打造成为球队的风格，那么其他技战术、体能、精神层面的风格就会根据球队的个性，适应手球发展的趋势打造出来了。

### （二）防守战术

（1）阵地防守。大约80%的女子手球队采用的是6/0一线防守，其余是3/2/1、5/1防守，4/2、人盯人防守基本没有。防守基本阵型保持稳定，但随着对方攻防的变化，防守阵型会随时相应变化，然后再回位，所谓纵向伸缩、横向随球密。防守的攻击性、对抗性、协同性、持续性特征将更加突出。

（2）防快攻。随着女子手球快攻比重的上升，防快攻的重要性也越来越突出。一方面靠近球的队员要第一时间快速防人防球；另一方面远离球的队员要第一时间快速退防回位，而守门员随时准备出击破坏对方长传快攻，防快攻中的快速反应、协同布防更为突出。

### （三）技术

手球技术是有球技术和无球技术的融合体，无球技术和有球技术相辅相成、缺一不可。手球竞技水平的发展对运动员的射门、传接球、突破、运球等有球技术的实用性、对抗性、稳定性、全面性提出了更高要求。整场比赛时间中，个体有球时间大概只占到20%，而无球时间大概达到80%，射门机会创造与防守技术主要由无球技术组成。穿插跑位、跟进、突破、掩护、一对一防守、封挡等无球技术进一步提高是技术水平提高的大势所趋。目前，国内对手球技术的理解还注重在有球技术上，对无球技术的忽视是造成队员技术缺陷的核心问题之一。

目前，世界顶级比赛中的绝大多数技术中国队员都能完成，有一些非常奇特、诡异、漂亮的技术是个体天赋与个性的一种突出体现，并非所有人都能学会，但只要绝大多数技术能够适应技术的发展趋势，求速度、求对抗、求变化、求连续，那么那些看似普通的老技术还是能够发挥威力的。对于那些令人眼前一亮的技术，能用出来得分就是好技术，用不出来只是花架子那也是无效的。

## 四、女子手球体能特点发展趋势

（1）体能要求进一步提高。为了适应女子手球速度更快、对抗性更强、变化更多的趋势，运动员需要相应的体能特质去赢得比赛胜利。而且随着位置竞争的加强，体能位置特点会更加明显。更强的爆发力、灵敏性、平衡能力是必需的，更强的有氧耐力、力量水平是应该的，这样才能提高比赛适应性和持续性。

（2）体能越来越不会成为一个关键的成败因素。手球是技战术主导的体能为基础的集体球类项目，依靠几个队员打球的现象会越来越少。世界强队很少因为体能问题掉队，因为有充足的高水平运动员储备，因为有科学化的体能训练和恢复措施，而且这种优势进一步发展的趋势很难遏止。

## 五、女子手球心理、意识特点发展趋势

脑子不好用比身体不好用更能限制达到高水平。成熟的心理和优良的意识是比赛取得胜利的保证，在竞争日趋激烈的情况下，对心理和意识的要求进一步提高。球会打得越来越聪明。稳定的心理是比赛成败的前提，意识是技战术水平发挥或超水平发挥的保障，没有成熟的心理和良好的意识，再好的技战术能力和体能也是无源之水。成熟的心理表现为：不急躁，不气馁，顽强的意志品质，高度的注意力，高对抗下心态平稳。在纷繁复杂的比赛中，灵活地根据场上形势、对手和队友的情况，在千变万化中迅速找到攻防对抗的适宜办法并加以实施，这种解读比赛并快速反应的能力就是意识。

## 六、结论与建议

世界女子手球特点和发展趋势包括以下内容。

（1）世界范围内女子手球交流比赛会越来越多，女子手球最高水平的球队相当长时间都会在欧洲，而亚洲、非洲、美洲、大洋洲相对落后。

(2) 世界最高水平的女子手球队员往往身材匀称，形态均衡，BMI 为 21～24。

(3) 世界女子手球对抗性增强，快攻、底线和突破在总体进攻中的比重增加，边锋保持稳定；远射得分比重下降，但仍是第一得分手段；战术目的更明确，套路更简单实用，速度更快，对抗性更强，变化（方向与节奏）更多，配合更连续，以及风格更融合是大趋势；6/0 一线防守将依然是主流防守阵型，防快攻的重要性也越来越突出；对射门、传接球、突破、运球等有球技术的实用性、对抗性、稳定性、全面性要求更高，而穿插跑位、跟进、突破、掩护、一对一防守、封挡等无球技术的进一步提高是技术水平提高的大势所趋。

(4) 体能要求进一步提高，体能位置特点会更加明显，但体能越来越不会成为一个关键的成败因素。

(5) 成熟的心理和优良的意识是比赛取得胜利的保证，在竞争日趋激烈的情况下，对心理和意识的要求进一步提高。

为适应女子手球发展趋势以取得比赛的胜利，技术、战术、体能、心理、判罚规则等都应该适应这种趋势进行发展。立足自身条件和特点，回归比赛的项目本原，主要应通过比赛不断发现人才、发展人才、成就人才，才更有可能跟上世界手球发展趋势的潮流，甚至创造趋势，成为胜利者。手球是典型的同场对抗集体球类项目，更快速、更对抗、更多变、更连续、更个性似乎是该项目发展的趋势，为了提高项目的竞技水平，全方位地适应和创造趋势是必由之路。

## 第二节　世界男子手球发展特点与趋势

中国男子手球队未能获得 2012 年伦敦奥运会参赛资格，仅在 2008 年利用东道主优势参加了北京奥运会。集体球类项目的进步是国家体育总局促成实现体育强国战略的重要支撑，手球在世界的影响力不逊于足球和篮球，往往是奥运会压轴比赛项目。为了跟上甚至赶超世界手球水平，一定要认清当代世界手球发展趋势和发展规律，男子手球比赛是手球最高水平的赛事，而男子手球世锦赛、奥运会代表了手球的最高水平，能反映出手球发展特点和演变趋势。本节通过对过去和现在的比较，通过对近年来最高水平球队特点的分析，来探索男子手球项目发展趋势。

## 一、从世锦赛、奥运会排名看近年来男子手球发展格局

男子手球最高级别比赛规模经历了从小到大的过程。世锦赛参赛球队从 1938 年的 4 支、1954 年的 6 支、1958 年的 8 支、1970 年的 12 支,到 1982 年的 16 支、1995 年的 24 支,之后历届世锦赛都是 24 支球队。奥运会在 1980 年后就一直保持 12 支球队参赛。从 1936 年第 11 届奥运会到 2012 年第 30 届奥运会,欧洲的球队几乎垄断了所有前 3 名(除了 1988 年汉城奥运会韩国队夺得亚军外),说明欧洲男子手球水平始终是最高的。其间有 10 支欧洲球队夺得过锦标,西欧以法国队、德国队、西班牙队为代表,东欧以俄罗斯(苏联、独联体)队、南斯拉夫队、罗马尼亚队、克罗地亚队为代表,北欧以瑞典队为代表。北欧球队未获得过奥运会冠军,从 1999 年之后再也没有问鼎过冠军。进入 21 世纪,西欧球队夺冠 6 次,东欧球队夺冠 3 次,西欧球队在近 10 年取得了压倒性胜利。从 2008 年开始,法国队夺得过两次奥运会和两次世锦赛的冠军,是目前最高水平的球队。历届世界男子手球锦标赛、奥运会男子手球比赛前 3 名及中国等亚洲队名次见表 1-14、表 1-15。

表 1-14 历届世界男子手球锦标赛前 3 名及中国等亚洲队名次一览表

| 世锦赛 | 年份/年 | 地点 | 金牌 | 银牌 | 铜牌 | 中国队名次 | 亚洲其他队名次 | 参赛球队/支 |
|---|---|---|---|---|---|---|---|---|
| 第 1 届 | 1938 | 德国 | 德国 | 奥地利 | 瑞典 | 无 | 无 | 4 |
| 第 2 届 | 1954 | 瑞典 | 瑞典 | 民主德国 | 捷克斯洛伐克 | 无 | 无 | 6 |
| 第 3 届 | 1958 | 民主德国 | 瑞典 | 捷克斯洛伐克 | 民主德国 | 无 | 无 | 8 |
| 第 4 届 | 1961 | 民主德国 | 罗马尼亚 | 捷克斯洛伐克 | 瑞典 | 无 | 无 | 8 |
| 第 5 届 | 1964 | 捷克斯洛伐克 | 罗马尼亚 | 瑞典 | 捷克斯洛伐克 | 无 | 无 | 8 |
| 第 6 届 | 1967 | 瑞典 | 捷克斯洛伐克 | 丹麦 | 罗马尼亚 | 无 | 无 | 8 |
| 第 7 届 | 1970 | 法国 | 罗马尼亚 | 民主德国 | 南斯拉夫 | 无 | 日本 10 | 12 |

续表

| 世锦赛 | 年份/年 | 地点 | 金牌 | 银牌 | 铜牌 | 中国队名次 | 亚洲其他队名次 | 参赛球队/支 |
|---|---|---|---|---|---|---|---|---|
| 第8届 | 1974 | 民主德国 | 罗马尼亚 | 民主德国 | 南斯拉夫 | 无 | 日本12 | 12 |
| 第9届 | 1978 | 丹麦 | 法国 | 苏联 | 民主德国 | 无 | 日本12 | 12 |
| 第10届 | 1982 | 民主德国 | 苏联 | 南斯拉夫 | 波兰 | 无 | 日本14<br>科威特15 | 16 |
| 第11届 | 1986 | 瑞士 | 南斯拉夫 | 匈牙利 | 民主德国 | 无 | 韩国12 | 16 |
| 第12届 | 1990 | 捷克斯洛伐克 | 瑞典 | 苏联 | 罗马尼亚 | 无 | 韩国12<br>日本15 | 16 |
| 第13届 | 1993 | 瑞典 | 俄罗斯 | 法国 | 瑞典 | 无 | 韩国15 | 16 |
| 第14届 | 1995 | 冰岛 | 法国 | 克罗地亚 | 瑞典 | 无 | 韩国12<br>科威特20<br>日本23 | 24 |
| 第15届 | 1997 | 日本 | 俄罗斯 | 瑞典 | 法国 | 20 | 韩国8<br>日本15<br>沙特21 | 24 |
| 第16届 | 1999 | 埃及 | 瑞典 | 俄罗斯 | 克罗地亚 | 20 | 韩国14<br>科威特19<br>沙特阿拉伯22 | 24 |
| 第17届 | 2001 | 法国 | 法国 | 瑞典 | 克罗地亚 | 无 | 韩国12<br>沙特阿拉伯21<br>科威特23 | 24 |
| 第18届 | 2003 | 葡萄牙 | 克罗地亚 | 德国 | 法国 | 无 | 卡塔尔16<br>沙特19<br>科威特20 | 24 |
| 第19届 | 2005 | 突尼斯 | 西班牙 | 克罗地亚 | 法国 | 无 | 日本16<br>卡塔尔22<br>科威特23 | 24 |

续表

| 世锦赛 | 年份/年 | 地点 | 金牌 | 银牌 | 铜牌 | 中国队名次 | 亚洲其他队名次 | 参赛球队/支 |
|---|---|---|---|---|---|---|---|---|
| 第20届 | 2007 | 德国 | 德国 | 波兰 | 丹麦 | 无 | 韩国15<br>科威特18<br>卡塔尔23 | 24 |
| 第21届 | 2009 | 克罗地亚 | 法国 | 克罗地亚 | 波兰 | 无 | 韩国12<br>科威特22<br>沙特阿拉伯23 | 24 |
| 第22届 | 2011 | 瑞典 | 法国 | 丹麦 | 西班牙 | 无 | 韩国13<br>日本16<br>巴基斯坦23 | 24 |
| 第23届 | 2013 | 西班牙 | 西班牙 | 丹麦 | 克罗地亚 | 无 | 沙特19<br>卡塔尔20<br>韩国21 | 24 |
| 第24届 | 2015 | 卡塔尔 | 法国 | 卡塔尔 | 波兰 | 无 | 伊朗21<br>沙特阿拉伯22 | 24 |

表1-15 历届奥运会男子手球比赛前3名及中国等亚洲队名次一览表

| 奥运会 | 年份/年 | 地点 | 金牌 | 银牌 | 铜牌 | 中国队名次 | 亚洲其他队名次 |
|---|---|---|---|---|---|---|---|
| 第11届 | 1936 | 柏林 | 德国 | 奥地利 | 瑞士 | 无 | 无 |
| 第20届 | 1972 | 慕尼黑 | 南斯拉夫 | 捷克斯洛伐克 | 罗马尼亚 | 无 | 日本11 |
| 第21届 | 1976 | 蒙特利尔 | 苏联 | 罗马尼亚 | 波兰 | 无 | 日本9 |
| 第22届 | 1980 | 莫斯科 | 民主德国 | 苏联 | 罗马尼亚 | 无 | 科威特12 |
| 第23届 | 1984 | 洛杉矶 | 南斯拉夫 | 法国 | 罗马尼亚 | 无 | 日本10<br>韩国11 |
| 第24届 | 1988 | 汉城（今首尔） | 苏联 | 韩国 | 南斯拉夫 | 无 | 韩国2<br>日本11 |

续表

| 奥运会 | 年份/年 | 地点 | 金牌 | 银牌 | 铜牌 | 中国队名次 | 亚洲其他队名次 |
|---|---|---|---|---|---|---|---|
| 第25届 | 1992 | 巴塞罗那 | 独联体 | 瑞典 | 法国 | 无 | 韩国6 |
| 第26届 | 1996 | 亚特兰大 | 克罗地亚 | 瑞典 | 西班牙 | 无 | 科威特12 |
| 第27届 | 2000 | 悉尼 | 俄罗斯 | 瑞典 | 西班牙 | 无 | 韩国9 |
| 第28届 | 2004 | 雅典 | 克罗地亚 | 德国 | 俄罗斯 | 无 | 韩国8 |
| 第29届 | 2008 | 北京 | 法国 | 冰岛 | 西班牙 | 12 | 韩国8 |
| 第30届 | 2012 | 伦敦 | 法国 | 瑞典 | 克罗地亚 | 无 | 韩国11 |
| 第31届 | 2016 | 里约热内卢 | 丹麦 | 法国 | 德国 | 无 | 卡塔尔8 |

日本队1970年参加世锦赛,是亚洲球队在世界舞台上亮相的开始。几十年间,亚洲球队的世锦赛成绩绝大部分在12名以后,奥运会成绩绝大部分在第6名以后,说明亚洲男子手球水平与世界最高水平差距较大,一般维持在世界第三档次。历届世锦赛和奥运会亚洲球队最好成绩绝大多数是东亚球队创造的(除了2003年世锦赛卡塔尔队取得第16名,1980年和1996年奥运会科威特队取得第12名),其中韩国队是亚洲成绩最好的球队,其次是日本队。韩国队1997年世锦赛夺得第8名,1988年汉城奥运会夺得第2名,是亚洲球队在世锦赛和奥运会取得的最好成绩。中国队在世界舞台上唯一一次亮相是在2008年北京奥运会上。而从2013年世锦赛开始,西亚球队的成绩赶超了东亚球队:2015年世锦赛,韩国队、日本队都未获得参赛资格,而卡塔尔队则获得了世锦赛亚军。总体来说,亚洲男子手球竞争格局越加激烈,西亚球队竞争力增强,超越了东亚球队。

本节较多采用了2006—2011年的数据,因为这一段时间正好是中国男子手球队与世界强队接触比较多、研究比较深入的时期,从中国队与世界强队的接触中,更能看到世界手球发展的水平和中国男子手球发展的问题。从2011年世锦赛排名来看,前12名的欧洲球队占据11席,世界男子手球第一、二档次的球队基本上来自欧洲,美洲阿根廷队、亚洲韩国队、非洲埃及队是本大洲球队的代表,分别夺得了第12名、第13名、第14名,处于第二档次末和第三档次领先的位置。澳大利亚队是大洋洲的代表,在24支球队中垫底。

## 二、从2011年世锦赛看男子手球运动员基本形态特点

2011年世锦赛前6名的球队队员平均身高为1.92m（1.76~2.3m），平均体重为93.7kg（73~113kg），身材高大，世界男子手球运动员形态向高大和强壮协调发展。而亚洲球队最高的1.93m，平均1.83m，平均体重84.7kg，身材与世界强队差距明显。

2011年世锦赛前6名球队平均年龄28.1岁（19~38岁），平均国际比赛数91.8场（0~331场）。2012年奥运会前3名的球队中，表现最佳的运动员都是30岁左右。亚洲球队平均26.8岁（20~39岁），平均国际比赛数32.2场（2~122场，巴林数据空缺），较世界强队年龄小，国际比赛经验较少。代表美洲的阿根廷队员体格与世界强队接近，年龄偏小，国际比赛场次少于世界强队，多于亚洲球队。2011年世锦赛前6名及亚洲、非洲、美洲球队队员基本情况见表1-16。

表1-16 2011年世锦赛前6名及亚洲、非洲、美洲球队队员基本情况

| 球队 | 平均身高/m | 平均体重/kg | 平均年龄/岁 | 平均国际比赛数/场 |
|---|---|---|---|---|
| 法国 | 1.91（1.78~1.99） | 93（73~106） | 29（23~35） | 115.5（2~331） |
| 丹麦 | 1.91（1.79~2） | 94（77~112） | 28.2（19~35） | 89（2~211） |
| 西班牙 | 1.92（1.76~2.1） | 95（75~110） | 29（23~38） | 92.2（7~221） |
| 瑞典 | 1.92（1.78~2.0） | 93（82~113） | 27.8（22~34） | 78.1（19~176） |
| 克罗地亚 | 1.94（1.81~2.3） | 94（75~111） | 26.2（21~32） | 67.7（0~135） |
| 冰岛 | 1.91（1.81~1.98） | 93（77~100） | 28.2（20~37） | 108.4（9~301） |
| 前6名球队 | 1.92 | 93.7 | 28.1 | 91.8 |
| 韩国 | 1.86（1.79~1.92） | 85（71~100） | 26.4（20~31） | 27.2（2~122） |
| 日本 | 1.83（1.72~1.92） | 84（68~100） | 27.3（23~33） | 37.2（2~91） |
| 巴林 | 1.80（1.70~1.93） | 85（70~93） | 26.8（22~39） | — |
| 亚洲球队 | 1.83 | 84.7 | 26.8 | 32.2 |
| 阿根廷 | 1.90（1.79~1.94） | 91（80~105） | 25.9（21~31） | 59.2（26~163） |
| 埃及 | — | — | 24.7（21~36） | — |

## 三、从2011年世锦赛、2008年奥运会技术统计看男子手球技战术特点

如表1-17所列,2011年世锦赛世界强队平均射门成功率达到61%。其中法国队最高,为67%,丹麦队排第2位,为64%,分别获得冠、亚军;韩国队为55%,阿根廷队为53%,埃及队为51%,日本队为49%,与世界强队有一定差距。2011年世锦赛射门成功率统计如表1-18所列,奥运会冠、亚军射门成功率平均达到59%。

表1-17  2011年世锦赛射门成功率统计    单位:%

| 球队 | 底线 | 边锋 | 9m | 7m | 快攻 | 突破 | 平均 |
| --- | --- | --- | --- | --- | --- | --- | --- |
| 法国 | 73 | 59 | 54 | 71 | 85 | 89 | 67 |
| 丹麦 | 84 | 71 | 49 | 91 | 79 | 71 | 64 |
| 西班牙 | 69 | 57 | 41 | 77 | 70 | 67 | 58 |
| 瑞典 | 76 | 56 | 41 | 75 | 69 | 72 | 57 |
| 克罗地亚 | 75 | 66 | 43 | 76 | 71 | 73 | 62 |
| 冰岛 | 73 | 54 | 41 | 81 | 76 | 73 | 58 |
| 平均 | 75 | 61 | 45 | 79 | 75 | 74 | 61 |
| 占比 | 14.6 | 14.8 | 28.8 | 9.1 | 18.3 | 14.4 | |
| 韩国 | 69 | 45 | 32 | 76 | 76 | 85 | 55 |
| 占比 | 17.7 | 10.9 | 22.4 | 13.0 | 17.7 | 18.3 | |
| 阿根廷 | 70 | 55 | 34 | 71 | 76 | 67 | 53 |
| 占比 | 13.2 | 14 | 26 | 11.5 | 17.4 | 17.9 | |
| 埃及 | 65 | 70 | 33 | 71 | 67 | 59 | 51 |
| 占比 | 16.3 | 18.6 | 28.5 | 9.9 | 15.1 | 11.6 | |
| 日本 | 68 | 54 | 28 | 46 | 70 | 67 | 49 |
| 占比 | 11.9 | 14.5 | 22.8 | 6.7 | 24.4 | 19.7 | |

表 1-18　2008 年北京奥运会冠、亚军与中国队射门成功率统计

单位：%

| 球队 | 底线 | 边锋 | 9m | 7m | 快攻 | 突破 | 平均 |
|---|---|---|---|---|---|---|---|
| 法国 | 78 | 50 | 41 | 85 | 69 | 76 | 60 |
| 冰岛 | 73 | 60 | 39 | 76 | 72 | 63 | 57 |
| 平均 | 76 | 55 | 40 | 81 | 71 | 70 | 59 |
| 占比 | 24 | 11 | 27 | 8 | 21 | 9 | |
| 中国 | 56 | 60 | 33 | 75 | 78 | 67 | 46 |
| 占比 | 22 | 6 | 43 | 6 | 17 | 6 | |

2008 年北京奥运会冠、亚军平均射门成功率分别为：底线 76%、边锋 55%、9m 40%、7m 81%、快攻 71%、突破 70%；2011 年世锦赛世界强队射门成功率分别为：底线 75%、边锋 61%、9m 45%、7m 79%、快攻 75%、突破 74%。中国队在 2008 年北京奥运会上快攻射门成功率比冠、亚军高，边锋射门成功率高于冠、亚军。2011 年世锦赛，韩国队、埃及队、阿根廷队和日本队的底线、边锋和 9m 射门成功率与世界强队差距较大。但埃及队边锋射门成功率达到 70%，韩国队突破射门成功率达到 85%，分别排在第 1 位。

2008 年北京奥运会冠、亚军 9m 得分比例最高，其次是底线，最后是快攻，如表 1-17 所示，2011 年世锦赛世界强队得分比例分布为：底线 14.6%、边锋 14.8%、9m 28.8%、快攻 18.3%、突破 14.4%。9m 远射得分比例远高于其他得分比例，其次是快攻得分。世界强队快攻得分比例在提高。2011 年世锦赛埃及队、阿根廷队、韩国队远射得分也是第一权重，而日本队快攻得分比例最高。韩国队底线得分比例和快攻得分比例持平，高于边锋得分比例；阿根廷队得分比例分布与世界强队相似；埃及队边锋得分比例高于底线，高于快攻；日本队快攻得分比例高于 9m，高于边锋，高于底线。从 2008 年北京奥运会看，中国队 9m 远射得分比例占到 43%，远高于其他得分，得分方式较为集中，边锋得分 6%，得分较低。

从数据统计看出，2011 年世锦赛世界前 6 名的球队守门员平均封挡率为 37%，法国队为 40%、丹麦队为 39%，封挡率排在前两位；韩国队封挡率为 38%，与世界强队差距较小，高于阿根廷队、埃及队、日本队，见表 1-19。2008 年北京奥运会冠、亚军平均封挡率为 34%，中国队为 24%，见表 1-20。从 2012 年伦敦奥运会来看，强队的守门员也强，平均封挡率一般要达到 35% 以上。

表1-19 2011年世锦赛前6名球队守门员封挡率统计　单位：%

| 球队 | 底线 | 边锋 | 9m | 7m | 快攻 | 突破 | 合计 |
|---|---|---|---|---|---|---|---|
| 法国 | 34 | 40 | 46 | 29 | 23 | 44 | 40 |
| 丹麦 | 19 | 40 | 50 | 34 | 19 | 37 | 39 |
| 西班牙 | 33 | 31 | 44 | 36 | 29 | 28 | 36 |
| 瑞典 | 25 | 38 | 56 | 20 | 28 | 28 | 39 |
| 克罗地亚 | 10 | 43 | 38 | 11 | 20 | 26 | 30 |
| 冰岛 | 38 | 44 | 44 | 25 | 18 | 26 | 35 |
| 平均 | 27 | 39 | 46 | 26 | 23 | 32 | 37 |
| 韩国 | 31 | 41 | 53 | 27 | 20 | 31 | 38 |
| 阿根廷 | 26 | 35 | 47 | 34 | 21 | 30 | 35 |
| 埃及 | 41 | 36 | 42 | 8 | 22 | 31 | 32 |
| 日本 | 21 | 35 | 48 | 9 | 18 | 23 | 30 |

表1-20 2008年北京奥运会冠、亚军和中国队守门员封挡率统计

单位：%

| 球队 | 底线 | 边锋 | 9m | 7m | 快攻 | 突破 | 合计 |
|---|---|---|---|---|---|---|---|
| 法国 | 23 | 36 | 57 | 23 | 17 | 11 | 37 |
| 冰岛 | 29 | 27 | 43 | 14 | 27 | 9 | 31 |
| 平均 | 26 | 32 | 50 | 19 | 22 | 10 | 34 |
| 中国 | 30 | 31 | 30 | 17 | 21 | 9 | 24 |

2011年世锦赛前6名球队守门员平均封挡率分别为：防底线27%、防边锋39%、防9m 46%、防7m 26%、防快攻23%、防突破32%。法国队守门员防突破封挡率44%，排名最高；冰岛队守门员防边锋封挡率44%，排名最高；韩国队守门员防9m封挡率53%，排名最高；西班牙队守门员防7m封挡率36%，排名最高；西班牙队守门员防快攻封挡率29%，排名最高。从2008年北京奥运会看，中国队守门员防9m远射封挡率为30%，远低于冠、亚军，而其他封挡率差别不大。

从2008年北京奥运会和2011年世锦赛可以看出：世界男子手球强队远射进攻和快攻突出，底线、边锋、突破射门均衡；防远射能力突出，防底线、边锋、快攻、突破能力均衡。这些特点与女子手球队相似，反推来

看，女子手球男性化的趋势也愈加明显。

## 四、小结

男子手球最高级别比赛规模经历了从小到大的过程。从1936年第11届奥运会到2012年第30届奥运会，欧洲球队几乎垄断了前3名（除了1988年汉城奥运会韩国队夺得亚军），亚洲男子手球水平与世界最高水平差距较大，一般维持在世界第三档次，西亚球队竞争力增强，超越了东亚球队。

世界男子手球运动员形态向高大和强壮协调发展，而亚洲球队队员身材与世界强队差距明显。世界强队表现最佳的运动员都是30岁左右，国际比赛经验丰富。

世界强队攻守均衡，射门成功率平均在60%以上，9m远射是第一得分手段，快攻得分比例提高，底线、边锋、突破得分均衡。世界强队守门员平均封挡率一般要达到35%以上，防远射能力突出，防底线、边锋、快攻、突破能力均衡。

# 第五章

# 对手球运动员选材的思考

手球发源于欧洲。手球在中国经过60多年的发展，中国手球队在国际大赛上取得了一定成绩，但依然是"冷门"项目，运动员少，水平不高，发展不平衡。近年来女子手球运动竞争越来越激烈，在奥运会和世界锦标赛比赛中，共有10个国家获得过奥运会或世锦赛冠军，主要由欧洲一些国家和亚洲的韩国队获得，女子手球的争夺呈现多极化发展趋势。综观奥运会女子手球比赛成绩，优势仍在欧洲，但其发展凸显由东欧国家向北欧和亚洲的个别国家转移的趋势。韩国女子手球队从20世纪80年代以来已排在世界女子手球的先进行列之中，多次取得过奥运会和世锦赛的前3名，仍是与欧洲各强队抗争的亚洲代表。中国女子手球队在奥运会上曾有过第3名（共5支球队）、第5名（共8支球队）、第6名（共8支球队）、第8名（共10支球队）的成绩。中国女子手球队在2008年北京奥运会上取得第6名（共12支球队）；在2010年亚运会上夺得冠军。在成绩向好之际，全国手球界对中国女子手球队进军伦敦奥运会也充满了信心，然而2011年在常州市举行的伦敦奥运会资格赛上，中国女子手球队仅名取得第3名，在2011年世锦赛上，中国仅为第21名，彻底失去进军2012年伦敦奥运会的机会。中国女子手球水平依然较低，徘徊不前，起起伏伏，这是为什么？必须深入思考。

决定比赛成绩的因素有很多，例如，球员的技术、体能、意识，教练的临场指挥，训练储备，对对手的分析与适应，球队的团队作战能力，手球文化等,但限制球队水平的直接原因是一种综合因素,其主要载体是运动员。任何运动项目的竞技水平和发展的可持续性的决定性因素是运动员。源源不断的手球人才是确保球队水平稳定、提高和持续发展的根本原因。限制一支集体球类球队水平提高的最重要原因是"缺人"。有充足的人才,才能选拔出技术、体能、意识、团队作战、应变适应能力强的优秀队员;若人才储备不足,就会出现无人可换、过度怕伤、训赛懈怠的现象,进一步制约运动球员水平的提高,而不能满足球迷对成绩的预期,从而导致球队压力大,使球队进一步过分追求短期的技术、体能、心理等各种次级因素,过分注重训练、管理细节而不得不暂时忽视手球的人才培养。手球人才充足是球队水平的最重要保障,更高水平的人才、更充足的储备是手球水平更高的根源。所以,中国手球的发展之路和遇到的问题集中体现在人才问题上,未能进军2012年伦敦奥运会和2016年里约奥运会的根本原因是运动员水平较低、运动员人才底子薄。本章对中国手球运动员的现状进行考察探讨,分析手球人才成长的途径,为手球人才的发展和培养提供参考。

## 一、中国女子手球队的人员现状

目前,中国无手球职业联赛,手球比赛实行的是赛会制,一般为上半年举行冠军赛和下半年举行锦标赛,其中规模最大、水平最高的比赛莫过于每4年一届的全国运动会(简称全运会)手球比赛。第11届全运会女子手球比赛共有解放军队、安徽队、广东队、北京队、广西队、上海队、四川队、新疆队、黑龙江队、山东队和江苏队共11支球队、171名队员参赛(少于第10届全运会的186名队员、12支球队),为历届全运会参赛队数量第二(见表1-21)。全运会后绝大部分省队会重新建队,可能会出现一些新人,一些30岁以上的"老"队员,可能会因为结婚、生子、伤病等原因而选择退役。每个省队一线队员的编制是比较固定的,一般不会超过20人。若无新的地方建立女子手球队的话,按照目前11支球队的全国女子手球规模计算,一线的手球运动员为220人左右,加上各省二线手球运动员人数(以每队30人计)330人,全国女子手球运动员最多也就550人。所以,手球运动员少是事实,没有较厚实的专业人才基础,要达到高峰很难。世界冠军挪威甲级俱乐部就有20支球队,如果加上各级别、各地方的球队,女子手球球队不止百支。所以,手球在我国的竞技基础还相当薄弱,人才底子薄,水平较低。

表1-21　参加第11届全运会的女子手球运动员人数　单位：人

| 合计 | 边锋 | 内卫 | 底线 | 守门员 | 左手 |
| --- | --- | --- | --- | --- | --- |
| 171 | 46 | 74 | 26 | 25 | 12 |

另外，我们对所有参赛运动员的初始运动项目进行了统计。从表1-22、图1-28可以看出，参加全运会女子手球比赛的运动员仅20%是练手球出身，而练篮球转成手球的运动员达到69.2%，可以说我国女子手球队员绝大多数是"转行"而来的。因此，一方面说明全国范围内从小就练手球的女子运动员很少；另一方面说明很多手球运动员是篮球打不好而被淘汰的。手球和篮球具有一定相似性，除了身材上的差异外，篮球也要求运动员有很强的爆发力、持续间歇运动能力、身体对抗能力、球性、意志品质和团队意识等。所以，很多手球运动员在某些球类竞技素质方面低于同龄篮球运动员，我国手球运动员缺乏最优化的人才选拔制度是现实存在，特别是身高在1.8m左右的女子手球运动员是当今手球竞技的中坚力量，同时也是篮球中的最重要的专项人群之一。所以，我国女子手球这类身高的运动员竞技水平不高有选材上的深层原因。

表1-22　第11届全运会女子手球运动员初始运动项目统计

| 项　目 | 人数/人 | 占比/% |
| --- | --- | --- |
| 篮球 | 119 | 69.2 |
| 手球 | 34 | 20 |
| 田径 | 10 | 6 |
| 排球 | 5 | 3 |
| 网球 | 1 | 0.6 |
| 手球 | 1 | 0.6 |
| 武术 | 1 | 0.6 |
| 合计 | 171 | 100 |

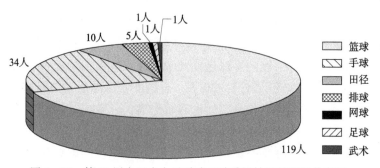

图1-28　第11届全运会女子手球运动员初始运动项目分布图

竞技基础的薄弱主要源于群众基础薄弱，如果群众基础雄厚，更多的人打手球，就会吸引更多的企业赞助手球，也就能吸引更多的人参加手球运动，"捡别人挑剩下的"现象就会减少，手球运动员的科学选拔就更有了底气和基础。手球比赛精彩激烈，是最具有观赏性的运动之一。但是，对手球有所了解的人寥寥无几，不能让大众感受到手球带来的快乐、激情、感动和活力，这不仅是手球的悲哀，更是大众的遗憾。目前，跟篮球、足球、排球等项目相比，手球可以说"无"群众基础。手球目前还主要是靠少数人在艰难地前行。

## 二、目前中国女子手球运动员的成才模式与问题

目前，所有的手球制度发展与演变都是在一定历史背景和制度环境下产生的，不同国家在手球发展上会采取不同对策并形成不同的管理体制。然而，取得手球事业的社会承认和以最小代价获取最好成绩是制度设计的一致目的，为此，各国会从不同逻辑出发进行制度模式设计和选择。手球发展模式选择并无优劣之分，但其运行的结果——成绩，却有好坏之别。不可否认，入选国家队是判断运动员是否成才的最重要标准。中国手球队员成才模式的根本宗旨是通过组织各级别球队的训练、比赛来培养队员，使其成为国家队比赛的可用之才。

在这种发展模式内，尚无系统的从少儿到青年的手球联赛，被选拔到体工手球队（或国家组织的集训队）或省青年队是成才的前提（图1-29）。目前，手球在中国依然很"冷门"，自发地打手球的孩子很少，一般是一些有手球教师的小学组织培养，但其中仅有很少一部分能被挑选到省体工手球队（或国家组织的集训队）或省青年队。为什么呢？①有兴趣打球的孩子，打得不够好而落选；②有兴趣打球的孩子，打得不错，但挑选者（体工手球队和省青年队）不认可，挑选缺乏长期、系统性；③有兴趣打球的孩子，打得不错，但挑选者看走眼没选上；④有兴趣打球的孩子，打得不错，但由于各种影响（如考大学；"学手球又累又没出息"），而被迫放弃学手球；⑤有兴趣打球的孩子，打得不错，长大成人，业余打球，进入不了挑选者的"法眼"。但只有在此种模式下，本来对手球无兴趣的孩子，凭借身体素质或其他因素的优势而可被挑选到体工队，走上练手球的道路。一旦孩子被体工队选上，他们虽能够接受系统的正规专项教学训练，但其他方面的学习深造受到影响。另外，进入体工队就有一定收入和

地位，功利性需求过早的刺激使得孩子们打球缺乏纯粹的志趣和技能熏陶。省青年队往往并非正式编制内的球队，经费难以保证，队员往往训练多、比赛少，成长缓慢。而且即使个别队员水平突出，也会出现由于省队（编制内球队）编制限制，或"老"队员未退役，或组织未让编制内队员退役，而不能进入省队的可悲情况。所以，这种成长模式存在着体制外与体制内的隔阂，运动员成才与部门选拔间的失调，手球专业发展与其他能力发展间的失衡，功利主义与精神发展的背离等问题，导致地方（省队）队员更新缓慢，水平提高缓慢。但各省手球队受制于球队人才发掘、储备、发展机制不健全，高水平人才少，为了自身利益，担心自己队员受伤，存在怕自己队员被国家队（非奥运会或亚运会球队）选上的怪现象。

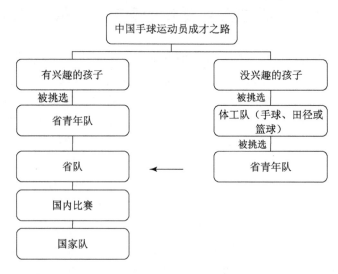

图1-29 中国手球运动员成才模式

选拔进入国家队的运动员，均是各省编制内的队员，绝大部分都已成年，技术、意识、心理、体能相对成熟，进一步变化的潜力不可能很大。寄希望于一拨队员通过训练、比赛彻底挖掘他们的最大潜能，是一种"急功近利"的表现。但是，相对于科学培养人才这个繁重的系统工程，在球员培养制度不健全时，这也是应对人才匮乏、任务艰巨的无奈的必然选择。因此，此种模式培养、发展、选拔出来的运动员，一般都有很强的为国争光、努力拼搏精神，但成才途径较窄。目前的手球管理模式，最大化地尊重了球队组织、管理方或教练在选拔、培养上的作用，但受到国家教育制度、家庭培养方式、队员选拔体制、社会环境等多重因素的影响，从而造成体制外手球与体制内手球的隔阂，省队的发展不能适应国家项目发展的需求，运动员存在功利化倾向而文化素质较低，运动员更擅长训练而不是更擅长比赛，制约了项目整体的可持续发展。

## 三、手球强国的人才成长模式

手球强国运动员的成才模式（图1-30），经过近百年的发展已经相当完善。其基本做法是根据人的生长发育阶段，发展各级别联赛，让球员在各级别联赛中发展手球兴趣和提高竞技水平，自我选择，适者生存，优胜劣汰，源源不断为国家队输送人才。

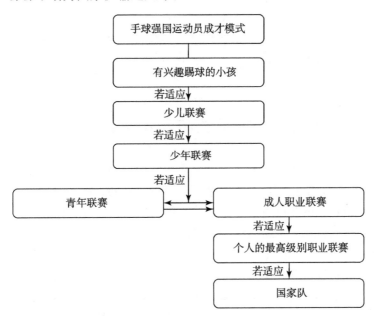

图1-30 手球强国运动员成才模式

在此种模式中，少儿、少年、青年联赛往往以小学、中学和大学为单位，从少儿到青年每级都有联赛，维护、发展孩子的手球兴趣，且不影响个人学习和其他技能的培养。在各级联赛中，始终有兴趣、能够适应且脱颖而出者就可随着自身学习阶段，进入更高级别联赛。少儿到青年联赛的磨砺是在无很多利益掺杂的环境下进行的，为有兴趣的孩子提供了发展手球兴趣、技能和个性的纯粹土壤。在少年或青年联赛中能够适应且脱颖而出，被职业队选中，并有志于从事职业手球的，就可进入成人职业联赛，这是对其手球水平的肯定和手球志趣的奖赏。

欧洲手球职业俱乐部绝大部分是自负盈亏的独立俱乐部，政府不得参与或干涉手球联赛和俱乐部活动，俱乐部存在与发展规则和球员存在与发展原则根本上是一致的。职业联赛的组织者、监督者、仲裁者是手球联盟，独立于政府和宗教。只要运动员在职业联赛中能适应，脱颖而出，就可能参与更高级别或者国外更高水平的联赛。而国家队时刻为优秀队员敞开大门。

手球强国的运动员成才模式是通过阶梯式的联赛适应，从手球比赛的根本项目规律出发，尊重球员个体选择和个体适应能力，保证了人才的可持续产生和可持续的全面发展，源源不断造就优秀球员，确保了欧洲手球在世界手球领域一直处于领先地位，为欧洲、世界手球的发展做出了巨大贡献。这种模式培养出的手球人才，充满个性，独立自主，但有时会存在个人利益或个性与国家利益或要求相冲突而不为国效力的情况，这是此种人才发展模式存在的弊端。

## 四、目前手球发展趋势与人才需求

手球比赛中场上形势变化万千，要在变幻莫测的竞技比赛中，做出迅速准确的判断，进行积极高效的反应，以争取胜利，需要运动员具备专项的体能、技术、战术配合、团队精神、意志品质。而这种需要本身就是对手球运动员竞技能力的最好锻炼，越纯粹越竞技的手球比赛锻炼效果越好。当今世界手球水平最高的国家都是职业联赛开展最好的国家。对抗性更强，速度更快、变化更多、配合更连续、攻防更讲究团队化和节奏化是当今手球发展的大趋势。为了适应这种发展趋势，首先要涌现出更多能适应这种趋势的多样的运动员。运动员必须具备多样性，具备更快的速度和更强的耐力、对抗能力、应变适应能力、团队化的技战术能力和技战术发挥的节奏控制能力，而这些竞技能力不是通过简单或复杂的训练就能够培养出来的。通过设定某一或某几个情境去模仿真正的比赛而去发展培养专项比赛能力是不太可能的，而且不符合项目的规律，因为人员有差异、变化有差异、进程有差异、激烈程度有差异；通过选拔一批球员进行长时间培养发展专项比赛能力是不太可能的，因为当今手球技战术、体能水平的应变和适应能力是核心竞争力，这种应变、适应能力要通过与大量的不同对手、大量的不同队友进行比赛而产生并发展，而且长时间培养导致人才发现和淘汰周期过长，效率不高，更有可能长时间集训培养的人情因素会影响人才的科学选拔，从而使优秀球员被挡在大门之外。所以，从手球发展的历史、现状以及未来趋势来说，发展联赛，培育优良的联赛环境，给球员提供肥沃的成长土壤，让球员努力奋斗、自我选择、自我负责，优胜劣汰，是一条更适应手球和球员发展趋势的人才成长模式。球员和球队的手球水平通过不断的比赛而得到不断提高，联赛就像是一个手球竞技水平的加工厂，适合这项运动的球员会在不停的加工中得到锻炼，而不适合的会在不断加工中被淘汰，因为加工厂的衡量标准很明确，就是手球水平。把手球联赛比作加工厂不一定恰当，但是，不能否认联赛也许是手球发展的最自然、最健康的发展模式。

手球在世界范围内的交流与合作更加频繁，各国手球也在进一步适应世界手球发展趋势中时刻调整自己，以赶上世界手球发展的步伐。中国手球还未进行职业化改革，培养出的手球人才屈指可数，质量也不理想，其根本原因就是手球运动员的培养还是以"人工培养"为主要方式，不能适应手球发展趋势，不能适应手球项目规律的要求，不能适应手球运动员自身发展的需要。所谓不进则退，在对手们都在深化改革、寻求进一步发展时，中国手球更应顺应发展潮流，充分利用改革开放的大好时机，改革人才培养机制，迎头赶上，振兴手球项目。中国有举国体制的优势，可以集中最优秀的运动员进行长期集训，对技战术、体能、专项心理进行强化。如果能将联赛体制与举国体制结合，以联赛进行选拔、培养、锻炼，以集训进行磨合、补缺、强化、调整、备战，手球水平的提高将大有希望。

## 五、小结

中国女子手球水平依然较低，徘徊不前，起起伏伏，其根本原因是运动员水平较低，人才底子薄，绝大多数球员是"转行"而来的，缺乏最优化的人才选拔机制。中国手球运动员的成才模式是通过组织各级别球队的训练比赛来进行培养，使其成为国家队比赛的可用之才。这种模式培养、选拔出来的运动员，一般有很强的为国争光、努力拼搏精神，但存在着体制外与体制内的隔阂、运动员成才与政府选拔间的失调、手球专业发展与其他能力发展间的失衡、功利主义与精神发展的背离等问题，导致球员更新缓慢、水平提高缓慢，球员更会训练而更不会比赛，制约了项目整体的发展。而手球强国运动员成才模式是根据人的生长发育阶段，发展各级别联赛，让球员在各级别联赛中发展自己的手球志趣和提高竞技水平，自我选择，适者生存，优胜劣汰，尊重球员个体选择和个体适应，从而促进了手球人才的可持续产生和全面发展，造就了源源不断的优秀球员。对抗性更强、速度更快、变化更多、配合更连续、攻防更讲究团队化和节奏化是当今手球发展的大趋势。为了适应这种发展趋势，发展联赛，培育优良的手球联赛环境，为运动员提供肥沃的成长土壤，让运动员努力奋斗、自我选择、自我负责、优胜劣汰，是一条更适应手球和运动员发展趋势的人才成长模式。中国有举国体制的优势，若能将联赛体制与举国体制结合，以联赛进行选拔、培养、锻炼，以集训进行磨合、补缺、强化、调整、备战，必将提高手球运动的水平。

# 第二篇　手球体能

第一章

# 手球运动员身体形态学特征研究

竞技手球的对抗性、激烈性、持续性更强，要取得比赛的胜利，需要球队的技战术、运动员的体能、意志、团队意识有机融合。一般来说，只要手球打得足够好，就可以成为竞技手球运动员，个体的形态特征只是作为参考，但是长期从事手球运动的运动员身体形态与项目特点是息息相关的，优秀的手球运动员身体形态学特征也具有共性。Nikolaos等研究发现，参加手球训练后的孩子的体重，体质指数（BMI），上臂、髋和大腿皮脂厚度，手长，肩锋间距都比不参加手球训练的孩子有更优越的条件，这些区别与手球训练的塑造有关。袁琼嘉等测量了27名我国优秀男子手球运动员45项身体形态指标及派生指标，发现我国优秀男子手球运动员手长均值明显大于同龄对照组，拇指、小指间距平均值为21.94cm，虎口水平角度和虎口垂直角度平均值分别为89.13°和103.57°，指间距长于身高3.53～4.04cm，坐高指数均值为59.22，为长躯干型，骨盆宽－身高指数和骨盆宽－肩宽指数平均值均小于同龄对照组，表明我国优秀男子手球运动员属宽肩窄骨盆型；达氏指数为中间型。这些研究说明，长期从事手球运动训练会对运动员的体型塑造产生影响，使手球运动员的体型具有项目特性。研究表明，中国优秀手球运动员的神经类型以活泼型占首位，其次是安静型和兴奋型，最后是抑制型。神经类型与手球技术水平发展关系密切，它制约着手球运动员水平的提高和发挥。我国女子手球不同位置的优秀运动员神经类型的分布具有一定特点：中卫队员的神经类型以活泼型最为理想,左、右内卫队员以活泼型和安静型为佳,边锋队员以活泼型、兴奋型最适宜,底线队员以安静型为佳,守门员以活泼型为佳。

## 一、手球运动员基本身体形态学特点

从女子手球国家队与地方队队员的身高、体重、BMI 和体脂百分比的比较发现,国家队队员的身高高于地方队队员($p<0.05$cm),体脂更低($p<0.05$%),BMI 和体重无显著差异,推测身高与体脂水平与手球运动员水平级别有关。中国女子手球运动员形态学基本特点见表 2-1。

表 2-1 中国女子手球运动员形态学基本特点

| 球队 | 项 目 | 平均值±标准差 | 范围 |
|---|---|---|---|
| 国家队 | 身高/m | 1.79±0.06 | 1.71~1.88 |
| | 体重/kg | 71.2±3.72 | 64~80 |
| | 体脂/% | 14.03±3.67 | 9.55~20.06 |
| | BMI | 21.74±1.19 | 19.31~23.28 |
| 地方队 | 身高/m | 1.72±0.06* | 1.6~1.81 |
| | 体重/kg | 65.64±6.07 | 55~73.6 |
| | 体脂/% | 17.80±4.28* | 13.74~25.39 |
| | BMI | 22.45±1.18 | 20.97~24.22 |

\* 与国家队比 $p<0.05$。

本章主要采用了 2006—2010 年的数据,因为这 20 年来是中国手球与世界手球接触最多的时期,具有典型特征。从表 2-2、表 2-3 可以看出,世界女子手球强队的运动员年龄,平均 25~28 岁,各队均有 2 名左右 30 岁以上和 20 岁左右的队员。

表 2-2 2008 年奥运会女子手球前 6 名球队队员基本情况

| 球队 | 身高/m | 体重/kg | BMI | 年龄/岁 |
|---|---|---|---|---|
| 挪威 | 1.78(1.72~1.84) | 71.3(62~80) | 22.3 | 27(23~33) |
| 俄罗斯 | 1.82(1.63~2) | 69.8(53~98) | 21.1 | 26.6(22~32) |
| 韩国 | 1.72(1.62~1.8) | 64.7(50~72) | 21.9 | 28(20~36) |

续表

| 球队 | 身高/m | 体重/kg | BMI | 年龄/岁 |
|---|---|---|---|---|
| 匈牙利 | 1.77 (1.67~1.87) | 69.5 (57~79) | 22.2 | 26.1 (21~33) |
| 法国 | 1.76 (1.6~1.88) | 66.5 (55~82) | 21.5 | 27.3 (21~37) |
| 中国 | 1.78 (1.71~1.87) | 70 (64~76) | 21.8 | 25.5 (19~28) |

表2-3　2009年女子手球世锦赛前6名和亚洲、非洲球队队员基本情况

| 队别 | 身高/m | 体重/kg | BMI | 年龄/岁 |
|---|---|---|---|---|
| 挪威 | 1.78 (1.67~1.85) | — | — | 26.7 (23~34) |
| 俄罗斯 | 1.81 (1.65~1.90) | 72 (60~82) | 22.0 | 24.5 (19~31) |
| 西班牙 | 1.74 (1.66~1.83) | 69.3 (62~90) | 22.9 | 26.4 (19~36) |
| 法国 | 1.77 (1.63~1.89) | 70 (58~84) | 22.3 | 24.4 (19~30) |
| 罗马尼亚 | 1.77 (1.70~1.84) | 70 (58~84) | 22.3 | 26.8 (21~33) |
| 匈牙利 | 1.77 (1.68~1.86) | 68 (56~77) | 21.7 | 23.8 (18~29) |
| 日本 | 1.68 (1.61~1.79) | 63.1 (54~74) | 22.4 | 25.7 (20~32) |
| 哈萨克斯坦 | 1.80 (1.63~1.88) | 73 (50~95) | 22.5 | 22.6 (17~34) |
| 韩国 | 1.73 (1.62~1.86) | 63 (50~78) | 21.0 | 24.8 (19~30) |
| 安哥拉 | 1.74 (1.67~1.89) | 69 (56~86) | 22.8 | 24.9 (19~33) |
| 中国 | 1.79 (1.71~1.90) | 69 (62~85) | 21.5 | 22.3 (16~29) |

从2008年北京奥运会前6名球队队员的平均身高和体重情况（表2-2）可以看出，韩国队队员平均身高最低，为1.72m，与最高的俄罗斯队队员（1.82m）相比，差别非常显著，与其他4支球队相比，差别显著。其他4支球队队员的平均身高和体重无显著差异，平均身高为1.76~1.82m，平均体重为66.5~73.1kg，说明中国队队员的基本身体形态与世界顶级强队相似，特别是具备与欧洲女子手球强队相似的身材特点。

女子手球运动员身材比一般运动项目运动员高，但低于篮球和排球运动员。与优秀女子篮球、排球运动员的身体形态学、身体成分和体型的特点进行比较发现，手球运动员比较矮，BMI平均为23.6，比较高。

体质指数（BMI）这个概念，是由19世纪中期的比利时通才凯特勒提出的。定义为：BMI＝体重（kg）/身高（m）$^2$。由于它综合了身高、体重的特点，世界卫生组织通用BMI来衡量体重，也是判断人体形态是否均衡的重要指标，见表2-4。

表 2-4　BMI 的标准及意义

| BMI 意义 | 男　性 | 女　性 |
| --- | --- | --- |
| 体重过轻 | <20 | <19 |
| 体重适中 | 20～25 | 19～24 |
| 体重过重 | 25～30 | 24～29 |
| 肥胖 | 30～35 | 29～34 |
| 非常肥胖 | >35 | >34 |

一般来说，身材越高，对外围射门、中路防守封挡和守门员防守越有利，但是身材高的运动员也会出现移动慢、体能差、步伐笨拙的情况而影响专项技战术能力，所以，手球运动员的基本身高特性应该是在不影响专项技战术能力的情况下身材越高越壮越好。

体重是手球运动科学中比较受关注的生理指标，邓沛玲等采用希思－卡特体型测定法，对 195 名（其中男 86 名）优秀手球运动员的体型特点进行了研究，发现女子手球运动员体型平均分值为 5.06～3.47～2.88，而且运动水平越高的队，中胚层成分越占优势，按场上位置区分，男女底线运动员中胚层分值最高、守门员最低；并认为理想的体型应该是体脂适当、体重较轻、身材较高。杨继宏认为，手球选材要根据青少年身体形态和身高的关系，选拔那些生物年龄小、身材高大、下肢长、臂长手大、速度力量型和修长型体态而又心理素质好的活泼型和安静型的人才。体重是非常受重视的手球选材指标之一，而且不少人认为，手球运动员应该有较大的体重，以增强对抗能力。而研究发现，国家女子手球队队员体重与地方队无显著差异，但体脂水平显著低于地方队（$p<0.05$），说明国家队队员的瘦体重较大。身体体脂水平与有氧耐力水平有很强的负相关性，国家队队员的有氧耐力水平高于地方队，因为世界级的比赛对抗性、激烈性和持续性更强，对有氧耐力要求更高。另外，有研究认为，优秀运动员和业余运动员在做次大强度的半蹲动作时，中枢神经动员模式和单位肌纤维的张力几乎相同，而最大力量和肌肉功率存在差别的原因就在于去脂体重的差异，而且优秀手球运动员在性别上功率输出的差异主要是因为肌肉体积的差异。所以，优秀手球运动员应该具备较大的瘦体重。瘦体重越大，在射门或投球的时候产生的力量和速度就越大，瘦体重大可以更好地支持手球队员在比赛中肌肉强有力的收缩。女子手球运动员体脂下降或体重下降得多，也会表现出最大力量或上下肢肌肉做功功率下降得多，这种现象在男子手球运动员中也有。所以，瘦体重是手球运动员运动机能的重要指标。

从1976年至今，在奥运会上，韩国女子手球队取得过2次冠军、3次亚军、1次季军的成绩，而韩国队身高较欧洲强队和中国队低得多，她们利用更为灵活快速的步伐、较强的弹跳创造空间进行攻击，防守时多采用3/2/1，目的是尽量减少对手的外围队员中区助跑、跳起射门的空间和机会。所以，身高可能是限制运动员水平提高的一个瓶颈，但并不与球队竞技水平成正比，身高低不能成为手球运动员水平低的借口，不同的身高可以有不同的技战术特点相适应。

对参加2008年奥运会的中国女子手球队与欧洲强队进行比较发现，中国手球运动员身高、体重与欧洲强队相比已没有劣势。而与韩国队相比，中国队有明显的身高、体重上的优势，但中国队与韩国队的正式比赛是输多胜少。韩国队员身材矮、体重轻，但她们依靠快速灵巧的移动在攻防对抗中取得优势。移动能力与运动员能量代谢系统的效率息息相关，多余的脂肪会影响能量代谢系统的效率，因此就某一个成年手球运动员而言，要提高移动对抗能力，就要使脂肪减少而体重尽量重，也就是使瘦体重尽量重。但蛋白质的合成，在正常生理情况下，受遗传影响最大，成年以后瘦体重的增加有限，必须依靠科学的力量训练和营养补充，使瘦体重增加与队员竞技能力增加相适应。

## 二、中国女子手球运动员身体形态学位置特点

从表2-5可以看出，中国女子手球队边锋的身高和体重比内卫、底线和守门员显著低（$p<0.05$），而内卫、底线和守门员的基本形态无显著差异，从参加奥运会的世界强队的统计也发现相似的特点，中国队各位置的基本形态与参加奥运会的其他球队无显著差异（表2-6），这些身体形态学特点与各位置攻防特点相适应。手球运动员在场上的角色因不同位置的攻防需要而不同，不同位置的运动员身材特点也不一样。内卫对正面中间区域的防守和封挡（对方的跳跃远射）、中间区域的进攻，底线对中路的防守和封挡、在对方底线附近的对抗、拼抢，守门员的防守面积的增加等，这些方面对各位置队员的体型有一定的高度和体重要求，但因为同时必须具备较高的反应、灵敏、爆发力、速度、耐力等素质，体型不能太大。边锋主要不是进行正面的进攻和防守，而是要通过不断快速的跑动、较强的弹跳和灵敏性等能力在边路进行攻防，与其他位置相比，对身高要求较低。

表2-5　中国女子手球不同位置的运动员基本身体形态比较
（2008年北京奥运会队员）

| 项　　目 | 边锋（7） | 内卫（6） | 底线（6） | 守门员（6） |
|---|---|---|---|---|
| 身高/m | 1.73±0.95 | 1.81±4.24* | 1.80±4.04* | 1.80±5.29* |
| 体重/kg | 64.45±3.62 | 72.81±1.75* | 74.23±2.66* | 71.65±5.85* |

\* 与边锋比 $p<0.05$。

表2-6　2008年奥运会各国女子手球队不同位置的运动员基本身体形态比较

| 项　　目 | 边锋（36） | 内卫（52） | 底线（22） | 守门员（21） |
|---|---|---|---|---|
| 身高/m | 1.72±0.05 | 1.79±0.07** | 1.78±0.05** | 1.79±0.06** |
| 体重/kg | 65.4±7.5 | 70.2±7.2** | 73.2±4.9** | 72.3±6.1** |

\* 与边锋比 $p<0.05$；\*\* 与边锋比 $p<0.01$。

## 三、中国不同优势手女子手球运动员身体形态学特点

手球控球、射门、带球等动作主要是由优势手完成的，而起跳腿往往是对侧腿，重复使用优势肢体去完成各种技术动作会对相应肢体神经、肌肉产生刺激，引起相应肢体形态结构发生一定的适应性变化。瘦体重与力量、速度有很强的相关性，右手运动员左腿伸屈的最大力量和左腿伸爆发力大于右腿，但缺乏显著意义，从表2-7、表2-8可以看出，优势手的上臂瘦体重高于非优势手（$p<0.01$），相应臂围略大，左大腿围略大，但缺乏显著意义。

表2-7　左、右手运动员上臂、大腿围度特点　　　　单位：cm

| 分　　组 | 左臂围 | 右臂围 | 左大腿围 | 右大腿围 |
|---|---|---|---|---|
| 右手运动员（17） | 29.21±1.13 | 29.35±1.13 | 52.30±1.97 | 52.17±1.92 |
| 左手运动员（8） | 30.38±1.40 | 30.01±1.46 | 53.20±2.20 | 53.04±2.19 |

表2-8　左、右手运动员上臂、大腿瘦体重特点　　　　单位：kg

| 分　　组 | 左臂瘦体重 | 右臂瘦体重 | 左腿瘦体重 | 右腿瘦体重 |
|---|---|---|---|---|
| 右手运动员（17） | 3.12±0.35 | 3.20±0.36** | 9.94±0.96 | 9.95±0.94 |
| 左手运动员（8） | 3.21±0.30 | 3.03±0.29** | 9.97±0.88 | 10.04±1.08 |

\*\* 与右肢或左肢横向比 $p<0.01$（配对T检验）。

从表 2-9、表 2-10 可以看出，左手运动员右腿伸屈的最大力量比左腿大（$p<0.05$），右腿伸膝的爆发力大于左腿，但缺乏显著意义。左手运动员起跳腿往往是右腿，右手运动员起跳腿往往是左腿，所以优势手运动员对侧腿屈伸的最大力量更大，特别是对侧腿伸膝的爆发力应该更大，因为这是起跳的重要动力来源。本研究推测，长期的手球运动对不同优势手运动员身体形态产生了一定影响。

表 2-9　左右手运动员膝伸屈最大力量　　　单位：kg

| 分　组 | 左腿屈 | 右腿屈 | 左腿伸 | 右腿伸 |
|---|---|---|---|---|
| 右手运动员（17） | 115.27±13.45 | 110±15.44 | 194.73±45.77 | 189.53±12.88 |
| 左手运动员（8） | 123±18.65* | 126.5±17.38 | 185.5±37.57* | 210.25±33.99 |

\* 与右肢或左肢横向比 $p<0.05$（配对 T 检验）。

表 2-10　左右手运动员膝伸屈爆发力　　　单位：W

| 分　组 | 左腿屈 | 右腿屈 | 左腿伸 | 右腿伸 |
|---|---|---|---|---|
| 右手运动员（17） | 87.40±11.76 | 89.33±12.88 | 129.8±22.13 | 125.13±20.13 |
| 左手运动员（8） | 92.50±9.21 | 90±17.76 | 119.25±19.6 | 123±14.98 |

第二章

# 手球运动员机能监督

从生物学角度分析，运动训练就是对运动员机体施加负荷刺激，人体需要调动神经、内分泌、循环等系统和运动器官来应对这种刺激，刺激的结果使机体产生适应性变化，形成一个生物学改造过程，提高机体各器官系统的机能。运动科学领域机能监督包括两个方面的工作：机能状态的监督和机能能力的监督。目的就是通过监测机体生物学指标或训练学指标，来判断训练对人体的刺激程度、机体的恢复程度、机体机能能力的变化和探讨引起运动员机能变化的原因，尽可能为避免运动伤病、预防过度疲劳、提高训练效果提供科学帮助，以促进训练正常有效进行。机能状态的监督，包括运动状态监督和静态监督。运动状态监督主要是指运动员进行训练或比赛时进行的机能监督工作；静态监督是相对的，主要是指在运动员在相对安静的情况下的机能监督，如晨态、运动后等。

## 一、运动状态监督

运动状态监督是最重要的机能监督，因为它直接对训练或比赛的运动员的机能情况进行监督，可以反映运动员对训练或比赛负荷的承受程度和运动员的运动状态。教练员进行训练设定的时候，很多情况下都是根据训练学强度进行设定，虽然利用生理学指标如心率、乳酸进行强度监督的方法也逐渐得到利用,特别是在划船、自行车、长跑等项目。这些项目大部分是个体项目,追求个体机能能力提升的时候,必须根据个体差异进行强度的设定,但很多情况下,还不能够根据个体进行专门的强度监督,训练计划中的强度可能正好不是教练所希望对该运动员施加的强度。所以,通过运动状态监督来及时反馈和调整计划,以更好地安排训练。也有一些运动员安静时状态很好,但运动时总是状态不佳,所以监督运动员的运动状态更能够判断运动员的状态,因为运动员的状态更要体现在运动中。

### (一) 运动强度分级测定

运动会导致机体生理状态的变化,以适应运动需要,运动负荷不一样,机体生理变化不一样。所以,机体生理状态的变化一方面可以反映机体状态的情况;另一方面也可以反映运动负荷的特点。要想知道运动负荷的强度如何,必须知道机体最大强度时的状态特点,以及其他运动员相应强度运动时的状态。长期的数据积累,能够找到运动员运动状态变化特点和规律,就能够对运动员运动状态进行评定。监督运动员的训练状态是考察训练特点、检测训练质量、评定训练效果的非常重要的一环,同时也是检验运动员机能状态的最重要的一个方面。训练强度分级判定是进行训练状态监督的第一步工作,也是利用指标进行训练状态监督的依据,目前还是以实验室递增负荷测定为主要强度分级评定方法。运动员运动强度分级见表2-11。

表2-11 运动员运动强度分级

| 姓　名 | 最大心率/(次·min$^{-1}$) | 无氧阈心率/(次·min$^{-1}$) |
|---|---|---|
| 吴×× | 176 | 164 |
| 刘×× | 175 | 150 |
| 安× | 190 | 168 |
| 闫×× | 181 | 148 |
| 刘× | 184 | 150 |
| 孙×× | 183 | 148 |
| 吴× | 190 | 144 |
| 黄×× | 190 | 150 |
| 张×× | 181 | 142 |
| 黄× | 189 | 150 |
| 徐× | 179 | 143 |

试验方法：通过最大摄氧量测试确定最大心率和无氧阈心率。所有运动员在测试前两天充分休息，测试时采用的是跑台递增负荷方案，测试前将跑台和心肺功能仪（Jagger 最大摄氧量测试系统）调好，运动员带好心率表。根据事先制定的跑台递增负荷方案进行。安静时和恢复期 3min、5min、8min 取耳血测乳酸。最大摄氧量的评定标准：①继续运动后，摄氧量差小于 5% 或 150mL/min，或 2mL/（kg·min）；②呼吸商（RQ）大于 1.10，心率大于 180 次/min；③继续运动时摄氧量出现下降；④再怎么鼓励也不能坚持运动。以上四项中具备两项则可认为达到最大摄氧量。

通过测定通气无氧阈来测定无氧阈。通气无氧阈（VT）判定标准为：递增负荷运动测试，当运动负荷达到一定强度后，$VE/VCO_2$ 出现非线性增加的拐点，如图 2-1 所示。通气无氧阈对应的速度或功率则为无氧阈（速度或功率）。无氧阈对应的心率为无氧阈心率。

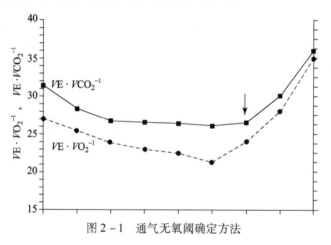

图 2-1 通气无氧阈确定方法

用 POLAR 心率监测系统进行训练课的心率监控。

## （二）训练状态监督

使用心率监测系统能够记录心率变化，无论是休息还是运动，可以较好地观察运动员内负荷变化情况、自身的努力程度和机体的动员能力。训练内容不同，心率变化也不同，如图 2-2 所示。

12min 跑、8 字跑和 100m 跑的强度较跳绳和其他有球练习大。整段落的训练心率高低起伏，持续时间长，是持续有氧体能训练与高强度训练的结合。跳绳 5min 3 组，间歇 1min，主要是弹跳耐力的训练，对心血管刺激不强烈，最高心率没有超过无氧阈心率；跑桩 40m，是各种快速灵活步伐能力的训练，以及相应技术的无氧耐力训练；8 字跑是反复折返及防守横

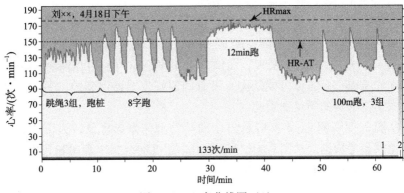

图 2-2 心率曲线图（1）

向步伐的训练，从图 2-2 中可以看出，该训练心率反映的强度比跳绳和跑桩都高；12min 跑平均心率 169 次/min，比其无氧阈心率 150 次/min 高，最高心率达到 176 次/min，超过实验室测试的最高心率 175 次/min。100m 跑的心率没有 12min 跑高，说明虽然是极限强度的速度训练，但对心血管系统的刺激和需求并不是很高。

图 2-3 显示最高心率是 183 次/min，但是从心率表记录开始到 B 点这段曲线应该是受干扰曲线，女运动员由于解剖形态特点，心率接收信号常不甚理想，另外在跑的初期由于汗液还不多而导致的传导干扰也可能影响心率接收信号。根据人体生理学规律，正常心脏的人在持续的跑动中，在外部速度没有明显降低的情况下，心脏的动员是一个渐进的过程。所以从 B 点到 M 点是正常的心率曲线，最高心率是 N 点对应的心率为 178 次/min，平均心率为 169 次/min。实验室测试最高心率为 181 次/min。所以，

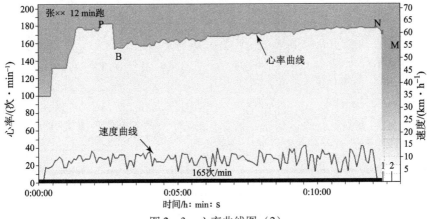

图 2-3 心率曲线图（2）

此次的 12min 跑可能还不是其最好成绩。

根据速度曲线，图内显示跑动距离为 1.9km，不尽准确。肉眼观察的结果是绕场地跑动 28.5 圈，每圈 90m，所以总共跑动距离肯定不止 1.9km。从心率解析图上发现，曲线高低不平，这可能可以解释距离测试不准确的原因：一方面可能是由于没有固定好传感器引起的；另一方面可能是由于传感器的不灵敏引起的。

从图 2-4～图 2-6 可以看出运动员的个体差异现象，为个体化体能训练提供参考依据。从图 2-6 可以看出，速度曲线整个走向和数值基本一致，但曲线某些点有明显的不同。

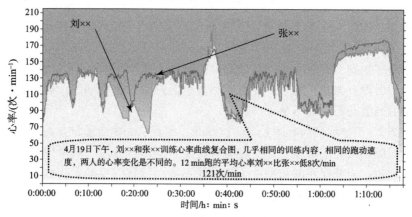

图 2-4　心率曲线复合图 (1)

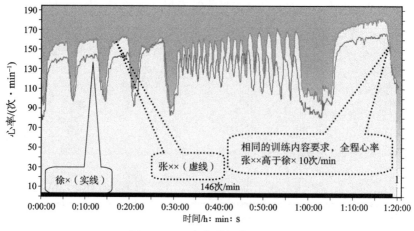

图 2-5　心率曲线复合图 (2)

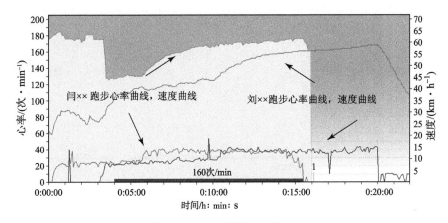

图 2-6　心率曲线复合图（3）

图 2-7 显示吴××27 日与 22 日相比，跳绳、跑桩和 8 字跑训练心率下降明显。12min 跑心率 172 次/min，最高 178 次/min，比 22 日高 2 次/min，成绩提高了 50m。相同的训练内容，心脏动员没有发生多大变化，说明这种机能的提高主要是肌肉代谢系统有氧能力提高引起的。

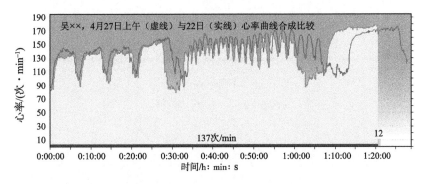

图 2-7　两次心率曲线合成比较

图 2-8 为黄××4 月 19 日（实线）与 5 月 10 日（虚线）12min 跑的比较，其成绩从 3 040m 提高了 10m，跑时最高心率一样，曲线相当接近。

从图 2-9、图 2-10 可以看出，这种持续的不间断的步伐和各种传接球训练平均心率低于无氧阈心率，最高心率没有达到实验室最高心率水平，所以这种训练是以有氧能力训练为主、高强度无氧能力训练为辅的间歇性运动；而且步伐训练的强度高于有球训练，因为有球训练往往是多人共同参与，间歇会更多，完成独立动作群的时间相对较短，而步伐训练是个人持续完成的。

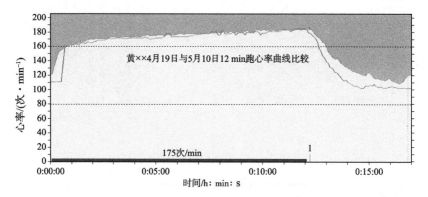

图 2-8 两次 12min 跑心率曲线比较

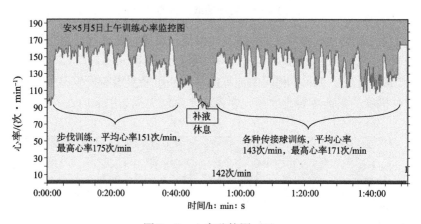

图 2-9 心率监控图（1）

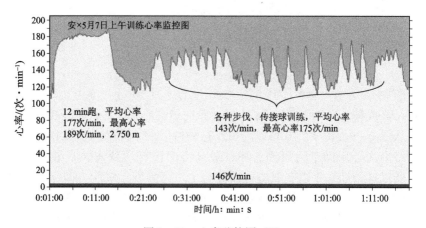

图 2-10 心率监控图（2）

从图 2-11 可以看出，水上康复训练主要是低强度的有氧训练，全程平均心率 112 次/min，最高心率 160 次/min。

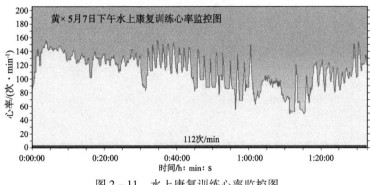

图 2-11 水上康复训练心率监控图

从图 2-12~图 2-14 可以看出，训练内容不同，心率变化不同。

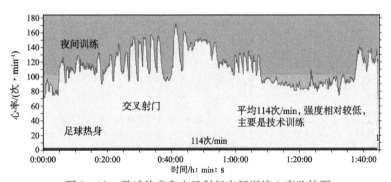

图 2-12 足球热身和交叉射门夜间训练心率监控图

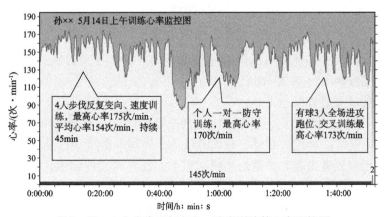

图 2-13 4 人步伐反复变向、速度训练等心率监控图

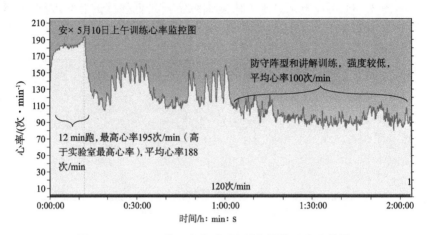

图 2-14 12min 跑、防守阵型和讲解训练心率监控图

从图 2-15 可以看出,训练位置不同,心率变化不同。

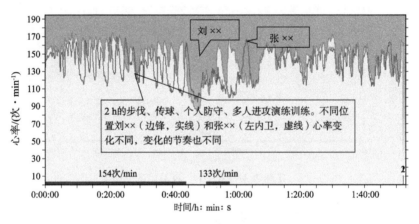

图 2-15 不同位置训练的心率监控图

黄×两天下午训练负荷具有一定重复性,基本技术训练以耐力为主,第二天强度更大(图 2-16)。

训练状态监督的意义。

(1) 评定训练负荷,进而研究运动项目的特点。手球的各种步伐、传接运球、防守、射门、封球、有球游戏是一种间歇性运动,是以有氧强度为主、无氧强度为辅和关键的非周期运动;各种辅助性训练,如长跑、力量、短冲、水上康复则运动强度特点不同。

(2) 评定运动员的训练状态。运动员的训练状态是运动员机能状态中

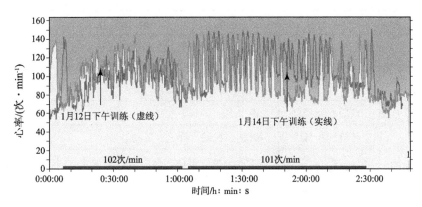

图 2-16 黄×心率曲线复合图

最重要的方面,通过心率的变化可以反映心脏动员的变化,可以反映心血管系统的状况,进而推测身体和精神状态。

(3) 评定训练效果。相同的训练内容,出现心脏动员的调整变化,也可反映机能的调整变化,通过分析这种变化与心脏动员变化趋势的一致性,就能更好地分析这种变化的原因,如果加上肌肉系统代谢指标如乳酸的测试,效果会更好。

掌握个体差异为系统的个体化体能训练提供依据。

## 二、静态监督

结合手球专项运动、运动员、训练阶段的特点,监督运动员某些生理生化指标,以观察运动员机能变化情况,判断运动员应激程度、恢复情况,为机能调控、伤病的预防、训练安排和比赛人员的确定提供参考。机能监督计划表见表 2-12。

表 2-12 机能监督计划表

| 阶段 | 检测密度 | 指 标 |
| --- | --- | --- |
| 基本训练期 | 日检测指标 | 晨脉、睡眠、食欲、运动心情 |
| | 周检测指标 | 体重、血红蛋白、血乳酸、血尿素、CK(后三项根据训练、测试需要) |
| | 阶段检测指标 | 最大摄氧量、专项素质(力量、耐力等)、体成分、血睾酮、心电图等 |

续表

| 阶段 | 检测密度 | 指 标 |
|---|---|---|
| 赛前训练期 | 日检测指标 | 晨脉、睡眠、食欲、运动心情 |
| | 周检测指标 | 体重、血红蛋白、血乳酸、血尿素、CK（后三项根据训练、测试需要） |
| | 双周检测指标 | 血睾酮 |
| 恢复调整期 | 日检测指标 | 晨脉、睡眠、食欲、运动心情 |
| | 周检测指标 | 体重、血红蛋白、血乳酸、血尿素、CK（后三项根据训练、测试需要） |

## （一）生理指标的应用

体重、晨脉、食欲和睡眠是机体机能最简单也是最重要的指标。在大负荷训练阶段，机体的能量消耗和新陈代谢（能量物质的消耗、蛋白质的消耗与再合成、水分的代谢等）加快，但另一方面机体的自我更新恢复和重建也时刻在进行。一般来说，在相对短时期内，在控制体重不是目的时，体重不会出现较大变化。如果体重发生明显的持续下降，说明机体能量处于负平衡状态，机体可能正在分解体内的蛋白质或脂肪，能量补充或恢复不足，机体表现为做功能力变弱，是疲劳的明显表现。然而也有可能运动员脂肪量高，在训练过程中会发生体重持续下降，在减到理想脂肪量时，从理论上讲是有益的。然而，如果出现持续的瘦体重的下降，则要引起注意，并做相关的调整。

整个阶段的训练队员体重较为平稳（图2-17），未发生大幅度变化，

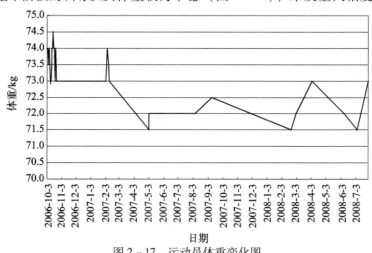

图2-17 运动员体重变化图

未发生持续下降，说明整体的基本机能稳定。手球运动员需要一定体重去增强对抗能力和爆发力，但体重较小可以有更好的跳跃和步伐能力及耐力，也可以减少下肢的负重、预防伤病。手球运动员体重是手球竞技能力的影响因素之一，不能过分夸大体重的作用，体重要适当，要充分考虑到运动员的位置、遗传、女队员月经情况和特点，还要根据训练阶段的安排和比赛的需要进行体重的控制。就整体情况而言，一般没有运动员晨脉连续3天增高并且超过平均值10次/min的现象，这说明运动员没有出现较严重的疲劳积累现象。睡眠和食欲是促进运动员恢复的非常重要的方面，从图2-18可以看出，运动员的食欲和睡眠总体情况良好。

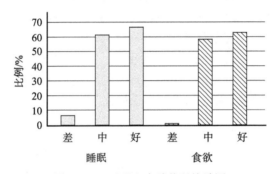

图2-18 睡眠和食欲状况统计图

## （二）生化指标的应用

机能监督是个综合评定的系统工程。通过多项生理生化指标的测定与综合分析，可较好地诊断运动性疲劳的程度及机体恢复情况，对防止过度训练和运动损伤有重要作用。根据手球运动项目、训练和比赛特点，以及根据其他项目综合评定的科学经验，选定了血红蛋白（Hb）、肌酸激酶（CK）、血尿素（BUN）、睾酮（T）、皮质醇（C）进行机能评定。为了确保生化指标在手球运动员机能监督中科学、有效、系统地进行，首先确定了运动员某些生化指标的基础值。在国家女子手球队正式开始训练前（此前所有队员至少有一周没参加训练）取血，测定了血红蛋白、血尿素氮、肌酸激酶、皮质醇和睾酮的基础值（表2-13）。

表2-13 女子手球运动员生化指标基础值

| 指　　标 | 最小值 | 最大值 | 平均值 | 标准差 |
| --- | --- | --- | --- | --- |
| CK/($U \cdot L^{-1}$) | 52.0 | 164.0 | 140 | 79.8 |
| BUN/($mmol \cdot L^{-1}$) | 2.98 | 7.14 | 5.00 | 1.11 |

续表

| 指　　标 | 最小值 | 最大值 | 平均值 | 标准差 |
| --- | --- | --- | --- | --- |
| Hb/ (g·L$^{-1}$) | 121.0 | 143.0 | 133 | 7.24 |
| T/ (ng·dL$^{-1}$) | 37 | 76 | 48.2 | 14.88 |
| C/ (μg·dL$^{-1}$) | 4.20 | 20.9 | 16 | 7.54 |

如图 2-19～图 2-23 所示，就数据分布而言，除了 CK，其他指标都呈现正态分布的特点。如表 2-14 所列，相关性研究发现：CK 与 Hb 有很强的负相关性（$p<0.01$），但相关系数很小；与 T 有显著正相关性（$p<0.01$），但相关系数很小。BUN 与 Hb 有很强的负相关性（$p<0.01$），但相关系数很小；与 C 有显著负相关性（$p<0.05$）。Hb 与 BUN 负相关；与 C 正相关（$p<0.01$），但相关系数很小。T 与 C 有一定相关性（$p<0.05$），但相关系数小。CK、BUN、Hb、T、C 之间无很强的相关关系，也为研究者选定指标进行评定提供了科学依据。

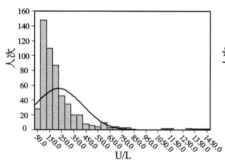

图 2-19　肌酸激酶数据分布特点

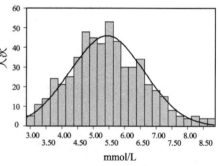

图 2-20　血尿素氮数据分布特点

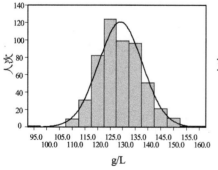

图 2-21　血红蛋白数据分布特点

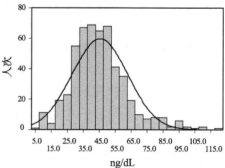

图 2-22　睾酮数据分布特点

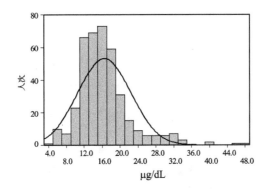

图 2 – 23　皮质醇数据分布特点

表 2 – 14　各生化指标相关性

| 项目 | 统计值 | CK | BUN | Hb | T | C |
|---|---|---|---|---|---|---|
| CK | Pearson 相关 | 1 | 0.049 | -0.127** | 0.236** | 0.088 |
|  | $p$ | — | 0.252 | 0.004 | 0.000 | 0.080 |
| BUN | Pearson 相关 | 0.049 | 1 | -0.113** | -0.066 | -0.099* |
|  | $p$ | 0.252 | — | 0.009 | 0.130 | 0.050 |
| Hb | Pearson 相关 | -0.127 | -0.113** | 1 | 0.086 | 0.146** |
|  | $p$ | 0.004 | 0.009 | — | 0.054 | 0.004 |
| T | Pearson 相关 | 0.236 | -0.066 | 0.086 | 1 | 0.212** |
|  | $p$ | 0.000 | 0.130 | 0.054 | — | 0.000 |
| C | Pearson 相关 | 0.088 | -0.099 | 0.146** | 0.212** | 1 |
|  | $p$ | 0.080 | 0.050 | 0.004 | 0.000 | — |

\*\* 具有非常显著性统计学意义；\* 具有显著性统计学意义。

从 2006 年 1 月 26 日起到 2008 年 7 月 31 日止，共进行了 544 人次的 CK、BUN 测试，526 人次的 Hb 测试，524 人次的 T 测试，395 人次的 C 测试。其中，国家队集训时间是 2006 年 1 月中旬到 6 月中旬，2006 年 10 月初到 11 月底，2007 年 1 月初到 3 月初，2007 年 4 月到 2008 年北京奥运会。从 Hb、BUN、CK、T、C 生化指标的两年多情况可以发现，总体而言，这些生化指标的变化比较平稳，训练的周期阶段变化并没有使这些指标发生阶段性、周期性变化，平均基础值与最后大周期训练指标平均水平差异不大（除了 CK），出现异常的情况比较少（图 2 – 24 ~ 图 2 – 27）。这一方面说明，在整个训练周期，绝大多数运动员能够很好地适应训练负荷，恢复良好，没有发生疲劳积累的现象；另一方面也可能说明，训练负荷不是很大。

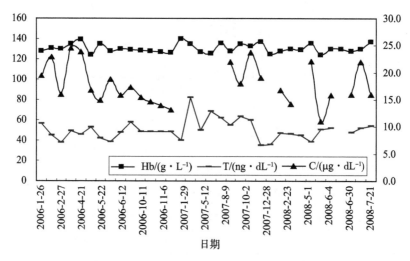

图 2-24　Hb、T、C 在整个训练周期变化情况

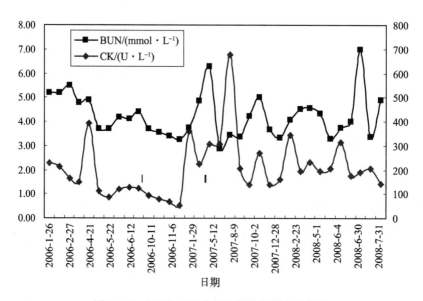

图 2-25　BUN、CK 在整个训练周期变化情况

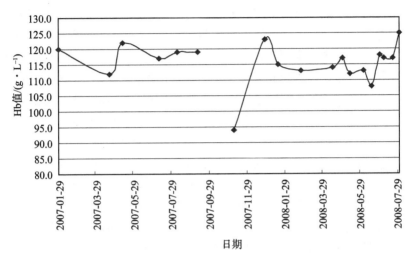

图 2-26 运动员（闫××）Hb 变化情况举例

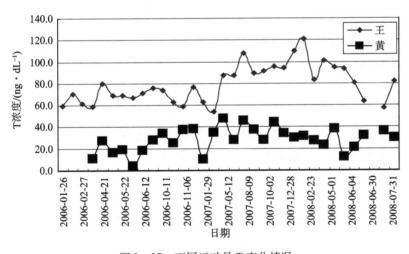

图 2-27 不同运动员 T 变化情况

训练是一个复杂的体系，受到外界条件、运动员伤病等影响；同时，手球项目的训练以技战术训练为主、体能训练为辅，体能训练融入技战术训练中。技战术训练几乎都不是重复、持续的训练，时常穿插着讲解、轮流、交替，所以技战术训练强度不稳定、间歇频繁且不定，虽然有时运动强度很大，但在间歇恢复期运动员可以得到休息，而使运动引起的机体反应得不到很好的累积，机体疲劳程度就不会很重。在大负荷训练期，往往会增加纯体能训练课，如耐力跑、力量、短冲等。但是，占不到总训练课的 40%，从体能训练的角度来说，技战术训练可以称为调整课。所以，即使在大负荷训练期，时时都存在调整，这样对机体的运动刺激就不会像周期性体能项目（长跑、自行车、划船等大负荷训练，负荷量大、持续时间长、节奏紧密）那么强烈，运动员恢复得更快，机体生化指标的变化就不可能很大。当然，当体能成为某队员的主要限制因素时，突出体能的强化将是必由之路。建议在技战术训练中加强组别的细分和安排，以缩短队员轮换休息时间，在提高技战术训练质量的同时，提高体能训练的质量。

血红蛋白 Hb 俗称血色素，是红细胞中一种含铁的蛋白质。Hb 的主要生理功能是运输氧和二氧化碳，并对酸性物质起缓冲作用，参与体内的酸碱平衡调节。Hb 的含量对运动员的运动能力影响很大，对耐力项目运动员的专项素质尤为重要。在训练和比赛期间，运动员的 Hb 含量受营养、运动负荷、休息等因素的影响。因此，周期测定 Hb 的含量有助于了解运动员的营养、对负荷的适应及身体机能水平等情况。一般人 Hb 的正常范围是：男性 12g/L～16g/L，女性 110g/L～150g/L。我国运动员安静时 Hb 值与正常人范围基本一致，因此，运动员贫血的诊断标准与常人一致，即以男性低于 120g/L、女性低于 110 g/L 作为贫血的参考值。Hb 平均达到 129.05g/L，处于正常水平的上限，较为理想。本课题研究发现，女子手球运动员 Hb 水平存在个体差异，有的运动员 Hb 较低（图 2-26），与遗传有关。总体而言，在整个训练周期中，运动员的 Hb 变化不大，比较平稳，低于 110g/L 只出现过 3 人次。临床研究发现，当机体出现铁缺乏的征兆而 Hb 仍然正常时，RDW 均异常。我们发现过 RDW 异常增高，但没有持续性的现象，无异常身体症状，说明 RDW 异常增高更可能提示运动员红细胞易破溶。此时补充含抗氧化物质的营养品，可以有效地保护红细胞膜，可以帮助减少甚至防止溶血的发生。

尿素氮是蛋白质和氨基酸分子内氨基的代谢终产物，在肝细胞内经鸟氨酸循环合成后释放入血，称为血尿素氮（BUN）。BUN 经血液循环到肾脏随尿液排出体外。BUN 水平的高低受肝脏尿素氮合成、肾脏排泄功能的影响。在正常生理状态下，尿素氮的生成和消除处于平衡状态，BUN 水平保持相对稳定。正常人安静时 BUN 为 1.8～8.9mmol/L（10.8～53.4mg/100mL）。研究表明，训练使运动员体内蛋白质代谢保持较高的水平，运动会影响肝、肾的功能，因此运动员 BUN 安静值常常处于正常范围的偏高水平。BUN 是评定训练负荷量度和机能恢复的重要指标。负荷量越大或机体适应性越差，则 BUN 水平上升越明显，次日晨起的恢复也可能较慢。在实际应用时，还需根据运动员身体状况和训练水平，结合其他的生理、生化指标以及主观疲劳感觉指数进行综合评价。在赛前最佳状态时，优秀运动员晨起 BUN 值应在正常值范围的上限（5~7mmol/L），已有人将这些用于运动员选材。在判断是否有过度训练时，BUN 的恢复值显得更重要。总体而言，BUN 平均 5.43mmol/L，标准差 1.18mmol/L，个体差异不大。整个训练周期，BUN 变化较为平稳，超过 8mmol/L 的总共 8 人次，说明在整个周期的训练中，运动员基本能消化训练量，基本能较好恢复。所以推测，不论是在大负荷训练时期还是调整期，从 BUN 反应来看，手球的训练量不算很大。

血清 CK 活性是赛前进行机能评定的一项重要指标，常常与血红蛋白结合使用。良好状态应是血红蛋白数量逐渐上升，血清 CK 活性逐渐下降。反之，则应调整运动负荷，或采取增加营养、服用补剂等措施加以调节。一般认为，赛前一两天血清 CK 活性应降至 100U/L 左右。血清 CK 在运动后活性上升与恢复时间变化一致，比较其训练之前和之后的活性值，可以用来评定身体的恢复状况及对运动负荷的适应情况。运动员在机能下降时，安静态血清 CK 活性上升。总体而言，整个训练周期，CK 平均 224.95U/L，较高；变化范围为 52~1 427 U/L，变化较大。说明整个训练对肌肉系统的刺激较大，个体间存在较大个体差异。运动员 CK 值有高有低，规律性不强，与训练周期相关性不强。女子手球 CK 变化特点有其自身特点，国家赛艇队运动员 CK 基础水平为 59.15U/L±23.54U/L，整个训练周期 CK 为 30~519U/L，平均 120.92U/L，变化范围没有手球运动员大，平均水平也大大低于手球运动员，但 CK 的分布特点基本一致，都不是正态分布。手球训练和比赛中，各种跳跃、碰撞、冲刺较多，所以，对肌肉系统的刺激较大。CK 存在个体差异，某些队员肌肉系统对运动负荷刺激较为敏感，CK 较高，而且缺乏一定规律，要特别注意系统监督，注意这些队员的按摩理疗恢复和训练前后的牵拉。在基本训练期，CK 值太低就有可能是训练强度刺激不足引起的。一般来说恢复晨 CK>300U/L 要加强肌肉牵拉放松，给予适当的抗氧化剂和活性糖补充，做好各种关节防护；CK>600U/L，要注意调整半天训练负荷，避免大强度的跑跳，以免肌肉系统进一步损伤，同时避免肌肉系统状态不佳时可能引起的关节、韧带损伤。

在运动训练对人体形态和机能的改造中，尤其对运动成绩的影响中，雄激素起着重要作用，因此测定运动员血睾酮（T）值有着重要意义。一般来说，身体机能良好时，T 水平变化不大，且有体能增强伴有 T 增加的趋势。而在过度训练或机能状态不好时，T 水平则会下降，所以可将 T 作为评定运动员机能状态的指标。T 水平与运动员的精神状态、整体机能和机体恢复能力有关，该指标受生物节律、营养、运动情况等因素的影响。当运动员 T 升高时，可认为机体合成代谢旺盛，可继续大强度训练，以获得更好的训练效果。当运动员 T 持续出现明显下降时，应考虑有 T 相对不足和下丘脑－垂体－卵巢轴功能下降的可能。一般女性 T 为 10～100ng/dL。在整个训练周期内，女子手球运动员 T 平均值达到 45.25ng/dL，处于正常人范围，但存在较大个体差异，最低为 4.2ng/dL。T 会随着训练周期发生变化，但范围不大，调整 T 需要有一定时间，注意提前使用调整方法。

皮质醇（C）是促使机体进行分解代谢的重要激素，在运动过程中升高可促进糖原分解供能，提高运动能力；在运动后持续保持高水平则会造成机体分解代谢过强，不利于恢复。如果长期保持较高血 C 浓度而恢复不到正常水平，就可能引起过度训练。此外，较高的 C 水平会抑制机体的免疫机能，使运动员出现感冒发烧等症状。整个训练周期，C 平均值为 16.48μg/dL，标准差 5.92μg/dL，变化比较平稳。在实践中，我们发现运动员晨测 C＞30μg/dL 时，队员感觉睡眠较差，全身无力，可能与机体应激水平过高，以及训练后分解代谢仍处于较高水平、恢复合成减慢有关。

### （三）女子手球运动员机能评定方法

综合整个训练周期生化指标的变化和应用，根据周一晨生化测试，结合日常生理测试，综合评定的方法如表 2－15 所列。

表 2－15　女子手球运动员机能指标综合评定表

| 周期 | 指　　标 | 意　　义 |
|---|---|---|
| 恢复调整期 | 体重、晨脉变化平稳，BUN＜7mmol/L，CK＜150U/L，Hb、T 在基础水平或偏上 | 恢复良好，是赛前较好的机能状态 |
| 恢复调整期 | 体重持续降低（3 天以上）<br>晨脉持续升高（3 天以上）<br>BUN≥7mmol/L<br>CK≥150U/L<br>T、Hb 在基础水平以下<br>C≥30μg/dL | 恢复不良，对于此种个体：加强营养调控，微调休整（1～2 堂训练课） |
| 大负荷训练期 | 体重、晨脉变化平稳，BUN＜7.5mmol/L，CK＜300U/L，Hb≥基础水平 95% | 恢复较好，对于此种个体：加强营养，继续按计划上负荷 |

续表

| 周期 | 指标 | 意义 |
|---|---|---|
| 大负荷训练期 | 1 周测试 BUN ≥ 7.5mmol/L<br>1 周测试 CK > 300U/L<br>1 周测试 Hb 下降到小于基础水平 95% | 恢复一般，对于此种个体：加强营养理疗调控，训练负荷微调（1~2堂训练课） |
| | 持续 2 周测试 BUN ≥ 7.5mmol/L 且 BUN ≤ 8mmol/L<br>持续 2 周测试 CK ≥ 300U/L<br>持续 2 周测试 Hb 持续下降到小于基础水平 90% | 恢复一般，对于此种个体：加强营养理疗调控，训练负荷调整（1~4堂训练课） |
| | 体重持续降低（3天以上）到最低理想体重<br>晨脉持续升高（3天以上）超过基础水平 12 次/min<br>两周生化测试 BUN ≥ 8mmol/L<br>两周生化测试 CK > 600U/L<br>两周生化测试 Hb 持续下降到小于基础水平 85%<br>T 小于基础水平 50% | 恢复不良，对于此种个体：训练负荷调整（1~4堂训练课），加强营养理疗调控，休息 1~2 天 |

## 三、女子手球运动员月经异常的生理学特点研究

月经异常的运动员在"难美"项目、耐力项目、体重分级项目、年轻队员、体重更低和训练量更大的项目中发生率很高，然而本研究发现女子手球运动员月经异常的比较多，中国女子手球运动员月经异常现象比较严重，一些重点运动员都发生了月经异常。为了运动员的健康，教练员会安排经期反应比较大的运动员进行调整，但这不可避免会影响该队员的系统体能训练，而且会影响团队共同训练的效果，因为手球大部分体能训练是寓于团队技战术训练中的。在重要的赛前训练或是重要赛事前，队医一般会对运动员施行调经，使月经来潮避开重要的训练或赛事，以保证重要训练或赛事中月经异常运动员的机能能力。然而，在手球当前的训练体系下，这种方法能保证月经异常运动员非月经期的运动机能吗？运动员月经异常的生理机制是什么？月经异常对运动员的机能会产生什么样的影响？为此，我们进行了研究。研究对象包括：月经异常的队员 12 人，年龄 22.7 岁 ± 3.3 岁、身高 177.5cm ± 4.3cm、体重 67.5kg ± 4.9kg；月经正常的队员 6 人，年龄 21.8 岁 ± 4.3 岁、身高 181.2cm ± 5.4cm、体重 72.7kg ± 5.1kg；月经正常非运动员对照组 7 人，年龄 24 岁 ± 1.5 岁、身高 163.4cm ± 2.2cm、体重 54.4kg ± 2.4kg。

## (一) 月经正常和月经异常运动员实验室测试结果

从表 2-16 可以看出，月经异常运动员体脂明显低于月经异常运动员（$p<0.05$），而 $VO_{2max}$、相对 $VO_{2max}$ 这些有氧能力指标都没有差异，$P_{max}$、相对 $P_{max}$ 和平均无氧功这些无氧能力指标也没有差异。因为参加测试的运动员都未处在月经期，推测月经异常并没有影响手球运动员非月经期的运动能力，当然需要进一步验证。

表 2-16 月经正常和异常运动员实验室测试结果

| 指 标 | 人 群 | 人数/人 | 数 值 |
| --- | --- | --- | --- |
| 体脂百分比 /% | 月经异常运动员 | 12 | 12.26 ± 3.15* |
|  | 月经正常运动员 | 6 | 16.14 ± 3.28# |
| $VO_{2max}$/ (L·min$^{-1}$) | 月经异常运动员 | 12 | 3.56 ± 0.25 |
|  | 月经正常运动员 | 6 | 3.55 ± 0.4 |
| ($VO_{2max}$/kg)/ (mL/kg·min$^{-1}$) | 月经异常运动员 | 12 | 51.3 ± 4.38 |
|  | 月经正常运动员 | 6 | 51.1 ± 6.2 |
| HR-AT/ (次·min$^{-1}$) | 月经异常运动员 | 12 | 144.5 ± 11.9 |
|  | 月经正常运动员 | 6 | 140.8 ± 9.1 |
| $P_{max}$/W | 月经异常运动员 | 12 | 433.9 ± 68.2 |
|  | 月经正常运动员 | 6 | 440 ± 24.6 |
| ($P_{max}$/体重)/ (W·kg$^{-1}$) | 月经异常运动员 | 12 | 6.39 ± 0.88 |
|  | 月经正常运动员 | 6 | 6.22 ± 0.48 |
| 平均无氧功 /W | 月经异常运动员 | 12 | 361 ± 40.6 |
|  | 月经正常运动员 | 6 | 365.5 ± 24 |

*与月经正常运动员比 $p<0.05$；#与月经异常运动员比 $p<0.05$。

研究还发现，月经异常运动员的体脂含量较月经正常者低（$p<0.05$），推测要保持正常月经功能，女子手球运动员需要具有一定的体脂水平。Sparling 等研究发现美国女子曲棍球队员体脂百分比平均达到 17.6%，比中国队月经异常运动员体脂（平均 12.26%）高，也比月经正常运动员（平均 16.14%）高。一些研究认为，女性获得初潮需要起码 17% 的体脂，而要使月经周期能够正常维持延续需要 22% 的体脂。本研究发现，月经异常运动员体脂平均为 12.26%，月经正常运动员体脂平均为 16.14%，以此推测女性运动员有高于 15% 而低于 20% 的体脂能更好地维

持月经功能和保持竞技能力,这有待于进一步积累数据进行研究验证。

## (二) 月经期内分泌特点

1. 下丘脑-垂体-卵巢轴 (HPOA) 月经期特点分析

从表 2-17 (Leptin (瘦素)、GH (生长素)) 可以看出,月经正常对照组和月经正常或异常的女子手球运动员,FSH (卵泡刺激素) 没有显著差异,但月经正常的运动员比月经异常的运动员 FSH 水平更高 ($p < 0.05$)。月经正常对照组和月经正常或异常的女子手球运动员 LH 水平没有显著差异,月经正常的运动员比异常的运动员高,但缺乏显著性意义。月经异常运动员 $E_2$ (雌二醇) 显著低于正常对照组和月经正常运动员 ($p < 0.01$),月经正常运动员和月经正常对照组无显著差异。月经正常运动员 PRO (孕酮激素) 高于月经正常对照组水平 ($p < 0.05$),月经正常对照组水平高于月经异常运动员,但无显著差异,月经正常运动员 PRO 水平显著高于月经异常运动员 ($p < 0.01$)。从结果看出,月经正常的手球运动员 FSH、LH (黄体生成素)、$E_2$ 水平与正常女性没有差异,但月经异常运动员的 FSH、LH、$E_2$、PRO 比月经正常运动员低,可以说明,长期手球运动不一定会引起月经异常,但月经异常的运动员出现了性腺轴的抑制,推测性腺轴的抑制可能引起月经异常。$E_2$ 下降的原因,可能是长时间大强度运动训练导致下丘脑-垂体-卵巢功能的紊乱,使 LH、FSH 分泌减少,进而影响了 $E_2$ 的分泌。月经周期中,子宫内膜的变化是在卵巢激素作用下形成的,而卵巢的活动又受到下丘脑-腺垂体的控制。血中卵巢激素水平升高时,又可反过来影响下丘脑-腺垂体促性腺素的分泌活动,进而保证卵巢活动及月经周期的过程。月经期的正常与否与 HPOA 的活动有关,只要这轴的任何一个环节出现障碍,均会影响到正常的月经周期。长时间、大强度运动后激素代谢的廓清率加快、性腺本身分泌力下降,导致 $E_2$、P 水平降低,从而也可能影响正常的月经周期。

表 2-17 女子手球运动员月经期内分泌特点

| 指 标 | 人 群 | 人数/人 | 数 值 | 范 围 |
|---|---|---|---|---|
| Leptin/ ($ng \cdot mL^{-1}$) | 月经异常运动员 | 12 | $1.15 \pm 0.57^{*¥¥}$ | 0.37 ~ 2.02 |
| | 月经正常运动员 | 6 | $2.97 \pm 1.16^{\#¥¥}$ | 2.01 ~ 5.13 |
| | 正常对照组 | 7 | $13.06 \pm 4.77^{*\#}$ | 7.28 ~ 18.21 |
| GH/ ($\mu g \cdot L^{-1}$) | 月经异常运动员 | 12 | $0.52 \pm 0.24^{¥}$ | 0.18 ~ 0.87 |
| | 月经正常运动员 | 6 | $2.07 \pm 2.15$ | 0.47 ~ 6.12 |
| | 正常对照组 | 7 | $2.92 \pm 3.58$ | 0.02 ~ 8.35 |

续表

| 指　标 | 人　群 | 人数/人 | 数　值 | 范　围 |
|---|---|---|---|---|
| FSH/<br>(MIU·mL$^{-1}$) | 月经异常运动员 | 12 | 5.04±1.85* | 1.55~8.13 |
| | 月经正常运动员 | 6 | 7.76±3.10# | 3.29~11.38 |
| | 正常对照组 | 7 | 6.12±1.94 | 4.32~7.92 |
| LH/<br>(MIU·mL$^{-1}$) | 月经异常运动员 | 12 | 4.10±2.67 | 0.35~9.12 |
| | 月经正常运动员 | 6 | 5.61±3.54 | 1.8~10.66 |
| | 正常对照组 | 7 | 4.91±3.13 | 2.01~7.81 |
| E$_2$/<br>(pg·mL$^{-1}$) | 月经异常运动员 | 12 | 30.42±9.05**¥¥ | 15~42 |
| | 月经正常运动员 | 6 | 80.33±18.68## | 52~98 |
| | 正常对照组 | 7 | 62.29±13.26## | 44.02~78.55 |
| PRO/<br>(ng·mL$^{-1}$) | 月经异常运动员 | 12 | 0.20±0.08** | 0.06~0.33 |
| | 月经正常运动员 | 6 | 1.22±1.35¥## | 0.26~3.00 |
| | 正常对照组 | 7 | 0.39±0.1* | 0.3~0.48 |
| Ca/<br>(mmol·L$^{-1}$) | 月经异常运动员 | 12 | 2.30±0.06 | 2.21~2.39 |
| | 月经正常运动员 | 6 | 2.30±0.03 | 2.27~2.35 |
| | 正常对照组 | 7 | 2.28±0.05 | 2.23~2.32 |
| ACTH/<br>(pg·mL$^{-1}$) | 月经异常运动员 | 12 | 57.01±41.02 | 22.52~142.5 |
| | 月经正常运动员 | 6 | 41.51±15.15 | 15.14~56.01 |
| | 正常对照组 | 7 | 38.8±12.6 | 19.12~52.2 |
| T/<br>(ng·dL$^{-1}$) | 月经异常运动员 | 12 | 51.41±15.9 | 34.55~89.77 |
| | 月经正常运动员 | 6 | 59.91±17.34 | 37.73~82.68 |
| | 正常对照组 | 7 | 61.73±17.21 | 45.81~77.64 |
| C/<br>(μg·dL$^{-1}$) | 月经异常运动员 | 12 | 17.31±2.6 | 12.9~21.98 |
| | 月经正常运动员 | 6 | 19.46±4.43¥ | 14.79~26.12 |
| | 正常对照组 | 7 | 14.25±4.19* | 9.14~19.18 |

*与月经正常运动员比 $p<0.05$；**与月经正常运动员比 $p<0.01$；#与月经异常运动员比 $p<0.05$；##与月经异常运动员比 $p<0.01$；¥与正常对照组比 $p<0.05$；¥¥与正常对照组比 $p<0.01$。

月经异常运动员体脂百分比低于月经正常组，结合 HPOA 激素的特点，推测女子手球运动员体脂较低的主要原因是 HPOA 受到一定程度抑制。不少研究发现，月经紊乱特别是闭经的妇女，骨代谢异常，骨密度下降。$E_2$ 的水平对于维持正常的骨密度有重要作用，$E_2$ 降低可以引起骨质疏松症和闭经等。本研究发现各组钙离子（Ca）没有显著差异，提示运动员月经异常可能并没有影响 Ca 的代谢，但能否说明就没有影响骨代谢还有待进一步研究。

2. 雄激素月经期的特点分析

国外有学者测定青春期月经不调者促性腺激素释放激素（GnRH）及雄激素水平，发现 50% 以上雄激素水平高于对照组。雄激素水平的增加及促性腺激素水平的降低、内分泌激素分泌的失衡是导致女兵在高原训练后月经失调的重要因素。雄激素的增加，可以直接作用于卵巢上的受体对促性腺激素的反应能力，影响垂体对促性腺激素释放激素的敏感性等，从而导致月经失调。Magnus 研究认为，参加奥运会的女运动员中多囊卵泡综合征（PCOS）是月经功能异常的主要原因，而不是 HPOA 的功能抑制和自发性（促性腺激素、泌乳素、肽类激素和雄性激素都在正常范围内）的月经异常。PCOS 的特点就是高雄激素水平，而高雄激素水平对肌肉力量和运动员恢复都有益处，但长期有 PCOS 的运动员有可能会受到 Ⅱ 型糖尿病和心血管疾病等代谢病的困扰。从本试验结果看出，不论月经正常与否，女子手球运动员雄激素水平无显著差异，而且与对照组雄激素水平无显著差异，但是不能否认，所有女子手球运动员的 T 水平都在正常人范围之内，所以，推测正常的雄激素水平可能不会对月经状态产生影响。

3. 瘦素（Leptin）、生长素（GH）在月经期特点分析

瘦素被认为是联系营养状况、能量储备与生殖系统的代谢闸门，是调节物质代谢、脂肪储备、免疫功能及生殖的重要物质。正常女性体内瘦素水平随月经周期规律变化，在黄体中期最高，卵泡期最低，提示瘦素可能对女性生殖功能具有重要作用。月经正常和异常的女子手球运动员瘦素水平比对照组低（$p<0.01$），虽然是在集训初期进行的测试，但这些手球运动员都从事手球运动多年，手球训练中有氧运动强度的比例很大，而长期有氧运动可降低血瘦素浓度，减少脂肪组织 Ob 基因的表达。临床上发现，血瘦素水平与雌二醇水平呈正相关关系，雌激素可刺激瘦素的分泌。而我们发现，月经异常运动员瘦素水平比正常运动员低（$p<0.05$），比对照组更低（$p<0.01$），推测瘦素水平低也是引起月经异常的原因之一。近年来许多国内外研究提出，肥胖引起血瘦素水平升高，出现瘦素抵抗现象，高瘦素水平影响卵泡成熟发育，抑制排卵，导致月经不规律、闭经，进而继

发不孕。然而瘦素可以通过改变身体营养状况来调节 HPOA，以此改变月经周期。对大鼠和牛的研究发现，瘦素可以作用在垂体细胞和下丘脑 GnRH 神经元轴突末梢，刺激 GnRH 的释放。Miller 等调查了 42 名确诊有进食障碍但是没有闭经的妇女，并与另外 72 名同时患有进食障碍和闭经的妇女相比较，两组在体质指数、进食障碍的时间、月经初潮的年龄和运动量等方面均无明显差别，然而月经正常的妇女具有更高的平均脂肪含量、雌激素水平和瘦素水平。因此该作者提出对于重度营养不良妇女，体内脂肪含量以及体质量都是维持正常月经周期的重要因素，而体内脂肪含量又部分受控于瘦素水平。综合分析，我们认为瘦素水平过高或过低均可能导致女子月经异常的发生，相对稳定的瘦素浓度是维持正常月经所必需的。

月经异常的手球运动员比月经正常的运动员 GH 低，但缺乏显著性意义，月经异常运动员比正常对照组 GH 低，$p<0.05$，推测 GH 水平低也可能引起月经异常。GH 是垂体前叶释放的一种多肽，GH 的生理作用是促进物质代谢与生长发育，对机体各器官与各种组织均有影响，尤其对骨骼、肌肉及内脏器官的作用更为显著。正常月经的妇女其平均 I 型胰岛素样生长因子水平也明显较高，GH 作用的发挥要通过 IGF–I。有些运动员反映出一个低代谢状态：高 IGFBP–I，低胰岛素水平，低 IGF–I 水平，这种情况会降低 LH 的分泌。月经异常运动员 GH 水平低，原因有待于进一步探讨，但低的 GH 水平对于她们的疲劳恢复和力量增长可能不利。

4. ACTH 和 C 在月经期特点分析

ACTH 和 C 都是应激激素。月经正常运动员 C 水平显著高于正常对照组（$p<0.05$），月经异常运动员高于正常对照组，但无显著差异。月经正常运动员与异常运动员相比，C 水平无显著差异。月经正常与异常运动员 ACTH 也无显著差异。不少研究发现，由于应激导致月经异常与下丘脑–垂体–肾上腺轴（HPA）和下丘脑–垂体–卵巢轴的相互作用紧密相关。下丘脑可以释放的促肾上腺皮质激素释放激素（CRH）显著地削弱 GnRH 释放的冲动，从而扰乱正常的月经周期。除此之外，应激引起的月经异常也受到垂体激素的影响，如一些神经肽类物质、性腺类固醇激素等。从本研究结果推测，手球运动员月经正常与否与有些应激激素关系可能不大。

从表 2–18 可以看出，Leptin 与 GH 有正相关关系（$p<0.05$，$r=0.413$），Leptin 与 C 有负相关关系（$p<0.05$，$r=-0.45$）；FSH 与 LH 和 $E_2$ 有正相关关系，Ca 与 FSH 有正相关关系（$p<0.05$，$r=0.405$）；其他

指标间缺乏相关性。FSH、LH、$E_2$ 同属于性腺轴激素，而血清 Ca 的代谢与性腺轴的功能有一定关系。

表 2-18　各内分泌指标的相关性

| 相关系数 | Leptin | GH | FSH | LH | $E_2$ | PRO | Ca | T | C | ACTH |
|---|---|---|---|---|---|---|---|---|---|---|
| Leptin | 1 | 0.413* | 0.176 | 0.103 | -0.180 | -0.021 | -0.136 | 0.101 | -0.45* | -0.236 |
| GH | 0.413* | 1 | 0.316 | 0.323 | 0.141 | -0.002 | -0.157 | 0.339 | 0.228 | -0.016 |
| FSH | 0.176 | 0.316 | 1 | 0.443* | 0.410* | -0.006 | 0.405* | 0.243 | 0.118 | 0.113 |
| LH | 0.103 | 0.323 | 0.443* | 1 | 0.242 | -0.233 | 0.082 | -0.052 | 0.208 | -0.037 |
| $E_2$ | -0.180 | 0.141 | 0.410* | 0.242 | 1 | 0.349 | -0.025 | -0.059 | 0.185 | -0.229 |
| PRO | -0.021 | -0.002 | -0.006 | -0.233 | 0.349 | 1 | -0.103 | 0.193 | -0.048 | -0.181 |
| Ca | -0.136 | -0.157 | 0.405* | 0.082 | -0.025 | -0.103 | 1 | 0.034 | 0.061 | -0.108 |
| T | 0.101 | 0.339 | 0.243 | -0.052 | -0.059 | 0.193 | 0.034 | 1 | 0.315 | 0.014 |
| C | -0.450* | 0.228 | 0.118 | 0.208 | 0.185 | -0.048 | 0.061 | 0.315 | 1 | 0.397 |
| ACTH | -0.236 | -0.016 | 0.113 | -0.037 | -0.229 | -0.181 | -0.108 | 0.014 | 0.397 | 1 |

＊具有显著性统计学意义。

如表 2-19 所列，从总体情况而言，月经正常运动员比月经正常非运动员的 Leptin、比月经正常非运动员的 C 高，两者 FSH、LH、PRO、$E_2$、GH、Ca、ACTH 都没有差异；月经异常运动员比月经正常运动员的 Leptin、GH、FSH、LH、PRO、$E_2$ 低，而 ACTH、C、T 都没有显著差异。说明月经正常运动员的 HPOA 没有发生抑制，而月经异常运动员 HPOA 发生了抑制，Leptin、GH 也发生了抑制，但应激激素（C）和雄性激素（T）这两种对运动机能有较大影响的激素没有发生明显变化。从个体内分泌的情况来看，月经异常个体内分泌特点有差异。从表 2-19 可以看出，队员 1 号、8 号，FSH、LH、$E_2$ 低，但 ACTH 不高；队员 5 号、6 号，FSH、LH、$E_2$ 低，而 ACTH 很高；队员 2 号、3 号、10 号、12 号，Leptin 水平异常低。月经异常的运动员内分泌呈现不同的特点，推测引起运动员月经异常的原因不一定是一致的，有个体差异。HPOA 的一定抑制是月经异常运动员的共同特点，其原因与体脂百分比、FSH、LH、PRO、$E_2$、Leptin、GH 水平偏低有关，而与 ACTH、C、T 无明显关系，但到底是机体应激水平过高，还是 Leptin 水平过低是造成 HPOA 的抑制的原因存在个体差异。

表 2-19　月经正常和月经异常运动员个体内分泌特点

| 月经情况 | 编号 | Leptin ng/mL | GH μg/l | FSH mIU/mL | LH mIU/mL | $E_2$ pg/mL | PRO ng/mL | T ng/dL | C μg/dL | ACTH pg/mL | Ca mmol/L |
|---|---|---|---|---|---|---|---|---|---|---|---|
| 月经异常 | 1 | 1.19 | 0.38 | 4.94 | 0.35 | 18 | 0.13 | 62.13 | 18.05 | 22.52 | 2.33 |
| | 2 | 0.83 | 0.68 | 6.16 | 2.5 | 36 | 0.28 | 43.90 | 15.93 | 61.35 | 2.21 |
| | 3 | 0.61 | 0.24 | 5.23 | 4.09 | 40 | 0.12 | 39.40 | 14.98 | 39.91 | 2.3 |
| | 4 | 2.01 | 0.31 | 5.59 | 9.12 | 31 | 0.06 | 57.28 | 20.04 | 49.14 | 2.25 |
| | 5 | 0.42 | 0.42 | 5.79 | 6.47 | 33 | 0.28 | 38.71 | 19.93 | 140.6 | 2.34 |
| | 6 | 1.42 | 0.67 | | 1.15 | 15 | 0.15 | 60.35 | 21.98 | 142.5 | 2.25 |
| | 7 | 1.64 | 0.71 | 3.58 | 6.38 | 37 | 0.33 | 34.55 | 14.45 | 23.98 | 2.28 |
| | 8 | 1.08 | 0.75 | 6.65 | 4.66 | 19 | 0.28 | 89.77 | 18.60 | 50.82 | 2.39 |
| | 9 | 1.38 | 0.79 | 2.71 | 6.04 | 42 | 0.2 | 41.70 | 17.26 | 42.14 | 2.27 |
| | 10 | 0.78 | 0.18 | 1.55 | 4.99 | 29 | 0.22 | 50.23 | 17.21 | 44.75 | 2.22 |
| | 11 | 2.02 | 0.87 | 8.13 | 2.36 | 27 | 0.27 | 62.36 | 16.40 | 35.8 | 2.36 |
| | 12 | 0.37 | 0.28 | 5.09 | 1.11 | 38 | 0.19 | 36.58 | 12.90 | 30.63 | 2.38 |
| 月经正常 | 13 | 2.45 | 6.12 | 10.97 | 8.74 | 64 | 0.26 | 78.89 | 26.97 | 47.29 | 2.35 |
| | 14 | 3.13 | 1.54 | 8.12 | 1.8 | 87 | 2.93 | 82.68 | 17.08 | 54.93 | 2.28 |
| | 15 | 2.01 | 2.76 | 5.85 | 3.97 | 83 | 0.5 | 52.02 | 19.06 | 56.01 | 2.28 |
| | 16 | 3.04 | 0.99 | 6.96 | 6.02 | 98 | 0.35 | 37.73 | 22.11 | 38.79 | 2.31 |
| | 17 | 2.04 | 0.58 | 3.29 | 2.46 | 52 | 3 | 53.15 | 16.77 | 15.14 | 2.27 |
| | 18 | 5.13 | 0.47 | 11.38 | 10.66 | 98 | 0.29 | 54.96 | 14.79 | 36.87 | 2.3 |

## （三）五周训练对女子手球运动员 Leptin、T、C 的影响

第一周始是训练周期开始，第四周始是大负荷训练结束，第五周始是恢复调整周结束。从表 2-20、图 2-28～图 2-33 可以看出，月经正常和异常运动员的各次睾酮、皮质醇水平在训练周期中没有显著差异。月经正常运动员睾酮、皮质醇在训练周期中没有发生显著变化，月经异常运动员睾酮没有发生显著变化，但是皮质醇在恢复调整期显著降低。月经正常运动员瘦素水平在各次测试中都显著高于月经异常运动员，在训练周期中有

升高的趋势，但没发生显著变化。月经异常的运动员瘦素在周期训练中逐渐升高，大负荷训练结束和恢复调整期比集训期都显著升高（$p<0.01$），恢复调整期升高得更大，比大负荷训练初显著升高（$p<0.05$）。

表 2-20　五周训练女子手球运动员某些内分泌指标变化情况

| 阶段 | 月经异常（12） | | | 月经正常（6） | | |
| --- | --- | --- | --- | --- | --- | --- |
| | 瘦素/ $(ng\cdot mL^{-1})$ | 睾酮/ $(ng\cdot dL^{-1})$ | 皮质醇/ $(\mu g\cdot dL^{-1})$ | 瘦素/ $(ng\cdot mL^{-1})$ | 睾酮/ $(ng\cdot dL^{-1})$ | 皮质醇/ $(\mu g\cdot dL^{-1})$ |
| 集训 0 | 1.15±0.57 | 51.41±15.9 | 17.31±2.6 | 2.97±1.16$^{\$\$}$ | 59.91±17.34 | 19.46±4.43 |
| 第一周始 1 | 1.95±0.78 | 48.46±17.82 | 15.52±4.09 | 4.1±0.93$^{\$\$}$ | 50.85±20.0 | 18.6±1.92 |
| 第四周始 2 | 2.61±1.05** | 55.07±17.14 | 18.38±4.55 | 4.16±0.97$^{\$\$}$ | 55.01±17.49 | 19.48±1.92 |
| 第五周始 3 | 2.87±1.45**# | 46.23±16.22 | 13.99±3.06*& | 5.43±2.80$^{\$}$ | 54.65±22.18 | 18.86±6.74 |
| 平均 | 2.16±1.20 | 50±16.53 | 16.16±3.87 | 4.16±1.78 | 55.1±18.34 | 19.1±3.99 |

\*与集训相比，$p<0.05$；\*\*与集训相比，$p<0.01$；#与第一周始相比，$p<0.05$；& 与第四周始相比，$p<0.01$；横向比较（独立样本 T 检验）：\$ $p<0.05$；\$\$ $p<0.01$。

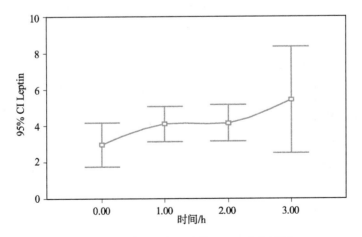

图 2-28　月经正常运动员 Leptin 变化情况

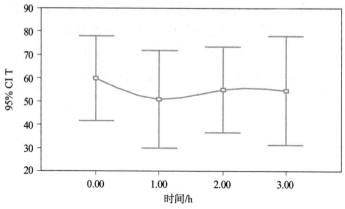

图 2-29　月经正常运动员 T 变化情况

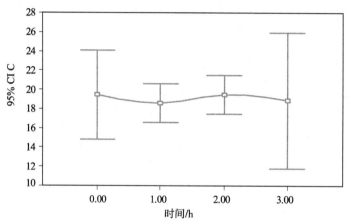

图 2-30　月经正常运动员 C 变化情况

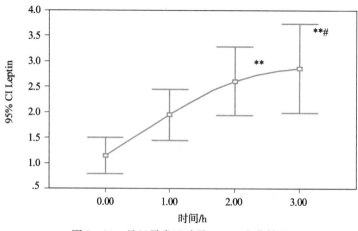

图 2-31　月经异常运动员 Leptin 变化情况

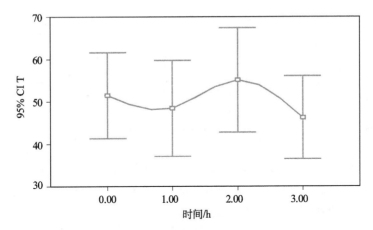

图 2-32 月经异常运动员 T 变化情况

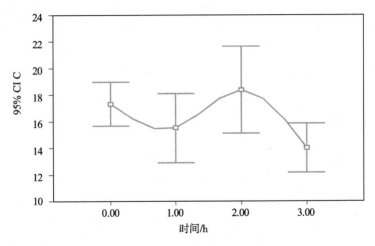

图 2-33 月经异常运动员 C 变化情况

从表 2-21、表 2-22 可以看出,月经正常运动员 Leptin 与 C 水平有显著负相关 ($p<0.05$),月经异常运动员 T 水平与 C 水平有显著正相关关系 ($p<0.05$)。

表 2-21 月经正常运动员内分泌指标间相关性

| Pearson 相关系数 | Leptin | T | C |
| --- | --- | --- | --- |
| Leptin | 1 | -0.347 | -0.422* |
| T | -0.347 | 1 | 0.062 |
| C | -0.422* | 0.062 | 1 |

\* 显著性相关在 0.05 水平(双尾检验)。

表 2-22　月经异常运动员内分泌指标间相关性

| Pearson 相关系数 | Leptin | T | C |
|---|---|---|---|
| Leptin | 1 | -0.143 | 0.071 |
| T | -0.143 | 1 | 0.504** |
| C | 0.071 | 0.504** | 1 |

**显著性相关在 0.01 水平（双尾检验）。

本研究结果表明，月经正常运动员整个训练周期 Leptin 水平无显著变化，而月经异常运动员 Leptin 水平在整个训练过程会逐渐升高，大负荷训练结束时（第四周）会显著升高，经过一周恢复调整 Leptin 水平依然处于显著升高状态，说明大负荷训练会使月经异常运动员 Leptin 升高，而对月经正常运动员的 Leptin 的影响较小。Leptin 会随着月经周期发生变化，结合本试验，推测运动训练可能可以防止月经正常运动员的月经周期对 Leptin 的影响。Leptin 是联系营养状况、能量储备与生殖系统的代谢闸门，是调节物质代谢、脂肪储备、免疫功能及生殖的重要物质，Leptin 的变化可能引起相关代谢、免疫和生殖系统的变化，稳定的 Leptin 可以减少对代谢、免疫和生殖系统的影响，可能对生殖系统维持正常的月经周期更有利。而月经异常的运动员运动训练引起的 Leptin 升高，可能不规则的月经周期所产生的对 Leptin 的影响也是原因之一。

在运动训练对人体形态和机能的改造中，尤其对运动成绩的影响中，雄激素起着重要的作用，因此测定运动员血睾酮值有着重要的意义。一般来说，身体机能良好时，睾酮水平变化不大，且有体能增强伴有睾酮增加的趋势。而在过度训练或机能状态不好时，睾酮水平则会下降，所以可将睾酮作为评定运动员机能状态的指标。睾酮水平与运动员的精神状态、整体机能和机体恢复能力有关，受生物节律、营养、运动情况等因素的影响。本研究发现，女子手球运动员不管月经正常与否，睾酮水平没有显著差异，在整个周期训练中，睾酮水平也没有发生显著变化，说明一个周期的手球运动训练对女性运动员睾酮影响不大，月经正常与否并不会对睾酮水平变化产生很大影响。运动对睾酮的影响应是机体对外界刺激的一种生理反应，运动对女性相对睾酮的影响更加明显。长期运动对女性睾酮的影响主要是运动强度、持续时间及运动形式等。长期力量训练可使睾酮水平升高，适宜的耐力训练可使睾酮水平升高或不变，长期大强度的耐力训练可使睾酮水平下降。本研究发现，月经异常运动员与正常运动员睾酮水平无显著差异，手球训练没有对运动员睾酮产生明显的影响，可能主要是训练的特点决定的。手球训练既包括力量训练，又包括耐力训练，其中有球技术训练是主要的训练内容，技战术配合是主体，虽然其中包含着训练强度要求，但是不可避免存在间歇多、变换多的特点，因而造成训练强度不稳定，对体能训练的刺激也就不够强。所以，月经异常的运动员在大负荷训练期睾酮水平较为稳定，这可能是月经异常运动员运动机能能够得到维持的原因之一。

皮质醇是由肾上腺皮质分泌的一种甾体类激素，在垂体产生的促肾上腺皮质激素（ACTH）的作用下，在肾上腺皮质细胞线粒体内合成，并分泌入血。皮质醇是促使机体进行分解代谢的重要激素，在运动后持续保持高水平则会造成机体分解代谢过强，不利于恢复。因此，测定皮质醇可以用于评定运动员的肾上腺皮质机能和恢复状况。但还应注意运动员的免疫状况，较高的皮质醇水平会抑制机体的免疫机能，使运动员出现感冒、发烧等症状。研究结果发现月经正常和异常的运动员，皮质醇水平没有显著差异，在整个训练周期的变化中，从训练初到大负荷训练阶段止，皮质醇水平没有发生明显变化。经过恢复调整周，月经正常或异常的运动员皮质醇水平都会下降，但月经异常运动员发生显著变化（$p<0.01$），似乎更利于机体恢复。睾酮和皮质醇是判断运动员疲劳和恢复机能非常重要的指标，本研究结果发现，月经正常或异常的运动员，在整个训练周期中，睾酮和皮质醇变化很相似。总体推测，女子手球运动员的恢复机能受月经异常影响不大。

### （四）五周训练对女子手球运动员免疫稳态的影响

从表 2-23 可以看出，月经正常组和异常组 IFN-γmRNA 表达变化相似，第四周水平比第一周始高（$p<0.05$），第五周始水平比第一周始高（$p<0.05$）。月经正常组的 IL-4 mRNA 表达逐渐升高，在第五周发生显著变化（比第一周始和第四周始水平都高，$p<0.05$）；月经异常组的 IL-4 mRNA 表达也呈现逐渐升高特点，到第五周始发生显著变化（比第一周始水平高，$p<0.05$），但低于月经正常组第五周的水平（$p<0.05$）。月经正常和异常组的 IL-2 mRNA 表达水平在整个训练周期没有发生显著变化。月经正常组的 IL-10 mRNA 表达水平在第四周始发生下降（比第一周始水平低，$p<0.05$），第五周始有所提升，但仍低于第一周水平（$p<0.05$）；月经异常组的 IL-10 mRNA 表达水平在整个训练周期没有发生显著变化。月经正常组的 IFN-γ/IL-4 先逐渐升高，后发生降低（与第四周始比，$p<0.05$）；月经异常组的 IFN-γ/IL-4 先逐渐升高，后发生降低，但没有

发生显著变化。

表 2-23 大负荷训练中月经正常与月经异常运动员免疫稳态指标的变化

| 项 目 | 组 别 | 第一周始 | 第四周始 | 第五周始 |
|---|---|---|---|---|
| IFN-γmRNA | 月经正常组 | 0.4±0.15 | 0.65±0.07* | 0.78±0.1* |
|  | 月经异常组 | 0.45±0.37 | 0.73±0.12* | 0.71±0.07* |
| IL-4 mRNA | 月经正常组 | 0.14±0.02 | 0.18±0.04 | 0.4±0.08*#¥ |
|  | 月经异常组 | 0.1±0.07 | 0.16±0.06 | 0.22±0.13* |
| IL-2 mRNA | 月经正常组 | 1.73±0.08 | 1.78±0.12 | 2.21±0.05 |
|  | 月经异常组 | 1.78±0.22 | 1.77±0.1 | 2.08±0.17 |
| IL-10 mRNA | 月经正常组 | 0.14±0.05 | 0.03±0.04* | 0.06±0.01* |
|  | 月经异常组 | 0.1±0.08 | 0.04±0.42 | 0.05±0.4 |
| IFN-γ/IL-4 | 月经正常组 | 2.9±1.13 | 3.73±0.88 | 2.06±0.67# |
|  | 月经异常组 | 3.79±2.95 | 5.29±2.61 | 4±2.89 |

*与第一周始比，$p<0.05$；#与第四周始比，$p<0.01$；¥每次测试月经正常组与异常组比较，$p<0.01$。

并不是所有队员免疫稳态变化特点都一样。如图 2-34 所示，3 号队员 IFN、IFN/IL-4 mRNA 表达水平都呈现出先降低后升高的特点，而 IL-4 则先升高后降低。

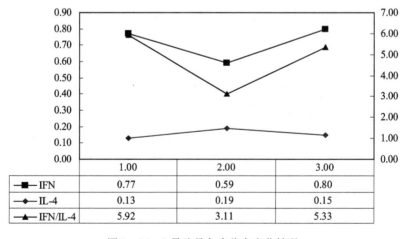

图 2-34 3 号队员免疫稳态变化情况

从表 2-24、表 2-25 可以看出，在月经正常或月经异常运动员相关分析的结果中没有发现 Leptin、T、C 与免疫稳态指标间的显著相关关系。

表 2-24 月经异常运动员 Leptin、T、C 与免疫稳态指标的相关性

| 相关系数 | Leptin | T | C | IFN-γ/IL-4 | IFN-γ | IL-4 | IL-2 | IL-10 |
|---|---|---|---|---|---|---|---|---|
| Leptin | 1 | -0.143 | 0.071 | 0.004 | 0.115 | 0.142 | -0.024 | 0.030 |
| T | -0.143 | 1 | 0.504** | -0.007 | 0.220 | -0.008 | 0.039 | 0.223 |
| C | 0.071 | 0.504** | 1 | -0.042 | 0.007 | -0.146 | -0.215 | 0.243 |
| IFN/IL-4 | 0.004 | -0.007 | -0.042 | 1 | 0.486** | -0.667** | -0.135 | -0.159 |
| IFN-γ | 0.115 | 0.220 | 0.007 | 0.486** | 1 | 0.303 | -0.007 | -0.447** |
| IL-4 | 0.142 | -0.008 | -0.146 | -0.667** | 0.303 | 1 | 0.287 | -0.348 |
| IL-2 | -0.024 | 0.039 | -0.215 | -0.135 | -0.007 | 0.287 | 1 | 0.107 |
| IL-10 | 0.030 | 0.223 | 0.243 | -0.159 | -0.447** | -0.348 | 0.107 | 1 |

表 2-25 月经正常运动员 Leptin、T、C 与免疫稳态指标的相关性

| 相关系数 | Leptin | T | C | IFN-γ/IL-4 | IFN-γ | IL-4 | IL-2 | IL-10 |
|---|---|---|---|---|---|---|---|---|
| Leptin | 1 | -0.347 | -0.422* | -0.204 | 0.213 | 0.416 | 0.276 | -0.027 |
| T | -0.347 | 1 | 0.062 | 0.360 | 0.313 | -0.104 | -0.053 | -0.337 |
| C | -0.422* | 0.062 | 1 | 0.134 | 0.156 | -0.127 | 0.026 | -0.062 |
| IFN/IL-4 | -0.204 | 0.360 | 0.134 | 1 | 0.184 | -0.630 | -0.549* | -0.085 |
| IFN-γ | 0.213 | 0.313 | 0.156 | 0.184 | 1 | 0.589** | 0.634** | -0.478* |
| IL-4 | 0.416 | -0.104 | -0.127 | -0.63** | 0.589** | 1 | 0.905** | -0.269 |
| IL-2 | 0.276 | -0.053 | 0.026 | -0.549* | 0.634** | 0.905** | 1 | -0.136 |
| IL-10 | -0.027 | -0.337 | -0.062 | -0.085 | -0.478* | -0.269 | -0.136 | 1 |

\* 显著性相关在 0.05 水平（双尾检验）；\*\* 显著性相关在 0.01 水平（双尾检验）。

运动与免疫的关系是当前运动医学领域的研究热点，已有许多研究成果，其中 T 细胞与运动的关系备受人们关注。T 细胞可分为 $CD4^+$ 和 $CD8^+$ 两大亚群，根据其分泌的细胞因子不同，$CD4^+$ T 细胞又分为 Th1 细胞和 Th2 细胞。Th1 细胞分泌 IFN-γ 和 IL-2 等，介导细胞免疫；Th2 细胞分泌 IL-4 和 IL-10 等，介导体液免疫。二者各自通过其细胞因子的旁分泌作用，表现出交互抑制现象，从而调节细胞免疫和体液免疫之间的平衡，

维持免疫稳态。在免疫应答和保持免疫系统内的自稳状态中，Th1 和 Th2 细胞扮演了极为重要的角色。Th2（体液免疫）的上调会抑制 Th1（细胞免疫），而使运动员有上呼吸道感染（URTI）的风险。何伟等研究发现，年患 URTI 小于 2 次的运动员，各免疫稳态指标与非运动员基本相同，无明显免疫稳态偏移现象，提示对长期训练适应良好的运动员免疫稳态平稳，免疫功能增强；年患 URTI 大于 5 次和现患 URTI 的运动员各免疫稳态指标与非运动员和健康组运动员有明显差异，免疫稳态明显偏移，表现为 Th1/Th2 比值减少，细胞免疫功能抑制，体液免疫功能无明显变化。这可能与他们患 URTI 的频率增加有关。

本研究发现，无论月经正常与否变化的趋势很相似，在训练初期 IFN-γmRNA 表达水平无显著差异，两组队员的 IFN-γmRNA 表达水平在训练周期中出现升高，一直到大负荷训练期结束和调整期结束，说明训练刺激了机体的细胞免疫机能。而且调整期与大负荷训练周期中并没有发生显著变化，说明调整期运动员的细胞免疫仍处于激活状态，但没有进一步升级。IL-2 mRNA 表达水平在月经正常与否的女子手球运动员中无显著差异，所有运动员 IL-2 mRNA 表达水平也没有因为训练的变化而发生显著变化，但在调整期出现升高趋势。IL-2 mRNA 表达水平的高低是机体细胞免疫的重要标志，它具有促进 T 细胞的增殖分化，增强 T 细胞、NK 细胞活性，诱导干扰素生成等作用。结合 IFN-γ、IL-2 mRNA 表达水平的变化，说明大负荷训练激活细胞免疫功能，经过调整，细胞免疫机能有所增强，而且与月经正常与否没有很大关系，同时也说明 IFN-γmRNA 表达对训练具有较高的敏感性。

研究还发现，无论月经正常与否，IL-4 mRNA 表达水平呈升高趋势，但在大负荷训练结束前没有显著变化，调整期结束时显著升高（与第一周始比，$p<0.05$），其中月经正常运动员调整期 IL-4 mRNA 表达水平比月经异常运动员升高得更大（$p<0.05$），高于大负荷训练期（与第四周始比，$p<0.05$）。Th2 类细胞因子 IL-4 可促进 B 细胞增殖，是 B 细胞增殖、分化的有效促进剂，称为 B 细胞增殖因子（BCGF），是介导体液免疫应答的主要因子之一，是调控 Th0 向 Th2 型细胞分化过程中唯一重要的细胞因子，并抑制 Th1 的效应功能。本研究发现，一个周期的运动训练使机体的体液免疫逐渐增强，在调整期这种现象更明显，月经正常运动员这种现象更明显。月经正常运动员 IL-10 mRNA 表达水平在大负荷训练后期和调整期都显著降低，其中调整期有一定升高趋势，而月经异常运动员 IL-10 mRNA 表达水平在整个训练周期没有发生显著变化。IL-10 具有广泛的

抑制促炎细胞因子的作用，诱导免疫无反应性，因此，是维持细胞因子网络平衡的重要调节机制。运动负荷较大，对机体有可能造成一定的损伤，产生一些促炎因子，而此时 IL-10 mRNA 表达水平下降可能是一种负反馈的机体保护作用，之后的调整期 IL-10 mRNA 表达水平升高可能有利于这些促炎因子的抑制，这和抑炎因子的产生晚于促炎因子的产生的理论也相吻合。所以，月经异常的女子手球运动员这种负反馈的机体保护作用不明显。

结合 Th1 细胞因子变化，可以看出训练使机体 Th1 和 Th2 同时增强，但是 Th1 更敏感，在大负荷训练期就显著升高，调整期出现 Th1 升高幅度下降，Th2 升高幅度上升，呈 Th2 漂移态势。月经正常的女子手球运动员 IFN-$\gamma$/IL-4 发生显著下降（$p<0.05$），说明 Th1/Th2 免疫平衡向 Th2 漂移。然而 mRNA 表达的增加只反映了细胞合成某种蛋白质出现增强的倾向，从 mRNA 表达增加到生物学效应的产生，其间还要经过蛋白质的合成、加工和活化等生物学过程，需要一定的时间，所以在大负荷训练周结束到恢复调整周的过渡期，运动员免疫功能可能出现免疫平衡-失衡之间的临界性变化。张宏杰研究发现，运动量达到最大后，篮球运动员 Th1/Th2 平衡出现向 Th2 方向增强的趋势。但是，两周休整后的结果表明，上述改变出现恢复趋势，与我们的研究有差异。有研究认为，女性运动员在月经周期的任何阶段不必担忧高强度训练会更加抑制免疫系统而使 URTI 的风险性增加，但必须意识到不规则的月经可能会抑制免疫功能。本研究发现，大负荷训练使女子手球运动员机体细胞和体液免疫功能激活。但是，大负荷训练后到恢复调整结束时机体免疫稳态出现了逐渐失衡，Th1/Th2 平衡出现向 Th2 方向增强的趋势，月经正常和异常组相似，提示要注意大负荷训练期之后的过渡期和调整期运动员预防免疫功能的失衡，预防 URTI，但月经异常运动员的体液免疫受训练影响敏感性较低。

对月经异常的 3 号队员研究发现，该运动员的 IFN-$\gamma$mRNA 表达在大负荷训练期下降，而在恢复期升高，说明大负荷训练可能对其细胞免疫功能有一定的抑制；而 IL-4 mRNA 表达在大负荷训练期有一定提高，恢复期有一定下降，整体变化幅度很小。联想到该队员大负荷训练期发生的感冒现象，与其此时的免疫稳态发生变化可能有很大关系。所以，对于运动员免疫稳态的变化要注意个体特点。

本研究发现，无论月经正常与否，Leptin、T、C 与免疫稳态指标间缺乏相关性。T 可介导 Th0 向 Th1 方向分化，并可提高 $CD4^+/CD8^+$ 比值，使淋巴细胞功能上调，T 对免疫功能有正向调节作用。本研究相关分析，没有发现 T 与 Th0 或 Th1 间的相关关系。本研究发现，C 与免疫稳态指标缺乏相关性。何伟发现，C 与 IFN-γ、IFN-γ/IL-4 和 T-LTI 呈同步变化，且有显著负相关关系，与 $Na^+-K^+$ ATPase 也呈显著负相关。这表明剧烈运动导致的血浆皮质醇浓度增加可能通过多条途径对免疫功能起负性调节作用，即通过 Th1 细胞的下调影响细胞免疫功能，从相关系数来看，C 与各指标的相关程度都不是非常密切，表明运动应激时的免疫稳态偏移受多因素影响，而 C 只是其中之一。很多研究报道，Leptin 在免疫稳态调节中发挥重要作用，但本研究也没有发现 Leptin 与免疫稳态指标显著相关。活体试验表明，Leptin 抑制 Th2 型免疫反应，离体试验表明它促进巨噬细胞和 T 细胞产生促炎性细胞因子。Leptin 的作用就是促使 Th1 免疫反应，以对抗传染性疾病。所以，有研究认为，Leptin 水平较低可能是运动员在恢复调整期 Th1/Th2 免疫平衡向 Th2 漂移，使得 URTI 风险增加的原因之一。关于 Leptin、T、C 与免疫稳态指标间的相互关系需要进一步的验证。

## （五）小结

（1）月经异常和月经正常的女子手球运动员 $VO_{2max}$、相对 $VO_{2max}$、$P_{max}$、相对 $P_{max}$ 和平均无氧功无显著差异，表明月经异常运动员与正常运动员运动机能无显著差异。

（2）月经异常运动员比月经正常运动员的体脂百分比、Leptin、GH、FSH、LH、PRO、$E_2$ 低，而 ACTH、C、T 没有显著差异。结果表明，月经异常运动员 HPOA 受到一定程度抑制，其原因与体脂百分比、FSH、LH、PRO、$E_2$、Leptin、GH 水平偏低有关，而与 ACTH、C、T 无显著关系，存在个体差异；另外，推测运动员的恢复机能受到月经异常的影响较小。大负荷训练会使月经异常运动员 Leptin 升高，而对月经正常运动员的 Leptin 影响较小，综合分析推测，血液内 Leptin 过高或过低是导致运动员月经异常的重要原因。

（3）大负荷训练使女子手球运动员机体细胞和体液免疫功能激活，但大负荷训练后到恢复调整周结束时机体免疫稳态逐渐出现失衡，Th1/Th2 平衡出现向 Th2 方向增强的趋势，月经正常和异常组无显著差异，但要注意个体特点。月经异常运动员的体液免疫受训练影响敏感性较低。建议要注意大负荷训练期之后的过渡期和调整期的运动员预防免疫功能的失衡，预防 URTI。

综合分析认为，在当前女子手球体能要求和训练体系下，虽然月经异常运动员较多，但月经异常运动员的运动机能和机能变化受月经异常影响有限，只要提前进行了月经调整，不必过于担心月经异常运动员的机能状况。

# 第三章

# 手球比赛能量代谢特点研究

比赛能量代谢特点的研究是专项能力研究中最重要和最基础的部分，是研究项目规律，进而科学安排训练，提高专项竞技能力，取得优异成绩的前提。手球比赛是以体能为基础、技战术为关键的集体球类项目，中国女子手球一直被体能问题所困扰。但是，手球专项体能的系统研究报道较少，对于手球体能问题的分析主要还停留在对表面现象的解读和理论推测上，对体能在手球竞技比赛中的作用判断缺乏科学性，对于该问题认识不清会造成对项目竞技能力认识的偏差，进而可能会导致训练培养体系的偏差。本研究将分析总结手球不同位置运动员在正式比赛中整体的能量代谢特征，探讨手球专项能量代谢规律，以提高对手球专项的生物学规律的认识。

## 一、手球比赛能量代谢特征测试

### （一）手球正式比赛心率、乳酸的测试

手球世锦赛和奥运会手球比赛是手球最高级别的比赛，是研究手球比赛专项特点最好的对象，但是直接对世锦赛或奥运会进行研究不符合规则，没有得到国际手球联合会同意。所以，我们试图通过视频资料采集，

让运动员模拟世锦赛进行运动。但是，在之后的实际场地比赛中，我们没能够请到世锦赛上的对手，没能让运动员模拟出世锦赛的动作、移动和气氛。便携式气体分析仪在正式比赛上不允许戴，即使戴上了，运动员也会因为多加的负荷、增加的保护忧虑而不能完全进行手球比赛时的各种跑、跳、碰撞等动作。综合考虑后，试图让运动员在跑台上模拟世锦赛比赛时的运动，进而通过气体代谢特点研究分析手球比赛专项体能代谢特点。但是，在实际操作中，对各种非跑动动作的模拟比较困难，在跑台上进行射门、跳跃、背向、侧向、转身、倒地运动基本完成不了，在地上测试时也会由于呼吸气体收集器的空间限制，各种运动不能展开。所以，模拟测试的方法不可行。最后，经过手球协会、国家队和对手的共同协商，在基本不影响队员正常比赛的情况下，我们有幸能够对2008年3月中国女子手球队与日本女子手球队的比赛进行研究。该赛事是2008年北京女子手球四国赛上的一场，是小组排名赛，取胜方将直接进入赛事的决赛，竞争激烈，属国际正式比赛，国际正式比赛是仅次于世锦赛的高级别比赛。

心率变化测试可以实时观察到运动员内部负荷变化情况，可以反映体内能量代谢系统的基本变化，而且当今的科技使得心率测定具有无创性、便携性、稳定性，不会对手球运动员比赛做动作产生影响，最后，我们确定使用POLAR系统进行运动员比赛时心率变化的实时检测，同时对上、下半场结束时运动员的乳酸进行测定。在正式比赛前30min，运动员做准备活动，包括低强度的跑步、几个短时间加速跑、拉伸训练、射门训练。准备活动后，场上队员每人佩戴心率表（包括守门员）。全场60min比赛，上、下半场各30min，间歇10min，饮水开放，心率测试采用Polar系统，每5s记录一次。2008年7月中国队与陪练队正式进行训练比赛，准备活动后，选中卫、边锋和底线各一名作为研究对象，采用Polar系统记录她们全场比赛心率变化。比赛结束后，利用相应软件和红外线接口将储存于心率表中的文件上传分析。中场和终场即刻采耳血测乳酸。$HR_{max}g$表示场上比赛时最高心率，$HRa$表示全场平均心率，$HRg$表示全场比赛平均心率。全场比赛平均心率是指在场上打比赛时的平均心率，全场平均心率是全场比赛加上休息整个时间段的平均心率。T1表示无氧阈心率上的时间，T2表示全场比赛时间。

## （二）关键性运动统计

在比赛进行过程中，用摄像机对比赛进行录像，通过录像分析统计比赛时关键性运动（加速、跳跃、变向、身体碰撞和射门）的次数。加速，即正向直线速度增快的运动,包括起动、爆发加速;跳跃,即身体主动离开地面向上的运动,包括跳跃接球、传球;变向,即主动改变方向的运动,包括突然转身、各种突破变向;身体碰撞,即两身体接触,且任何一方或双方主动抗衡用力;射门,即各种向球门掷球的动作。

## 二、研究结果

### (一) 中国女子手球运动员实验室测试结果

从表 2-26、表 2-27 可以看出,中国女子手球队员 $VO_{2max}$ 为 3.55L/min ± 0.30L/min,相对 $VO_{2max}$ 为 51.24L/(kg·min$^{-1}$) ± 4.87L/(kg·min$^{-1}$)。其中上场比赛队员最大摄氧量为 3.503~3.941L/min,48.4~58mL/(kg·min$^{-1}$),最高的是中卫,相对值最低的是右内卫;守门员最大摄氧量为 3.548L/min,52.2 mL/(kg·min$^{-1}$)。$P_{max}$ 是 435.86W ± 56.54W,其中上场比赛队员为 350.38~545.74W,最差的是左边锋,最好的是左内卫;疲劳指数为 30.92 ± 9.37,其中上场比赛队员为 17.5~49.1,最低的是左边锋,最高的是左内卫,说明左边锋爆发力较差,但无氧耐力较好。

表 2-26 中国女子手球队员基本情况

| 项 目 | 平均值 ± 标准差 | 变化范围 |
| --- | --- | --- |
| 年龄/岁 | 22.4 ± 3.48 | 17~27 |
| 身高/m | 1.79 ± 0.05 | 1.74~1.87 |
| 体重/kg | 69.2 ± 5.4 | 58.48~79.2 |
| 体脂百分比/% | 13.6 ± 3.6 | 9.55~20.06 |
| BMI | 21.6 ± 1.0 | 19.31~23.28 |
| $VO_{2max}$/(L·min$^{-1}$) | 3.55 ± 0.30 | 2.9~3.94 |
| 千克体重 $VO_{2max}$/(mL·kg$^{-1}$·min$^{-1}$) | 51.24 ± 4.87 | 41.4~60.5 |
| $HR_{max}$/(次·min$^{-1}$) | 179.5 ± 9.53 | 160~196 |
| HR~AT/(次·min$^{-1}$) | 143.28 ± 10.95 | 127~168 |
| 运动后乳酸/(mmol·L$^{-1}$) | 8.01 ± 2.04 | 4.29~10.92 |
| $P_{max}$/W | 435.86 ± 56.54 | 340.07~545.74 |
| 千克体重 $P_{max}$/(W·kg$^{-1}$) | 6.33 ± 0.76 | 4.6~7.8 |

续表

| 项　目 | 平均值±标准差 | 变化范围 |
|---|---|---|
| $P_{min}$/W | 296.78±21.88 | 273.39~352.33 |
| 平均无氧功/W | 362.52±35.23 | 307.05~416.03 |
| 疲劳指数/% | 30.92±9.37 | 17.5~49.1 |

表2-27　中国女子手球队场上受试队员有氧能力测试和无氧功实验室测试情况

| 编号 | 指标<br>位置 | $VO_{2max}$/<br>(L·min$^{-1}$) | 千克体重<br>$VO_{2max}$/<br>(mL·kg$^{-1}$·min$^{-1}$) | $HR_{max}$/<br>(次·min$^{-1}$) | $L_{max}$/<br>(mmol·L$^{-1}$) | HR-AT/<br>(次·min$^{-1}$) | HR-AT/<br>$HR_{max}$ | $P_{max}$/W | 疲劳指数/% |
|---|---|---|---|---|---|---|---|---|---|
| A | 中卫 | 3.941 | 58 | 190 | 7.74 | 168 | 88.4 | 442.78 | 35.9 |
| B | 左边锋 | 3.503 | 55.6 | 184 | 9.3 | 150 | 81.5 | 350.38 | 17.5 |
| C | 右内卫 | 3.58 | 48.4 | 181 | 7.68 | 148 | 81.7 | 521.54 | 43 |
| D | 底线 | 3.906 | 50.1 | 181 | 9.45 | 150 | 82.8 | 444.48 | 20.7 |
| E | 守门员 | 3.548 | 52.2 | 189 | 7.8 | 150 | 79.3 | 480.93 | 39.5 |
| F | 左内卫 | 3.695 | 52.8 | 176 | 5.61 | 141 | 80.1 | 545.74 | 49.1 |
| 平均值 | | 3.70 | 52.85 | 183.5 | 7.93 | 151.2 | 82.3 | 464.31 | 34.28 |
| 标准差 | | 0.19 | 3.52 | 5.32 | 1.39 | 8.95 | 3.2 | 69.31 | 12.58 |

表2-28显示了不同队员的不同强度级别对应的心率范围，存在一定个体差异。$HR_{max}$为183.5次/min±5.32次/min，HR-AT为151.2次/min±8.95次/min。93%的$HR_{max}$以上强度为最大强度（MAX），平均达到170.7~183.5次/min；HR-AT~93%的$HR_{max}$强度属亚极限强度（MHI），平均达到151.2~170.7次/min；75%的$HR_{max}$~HR-AT强度属于中等强度（LMI），平均达到138.5~151.2次/min；60%~75%的$HR_{max}$属于低强度（LI）运动，平均达到110.2~138.5次/min。

表2-28　中国女子手球队场上受试队员心率区间

单位：次·min$^{-1}$

| 强度级别 | | MAX | MHI | LMI | LI |
|---|---|---|---|---|---|
| 编号 | 指标<br>位置 | $HR_{max}$ | 93% $HR_{max}$ | HR-AT | 75% $HR_{max}$ | 60% $HR_{max}$ |
| A | 中卫 | 190 | 177 | 168 | 143 | 114 |
| B | 左边锋 | 184 | 171 | 150 | 138 | 110 |

续表

| 编号 | 强度级别<br>指标位置 | MAX<br>$HR_{max}$ | MHI<br>93% $HR_{max}$ | LMI<br>HR-AT | 75% $HR_{max}$ | LI<br>60% $HR_{max}$ |
|---|---|---|---|---|---|---|
| C | 右内卫 | 181 | 168 | 148 | 138 | 109 |
| D | 底线 | 181 | 168 | 150 | 138 | 109 |
| E | 守门员 | 189 | 176 | 150 | 142 | 113 |
| F | 左内卫 | 176 | 164 | 141 | 132 | 106 |
| 平均值 | | 183.5 | 170.7 | 151.2 | 138.5 | 110.2 |
| 标准差 | | 5.32 | 4.6 | 8.95 | 3.5 | 2.7 |

## 三、手球比赛心率变化、乳酸、运动特征

### （一）手球比赛运动员心率、乳酸变化总体特征

**1. 国际比赛运动员心率、乳酸变化总体特征**

2008年3月的国际比赛测试发现（表2-9、表2-30）：中卫场上比赛时平均心率（HRg）为169次/min，比HR-AT高1次/min，比赛时最高心率（$HR_{max}$g）为188次/min，比$HR_{max}$低2次/min，下半场乳酸为4.1mmol/L；左边锋HRg为161次/min，高于HR-AT，$HR_{max}$g为184次/min，与$HR_{max}$一致，下半场乳酸为5.7mmol/L；右内卫HRg为152次/min，比HR-AT高4次/min，$HR_{max}$g为179次/min，比$HR_{max}$低2次/min，下半场乳酸为2.7mmol/L；底线HRg为152次/min，比HR-AT高2次/min，$HR_{max}$g为180次/min，比$HR_{max}$低1次/min；守门员HRg为125次/min，比HR-AT低25次/min，$HR_{max}$g为158次/min，比$HR_{max}$低31次/min；左内卫HRg为138次/min，比HR-AT低3次/min，$HR_{max}$g为177次/min，比$HR_{max}$高1次/min。除了左边锋，所有受试队员全场比赛平均心率都低于自身的无氧阈心率。

表 2-29 比赛时队员的心率变化特点情况

| 指标<br>编号 | HR$_{max}$g/<br>(次·<br>min$^{-1}$) | (HR$_{max}$g/<br>HR$_{max}$)<br>/% | HRa/<br>(次·<br>min$^{-1}$) | HRg/<br>(次·<br>min$^{-1}$) | 标准<br>差 | (HRa/<br>HR-<br>AT)/% | (HRg/<br>HR-<br>AT)/% | T1<br>/s | T2<br>/s | (T1/<br>T2)<br>/% |
|---|---|---|---|---|---|---|---|---|---|---|
| A | 188 | 98.9 | 165 | 169 | 16.5 | 98.2 | 100.6 | 1995 | 3240 | 61.5 |
| B | 184 | 100.0 | 155 | 161 | 14.8 | 103.3 | 107.3 | 2640 | 3210 | 82.2 |
| C | 179 | 98.9 | 138 | 152 | 16.7 | 93.2 | 102.7 | 1870 | 3005 | 62.3 |
| D | 180 | 99.4 | 138 | 152 | 14.9 | 92.0 | 101.3 | 1730 | 2530 | 68.3 |
| F | 177 | 100.6 | 113 | 138 | 20.8 | 80.1 | 97.9 | 985 | 1890 | 52.1 |
| 平均值 | 181.6 | 99.6 | 142 | 154 | 16.8 | 93.4 | 102.0 | 1844 | 2775 | 65.3 |
| 标准差 | 3.9 | 0.7 | 18 | 10 | 2.2 | 7.7 | 3.1 | 530.6 | 510.2 | 9.9 |
| E | 158 | 83.6 | 113 | 125 | 13.4 | 75.3 | 83.3 | 175 | 3180 | 5.5 |

表 2-30 比赛时队员上下半场的心率、乳酸情况

| 指标<br>编号 | 上半场比赛 HR/<br>(次·min$^{-1}$) | 中场乳酸/<br>(mmol·L$^{-1}$) | 下半场比赛 HR/<br>(次·min$^{-1}$) | 下半场乳酸/<br>(mmol·L$^{-1}$) |
|---|---|---|---|---|
| A | 166 | 4.5 | 172 | 4.1 |
| B | 163 | 3.5 | 159 | 5.7 |
| C | 151 | 2.7 | 153 | 2.7 |
| D | 156 | 3.8 | 148 | 3.0 |
| F | 138 | 3.6 | — | — |
| 平均值 | 155 | 3.62 | 158 | 3.7 |
| 标准差 | 11.1 | 0.58 | 10.36 | 1.4 |
| E | 130 | 2.1 | 120 | 1.9 |

守门员 HR$_{max}$g 达到 83.6%，HRa 达到 75.3% 的 HR-AT，HRg 达到 83.3% 的 HR-AT，中场乳酸 2.1mmol/L，下半场乳酸为 1.9mmol/L，无氧阈心率上的比赛时间占到全场比赛时间的 5.5%。

场上队员 HR$_{max}$g 平均为 181.6 次/min（177~188 次/min），达到 99.6% 的 HR$_{max}$（98.9%~100.6%），HRa 达到 93.4% 的 HR-AT（80.1%~103.3%），HRg 达到 102.0% 的 HR-AT（97.9%~107.3%）。从表 2-30 可以看出，场上队员上半场 HRa 为 155 次/min，下半场 HRa 为 158 次/min，中场乳酸 3.62mmol/L±0.58mmol/L，下半场乳酸 3.7mmol/L±

1.4mmol/L；中卫、右内卫上半场 HRg 低于下半场 HRg，左边锋、底线上半场 HRg 高于下半场 HRg。在无氧阈心率上的比赛时间平均占到全场比赛时间的 65.3%，左边锋最高为 82.2%，中卫最高为 61.5%，左内卫最高为 52.1%，右内卫最高为 62.3%，底线最高为 68.3%。相对于自身无氧阈水平，HRa 左边锋最高达到 HR-AT 的 107.3%，其次是右内卫，然后是底线，守门员最低。

从表 2-31、图 2-35 可以发现，手球比赛时场上运动员和守门员的心率变化在不同强度区间的分布（大于 93%，HR-AT～93%，75%～HR-AT（60%～75%），小于 60% $HR_{max}$）有很大差异。可以发现，场上运动员在 MHI 区间的运动时间比例最高达 47.60%，MAX 区间达到 17.68%，LMI 区间达到 16.90%，LI 区间达到 15.14%，L 区间达到 2.62%，在 HR-AT 上的时间达到 65.3%（表 2-29）；在各位置运动员中，中卫和左边锋的心率在 MAX 区中的最多，中卫、左边锋在 HR-AT 上的时间分别达到 61.5% 和 82.2%（表 2-29），左边锋、右内卫和底线在 MHI 区中的较多。守门员的 LI 区间运动时间比例最高，达到 66.50；其次是 LMI 达到 14.90，MAX 区间为 0.00，MHI 区间为 5.50%，L 区间为 13.1%。

表 2-31 场上队员和守门员不同心率强度区间所占总时间的百分比

单位：%

| 强度等级 | A（中卫） | B（左边锋） | C（右内卫） | D（底线） | F（左内卫） | 平均值 | E（守门员） |
|---|---|---|---|---|---|---|---|
| MAX | 31.60 | 24.60 | 3.70 | 12.60 | 15.90 | 17.68 | 0.00 |
| MHI | 29.90 | 57.60 | 58.60 | 55.70 | 36.20 | 47.60 | 5.50 |
| LMI | 31.80 | 10.60 | 15.60 | 14.60 | 11.90 | 16.90 | 14.90 |
| LI | 5.10 | 6.20 | 20.10 | 12.80 | 31.50 | 15.14 | 66.50 |
| L | 1.50 | 0.90 | 2 | 4.20 | 4.50 | 2.62 | 13.10 |

2. 国内比赛运动员心率、乳酸变化总体特征

2008 年 7 月国内比赛测试发现，中卫、边锋、底线场上平均最大心率达到 100.2% 的 $HR_{max}$（98.9%～101.6%），全场平均心率达到 94.6% 的 HR-AT（84.5%～100%），全场平均心率达到 103.3% 的 HR-AT（102%～104.7%），赛后平均乳酸为 3.3mmol/L ± 0.92mmol/L。在无氧阈上的比赛时间占到全场比赛时间的 70.9%（67.4%～73.9%）（表 2-32、表 2-33）。中卫和底线的比赛心率都高于 3 月份的测试值，而左边锋比赛心率则低于 3 月份的测试值。

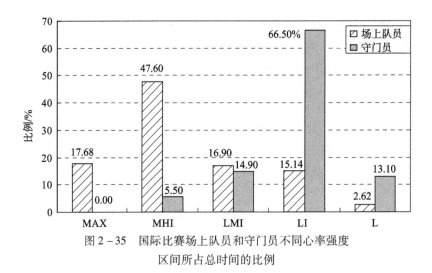

图 2-35 国际比赛场上队员和守门员不同心率强度区间所占总时间的比例

表 2-32 国内比赛时运动员心率、乳酸变化情况

| 编号 | $HR_{max}$/(次·$min^{-1}$) | ($HR_{max}$g/$HR_{max}$)/% | HRa/(次·$min^{-1}$) | HRg/(次·$min^{-1}$) | 标准差 | (HRa/HR-AT)/% | (HRg/HR-AT)/% | 赛后乳酸/(mmol·$L^{-1}$) | T1/s | T2/s | (T1/T2)/% |
|---|---|---|---|---|---|---|---|---|---|---|---|
| A | 193 | 101.6 | 142 | 172 | 14.2 | 84.5 | 102 | 2.5 | 1270 | 1885 | 67.4 |
| B | 184 | 100.0 | 147 | 155 | 19.7 | 98.0 | 103.3 | 3.1 | 2635 | 3690 | 71.4 |
| D | 179 | 98.9 | 150 | 157 | 12.9 | 100.0 | 104.7 | 4.3 | 2525 | 3420 | 73.9 |
| 平均值 | 185 | 100.2 | 147 | 151 | 15.6 | 94.6 | 103.3 | 3.3 | 2143.3 | 2998.3 | 70.9 |
| 标准差 | 7.1 | 1.4 | 3 | 8 | 3.0 | 7.7 | 1.4 | 0.92 | 758.3 | 973.6 | 3.2 |

表 2-33 场上运动员不同心率强度区间所占总时间的比例

单位:%

| 强度等级 | A(中卫) | B(左边锋) | D(底线) | 平均值 |
|---|---|---|---|---|
| MAX | 47.20 | 18.60 | 30.30 | 32.03 |
| MHI | 20.10 | 52.8 | 43.60 | 38.83 |
| LMI | 30.00 | 15.00 | 12.00 | 19.00 |
| LI | 2.70 | 9.10 | 13.70 | 8.50 |
| L | 0.00 | 4.50 | 0.40 | 1.63 |

从表 2-32、图 2-36 可以看出,与第一次测试结果相似,场上运动员 MHI(HR-AT~93%)比例最高,其次是 MAX(大于 93% 的 $HR_{max}$)。中卫比赛时在 MAX 强度级别中的时间达到 47.20%,左边锋和底线比赛时在 MHI 强度级别中的时间分别达到 52.80%、43.60%。

第三章 手球比赛能量代谢特点研究 115

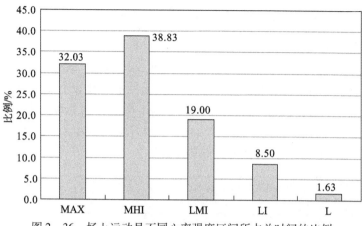

图 2-36 场上运动员不同心率强度区间所占总时间的比例

### （二）手球比赛关键性运动次数特点

从表 2-34、表 2-35 可以看出，两次比赛关键运动总次特点相似，两次比赛底线 D 的关键性运动次数是最高的，其次是卫线队员 A、C、F，边锋 B 较少，守门员 E 最少，平均每分钟关键性运动次数为 0.58~3.49；第二次测试单位时间关键性运动次数高于第一次，平均每分钟关键性次数为 1.59~3.75。

表 2-34 比赛时关键性运动次数统计表（2008 年 3 月）

| 编号 | 加速/次 | 跳跃/次 | 变向/次 | 身体碰撞/次 | 射门/次 | 合计/次 | 时间 | 合计时间/min |
|---|---|---|---|---|---|---|---|---|
| A | 41 | 19 | 30 | 21 | 11 | 122 | 54min | 2.25 |
| B | 24 | 8 | 20 | 8 | 3 | 63 | 53min30s | 1.17 |
| C | 27 | 14 | 19 | 15 | 12 | 87 | 50min05s | 1.74 |
| D | 19 | 7 | 18 | 98 | 6 | 148 | 42min20s | 3.49 |
| F | 17 | 13 | 14 | 11 | 7 | 62 | 31min30s | 1.96 |
| E | 10 | 13 | 7 | 1 | 0 | 31 | 53min | 0.58 |

表 2-35 比赛时关键性运动次数统计表（2008 年 7 月）

| 编号 | 加速/次 | 跳跃/次 | 变向/次 | 身体碰撞/次 | 射门/次 | 合计/次 | 时间 | 合计时间/min |
|---|---|---|---|---|---|---|---|---|
| A | 19 | 12 | 23 | 13 | 9 | 76 | 31min25s | 2.41 |
| B | 36 | 23 | 19 | 11 | 9 | 98 | 61min30s | 1.59 |
| D | 30 | 12 | 23 | 139 | 10 | 214 | 57min | 3.75 |

## (三) 手球比赛不同位置运动员心率变化特点

1. 国际比赛不同位置运动员心率变化特点

A 是中卫队员，从图 2-37、图 2-38 可以看出，该队员上半场平均心率为 166 次/min，最高心率为 184 次/min；下半场平均心率为 172 次/min，最高心率为 188 次/min。全场包括场中休息最高心率为 188 次/min。在 MAX 上的时间为 17min05s，在 MHI 上的时间为 16min10s，在 HR-AT 上的时间为 34min15s，总比赛时间为 54min。

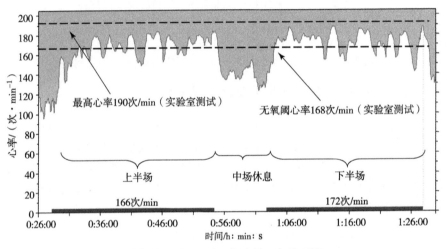

图 2-37　队员 A 比赛时的心率表现图

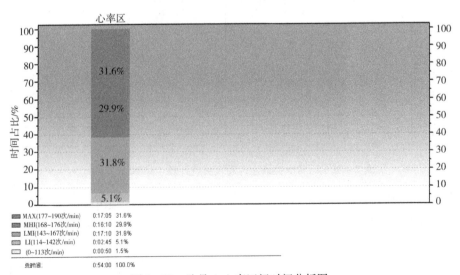

图 2-38　队员 A 心率区间时间分析图

B 是左边锋队员，从图 2-39、图 2-40 可以看出，该队员上半场平均心率为 163 次/min，最高心率为 184 次/min；下半场平均心率为 159 次/min，最高心率为 179 次/min；全场平均心率为 155 次/min，最高心率为 184 次/min。在 MAX 上的时间为 13min10s，在 MHI 上的时间为 30min50s，在无氧阈上的时间为 44min，全场比赛时间为 53min30s。

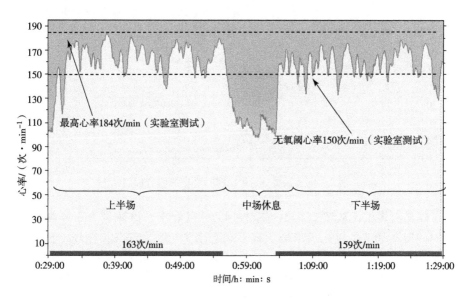

图 2-39　队员 B 比赛时的心率表现图

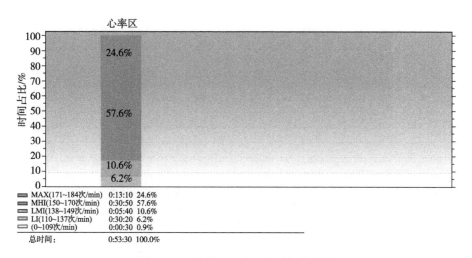

图 2-40　队员 B 心率区间时间分析图

从图2-41可以看出,两者波形高低起伏,都不重叠。场上比赛时中卫A比左边锋B平均心率高8次/min,最高心率分别为188次/min和184次/min。

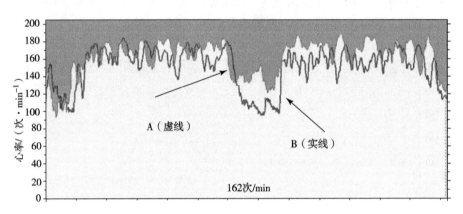

图2-41 队员A、B比赛时心率曲线合成图

C是右内卫,从图2-42、图2-43可以看出,该队员上下半场各有一时间段在场下休息,下半场比赛平均心率为153次/min,在场上比赛时的平均心率为152次/min,全场平均心率为138次/min,全场比赛在MAX上的时间为1min50s,在MHI上的时间为29min20s,无氧阈心率以上的时间是31min10s,全场比赛时间为50min05s。

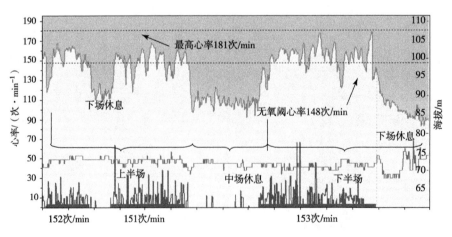

图2-42 队员C比赛时的心率表现图(2008年3月)

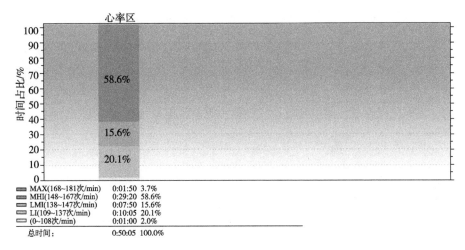

图 2-43　队员 C 心率区间时间分析图（2008 年 3 月）

D 是底线队员，从图 2-44、图 2-45 看出，该队员上下半时各有数分钟在场下休息，上半场比赛平均心率为 156 次/min，下半场比赛平均心率为 148 次/min，场上比赛时的平均心率为 152 次/min，在 MAX 上的时间为 5min20s，在 MHI 上的时间为 23min30s，无氧阈心率上的时间为 28min50s，全场比赛时间为 42min10s。

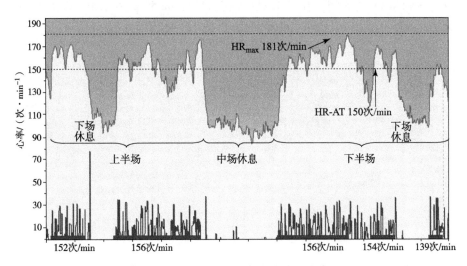

图 2-44　队员 D 比赛时心率曲线变化图

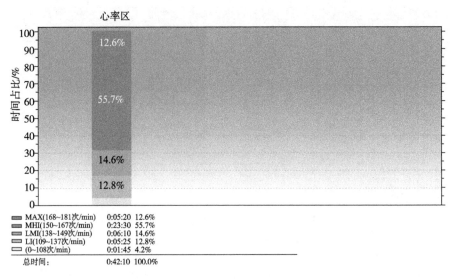

图 2-45　队员 D 比赛时心率区间分布图

E 是守门员,从图 2-46、图 2-47 可以看出,下半场有一段时间没有上场,场上比赛时平均心率为 125 次/min,全场平均心率为 113 次/min,比赛时最大心率为 158 次/min,高于无氧阈心率的时间为 2min55s,心率没有达到 MAX 的区间,在 MHI 区间的时间为 2min55s,在 LMI 区间的时间为 7min55s,在 LI 区间的时间为 35min15s。全场比赛时间是 53min。

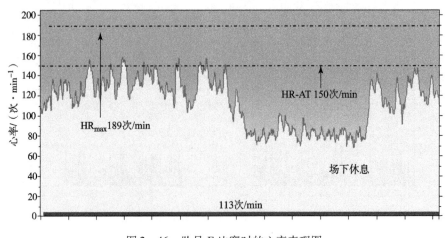

图 2-46　队员 E 比赛时的心率表现图

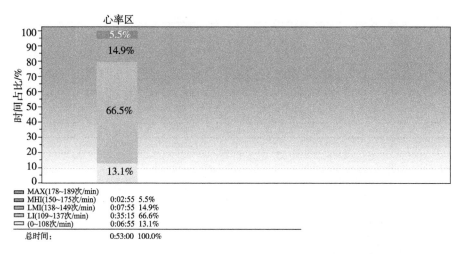

图 2-47 队员 E 比赛时心率区间分布图

F 是左内卫，全场平均心率为 112 次/min，比赛时最高心率为 177 次/min。上半场进攻休息，主要打防守，下半场彻底休息。心率在 MAX 上的时间为 5min，在 MHI 上的时间为 11min25s，无氧阈心率以上的时间为 16min25s，全场比赛时间为 31min30s，如图 2-48、图 2-49 所示。

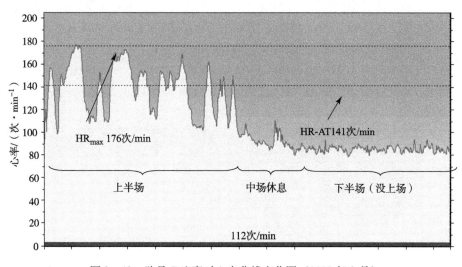

图 2-48 队员 F 比赛时心率曲线变化图（2008 年 3 月）

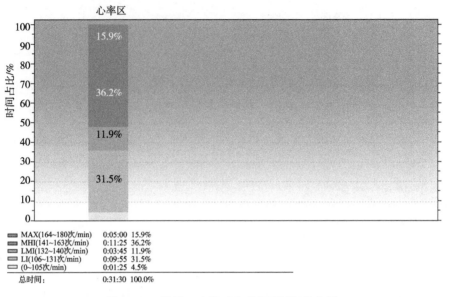

图 2-49　队员 F 比赛时心率曲线区间分布图

## 2. 国内比赛不同位置运动员心率变化特点

从国内比赛运动员的心率变化图可以看出，心率变化的图形与国际比赛的相似，曲线呈高低起伏形状。中卫 A 只参加了下半场比赛，比赛平均心率为 172 次/min（图 2-50），无氧阈心率以上的时间到 67.3%（图 2-51）；边锋 B 打满全场，比赛平均心率为 155 次/min（图 2-52），无氧阈心率以上的时间占 71.4%（图 2-53）；底线 D 参加了大半场比赛，比赛平均心率为 157 次/min（图 2-54），无氧阈心率以上的时间占 73.9%（图 2-55）。

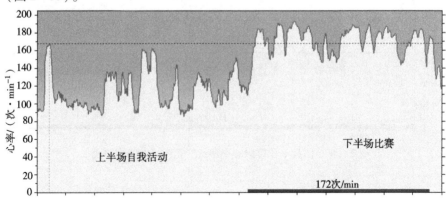

图 2-50　队员 A 比赛测试（0807）心率图

第三章 手球比赛能量代谢特点研究　123

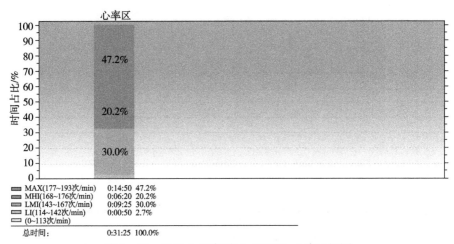

图 2-51　队员 A 比赛测试（0807）心率区间图

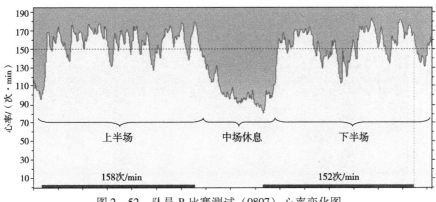

图 2-52　队员 B 比赛测试（0807）心率变化图

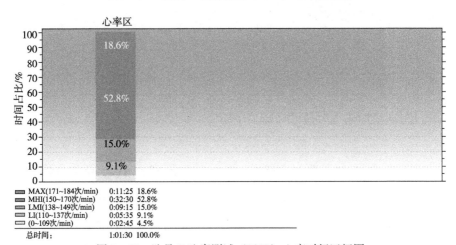

图 2-53　队员 B 比赛测试（0807）心率时间区间图

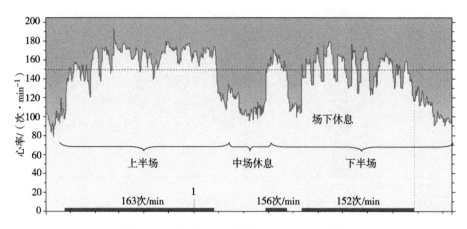

图 2-54 队员 D 比赛测试（0807）心率图

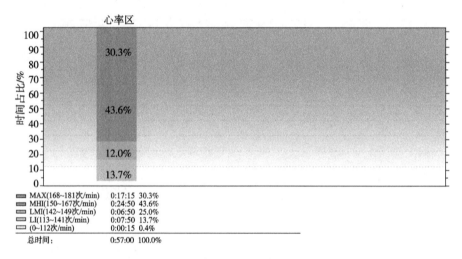

图 2-55 队员 D 比赛测试（0807）心率时间区间图

## 四、分析与讨论

### （一）中国女子手球运动员最大摄氧量和无氧功特点分析

机体的有氧代谢能力可以通过 $VO_{2max}$ 来评定，而无氧代谢能力可以通过无氧功来评定。由于手球队员在场上比赛时都是通过直接克服体重进行各种运动，所以，最大摄氧量的相对值是评价有氧能力更有效的指标。在手球运动项目中，有氧耐力是维持反复冲刺及长时间运动能力的重要因素。优秀女手球运动员比业余女子手球运动员最大摄氧量高10%，比平时运动较少的年轻女性高20%~30%，但远低于长跑的女运动员。手球运动员要求具备极高的有氧能力，但从相对值来看，手球运动员的值低于长跑和自行车运动员，这是因为手球运动员有较大的体重，对增强对抗是有利的。本研究发现，国家女子手球队队员最大摄氧量达到51.24mL/(kg·min)±4.87mL/(kg·min)，最高达到60.5mL/(kg·min)，个体差异较大。这些最大摄氧量特点反映出中国女子手球运动员有氧能力达到了一个怎样的水平呢？本试验所测的国家队队员最大摄氧量值比1999年地方队队员的45.1mL/(kg·min)±3.2mL/(kg·min)高，与1996年中国女子手球队队员52.4mL/(kg·min)±4.1mL/(kg·min)相当，与挪威女子手球队（北京奥运会冠军）队员在赛季初（51.3mL/(kg·min)±2.3 mL/(kg·min)）相似，但低于其赛季末的水平（53.5mL/(kg·min)±2.9 mL/(kg·min)），略低于世界强队韩国女子手球队队员的平均水平55.3mL/(kg·min)，比女子足球运动员（38.3~42 mL/(kg·min)）高，也高于女子排球运动员（41.62~44.3 mL/(kg·min)），略高于当年女子曲棍球运动员最大摄氧量（48.71mL/(kg·min)±4.139 mL/(kg·min)）水平。但与周期性体能项目相比，有氧能力还是有一定差距。有研究发现，国家女子长跑队运动员最大摄氧量69.43mL/(kg·min)±3.54 mL/(kg·min)；赛艇运动员的最大摄氧量，女子18岁组和20岁组的平均值分别达到了4.011L/min±0.531L/min和4.031L/min±0.351L/min。综上所述，中国女子手球运动员有氧能力与其他一些球类项目和过去的手球运动员相比要好。1996年我国取得奥运会女子手球第5名（8支球队），而2008年奥运会中国女子手球队战胜法国队、瑞典队取得第6名（12支球队），在取得一定奥运名次的时候，运动员整体最大摄氧量水平较好不仅仅是种巧合。

中国女子手球队队员最大无氧功为435.86W±56.54W，平均功为362.52W±35.23W，比我国当年女子曲棍球运动员无氧功的峰值489.9W±99.6W和平均值409.8W±71.9W低，也低于1996年中国女子手球队员的无氧功峰值639.1W±72.3W和平均值472.1W±64.5W，当时中国女子手球队队员无氧功峰值和平均值水平都远高于韩国女子手球队队员。所以，相比较而言，目前中国女子手球队队员的无氧功水平较低，爆发力和无氧耐力较差。Rannou等研究发现，手球运动员的最大无氧功高于耐力型运动员，其中不仅有手球运动员肌肉质量更高的原因，也得考虑手球运动员肌肉的代谢和结构属性。有研究认为，具有高水平的无氧代谢供能能力是优秀手球运动员的重要机能条件，我国手球运动员在有氧、无氧能力方面弱于世界强队，是手球水平长期徘徊不前的重要原因之一。

## （二）手球比赛能量代谢特征分析

手球是集体球类项目，在比赛时间、比赛场地长度、换人规则上都与篮球和足球有较大差异，而这些因素会直接对运动员比赛能量代谢需求产生影响，因此手球比赛能量代谢特点与其他球类项目有较大差异，是独特的。诚然，具有高水平的有氧和无氧代谢能力是成为优秀手球运动员的重要条件。但是决定手球运动员水平的不仅有代谢系统功能，还有其他身体素质（力量、弹跳、柔韧、灵敏、协调等），以及技战术能力、运动智力、团队精神等，理想的情况是所有队员这些素质都优秀，但由于个体遗传的差异、环境的影响，往往没有运动员在所有方面都是完美的，如果把具有强的有氧无氧代谢系统功能作为评定或选材标准，经常会淘汰那些有技战术天赋和潜力的手球运动员。具有什么样的体能代谢特点就可以呢？要回答这个问题，必须对当今女子手球比赛的能量代谢特点进行研究。

### 1. 选用测定比赛心率进行比赛能量代谢特征研究的方法学原因

要研究运动员比赛时的能量代谢特点，最好的方法就是能直接研究比赛时的气体代谢特点，这在周期性运动项目如赛艇、自行车中都有很多应用，因为这些项目动作相对简单。有些学者对动作复杂的项目也试图采用这种方法进行比赛能量代谢测定，如 Montpetit 和 Gratzer 等在运动员背上固定住气体分析袋，让壁球、板球运动员进行比赛，进而研究运动员比赛时的能量代谢特点，但 Mark 等认为这种做法不够恰当，因为限制了运动员的运动，进而限制了氧气的吸入。专项比赛心率变化的测定虽然存在一定局限性，对于低强度或很高强度的运动心率与摄氧量或能量消耗缺乏线性关系。除此以外，由于心率与摄氧量有很强的相关性，可以作为评定运动强度的可靠性指标，可以作为测定能量代谢的指标，通过研究比赛时心率、乳酸的特点，进而研究比赛时能量代谢特点，也是当今体育科研非常通用的做法。而且，目前的科技发展使得测试心率变得简单，加上测试的无创性，全场比赛心率的记录能够准确反映运动员全场比赛中心率的变化情况，大大减少人为因素以及整个时间段中运动强度不均这一问题带来的不利影响，提高以心率为指标进行负荷强度评价的准确性。由于在世锦赛中进行比赛心率测定没有得到国际手球联合会的批准，在实际场地比赛也没能邀请到国际对手进行模拟世锦赛比赛，通过预试验发现在实验室模拟世锦赛比赛缺乏可行性，我们只有尽可能想办法研究国际高水平比赛中运动员的心率变化才更接近最高水平手球比赛的能量代谢特点。在中国手球协会和中国女子手球队各方的支持和帮助下，我们有幸对2008年3月份中国女子手球队和日本女子手球队的比赛（亚洲四国赛中的一场，属于国际一级赛事）进行研究。

2. 中国女子手球运动员专项能量代谢特征分析

1）手球比赛心率变化曲线特点分析

手球运动员在场上比赛交替球权、攻防不断进行转换，场上运动是千变万化的，主要由两类运动构成：周期性运动和非周期性运动。周期性运动包括各种跑、走、侧向移动等，非周期性运动包括传接球、射门、跳跃、身体碰撞、倒地等。手球运动员在场上比赛时的负荷刺激是两类运动刺激的复合体，会随运动量和强度而变化，还会有交替的间歇。从所有场上队员比赛心率变化图看，比赛时的心率曲线不是直线，无明显的规则，是一条高低起伏、起伏不大的曲线。由于手球运动特点，无氧运动的非重复、非持续和间歇性特点，组成了心率波形的高低起伏变化。场上的周期性运动是基础，主要是一些强度较小的运动，是手球比赛主要的运动方式，是决定比赛的基本运动，组成了心率曲线的低平和下降。加速、变向、碰撞、跳跃、射门这几种运动方式是非周期性暴发性的运动，是决定比赛胜负的关键性运动，主要由无氧供能系统特别是磷酸原系统进行供能，组成了心率曲线的上升。波形的上升也有可能是由于持续的慢速跑动刺激所致，然而心率图显示，波形的上升在很短时间内就完成，不可能是由强度较小的有氧持续运动形成。由于比赛是持续进行的，只要队员不被换下，只要裁判不吹暂停，只要球队不要求暂停（每半场一次），只要比赛不结束，队员时刻都保持紧张的基本运动方式，并且根据场上形势，要做迅速的爆发性动作以进攻或防守。这时心率曲线迅速上升，之后就可能回到基本运动方式上，心率曲线发生平缓下降，下降速度由运动员的恢复能力决定。然而对手的进攻会利用任何机会发动，所以，正常情况下，队员基本不可能完全静止休息，除非当进攻时，球权控制在自己手中，队员能得到短时休息，因为有延误规则，休息只能是很短暂的，所以心率曲线下降不会持续。因为攻防是不断相互转换的，队员有间断的调整休息时间，所以曲线不是一直平直的，而是起伏变化的，平均为 16.8 次/min 左右，起伏不大，相对稳定。一旦队员被换下，裁判吹暂停或球队请求暂停，或者比赛上下半场结束，心率曲线会迅速下降。心率的高低变化主要是由关键运动次数和间歇的比例决定的，心理因素和体温的变化也会影响比赛时心率的变化。从心率反映的手球比赛是一种间歇时间短、强度时高时低、运动方式多变、运动时间可长可短的非周期持续性和间歇性交融的混氧运动。

2）守门员专项能量代谢特征分析

许多研究者认为小于60% $HR_{max}$ 是非常轻松的强度，是恢复性训练常采用的运动强度；60%~75% $HR_{max}$ 的心率强度是纯有氧强度的训练，较为轻松；76%~85%的训练是阈强度的训练，由于已测试出通气无氧阈，故将76% $HR_{max}$ ~ HR-AT 作为这一级强度更准确；93% $HR_{max}$ 相当于极限下强度点，HR-AT~93% $HR_{max}$ 代表的是亚极量高强度运动；93% $HR_{max}$ 以上强度则是最大强度运动。

中国女子手球队守门员场上比赛的最大心率为158次/min，达到83.6%的 $HR_{max}$，全场平均心率达到75.3%的 HR-AT，全场比赛平均心率达到83.3%的 HR-AT，中场乳酸为2.1mmol/L，全场结束时乳酸为1.9mmol/L，无氧阈心率上的比赛时间占到全场比赛时间的5.5%，没有达到高强度的MAX运动。说明守门员场上比赛时心脏动员程度不大，整体负荷强度不高，主要是一种低强度有氧运动。从心率波形的起伏不稳看，守门员比赛时进行的有氧运动的强度不稳定。守门员有短时间是做无氧高强度运动，这种运动构成了心率曲线的上升波形。这些运动主要包括各种起动加速、跳跃、变向快速发球、身体碰撞等，往往是完成封挡和发动快攻的关键性运动。因为守门员是最后一道防线，在保持基本的准备动作外，其他各种动作随着对方的进攻、射门而做出，不是主动方，从各位置关键性运动统计发现，守门员的这些运动方式是最少的（0.58次/min），而且这些运动发生时往往都是非重复、非持续和间歇的，这就是守门员的心率曲线不能上升到其他位置运动员那样高、心率曲线波形变化较少的原因。因此，守门员需要一般的有氧代谢能力，但必须具备强无氧爆发力。相比于守门员能量代谢特点，守门员的选位、判断、反应是关键性动作的基础，也是关键性动作效果的保证。对于守门员的训练，一定不能忽视选位、判断、反应的训练。

3）场上队员专项能量代谢特征分析

比赛时的最大心率可以反映比赛时最大负荷程度，比赛时的平均心率可以反映比赛时的平均负荷强度，全场平均心率可以反映全场比赛和休息给个体所施加的平均负荷情况，其中时间是变化的。从国际比赛看出，场上队员最大心率为177~188次/min，达到99.6%的 $HR_{max}$（98.9%~100.6%），心率在MAX区间活动达到17.68%的时间，说明手球比赛时场上运动员负荷强度可以达到很高，基本可以达到自身极限。全场平均心率达到93.4%（80.1%~103.3%）HR-AT，全场比赛心率为154次/min±10次/min，达到102%的HR-AT、85%的$HR_{max}$，比赛时心率相对来说变化不大，在120次/min上下浮动，中场乳酸为3.62mmol/L±0.58mmol/L，赛后乳酸为3.7mmol/L±1.4mmol/L。结果说明，场上队员平均强度在无氧阈强度上下，主要进行的是有氧运动，存在一定的个体差异。本研究结果与Mark研究相似，他研究手球运动员比赛时发现，比赛时心率平均为155.6次/min，达到85%的$HR_{max}$。但Graetzer发现中年人（平均40岁）手球比赛时心率平均为164次/min，相当于92%的$HR_{max}$，Kozar等也有相似的研究发现，比赛时心率平均达到166次/min，与本研究结果有一定差异，研究方法和研究对象都不同是重要原因。运动员在场上比赛时无氧阈心率上的比赛时间占到全场比赛时间的65.3%（52.1%~82.2%），说明无氧运动（主要是关键性运动）在手球运动员的运动中占一定比例。心率波形的高度就是由无氧运动决定的。比赛时最大心率会随着比赛的进行而有升高的趋势，在更活跃的队员中，这种现象更明显。但是并不是无氧阈心率以上的波形都做的是无氧运动，因为波形的下降主要是由有氧运动引起的，波形的平直是运动强度降低的表现，比如退防时的慢跑、侧向步伐、发球准备等，所以，在无氧阈上的下降部分不是无氧运动，在无氧阈上的低平部分不都是无氧运动，并且心率变化曲线都不是正弦波，所以，推测手球比赛时无氧运动时间为1/2T1~T1，接近T1，有氧运动时间为(T2~T1)~(T2~1/2T1)，接近T2~T1。从国际比赛测试来看，推测平均为32.65%~65.3%的时间在做无氧阈以上强度的运动，更靠近65.3%，其中极量高强度运动占到8.84%~17.68%，亚极量高强度运动占到23.8%~47.6%，无氧阈以下运动占到34.7%~67.35%，更接近34.7%。而守门员无氧阈以上运动推测占到2.75%~5.5%，95.5%~97.25%是做无氧阈强度以下运动。这对手球平时训练的比例分配和赛前的状态调整都有很重要的参考意义。当然需要进一步验证。

而国内比赛场上队员最大心率为179~193次/min，达到实验室测试最大心率的100.2%（98.9%~101.6%），心率在MAX区间活动达到31.13%。全场平均心率达到94.6%（84.5%~100%）的HR-AT，全场比赛心率为151次/min±8次/min，达到103.3%（102%~104.7%）的HR-AT、81%的$HR_{max}$，赛后乳酸3.3mmol/L±0.92mmol/L，在场上比赛时无氧阈心率上的比赛时间占到70.9%（67.4%~73.9%）。国内比赛队员比赛最大心率、平均心率、无氧阈上的时间都与第一次相似，而且关键性次数也高于第一次，表明国内比赛能量代谢特点与国际比赛相似，让我们更加确定了手球能量代谢特征，说明通过国内高水平的对抗赛也可以达到专项体能锻炼的目的。然而，这些指标第二次比赛略高于第一次比赛，但并不一定说明运动员运动强度的提高，能量消耗更多，因为第二次测试时所使用的无氧阈依旧是第一次测试的无氧阈值，经过大约4个月的训练，运动员的无氧阈水平会有变化，推测绝大部分队员经过4个月训练无氧阈水平会有提高。

乳酸是无氧代谢的产物，血乳酸水平可以表明糖无氧代谢系统的动员程度。Mark研究发现，男子运动员比赛结束时乳酸平均达到10.3mmol/L；本研究发现，国际比赛和国内比赛中国女子手球队队员乳酸水平低下，说明运动员无氧酵解动员程度不高，这种乳酸"疲软"现象如何解释？毋庸置疑，国际、国内比赛是非常激烈的。中场或全场乳酸可以给我们提供队员场上比赛时整体供能特点的一个参考，但是由于手球比赛的非持续性、间断性和非重复性的特点，比赛后即刻乳酸值更可能代表在比赛前数分钟的供能情况。有研究认为，手球比赛最高乳酸水平的变动范围为4~9mmol/L，其中大部分受试者的最大乳酸浓度出现在第10~25min，仅少数出现在半场结束或全场结束时。另外，Delamarche等研究认为，比赛时最大乳酸水平与队员场上表现息息相关。场上活动较强的受试者有2/3的时间乳酸超过4mmol/L，活动较弱的受试者最高乳酸为4~6mmol/L。所以，乳酸水平不高也可能说明了比赛进行得不连贯、不持续，技战术的不连贯使得运动员不能彻底调动无氧功能，使得乳酸没有得到积累；或者很多起动、跑动、转身、变向、跳跃这些动作的力度或速度不够，可能影响了比赛时能量系统的动用程度。比赛时无氧代谢供能"疲软"，可能也是限制场上队员水平发挥的重要一环，可能是运动员表现出体能问题的原因之一。

结合场上运动员（除守门员外）比赛时上、下半场平均心率和乳酸差异不大，而且不高的情况，推测队员在能量代谢系统调动上应该还是有一定潜力的，其中存在个体差异。如队员A下半场比赛心率高于HR-AT，上半场心率为HR-AT，说明队员A下半场加强了调动，而队员B、D下半场比赛心率都低于上半场，推测他们下半场并没有调动更多身体能量。在与强手比赛的时候，特别是如果下半场还落后的时候，希望运动员付出更多去缩小比分差距，或是赶上对手，然而由于强手在技战术方面的遏制，并不是所有队员都能将自己的潜能发挥出来，或者有些队员即使努力付出了。但是，由于其他位置队员被遏制，而没有像希望的那样带来整体比赛效果。这也许是"运动员下半场出现体能问题"的原因。运动员能量代谢系统的发挥受运动员能量代谢系统功能影响，还会受到双方攻防节奏、双方技战术对抗、双方心理对抗、单方技战术配合的影响，并不是有多少能量就能发挥多少能量。

4) 赛场上队员（非守门员）体能需求特点

有研究发现，从每小时耗能看，与篮球（35.9kJ/h）、足球（32.89kJ/h）、橄榄球（30.59kJ/h）相比，手球每小时耗能为35.9 kJ/h居于第二位，是非常剧烈的运动。但手球运动对机体的刺激与其他周期性体能项目不同，对赛艇运动员气体分析的结果表明，除第一分钟外，氧气的利用都稳定在一个很高值，桨手在比赛时间内平均必须维持在93%~98%的最大摄氧量下进行工作，远远大于无氧阈水平。优秀马拉松运动员以80%~90%的$VO_{2max}$的速度在2.1h内跑完全程，这种惊人的运动能力要求运动员要有很强的有氧能力。赛艇、自行车、马拉松等周期性体能项目在比赛过程中心率持续升高（图2-56、图2-57），乳酸水平持续升高，在相同的功效情况下更少更慢地产生乳酸和能更长时间耐受乳酸水平的能力是决定比赛成绩的关键生理能力，这种有氧能力强的就更有潜力夺得冠军。一般来说，长时间的比赛平均摄氧量或平均心率越高，对有氧代谢系统要求越高。与赛艇、自行车运动相比，手球运动的反复攻防进行不是持续的，而是存在间歇转换，乳酸堆积较低，不需要在很长时间内耐受很高的乳酸水平，而且还有换人规则，因而手球运动员不必有很强的有氧能力。有更高水平最大摄氧量的运动员也不一定是场上最活跃的运动员。在1h的比赛中，10min的中场休息就能够使队员乳酸得到消除而恢复。具备良好的有氧能力，可使生成乳酸的时间推迟、强度推后和耐受更高的乳酸，促进间

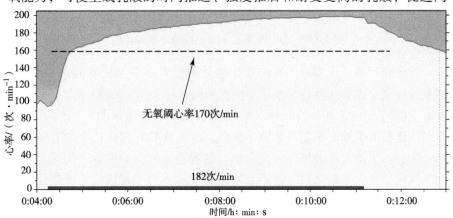

图2-56 赛艇2km测功仪测试的心率变化图

歇时乳酸的消除，就更有潜力使用无氧关键性运动去提高运动效率。然而，基本的有氧能力是成为优秀手球运动员必需的，高水平的手球运动员需要高水平有氧能力，有氧能力强弱可以区分手球运动员的水平级别。手球运动员乳酸无氧代谢能力并不像糖酵解供能为主的项目（如400m跑）和以有氧供能为主的持续性长时间的项目（如赛艇、场地自行车等项目）对糖酵解供能要求那样高，因为手球场上比赛时很少有超过10s的持续加速运动，但一定的无氧糖酵解供能能力是必需的。在激烈凶猛的比赛竞技中，在对手持续的进攻压力下，在本方要持续发动快攻的情况下，高水平的无氧糖酵解供能非常重要。本研究发现，手球1～5s的突然加速、变向、跳跃、射门、转身等运动非常多，对比赛成败非常关键，Delamarche等研究认为，高水平的无氧能力决定了手球运动员比赛的表现，手球运动员必须具有很强的无氧爆发力。

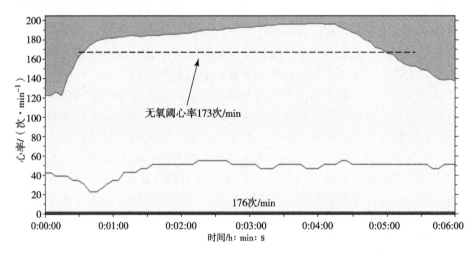

图2-57 自行车男子3km追逐赛心率变化图

有研究表明，比赛时HR的变化会受到技术水平和比赛类型的影响，能量消耗也会因为队员技术水平不同而不同，从2 101.298kJ/h（有经验技术好的队员）到3 407.283k/h（经验较少技术较差的队员）。队员A、D在国内比赛的平均心率就高于第一次的，而队员B在国内比赛的心率低于第一次的。手球比赛的体能代谢有相对性的特点，会根据对手情况、比赛的级别而变化。一般来说，比赛级别越高、对手水平越接近，体能代谢程度就越高。越到了高水平的比赛，运动员能量代谢特点才越得到考验，其中的优缺点就会越明显。有研究发现，中韩对抗赛中，韩国队平均心率和大于170次/min的心率都高于我国国家队队员，反映出我国队员在承受负荷能力上低于韩国队。心率不仅反映了运动员个体所承受负荷的情况，也是运动员运动能力的反映，如果比赛的胜负与运动员场上的负荷差别一致，除了运动员承受负荷能力有差别外，更不能忽视由于各种技战术、心理能力的差距而导致运动员在场上不能充分发挥自己的运动能力。国际最高级别的比赛是世锦赛和奥运会，最重要的能够决定手球成绩的比赛往往是激烈凶猛、孤注一掷、无路可退的比赛，这种比赛就是手球专项特点的比赛。在专项比赛中，不仅是对体能的挑战，更是对精神的挑战。

5) 场上队员比赛时能量代谢位置特点分析

从比赛时心率曲线变化分析来看，各个位置有差异。各个位置有位置间的运动特点差异（抛开运动方向、运动时间、运动方位的特点），其中中卫、左内卫、右内卫相似；左右边锋相似；底线有较为独特的运动方式：加速、跳跃、射门次数与边锋相似，变向次数与中卫、右内卫相似，碰撞比各位置都多得多。根据球队的技战术打法安排、队员特点、对手特点和位置攻防的不同，不同位置的运动特点也不一样，这就是不同位置运动员心率波形不同的主要原因。Marko 等研究了男子手球运动员比赛时的跑动情况，发现边锋跑动距离最大（3 855m），其次是卫线队员（3 432m）；然后是底线（3 234m），守门员最少（1 753m）。在运动速度方面，不同位置也有显著差异，最快的是边锋（1.6m/s），其次是卫线（1.43 m/s）；然后是底线（1.34 m/s）；最后是守门员（0.73m/s）。不同位置运动员的运动差异是造成运动员体能需求差异的根本原因。本研究发现，在无氧阈心率上的比赛时间占到全场比赛时间的 65.3%，边锋最高达 82.2%，中卫最高达 61.5%，左内卫最高达 52.1%，右内卫最高达 62.3%，底线最高达 68.3%；其中中卫和左边锋的心率在 MAX 区的最多，左边锋、右内卫和底线在 MHI 区的较多；比赛平均心率边锋最高，其次是卫线队员；然后是底线，守门员最低。说明不同位置运动员比赛能量代谢特征存在差异。我们将根据不同位置运动员运动特点分析手球比赛能量代谢的位置差异特点。

对中国女子手球队边锋的两次研究发现，边锋场上比赛时都能达到自身最大心率，场上比赛时的平均心率也高于无氧阈心率水平，无氧阈上心率运动时间（MAX、MHI）在所有位置运动员中是最高的，都在 70% 以上，第一次测试边锋的全场平均心率都超过无氧阈水平，说明比赛时边锋的运动负荷较高，对无氧、有氧能力要求较其他位置更高。从关键性运动的统计来看，边锋加速、跳跃、变向、碰撞和射门的次数没有卫线队员多，但是，边锋队员在进行退防时，往往要从场地一头快速回退到本场边锋防守区，退防距离更长，而且要求退防速度更快，在防守转进攻时，边锋往往充当快攻的重要角色，要求边锋进攻跑动速度更快，要快过对方防守队员，从本方边锋防守区到对方边锋防守区的距离也比卫线要跑动的距离远。而其他位置的运动员一般的任务就是以一个恰当的速度跑动，然后将球传向跑快攻的队员。有研究发现，左内卫全场比赛运动距离平均3 464m，右内卫平均2 857m，左边锋平均3 557m，右边锋平均4 083m，底线平均2 857m。所以，边锋攻防转换时跑动的距离比其他位置要长，跑动的速度要快，跑回来马上投入攻防，相对来说间歇休息时间也更短，而且相对其他位置而言，边锋更少被替换，所以，边锋具备更强的有氧能力会更有优势。从中国女子手球队摄氧量测试情况来看，边锋的摄氧量水平并不是全队最高的，从位置攻防能量代谢特点分析，边锋的最大摄氧量水平较低。不同球队会有不同特点，但是本研究认为，边锋应该具备较强有氧能力、无氧糖酵解和无氧磷酸原供能能力，对边锋的耐力、速度耐力和起动能力要求往往比其他位置更高。

  两次国家队的测试，中卫场上比赛心率都超过无氧阈心率。第二次心率测试，最高心率超过实验室所测得的最大心率。第一次测试，中卫的上半场比赛结束时乳酸为4.5mmol/L，全场比赛结束时乳酸为4.1mmol/L，是所参加测试的队员中最高的，在MAX强度的运动时间在所有位置运动员中是最多的。第一、二次测试统计发现，在卫线和锋线队员中，中卫单位时间内关键性运动的次数是最多的，所以，中卫在比赛时的负荷也是较高的，对无氧和有氧代谢系统要求也较高。卫线队员是正面攻防的主要承担者，她们的各种配合、交叉、与对方防守队员的直接对抗、跳跃传球和射门比边锋多。中卫在场上往往是组织者、进攻发动者，要具备各种突破、远射和传球能力，往往需要更多的付出，更需要有突然的主动起动、带球突破等无氧能力，但与边锋相比，中卫往往是防反的组织者，跑动的速度和距离不及边锋。当然，一个队员身体素质能力的发挥是由球队的打法、队员特点、对手特点决定的。左、右内卫单位时间关键性运动比中卫少一些，比边锋多，也可以从侧面说明左、右内卫与中卫运动特点的差异。左右内卫也必须具备突破、传接球、远射等能力，左、右内卫强而成为场上攻防组织中心的球队也存在，但左、右内卫往往是配合中卫攻防的第一组力量，如果跟不上组织的节奏，就会对整体攻防起到严重影响。我们研究发现，左、右内卫比赛时基本能达到最大心率，全场比赛时心率基本在无氧阈心率上，说明左、右内卫比赛时的负荷也较高，对无氧、有氧能力有一定要求。但赛后乳酸水平低于中卫和边锋，全场平均心率比无氧阈心率低的程度大于边锋和中卫，所以，对有氧能力要求可以稍微低于边锋和中卫。

底线必须具备在强对抗中传接球、摆脱、转身、射门的能力，现代手球的发展也需要底线有很高的速度在快攻和快速退防中发挥作用。从关键性运动统计看出，底线单位时间内的关键性运动是最多的，主要是身体碰撞次数非常多，体现了底线的直接身体对抗的特点，所以底线必须具备很强的磷酸原供能能力，在各位置中对磷酸原供能能力的要求是最高的。但是国家队底线队员两次测试的最大心率都没有达到 $HR_{max}$，说明场上比赛的最大强度没有边锋、卫线高。虽然底线身体碰撞次数多，但时间短暂，而且底线在攻防中，特别是进攻中往往是组织系统中较远甚至最远的一环，往往是看着攻防组织的变化而进行跑位，不是很主动，而且在底线区域，也没有多少空间给底线进行很快的跑动和加速，这样心率积累上升的时间就不足，这是底线场上比赛时最大强度不能达到 $HR_{max}$ 的原因。从比赛研究中还发现，底线比赛平均心率都超过 HR-AT，HR-AT 上的心率比赛时间占到总时间的 68.3%、73.9%，与卫线队员相似，是所有位置中较高的。因为底线往往必须时刻保持对抗、掩护、跑位、下蹲、加速等运动状态，相对来说，当其他位置在传接球、攻防转换中可以得到稍微休息时，底线所得到休息恢复的时机更少，需要底线在如此少的时机中就能够快速得到较好恢复，所以底线对有氧系统也要求较高。

结合不同位置运动员比赛时心率变化、乳酸特点，本研究认为，手球运动员比赛能量代谢特征有位置差异，但手球队员都必须具备很强的无氧爆发力和较强的有氧能力，其中对有氧能力要求最高的是边锋，其次是卫线和底线，再次是守门员。

(6) 手球体能的包容性

体能在手球竞技比赛中不是孤立的影响因素，决定比赛成败的因素还包括技战术能力、意识、意志品质、团队精神、身体形态和健康机能状况。体能在比赛中的作用发挥受到其他因素的影响。理想的体能是运动员能够每场都打满，休息一天，第二天体能就能恢复，持续多天，打到最后一场结束，每场比赛体能都能够保证技战术的完全发挥。本研究发现，运动员上场比赛的时间为 16~61.5min，运动员打比赛时间长短不一，但供能形式相似。每个手球队有 7 名替补，手球运动员可以在场上随时进行替换，不要征求裁判同意，只要遵循先下后上的原则就行，每半场每个队允许一次 1min 暂停。在实际比赛中，一名队员从头到尾参加全场比赛是非常少见的。因此，手球体能具有包容性，可以根据规则，队员场上表现和体能、伤病状况，队员技术、攻防特点进行替换，这对体能状态不佳或因伤病限制而不能参加全场比赛的队员是一个弥补。有可能有的队员爆发力、无氧耐力好，进攻有特点，进攻能力强，那么就可以防守时将其换下。有可能有的队员进攻一般，但防守能力强，那么防守时就可以将其换上。根据上场时间特点，可以包括参加全场比赛的队员（如 A、B、P2），参加半场攻防的队员（如 F、P6、P7），只参与进攻或防守的队员，或者任何根据场上变化而随机上场比赛的队员。

然而体能的包容性，不一定能保证整体竞技水平的延续性和稳定性，有可能因为个别队员体能不足被迫换下而使全队攻防实力大打折扣，这是很多球队与强队存在差距的原因。世锦赛和奥运会的前两名——俄罗斯队和挪威女子手球队，得分手多，阵容合理有效，即使位置队员换了得分能力也没有多大变化，有利于教练根据球队技战术需要、队员体能特点、比赛进程，灵活安排队员比赛，保持全队体能的持续稳定和全队攻击能力稳定在高水平。与世界强队相比，阵容的差距使得中国队不能够利用换人规则在保持体能稳定的前提下，保持或提高球队的竞技比赛能力。

### 3. 对手球运动员选材和训练的启示

基于本研究的结果，在选材上，要注意选拔那些有氧能力较强、无氧爆发力好的队员。队员位置运动特点的差异也为我们的体能训练提供了参照，除了要有基本的素质去支撑加速、变向、碰撞、跳跃、射门的需要外，底线还要加大身体力量训练的比例以提高身体对抗碰撞能力，卫线队员的突然爆发起动能力、步伐灵活性、弹跳能力和弹跳耐力、射门爆发力的训练也要突出，边锋的起动、加速和速度耐力训练也要突出。相对于其他场上队员，守门员场上比赛时非周期性运动是主要运动方式，所以，守门员训练时，应基于守门员技术特点，主要练非周期性运动，突出技术、站位、判断和反应的训练。

高水平手球运动员要求具备一系列生理（力量、耐力、弹跳等）、心理素质，以及技战术能力等，训练也必须相应地做复合性的设计。身体素质训练应尽可能体现专项化，必须注重质量，突出强度，讲究效果，要做到动作到位、幅度到位、强度到位。但有研究发现，力量和耐力合在一起训练没有分开训练效果好，还有研究认为力量和耐力复合在同一时期训练会阻碍力量发展。对男子手球运动员整个训赛周期身体素质的变化研究发现，力量训练时间与站立掷球速度呈线性正相关，高强度耐力训练（平均心率高于 90% 的 3mmol/L 乳酸时的跑速心率或间歇跑）时间与耐力跑能力呈线性正相关，低强度耐力训练（平均心率小于 80% 的 3mmol/L 乳酸时的跑速心率）时间与下肢肌肉做功能力呈线性负相关，低强度的耐力跑不能增强手球运动员的耐力水平，还会干扰肌肉做功功率的增强，所以应该减少。

手球训练对耐力、力量、最大跑速都能有训练效果，但单独的手球训练不能提高运动员最大摄氧量水平，对于优秀女子手球运动员来说每周还必须至少安排两次耐力训练，才能提高她们的最大摄氧量，提高幅度存在个体差异。要想提高高水平手球运动员的有氧能力，必须增加高强度的耐力训练。从周期性运动的角度，建议边锋、卫线和底线队员进行体能训练时，增加疾跑训练和腿部肌肉力量、爆发力的训练时间，而减少训练量，最高强度的跑步要占 3%~4% 的训练时间，中等强度的跑步起码要占 10%~14%，其余训练时间要分给低强度的跑步、走动和站立，当然这些训练要根据大训练周期去安排。鉴于手球发展趋势，进行低强度训练的时间要减少，训练方法要包括大强度周期性和非周期性运动方式。除了各种比赛、手球各种训练外，在训练准备期初期的身体训练要以力量为主，随着训练周期的推进，疾跑和耐力训练要逐渐成为身体训练的重点。通过这种训练模式，女子手球运动员的最大摄氧量和最大跑速，可以在最重要的比赛时得到提高。

## 五、小结

（1）手球比赛是一种间歇时间短，强度时高时低，运动方式多变，运动时间可长可短的非周期性、持续性和间歇性交融的混氧运动。场上队员比赛时平均强度在无氧阈强度上下，主要进行的是有氧运动，但无氧运动占一定比例，负荷强度可以达自身极限，存在一定的个体和位置差异。成为优秀手球运动员必须具备高水平无氧爆发力和较强的有氧能力。各位置手球运动员能量代谢系统需求有差异，对有氧能力的要求最高的是边锋，其次是卫线和底线；再次是守门员。

（2）中国女子手球队队员整体有氧能力较好，但无氧爆发力和无氧耐力较差。从位置能量代谢需求特点分析，边锋的最大摄氧量水平较低。队员赛后乳酸水平不高，有的下半场比赛心率下降，可能是"下半场体能问题"产生的原因，但说明运动员在能量代谢系统调动上还有一定潜力。

（3）国内比赛能量代谢特点与国际比赛相似，推测通过国内高水平的对抗赛也可以达到专项体能锻炼的目的。

# 第四章

# 手球运动员身体功能测评

（根据 ZVONAREK（克罗地亚斯普利特大学体育教育系） MARIO TOMLJANOVIć讲师的报告编译）

## 第一节　手球训练——另一条途径

在开始讲此课之前，我们必须明确几点：第一，不要完全相信你所见所闻的每件事；第二，要勤于动脑和进行常识判断，去做你自己的决定；第三，相信自己，要有勇气，要敢于实践，敢于冒险犯错误，这才是成功之道；第四，要善于观察比赛中发生的事情；第五，要善于观察队员的运动情况。第六，要思想开放，聪明灵活，独立思考，不要模仿。

### 一、队员机能评估

通过对运动员训练和比赛中的心率监控，可以看出运动员最大心率、平均心率，以评价运动员运动过程中的训练负荷情况。

当然，比赛心率受个体机能差异、位置差异和比赛激烈程度的影响。

在高强度的手球对抗比赛中，大部分时间运动强度都要达到90%最大心率强度以上。

通过YOYO折返跑测试可以让我们知道队员做间歇性运动跑的跑动能力，同时是一种有氧、无氧能力综合训练。

YOYO测试方法：在场地上准确标出间距为20 m的平行线或者在精确的20 m间距上安放两个标志物，并在起点后2.5 m处做出精确标志，以供队员在此周围走动、慢跑。测试时要求队员在距离为20 m的两个标志物之间，以不断增加的速度进行带有间歇的往返跑。队员在完成每个$2 \times 20$ m后有5s或者10s的间歇时间，不断增加的跑速由预先录制在录音带上的声音信号来控制，队员应在测试中完成尽可能多的跑动距离。当队员第一次跟不上跑速时，将被警告一次，第二次跟不上跑速时，测试停止。测试分数由完成的跑动级别的数量加上在最后级别完成的往返跑次数组成。

## 二、训练和比赛不能脱节

### （一）明确手球比赛时的运动学特征

1. 急停和起动

（1）在手球体能训练时存在很大的误区，不应是稳态训练而应是折返、间歇性训练；

（2）比赛中手球运动员急停和起动频繁，形式多样；

（3）要知道比赛中内部负荷反应，运动员代谢需求表现如何，心率如何变化，乳酸能达到多少；

（4）要知道队员不同跑速跑动的距离和队员跑动的位置差异。

2. 身体接触频繁

身体对抗的生理机制包括：①核心力量；②身体动态稳定平衡能力；③反向旋转运动能力。

所以，在手球每次训练中必须贯彻对抗和身体接触属性，在比赛前热身时也需要增加对抗练习。

3. 跳跃和射门的运动学机制

（1）肌肉向心、离心和超等长收缩的能力；

(2) 往往在频繁身体接触和被推的情况下进行；

(3) 在斜对称的情况下完成动作，如左脚起跳，右手射门。

4. 落地和倒地的运动学机制

(1) 落地和倒地往往发生在起跳射门和推闪之后；

(2) 足、膝关节、腰背的稳定性；

(3) 踝关节、髋关节、胸和肩关节的灵活性；

(4) 本体感觉机能。

5. 加速、减速和急停的运动学机制

(1) 速度和加速能力；

(2) 10~20m 加速能力；

(3) 充分利用蹬地反作用力，不是要达到步幅长度，而是要增加对地的用力能力；

(4) 要注重肌肉主动收缩；

(5) 所有加速跑都以急停为止。

6. 动作灵便和变向的运动学机制

(1) 手球比赛时运动员动作多样，包括加速、减速、碰撞、跳跃、落地等；

(2) 要兼顾随意动作的灵敏性和特定动作的灵敏性；

(3) 要注重动作的时机；

(4) 短时间反应决策的能力；

(5) 神经肌肉活性。

## （二）建议

(1) 要加强手球运动员随意动作灵活性和时机利用的能力训练，以在短时间内做出最有利于比赛胜利的决策；

(2) 要加强对抗能力特别是稳定肌群和反旋转肌群对抗能力的训练；

(3) 通过间歇性训练和专项结合性练习进行体能储备训练；

(4) 要注重离心收缩（如腿部缓冲肌群和手臂接球肌群）训练和本体感受能力的培养。

## 第二节 手球中的伤病预防

### 一、关节链理论

(1) 身体运动是由身体相对稳定部分在活动的关节连接下交替进行的;

(2) 如果这种模式遭到破坏,比如功能出现异常,身体往往会自行调整进行代偿。

图2-58所示为稳定性-灵活性解剖示意图。

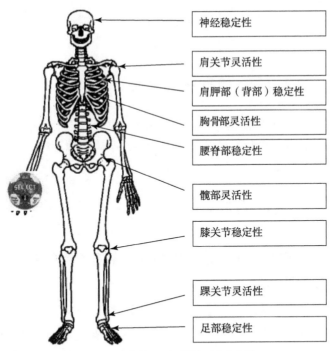

图2-58 稳定性-灵活性解剖示意图

### 二、运动的重要性

身体能够运动好,人活得也好。身体是运动的,在此通过运动医学的方法去考察身体运动、运动不足、错误的运动,以及致病的运动,然后分析原因。

运动医学认为,身体运动包括关节灵活性、组织结构伸展性、运动和稳定的控制三个部分:这里,将人和机车做类比以进行解释。

机车也与人体类似,包括以下三个部分:

(1) 框架,是车体结构支持;

(2) 螺丝等连接系统,是组织伸展性的关键,是车体动静状态稳定的关键;

(3) 电力系统,是车体稳定或运动的控制者。

就像人体一样,机车要么处于运动状态,要么出现运动异常或完全停运。运动出现异常可能是这三个部分中的任何一种或组合,为了保证机车运行正常,必须分析机车运行情况,特定的组件必须及时维护,必须经过反复磨合调试。

具体分析时,必须查找原因到底是在框架、螺丝,还是电力系统上。

## 三、运动功能筛查系统介绍

7种基本运动功能测试包括:①深蹲;②跨栏步;③直线起身;④肩关节灵活性;⑤仰卧位直腿高抬;⑥卧推;⑦旋转稳定性。

## 四、稳定性和灵活性

### (一) 稳定性和灵活性是训练和比赛有效性的基石

在训练和比赛时要特别注意以下几点:

(1) 在力量和耐力训练前,必须识别和纠正错误的运动方式;

(2) 要首先分解纠正动作不够好的运动,避免"不够好"转为错误;

(3) 如果不能及时纠正分解动作的不足,就可能导致身体代偿性保护,而阻止最大力量和耐力的获得。

### (二) 为什么要做身体灵活性训练

做身体灵活性训练的原因如下:

（1）使你的躯体能够在6个维度和3个平面进行运动，以确保身体做任何运动的能力，而避免身体保护性代偿的发生；

（2）有利于身体弹性势能的产生，为更有效地做功打下良好基础；

（3）身体运动时，发展邻近部分保持稳定的能力；

（4）测试灵活性可以预测躯体稳定性，灵活性差导致肌肉功能失衡，会迫使身体本应该保持稳定的部分变成不稳定，甚至变成活动的部分（如髋关节功能不全导致腰脊部的不稳定）。

### （三）稳定性

稳定性是指身体通过力量、协调、平衡和动作效率控制身体稳定，稳定性是对灵活性的控制。

静态稳定性是指位置、姿势和平衡的维持。

动态稳定性是指动作的产生和控制，包括灵活性和活动性、力量、协调、局部相应肌群的耐力水平这些元素。有效的运动动作灵活性是由所有组成元素有机合作产生的。对于普通的运动，神经肌肉系统会选择性地利用肌肉收缩保持某一部分身体的稳定，同时产生另外身体部分的运动。通过这种方式，所有这些元素优化组合产生神经肌肉工作有效性。

在获得完全稳定性和灵活性前，进行一个动作的训练是一种常见的训练错误，会导致运动员未来可能受伤或者运动功能受限。

### （四）问题

在不够优化的肢体稳定性、不正常的关节活动能力和功能不良的肌肉动员情况下进行训练会发生什么呢？一是力量和爆发力发展潜力下降；二是运动灵活性下降；三是加速能力和速度下降；四是功能稳定性下降；五是成绩下降，伤病发生。

竞技运动是身体各部分通过关节传动协同流畅地进行的，是受关节僵硬度、肌肉紧张性或改变了的肢体稳定性影响的。

想象一下基础不稳会发生什么？

## 五、结论

（1）灵活的关节受伤会因为不能动而导致"稳定"，动作幅度受限；

（2）稳定的关节受伤会导致"活动性"增加，不稳定性增加；

（3）关节功能失常会影响关节上下部分的功能，如踝关节灵活性差会导致膝关节疼痛，髋关节灵活性差会导致腰疼；

（4）肌肉受伤时，往往要找协同肌群或骨关节的问题，而不是主动肌群；

（5）关节受伤或疼痛时，要检查关节上方或下方身体部分的问题；

（6）墙上漏水，往往要在屋顶找原因；

（7）根据关节需要，进行关节训练；

（8）把你所知道的忘掉，问问自己是否知道其中的道理；

（9）精心组织训练；

（10）明确目的，知道自己要什么，知道自己在做什么；

（11）不要太相信自己所读到的任何东西。

## 第三节 手球中的诊断分析

### 一、为什么需要诊断分析

诊断分析的原因如下：
（1）发掘有手球天赋的孩子并进行指导；
（2）诊断队员或球队弱点；
（3）监控队员或球队的发展和进步情况；
（4）获得队员或球队训练比赛等反馈信息；
（5）培养教练和队员的需要；
（6）预测运动成绩。

### 二、诊断结果的用途

（1）设计训练计划和程序；

(2) 选材；

(3) 与模板（如最优秀的球队）比较分析，和平均水平比较分析，队员间比较分析；

(4) 跟踪个体和球队在不同时间节点的发展变化；

(5) 预测成绩；

(6) 展开不同球队间差别的比较分析。

## 三、诊断方法

### （一）动作诊断

1. 运动功能筛查系统概念

该系统用来检测动作质量，可有效检测运动功能质量，是"成绩金字塔"的基础，主要由7种动作组成（全蹲、步法、跳跃、伸展、跨步、踢腿及挑战身体矢状面和横切面平衡能力的动作），以计分的方式可以全面测定运动员的平衡和灵活能力，个体计分可以作为队员运动功能变化的依据，还可以进行运动员和球队间的比较评价，对于运动员和非运动员都适用。

2. 运动功能筛查系统7种基本运动功能测试内容

1）深蹲

（1）动作要求：双脚以肩宽站立，双手分开紧握训练棒两头，肘关节伸直正向上举过头顶呈V形，下蹲到最大角度，尽量使脚后跟不离开地面，而头部和胸部正向前方（图2-59）。

（2）按功能强弱顺序依次分为三级：

Ⅲ：能够下蹲脚跟不离地，头胸部正向前，而且手臂伸直在头部正上方；

Ⅱ：其他都能完成，但后跟不能不离地；

Ⅰ：不能适当完成整个动作。

2）跨栏步

（1）动作要求：两侧都能完成3次。栏高应该与胫骨结节同高。做动

图2-59 深蹲

作时,将双手分开握紧训练棒将其放在肩上颈下处,足尖垂直紧靠测试平板,一条腿直腿支撑,另一条腿缓慢跨过栏杆,脚跟不能离地,然后还原,接着换脚做重复的动作(图2-60)。

(2)评价等级依次分为三级:

Ⅲ:受试者双腿都能顺畅完成动作,身体没有摆动或其他身体补偿动作;

Ⅱ:受试者双腿能完成动作,但身体出现摆动、倾斜或移动;

Ⅰ:受试者做动作时不能维持平衡,或跨栏时触碰栏杆。

图2-60 跨栏步

3)直线起身

(1)动作要求:身体双侧都能重复3次才算完成。如图2-61所示,持训练棒,使棒接触头、背部中间和尾骨部,确保腰背正直。放测试板于地面,双脚站于板上,脚尖平行,一足跟平行测试板末端站立,于脚尖顶端到胫骨长(胫骨关节到地面的长度)之处设一个标记,另一足跟于标记处。双腿膝关节屈曲直到后腿的膝部触碰到测试板,然后还原,接着换手握棒换腿做重复动作。

图2-61 直线起身

(2)评价等级如下:

Ⅲ:受试者双侧都能流畅地完成动作,身体没有晃动和其他代偿动作;

Ⅱ:受试者双腿能完成动作,但身体出现摆动、倾斜或移动;

Ⅰ:受试者做动作时不能维持平衡,或不能完成动作。

4)肩关节灵活性

做这个测试前首先要测定受试者的手长,即腕横纹到第三手指末端的长度。

（1）动作要求：如图 2-62 所示，双手上下置标尺于背部正中，一手固定标尺于圆点，一手从上至下顺着标尺移动，以求最大移动距离，做完后换另一侧，方法相同。测试人员帮助读数，随时询问受试者"疼不疼"。

（2）功能评价等级如下：

Ⅲ：受试者两个拳头在尺上最后相距不到一手长；

Ⅱ：受试者两个拳头在尺上最后相距不到一手半长；

Ⅰ：受试者两个拳头在尺上最后相距超过一手半长；

0：做完测试，肩关节疼痛。

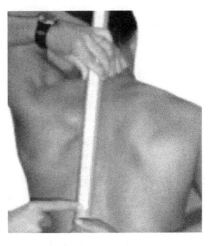

图 2-62　肩关节灵活性

5）仰卧位直腿高抬

（1）动作要求：该动作要能重复 3 次才算成功。如图 2-63 所示，将测试板置于平地上，受试者平躺于地面，头放平，手臂伸直，手掌向上，一条腿膝关节背部置于板上，在大腿中点处平面垂直地面放置标杆，另一条腿膝关节伸直向上提（踝关节屈），跟随踝移动标杆，换腿重复。

（2）功能评价等级如下：

Ⅲ：受试者受试腿踝部超越标杆；

Ⅱ：受试者受试腿踝部处于膝盖骨与大腿中点间；

图 2-63　仰卧位直腿高抬

Ⅰ：受试者受试腿踝部不能超越另一只腿的膝关节平面。

6）俯卧撑

（1）动作要求：双脚并拢，双手置于地面，与肩同宽（男受试者与前额同一直线，女受试者与下巴同一直线），膝关节伸直，脚尖着地，腰背部伸直，进行撑起动作。

（2）功能评价等级如下：

Ⅲ：完成一个撑起动作腰脊部不延迟（图2-64（a））；
Ⅱ：完成一个撑起动作过程中腰脊部发生一定延迟（图2-64（b））；
Ⅰ：不能撑起一个；
0：做完腰疼。

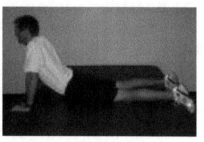

图2-64 正常俯卧撑和俯卧撑延迟性动作

7）旋转稳定性

该动作身体双侧都能重复3次才算完成。

（1）动作要求：如图2-65所示，一只手与肩呈一线，同侧膝部与臀部呈一线，呈支撑位，测试板位于手部和膝部之间。另一只手向前尽量伸展，同时向后伸展同侧腿，使腿离开地面15cm，确保伸展的手臂和腿部平行于测试板。然后将腿和手臂靠拢，直至肘部和膝部接触为止，异侧同理。如果受试者不能做这个动作，那就让他做异侧伸展屈体，即在保持背部稳定的同时，右侧手的肘部尽量去触碰左侧膝部。

图2-65 旋转稳定性测试

（2）功能评价等级如下：

Ⅲ：手部、膝部和躯干固定支撑在测试板上，同侧手臂和大腿能完成动作；

Ⅱ：手部、膝部和躯干固定支撑在测试板上，异侧手臂和大腿能完成动作；

Ⅰ：控制不住身体平衡，或不论同侧或异侧手臂、大腿都不能完成动作。

3. 如何评分

评分等级和意义如下：

（1）能不打折扣和不需要代偿就能完成动作为3分，表示运动功能

第四章 手球运动员身体功能测评    149

优秀；

（2）能完成动作但有身体代偿为2分，表示要优先考虑协调性和灵活性训练；

（3）不能完成动作为1分，表示运动功能差，需要请运动医学专业人员检查评估；

（4）不管动作完成如何出现疼痛为0分，表示需要请运动医学专业人员进行评估。

## （二）运动员诊断

1. 特定动作诊断
（1）观察比赛中发生了什么；
（2）观察训练中发生了什么。

2. 诊断运动机能
（1）10m、20m疾跑；
（2）垂直纵跳；
（3）立定跳远；
（4）球速或实心球掷远；
（5）灵敏性；
（6）力量（一次重复最大力量）（表2-36）。

表2-36　1次重复最大力量负荷对应表

| 负荷/kg | BM | 重复次数/次 | | | | | | | | | | |
|---|---|---|---|---|---|---|---|---|---|---|---|---|
| | | 2 | 3 | 4 | 5 | 6 | 7 | 8 | 9 | 10 | 11 | 12 |
| | | 95.0% | 92.5% | 90.0% | 87.5% | 85.0% | 82.5% | 80.0% | 77.5% | 75.0% | 72.5% | 70.0% |
| | 45 | 47 | 49 | 50 | 51 | 53 | 55 | 56 | 58 | 60 | 62 | 64 |
| | 50 | 53 | 54 | 56 | 57 | 59 | 61 | 63 | 65 | 67 | 69 | 71 |
| | 55 | 58 | 59 | 61 | 63 | 65 | 67 | 69 | 71 | 73 | 76 | 79 |
| | 60 | 63 | 65 | 67 | 69 | 71 | 73 | 75 | 77 | 80 | 83 | 85 |
| | 65 | 66 | 70 | 72 | 74 | 76 | 79 | 81 | 84 | 87 | 90 | 93 |
| | 70 | 74 | 75 | 76 | 80 | 82 | 85 | 88 | 90 | 93 | 97 | 100 |
| | 75 | 79 | 81 | 83 | 85 | 86 | 91 | 94 | 97 | 100 | 103 | 107 |
| | 80 | 84 | 88 | 89 | 91 | 94 | 97 | 100 | 103 | 107 | 110 | 114 |
| | 85 | 89 | 92 | 94 | 97 | 100 | 103 | 106 | 110 | 113 | 117 | 121 |
| | 90 | 95 | 97 | 100 | 103 | 106 | 109 | 113 | 116 | 120 | 124 | 129 |
| | 95 | 100 | 103 | 106 | 109 | 112 | 115 | 119 | 123 | 127 | 131 | 138 |

续表

| BM | 重复次数/次 | | | | | | | | | | |
|---|---|---|---|---|---|---|---|---|---|---|---|
| | 2 | 3 | 4 | 5 | 6 | 7 | 8 | 9 | 10 | 11 | 12 |
| | 95.0% | 92.5% | 90.0% | 87.5% | 85.0% | 82.5% | 80.0% | 77.5% | 75.0% | 72.5% | 70.0% |
| 负荷/kg | | | | | | | | | | | |
| 100 | 105 | 108 | 111 | 114 | 118 | 121 | 125 | 129 | 133 | 138 | 143 |
| 105 | 111 | 114 | 117 | 120 | 124 | 127 | 131 | 135 | 140 | 145 | 150 |
| 110 | 116 | 119 | 122 | 128 | 129 | 133 | 138 | 142 | 147 | 152 | 157 |
| 115 | 121 | 124 | 128 | 131 | 135 | 139 | 144 | 148 | 153 | 169 | 164 |
| 120 | 126 | 130 | 133 | 137 | 141 | 145 | 150 | 155 | 160 | 168 | 171 |
| 125 | 132 | 135 | 139 | 143 | 147 | 152 | 155 | 161 | 167 | 172 | 179 |
| 130 | 137 | 141 | 144 | 149 | 153 | 158 | 163 | 168 | 173 | 179 | 188 |
| 135 | 142 | 148 | 150 | 154 | 159 | 164 | 169 | 174 | 180 | 186 | 193 |
| 140 | 147 | 151 | 156 | 160 | 165 | 170 | 175 | 181 | 187 | 193 | 200 |
| 145 | 153 | 157 | 161 | 166 | 171 | 178 | 181 | 187 | 193 | 200 | 207 |
| 150 | 158 | 162 | 167 | 171 | 176 | 182 | 188 | 194 | 200 | 207 | 214 |
| 155 | 163 | 168 | 172 | 177 | 182 | 188 | 194 | 200 | 207 | 214 | 221 |
| 160 | 168 | 173 | 178 | 183 | 188 | 194 | 200 | 208 | 213 | 221 | 229 |
| 165 | 174 | 178 | 183 | 189 | 194 | 200 | 205 | 213 | 220 | 228 | 238 |
| 170 | 179 | 184 | 189 | 194 | 200 | 206 | 213 | 218 | 227 | 234 | 243 |
| 175 | 184 | 189 | 194 | 200 | 206 | 212 | 219 | 226 | 233 | 241 | 250 |
| 180 | 189 | 195 | 200 | 208 | 212 | 218 | 225 | 232 | 240 | 248 | 257 |
| 185 | 195 | 200 | 206 | 211 | 218 | 224 | 231 | 239 | 247 | 255 | 264 |
| 190 | 200 | 205 | 211 | 217 | 224 | 230 | 238 | 245 | 253 | 262 | 271 |
| 195 | 205 | 211 | 217 | 223 | 229 | 236 | 244 | 252 | 260 | 269 | 278 |
| 200 | 211 | 218 | 222 | 229 | 235 | 242 | 250 | 258 | 267 | 276 | 286 |
| 205 | 216 | 222 | 228 | 234 | 241 | 248 | 258 | 265 | 273 | 283 | 293 |
| 210 | 221 | 227 | 233 | 240 | 247 | 255 | 283 | 271 | 280 | 290 | 300 |
| 215 | 226 | 232 | 239 | 246 | 253 | 261 | 269 | 277 | 287 | 297 | 307 |
| 220 | 232 | 238 | 244 | 251 | 259 | 267 | 275 | 284 | 293 | 303 | 314 |
| 225 | 237 | 243 | 250 | 257 | 265 | 273 | 281 | 290 | 300 | 310 | 321 |
| 230 | 242 | 249 | 256 | 263 | 271 | 279 | 288 | 297 | 307 | 317 | 329 |
| 235 | 247 | 254 | 261 | 269 | 276 | 285 | 294 | 303 | 313 | 324 | 338 |
| 240 | 253 | 259 | 267 | 274 | 282 | 291 | 300 | 310 | 320 | 331 | 343 |
| 245 | 258 | 265 | 272 | 280 | 288 | 297 | 300 | 316 | 327 | 338 | 350 |

续表

| BM | 重复次数/次 | | | | | | | | | | |
|---|---|---|---|---|---|---|---|---|---|---|---|
| | 2 | 3 | 4 | 5 | 6 | 7 | 8 | 9 | 10 | 11 | 12 |
| | 95.0% | 92.5% | 90.0% | 87.5% | 85.0% | 82.5% | 80.0% | 77.5% | 75.0% | 72.5% | 70.0% |
| 负荷/kg | | | | | | | | | | | |
| 250 | 263 | 270 | 278 | 288 | 294 | 303 | 313 | 323 | 333 | 345 | 357 |
| 255 | 268 | 276 | 283 | 291 | 300 | 309 | 319 | 329 | 340 | 352 | 384 |
| 260 | 274 | 281 | 289 | 297 | 306 | 315 | 325 | 335 | 347 | 359 | 371 |
| 265 | 279 | 288 | 294 | 303 | 312 | 321 | 331 | 342 | 353 | 360 | 379 |
| 270 | 284 | 292 | 300 | 309 | 318 | 327 | 338 | 348 | 360 | 372 | 388 |
| 275 | 289 | 287 | 306 | 314 | 324 | 333 | 344 | 355 | 367 | 379 | 393 |
| 280 | 295 | 303 | 311 | 320 | 329 | 339 | 350 | 361 | 373 | 385 | 400 |
| 285 | 300 | 308 | 317 | 328 | 335 | 345 | 350 | 368 | 380 | 393 | 407 |
| 290 | 305 | 314 | 322 | 331 | 341 | 352 | 383 | 374 | 387 | 400 | 414 |
| 295 | 311 | 319 | 328 | 337 | 347 | 358 | 389 | 381 | 393 | 407 | 421 |
| 300 | 316 | 324 | 333 | 343 | 353 | 364 | 375 | 387 | 400 | 414 | 429 |
| 305 | 32 | 330 | 339 | 349 | 359 | 370 | 381 | 394 | 407 | 421 | 436 |
| 310 | 326 | 335 | 344 | 354 | 365 | 378 | 388 | 400 | 413 | 428 | 443 |
| 315 | 332 | 341 | 350 | 360 | 371 | 382 | 394 | 408 | 420 | 434 | 450 |
| 320 | 337 | 346 | 356 | 366 | 376 | 388 | 400 | 413 | 427 | 441 | 457 |
| 325 | 342 | 351 | 361 | 371 | 382 | 394 | 406 | 419 | 433 | 448 | 464 |
| 330 | 347 | 357 | 367 | 377 | 388 | 400 | 413 | 426 | 440 | 455 | 471 |
| 335 | 353 | 362 | 372 | 383 | 394 | 408 | 419 | 432 | 447 | 462 | 479 |

根据表2-36,就可以根据个体不同的最大力量能力,查个体的相同重复次数的不同负荷,进行针对性力量训练。

3. 耐力

(1) YOYO折返跑;

(2) 拉斯特跑;

(3) 300码(yd)[①]跑;

(4) 10-10测试。

---

① 1yd=0.914m。

## （三）建议

(1) 首先要确立大概的训练战略；
(2) 根据不同队员适应比赛的需要安排不同的优先发展点；
(3) 训练个体化；
(4) 在共同训练中，有效融合个性化训练方案。

## 第四节　基础力量训练

力量训练有很多好处，从机体生理到心理的很多方面都可以受益于力量训练。然而，大部分人开始力量训练的主要原因是提高专项或职业水平。

### 一、递增阻力训练

力量训练会促进身体的适应，为了提高肌肉骨骼更高水平的适应能力，就要逐步增加负荷刺激，这种递进的负荷会促使机体肌肉体积增大和力量水平提升。

递增阻力的概念：随着身体对原负荷产生适应，系统和渐进增加负重（或强度）。一条经验法则是，当运动员能够超过2次完成规定负荷的重复次数后，就应该在原来基础上增加2%~10%的负重。

### 二、力量训练基本组成

优化的力量训练一般应该包括三种方式：向心性力量训练（如主动推拉）、离心性力量训练（如缓慢放下）和等长性力量训练（如静力性抓握）。如图2-66所示，向上推起的第1、3阶段（一般要在1~2s完成）就是肌肉向心收缩，而向下慢放的第2阶段

图2-66　卧推分解动作

就是肌肉离心收缩。

力量训练可以由单侧、双侧或多关节运动组成，往往多关节力量训练效果更好。

负重前臂屈伸就是单关节力量训练（图2-67），而负重深蹲就是多关节力量训练（图2-68）。建议力量训练先安排多关节力量训练，先安排大肌肉群力量训练。

图2-67 负重前臂屈伸

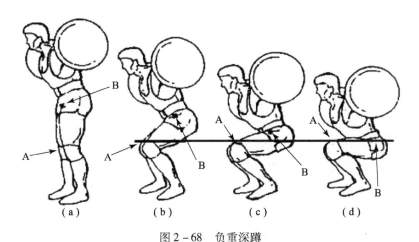

图2-68 负重深蹲

## 三、力量训练的周期化

力量训练周期化是利用负荷（重复次数×组数）系统、交替的变化进行力量训练的途径，以促进机体在高强度训练中的适应和恢复。很多教练发现，好的周期化训练方案可以避免过度训练，而且能提高运动成绩。机体不能一直经受大负荷的训练，需要恢复时间。

如图2-69所示，经过一周最小负荷（12~15次重复次数）阶段，进入四周中等负荷（8~12次重复次数）阶段，随后达到四周和三周负荷调整高峰阶段（4~8次、3~6次重复次数），再经过一两周不做力量训练的阶段，重新回到小负荷（12~15次重复次数）阶段，完成一个大的力量训练周期过程。

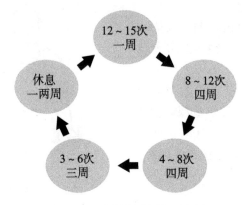

图 2-69　力量训练周期示意图

## 四、力量训练的频率

初学者：1~2 天/周；
中等训练水平者：2~3 天/周；
高水平训练者：3~4 天/周。

## 五、如何安排重复次数和组数

　　力量训练的负荷由重复次数和组数组成。如果做 10 次卧推，再休息一会儿，就算完成一组。一般每次力量练习由 3~5 组构成，一般每组间休息 1~2min，如果强度较大则需组间休息 3~5min。新手每组重复次数保持在 8~12 次，负荷较轻，也易于动作技术的学习；中等水平（一般要有 6 个月锻炼经历以上）和高水平者（数年锻炼经历），运动负荷重复次数跨度应该在 1~12 次，最终 1~6 次最大重复次数的大负荷训练是重点。一般来说，最大重复次数越少，肌肉和力量增长潜力越大，最大重复次数降低意味着负荷增加。

　　力量训练最大重复次数的意义见表 2-37。

表 2-37　力量训练最大重复次数的意义

| 负　荷 | 重复/次 | 目　的 |
|---|---|---|
| 重 | 1~6 | 肌肉体积和力量 |
| 中等 | 7~12 | 肌肉体积和力量 |
| 轻 | >13 | 力量耐力 |

## 六、速度力量训练

速度力量训练是有意识的高速度移动负荷阻力的训练，移动负荷越快，产生功率越大。重物很难被快速移动，所以速度力量训练的负荷一般是30%~60%1RM。任何一种训练都可以转变成速度训练，但多采用多关节速度力量训练。

## 七、力量训练的目的

你所采用的力量训练手段取决于训练目的。手球运动员需要更多地进行速度力量、爆发力量训练，而不是像那些举重运动员那样练拉起最大的杠铃。

## 八、基础力量训练理论总结

（1）根据训练经历的不同，力量训练每周可以安排2~5天。
（2）每个练习应安排3~5组，对每个部位的练习不要超过两种。
（3）低重复次数高负重的力量训练更有利于肌肉体积和力量的增长；高重复次数低负重的力量训练更有利于肌肉力量耐力的增长；速度力量训练往往采用高速度移动重物的办法；学习动作必须多重复。要根据目标选择力量训练的负重、重复次数、速度和组数。
（4）抗阻力量训练应该周期化系统安排，保证负荷的起伏规律，以利于机体适应和恢复。

## 九、赛季前、中和非赛季力量训练安排（举例）

1. 非赛季第一阶段 6 月 1—14 日力量训练安排

（1）基础性双侧力量训练（前蹲起、卧推、引体向上、仰卧起坐、硬拉、赛艇拉力器）；

（2）循环力量训练（8~10 个练习，每个练习要做 3~4 组，循环）；

（3）每次正式力量训练前，选一个力量训练内容进行测试；见表 2-38，第二列为力量训练内容，其右侧为测定时间点；

（4）一周安排 3~4 天力量训练。

表 2-38　力量监控例表

| 排序 | 练习 | 日期 | 日期 | 日期 | |
|---|---|---|---|---|---|
| 1 | 深蹲 | | | | |
| 2 | 俯卧撑 | | | | |
| 3 | 外拉 | | | | |
| 4 | 划船器练习 | | | | |
| 5 | 硬拉 | | | | |
| 6 | 卧推 | | | | |
| 7 | 内拉 | | | | |
| 8 | 负重弯举+肩推 | | | | |

2. 非赛季第二阶段 6 月 18 日—7 月 8 日力量训练安排

（1）运动技术准备性力量练习；

（2）包括爆发性力量训练（如高翻）；

（3）配套性力量练习（如推、拉）；

（4）单侧力量训练不能忽视；

（5）发展膝部和髋部的力量训练；

（6）一周安排 4 天。

3. 赛季前（准备期）8 月 1 日—9 月 14 日力量训练安排

（1）专项力量训练增加；

（2）一周安排 2~3 天；

(3) 每次训练（不只是力量训练）开始前都应该进行神经—肌肉激活和运动准备练习（静态、动态、稳定、灵活的热身）；

(4) 每次力量训练以快速提拉训练开始；

(5) 主要力量训练后，配快速的提拉、推、跳等。

4. 赛季9月15日—12月23日力量训练安排

(1) 取决于一周中打几场比赛；

(2) 一般一周两次课；

(3) 专项功能性力量训练；

(4) 比赛后的强力拉伸是恢复训练的一部分；

(5) 配比训练，力量训练后安排，比如有球训练（如射门）或跑动训练（登山、疾跑或长跑）；

(6) 个体化训练；

(7) 每次训练前要进行动作热身和神经激活准备活动。

## 第五节 功能性力量训练

功能性力量训练的目的就是提高运动功能本身，功能性力量是指在身体运动中完成基本的运动动作，同时保证神经系统、肌肉系统和能量代谢系统相互作用、相互协调。功能性力量训练是一套精练的训练方法，使整个身体像一个单位在运动。功能性力量训练从一个关节运动开始融合到多关节运动组成完整的运动链，从而达到"1+1>2"的功能。

### 一、"成绩金字塔"模型

功能性运动的质量是运动员竞技水平发展的基础，优化的成绩模式是以良好的功能结构质量为基础，设立理想的功能发挥和专项技术水平，呈现一个底宽头窄的金字塔模型，如图2-70所示。

图2-70 优化的"成绩金字塔"模型

图 2-71 所示为结构的稳定性和灵活性不足,但功能表现较好、技术水平较高的状态。

图 2-71  结构的稳定性和灵活性不足,但功能表现较好、技术水平较高

图 2-72 所示为某项技术水平很高,但整体功能不良,身体结构质量较差的状态。

图 2-72  某项技术水平很高,但整体功能不良,身体结构质量较差

图 2-73 所示为身体结构稳定性和灵活性较好,技术水平较高,但功能表现较差的状态。

图 2-73  身体结构稳定性和灵活性较好,技术水平较高,但功能表现较差

## 二、关节链理论的应用

(1)身体运动是由身体相对稳定部分在活动的关节连接下交替进行的。

(2)如果这种模式遭到破坏,如功能出现异常,身体往往会自行调整进行代偿。

(3)通过测定结构灵活性可以预测结构稳定性。结构灵活性不足,会导致肌肉失衡;结构灵活性不足,会使本该稳定性水平高的结构出现不稳定因素。

## 三、功能灵活性

（1）功能灵活性指的是身体能流畅地进行多关节运动的能力。

（2）功能性运动典型地发生在一条动态链中，即一个关节的灵活性会直接影响在这条运动链中其他关节活动的质量和幅度，因此，单关节运动分析不能够准确发现存在的运动功能问题。其中，一条动态链的灵活性是由最不灵活的连接决定的，一条动态链的强度也是由最弱的连接决定的。

（3）一条动态链因为某个关节相对不灵活而致功能下降经常导致代偿动作，以恢复丢失的运动功能，这被称为运动代偿或运动功能异常模式。

## 四、功能稳定性

见143页"（三）稳定性"。

## 五、核心力量

### （一）什么是"核"

"核"是指固定躯干和骨盆的一群深层和中层的肌群，也负责脊柱-骨盆-髋这条身体纵轴的动态稳定性（图2-74）。当"核"正常工作时，在进行功能锻炼、力量训练、耐力跑步、爆发力训练时，可以优化身体的加速和减速动作。

"核"的稳定能力应该是自动的，由神经反射系统驱动，会因为关节或软组织功能不佳、肌肉不平衡、姿势错误或热身不够而受影响。"核"的功能性与专项特性稳定及加强有利于提高脊柱稳定性，有利于身体重心的控制，有利于提高身体平衡能力和功能表现。弱"核"是造成运动动作不够有效而导致受伤的基本原因。

160  竞技手球运动科学探索与实践

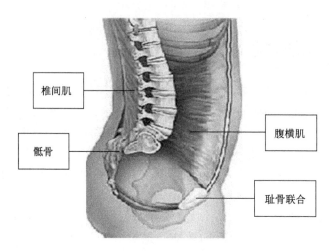

图 2-74 "核"

## （二）身体运动轴

身体运动或稳定发生于身体三个平面，基于三维轴坐标，如图 2-75 所示。

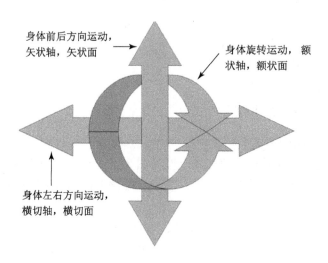

图 2-75 身体运动轴

1．"核"矢状面

（1）身体矢状面的动作包括躯干的屈伸动作；

(2) 身体矢状面稳定性的控制包括以下肌群：腹直肌；腹横肌；竖脊肌；椎间肌；臀大肌；股后肌群（股二头肌、半腱肌、半膜肌）。

这些肌群共同收缩能固定躯干，提升腹压，使躯干成为"坚硬的圆柱体"，完成躯干稳定性。

静力性训练举例如图 2-76 所示。

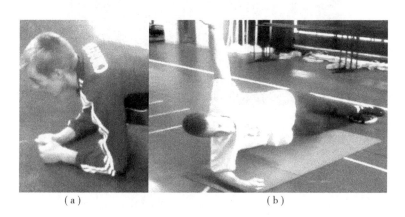

图 2-76　静力性训练

2. "核"额状面

(1) 臀部侧向稳定肌群（臀中肌、臀小肌）；
(2) 臀部内收外展肌群（内收肌、长收肌、短收肌、股薄肌）；
(3) 腰骶部稳定肌群，包括单侧骨盆上提、对侧脊柱固定、脊柱稳定。

在几乎所有的直立动作中，这部分肌群都要主动参与用力。

3. "核"横切面

(1) 臀部旋转，调动肌群包括臀大肌、臀中肌、梨状肌、股四头肌等；
(2) 躯干旋转肌群，包括腹内斜肌、腹外斜肌、髂腰肌、椎间肌。

训练举例如图 2-77 所示。

### （三）胸腰筋膜

(1) 覆盖和连接脊柱周边的肌肉和筋膜；
(2) 帮助躯干产生一个稳定的保护束膜；
(3) 提供一个从单侧到双侧运动的连接支持；

图 2-77　跪姿侧拉

（4）保证运动链的完整接合。胸腰筋膜解剖图如图 2-78 所示。胸腰筋膜训练举例如图 2-79 所示。

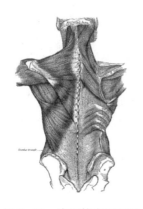

图 2-78　胸腰筋膜解剖图　　　　图 2-79　胸腰筋膜训练

## （四）核心稳定能力

### 1. 概念

控制躯干姿势和动作在完整的动态链中确保最优地产生、传导和控制力量和运动到运动环节的终端。

核心稳定能力是瞬时触发的，必须根据身体姿势和所受负荷不断地调整变化。

核心稳定能力确保脊柱的整合，为肢体运动提供稳定的结构基础支撑。

运动中，核心稳定能力还可以吸收经下肢传导的作用力。

2. 训练参考方针

6种训练方式如下：

（1）膝关节主导的下蹲练习，可以适当增加变化；

（2）髋关节主导的力量练习，比如各种屈腿训练；

（3）直立位的过头推举或引体向上练习；

（4）水平位的负重拉，划船器拉桨训练；

（5）水平位的卧推等训练；

（6）旋转、旋转稳定性、对侧练习。

在不够优化的肢体稳定性、不正常的关节活动能力和功能不良的肌肉动员情况下进行训练会发生什么呢？

（1）力量和爆发力发展潜力下降；

（2）运动灵活性下降；

（3）加速能力和速度下降；

（4）功能稳定性下降；

（5）成绩下降，伤病发生。

想象一下基础不稳会发生什么？

## 第六节 手球耐力训练

每个训练概念体系中必须包括明确的耐力能力。对于力量、速度的训练，运动学界思想还比较统一，但对于耐力的训练和诊断存在很多争议。

### 一、最大摄氧量（$VO_{2max}$）

（1）运动员机能水平很大程度上取决于最大摄氧能力。

（2）$VO_{2max}$是耐力性运动项目（长跑、自行车、赛艇）很好的成绩预测指标，虽然对$VO_{2max}$的评估与手球这样的集体球类项目成绩没有相关性，但它依旧是反映运动员机能水平的基本指标。

（3） $VO_{2max}$ 水平可以让教练了解运动员的有氧系统功能，但摄氧量与手球竞技成绩没有相关性，测试不能用来预测竞技成绩。摄氧量大说明慢肌纤维比例高，这不是我们手球想看到的，而爆发力好说明快肌纤维比例高，这是希望看到的。

摄氧量水平高的运动员也许不适合像手球这类间歇性运动，特别是如果他爆发力还差。为了更好地选材，我们应该检测运动员爆发力（如弹跳）。

## 二、生理学的影响

（1）生理学的发展影响着运动学观念和实践的发展。

（2）任何好的体能教练会告诉你，集体球类运动主要是一种速度（加速、灵敏）和爆发力运动。对于任何可以频繁换人的运动（手球、篮球、室内5人制足球），认为有氧耐力是必需的是愚蠢的思想。

（3）但手球主要不是有氧运动，为什么我们还花这么大力气来讲有氧能力呢？生理学家研究认为，有氧能力好能够使队员在间歇（如得分与得分之间、比赛之间、回合之间、场上时间）中恢复更快。

（4）使用长时间稳态的训练方法发展有氧能力，对球类运动员，特别是对年轻运动员没有好处。很多教练采取这种训练往往是因为存在偏见，认为运动员机能下降，就应该加量，另外就是这种训练比速度、爆发力训练好设计和执行。

## 三、代价是什么

有氧能力好能促进更快恢复，但代价是什么？研究发现，几乎所有顶级手球运动员有氧耐力测试结果一般，但爆发力和力量测试结果非常好。爆发力是运动员比赛发挥的关键，爆发力就是未来发展的重点，即使他们现在已经不错了。

那些 $VO_{2max}$ 水平测试一般，但短跑测试（10~40m）很好的运动员（特别是年轻运动员）很有可能是肌肉中白肌纤维比例高。难道为了让队员恢复得更快，就得让队员爆发力减弱、速度减慢吗？肌纤维的动员决定于我们所采取的训练。耐力训练应该被限定于短时间的运动，以防止调动发展未被动员的慢红肌纤维。

优秀手球运动员需要出色的力量、爆发力和无氧能力而不是有氧耐力。在非赛季准备期中，训练往往犯错。通常更差的运动员爆发力和无氧耐力较差，对他们进行更多的有氧耐力训练只会扩大他们的弱点，这是没有意义的。快肌纤维和慢肌纤维的关系是成功的主要决定因素。当前科学技术发展告诉我们，很多人认为运动员 $VO_{2max}$ 差就不行是不对的。那些爆发力（跳高、跳远）强而有氧能力弱的手球运动员比那些有氧能力出色而爆发力弱的球员更有优势和潜力。我们需要多年时间来打造运动员的速度和爆发力，而获得耐力几周时间即可。因此，要训练队员专项主要需要的潜能是非常重要的。

我经常发现顶级运动员摄氧量不很高，但比赛进行得很好，还达到了顶级水平。为什么呢？因为摄氧量只是一个生理学数据，不代表比赛发挥。而比赛发挥是更重要的，根据比赛发挥的需要进行训练使得生理学只是一种公式。

## 四、如何通过无氧训练发展有氧能力

传统的有氧训练（长跑）对手球运动来说不是明智的选择，除非是运动员处于康复阶段。对于手球项目来说，有氧能力的提升应该是无氧训练的附带产品。间歇训练发展无氧能力的同时，就可以附带发展有氧系统功能，只要设计好训练/间歇比率，使间歇恢复时心率不低于120次/min。这种训练对从事无氧项目的运动员显然是一种更专项的有氧能力训练方法。

1. 节奏跑训练

节奏跑训练是为更咄咄逼人的间歇跑做身体准备的训练。在非赛季的准备期就应该安排节奏跑训练。在非赛季准备期的前几个星期，安排以75%~80%的最大跑速完成100m（16~18s），然后走50m，10~14组的节奏跑训练。

2. 折返跑训练

与节奏跑训练不同的是，折返跑训练在发展能量代谢系统功能的同时，增加了对肌肉的负荷刺激。折返跑训练包括三个基本的部分，即加速、减速和变向，这三种能力对预防伤病有益。

3. 间歇跑训练

间歇跑训练是一种高速跑与间歇慢跑或间歇静止相融而增加运动员负

荷的训练。在快跑过程中，乳酸产生增加，氧债出现；在间歇期，心肺系统依然被激活以提供更多氧气帮助机体分解乳酸。

这种对身体的应激会促进身体的适应性改变，包括肌肉毛细血管增多、心肌功能增强、摄氧能力增强、身体缓冲能力增加、乳酸消除更快。所有这些都是有利于发展竞技水平的变化。

### 4. TABATA 训练

TABATA 训练是间歇训练的一种，20s 最大强度运动后休息 10s，重复 8 次，总共 4min。这种训练不受训练内容的限制，可以以跑台、划船器、卧推、深蹲等各种运动载体进行。这种训练可以同时发展有氧和无氧能力。

### 5. 滑板训练

滑板训练在 20 世纪 80 年代首先被速度滑冰项目所采用，用以发展专项有氧能力和运动技术。

对于发展耐力来说，滑板训练也许是最经济的投资，因为与其他方式相比，它所具有的优势如下：

（1）正性刺激肌肉，特别是内收和外展肌群；

（2）可以 3~4 名运动员一起在一块滑板上进行训练；

（3）可以同时供多个运动员进行间歇性训练，价格低于 300 欧元；

（4）无论项目有何差异，我们都能在滑板上发展单侧能力，训练次数可以更多。

# 第五章

# 中国优秀女子手球运动员身体机能的位置特点

手球是典型的同场对抗集体球类项目，运动员处于场上不同位置，各尽其职，相互配合，以完成共同的技战术目标。探索不同位置的技战术、体能特点是深化手球运动规律认识所必需的。手球整体技战术的充分发挥需要不同位置的运动员充分利用不完全相同的运动方式，在位置运动对抗中取胜，需要那些最适合不同位置运动需要的机能和形态在训练和比赛中充分专业化。

## 一、优秀女子手球运动员身体形态学指标位置特点

从表2–39可以看出，在所有位置受试者中，边锋的身高和体重最低，比内卫（包括中卫和左、右内卫，下同）、底线和守门员显著低（$p<0.05$），而内卫、底线和守门员间的基本形态无显著差异。底线和守门员体脂百分比（BMI）显著高于边锋和内卫（$p<0.05$）。各位置运动员年龄、BMI无显著差异。

表2–39 不同位置运动员形态测试结果比较

| 项　目 | 内卫（6） | 边锋（7） | 底线（6） | 守门员（6） |
| --- | --- | --- | --- | --- |
| 年龄/岁 | 21.6±3.29 | 23.29±3.68 | 20.67±3.79 | 23.33±4.73 |
| 身高/cm | 181±4.24* | 173±0.95 | 180±4.04* | 180±5.29* |

续表

| 项　目 | 内卫（6） | 边锋（7） | 底线（6） | 守门员（6） |
|---|---|---|---|---|
| 体重/kg | 72.81 ± 1.75* | 64.45 ± 3.62 | 74.23 ± 2.66* | 71.65 ± 5.85* |
| 体脂百分比/% | 12.62 ± 2.23 | 12.73 ± 2.86 | 16.74 ± 6.23*# | 15.26 ± 3.77*# |
| BMI | 21.63 ± 0.89 | 21.10 ± 1.01 | 22.93 ± 0.32 | 21.30 ± 0.71 |

\* 与边锋比 $p<0.05$；# 与内卫比 $p<0.05$。

身高、体重、BMI 是基本形态学指标，不少研究都从优秀运动员形态学特点出发探索专项运动员选材规律。女子手球运动员身材较一般运动项目高，低于篮球和排球运动员，但手球运动员的 BMI 为 23.6，比较高。一般来说，身材越高，对外围射门、中路防守封挡和守门员防守越有利。但是，身材高的运动员也会出现速度慢、体能差、步伐笨拙的情况而影响专项技战术能力，所以，手球运动员的基本身高特点应该是在不影响专项技战术能力的情况下越高越壮越好。从 2008 年北京奥运会世界女子手球强队的统计发现，中国女子手球队队员基本形态与参加奥运会的各国女子手球队队员无显著差异，那么手球各位置运动员形态学特点有差异吗？中国女子手球队队员是中国女子手球项目运动员的代表，通过国家队各位置运动员不同特点去探讨手球运动员身体机能的位置特点是本章的主要目的。本研究发现各位置运动员中，边锋的身高和体重是所有位置中最低的，而内卫、底线和守门员间的基本形态无显著差异。对世界顶级男子手球队克罗地亚队和斯洛文尼亚队的研究也发现相似的特点。手球运动员场上的角色因不同位置攻防需要而不同，不同位置的运动员身材特点也不一样。内卫对正面中间区域的防守和封挡（对方的跳跃远射）、中间区域的进攻，底线对中路的防守和封挡，在对方底线附近的对抗、拼抢，守门员的防守面积的增加等，对各位置队员的体型有一定高度和体重要求。但是，因为同时必须具备较高的反应、灵敏、爆发力、速度、耐力等素质，体型往往不会很大。而边锋主要不是进行正面进攻和防守，而是通过不断快速跑动、较强的弹跳和灵敏等能力在边路进行攻防，与其他位置相比，对身高要求较低。所以，各位置运动员形态特点与各位置专项攻防运动特点相适应。

BMI 较高不仅增加身体负荷，使移动变慢，还影响运动员有氧能力。邓沛玲等采用希思－卡特体型测定法，对 195 名（男 86 名）男女优秀手球运动员体型特点进行研究，发现女子手球运动员体型平均分值为 5.06～3.47～2.88，而且运动水平越高的队，中胚层成分越占优势；按场上位置区分，男女底线队员中胚层分值最高，守门员最低，并认为理想的体型应该是 BMI 适当、体重较轻、身材较高。近年有研究发现，守门员的 BMI 显著高于内卫、底线和边锋。本研究发现，底线和守门员 BMI 显著高于边锋和内卫（$p<0.05$），推测中国队的底线队员 BMI 偏高。一般认为，手球运动员应该有较大的体重以增强对抗能力，特别是底线，因为底线运动员与对手对抗碰撞比各位置都多得多，但较大的体重会影响移动能力，而在移动中的对抗是手球真正的专项对抗。因此，对于某一个成年手球运动员而言，要提高移动对抗能力，须使脂肪减少而体重尽量大，这样就应使瘦体重尽量大。优秀手球运动员应该具备较大的瘦体重。瘦体重大在射门或投球的时候就能产生更大的力量和速度，瘦体重大可以更好地支持手球队员在比赛中肌肉强有力的收缩。但是，在正常生理情况下，蛋白质的合成受遗传影响最大，成年以后瘦体重的增加有限，而且女性运动员正常的月经周期必须具备一定的体脂，所以，必须依靠科学训练和营养补充，使瘦体重增加与队员竞技能力提升相适应，并且不对女运动员身体健康产生不良影响。

## 二、优秀女子手球运动员机能指标位置特点

从表 2-40 可以看出，底线 $VO_{2max}$ 最高，高于边锋（$p<0.05$），与内卫和守门员无显著差异；边锋 $VO_{2max}$ 最高，显著高于底线（$p<0.05$），内卫、守门员高于底线但无显著差异；最大心率各位置间无显著差异；最大负荷递增测试后 5min 乳酸，守门员最高，高于内卫（$p<0.05$）；内卫 $P_{max}$ 最高，高于边锋（$p<0.05$）；底线 $P_{max}$ 最低，低于内卫（$p<0.05$）；守门员、底线 AP 较低，均低于内卫（$p<0.05$），其中底线最低，低于边锋（$p<0.05$）；边锋 PD 最低，内卫最高，边锋低于内卫（$p<0.05$）。

表 2-40　不同位置运动员机能测试结果比较

| 项　目 | 内卫（6） | 边锋（7） | 底线（6） | 守门员（6） |
|---|---|---|---|---|
| $VO_{2max}/(L \cdot min^{-1})$ | 3.63±0.20 | 3.37±0.32 | 3.85±0.05* | 3.54±0.29 |
| 千克体重 $VO_{2max}/(mL \cdot kg^{-1} \cdot min^{-1})$ | 51.34±3.15 | 52.97±6.14 | 46.77±3.96* | 51.5±2.04 |
| $HR_{max}/(次 \cdot min^{-1})$ | 177.60±11.06 | 180.57±11.77 | 176±5.29 | 183.67±5.03 |
| 最后跑速/$(km \cdot h^{-1})$ | 15.8±0.45 | 16.2±0.53 | 15.67±0.58 | 16±0.00 |
| 5min 乳酸/$(mmol \cdot L^{-1})$ | 6.6±1.58 | 8.79±1.13 | 7.82±3.01 | 9.65±1.64# |
| $P_{max}/W$ | 474.7±8.4* | 406.18±34 | 427.03±79.68 | 449.19±27.73 |

续表

| 项　目 | 内卫 (6) | 边锋 (7) | 底线 (6) | 守门员 (6) |
|---|---|---|---|---|
| 千克体重 $P_{max}$/ (W·kg$^{-1}$) | 6.72±0.86 | 6.36±0.57 | 5.53±0.86# | 6.41±0.59 |
| $P_{min}$/W | 297.31±22.08 | 294.41±15.34 | 303.77±42.12 | 294.47±22.67 |
| 平均无氧功/W | 5.5±0.75 | 5.31±0.61 | 4.87±0.76#* | 5.08±0.23# |
| 疲劳指数 (PD) | 36.24±10.6* | 27.13±6.74 | 27.5±13.73 | 34.3±6.44 |
| 无氧功 $HR_{max}$/ (次·min$^{-1}$) | 153.4±9.71 | 158.57±9.09 | 149±9.64 | 142.33±13.43* |

＊与边锋比 $p<0.05$；#与内卫比 $p<0.05$。

## （一）中国优秀女子手球运动员最大摄氧量的位置特点

在手球运动项目中，有氧耐力是维持反复冲刺及长时间运动能力的重要因素，由于手球队员在场上比赛时是通过直接克服体重进行各种运动的，所以，$VO_{2max}$ 的相对值是评价有氧能力更有效的指标。本研究发现，底线 $VO_{2max}$ 高于边锋（$p<0.05$），与内卫和守门员无显著差异；而 $VO_{2max}$/kg 边锋最高，显著高于底线（$p<0.05$），内卫、守门员高于底线，但无显著差异，说明底线队员体重大，影响了 $VO_{2max}$/kg 水平。各个位置专项运动特点有差异，与各位置运动员机能特点差异息息相关。Marko 等研究了男子手球运动员比赛时的跑动情况，发现边锋跑动距离最长（3 855m），其次是卫线队员（3 432m）；然后是底线（3 234m），守门员最少（1 753m）。在运动速度方面，不同位置也有显著差异，最快的是边锋（1.6m/s），其次是卫线（1.43 m/s）；然后是底线（1.34 m/s）；最后是守门员（0.73m/s）。边锋攻防转换时跑动的距离比其他位置要长，跑动的速度要快，跑回来马上投入攻防，间歇时间更短。所以，边锋具备更强的有氧能力会更有优势。内卫队员攻防时跑动距离不及边锋，但跑位更灵活、交叉换位多，如果采用盯人、3/2/1 或扩大防守，防守时必须时刻保持在小步移动、防到底的姿态和动作，因此内卫应该具有相当的有氧耐力。所以，如果边锋和内卫队员的 $VO_{2max}$/kg 能够大些，对于这些位置攻防的执行会更有优势。底线往往必须时刻保持对抗、掩护、跑位、下蹲、加速等运动状态，相对来说，当其他位置在传接球、攻防转换中可以得到稍微休息时，底线所得到的休息恢复的时间更少，需要短时间就能快速恢复，所以底线对有氧系统要求也较高。因此，从位置专项运动需求特点分析，当前底线队员有氧能力偏弱。

手球运动员要求具备极强的有氧能力，但从相对值来看，手球运动员的值低于长跑和自行车运动员，这是因为手球运动员有较大的体重对增强对抗是有利的。对国家女子手球队各位置运动员最大摄氧量的检测数据比肖国强1999年测的地方队的45.1mL/（kg·min）±3.2mL/（kg·min）高，比我国女足队员（38.3~42mL/（kg·min））高，也高于女子排球队员（41.62~44.3mL/（kg·min）），略高于我国女子曲棍球队员（48.71mL/（kg·min）±4.139mL/（kg·min））。内卫、边锋和守门员的 $VO_{2max}$ 与1996年国家女子手球队整体的52.4mL/（kg·min）±4.1mL/（kg·min）相当，与挪威女子手球队赛季初的51.3±2.3 mL/（kg·min）相当，但低于其赛季末的53.5mL/（kg·min）±2.9 mL/（kg·min），略低于世界强队韩国队平均水平（55.3mL/（kg·min））。但是，与周期性体能项目相比，有氧能力还是有一定差距，国家女子长跑队最大摄氧量为69.43mL/（kg·min）±3.54 mL/（kg·min）。有学者研究认为，优秀女子手球运动员比业余女子手球运动员最大摄氧量高10%，比平时运动较少的年轻女性高20%~30%，但远低于女长跑运动员。1996年我国取得奥运会女子手球项目的第5名（8支球队），而2008年北京奥运会取得第6名（12支球队），2010年广州亚运会取得冠军，在取得一定成绩的时候，运动员整体最大摄氧量水平较好不仅仅是种巧合。本研究发现，最大心率、最大跑速各位置队员无显著差异，但5min乳酸，守门员高于内卫（$p<0.05$），推测是由于守门员有氧能力较弱导致乳酸消除较慢。

基本的有氧能力是成为优秀手球运动员必需的，高水平的手球运动员需要高水平的有氧能力，有氧能力强弱可以区分手球运动员的水平级别。本研究认为，手球不同位置运动员最大摄氧量水平有差异，与位置运动的适应有关。虽然手球比赛可以频繁换人，但当队员水平参差不齐，"板凳"水平不够时，由于主力队员有氧能力较弱而使教练不得不换人，会导致球队水平不稳定。所以，在竞技实践中，有计划地发展有氧能力，将有氧能力训练与技战术训练相融合，周期性地进行最大摄氧量测试，对手球的选材、运动员机能判断，以及教练排兵布阵都有相当大的意义。

## （二）中国优秀女子手球运动员无氧功的位置特点

手球运动员场上运动时有很多的突然起动爆发、摆脱、跳跃、射门、碰撞、变向、突破，对爆发力要求很高，而底线队员与对方防守队员直接接触最多，所以底线的爆发力一定要好。本研究发现，内卫的 $P_{max}$ 最高，高于边锋（$p<0.05$），而底线的 $P_{max}$ 最低，低于内卫（$p<0.05$）；内卫

的 AP 最高，高于守门员、底线（$p<0.05$），其中底线最低，低于边锋（$p<0.05$）；边锋 PD 最低，内卫最高，边锋低于内卫（$p<0.05$）。底线和守门员平均无氧功比边锋和内卫都低，特别是底线无氧能力偏低对底线作用的发挥不利，而且底线 $P_{max}$ 比边锋、卫线都低，底线作用发挥不够，不利于球队整体攻守平衡。各位置运动员机能特点应与位置运动特点相适应。当今手球竞争愈加激烈，球队间持续高速攻防频繁，如果队员不具备一定的和球队协调的爆发力、速度耐力水平，很难跟上对手和队友的节奏。

与其他项目比较发现，中国女子手球队各位置运动员 $P_{max}$ 和 AP 比中国女子曲棍球运动员 $P_{max}$（489.9W±99.6W）和 AP（409.8W±71.9W）低，也低于 1996 年国家队的 $P_{max}$（639.1W±72.3W）和 AP（472.1W±64.5W），当时中国女子手球队 $P_{max}$、AP 水平均远高于韩国队。所以，目前国家队的无氧功水平较低，爆发力和无氧耐力较差。具有高水平的无氧代谢供能能力是优秀手球运动员的重要机能条件，中国手球运动员在无氧能力方面弱于世界强队，是手球水平长期徘徊不前、男子手球难以冲出亚洲的重要原因之一。由于无氧能力的遗传特性相对较高，对于手球运动员来说，爆发力早期测定对于优化选材具有重要意义。

## 三、小结

（1）边锋的身高和体重最低，而内卫、底线和守门员之间无显著差异。底线和守门员 BMI 高于边锋和内卫（$p<0.05$），推测底线体脂偏高。各位置形态学特点应与各位置专项运动特点相适应。

（2）队员整体 $VO_{2max}$ 水平较好，其中 $VO_{2max}$ 边锋最高，显著高于底线（$p<0.05$），底线最低，内卫、守门员高于底线但无显著差异，从位置专项运动需求分析，底线有氧能力偏弱。最大心率、最大跑速各位置队员之间无显著差异。

（3）队员整体无氧功水平较低；其中内卫 $P_{max}$ 最高，高于边锋（$p<0.05$），底线 $P_{max}$ 最低，低于内卫（$p<0.05$）；内卫 AP 最高，高于守门员、底线（$p<0.05$），其中底线最低，低于边锋（$p<0.05$）；边锋 PD 最低，内卫最高，边锋低于内卫（$p<0.05$）。各位置运动员机能特点应与位置专项运动特点相适应，从位置专项运动需求分析，底线无氧功水平偏低。

# 第三篇　手球技战术

# 第一章

# 手球技战术视频分析系统建立与应用

影响竞技手球成绩的因素包括运动员的身体素质、技战术能力、意识和拼搏精神、团队战术配合等，其中技战术因素是主导。作为同场对抗比赛项目，任何对自己或对手的技战术问题的查找、发现和分析都离不开对视频的采集、分析。及时采集和收集各种比赛视频资料是手球科研工作的重要一环，同时视频资料的分类汇总和查询是统计分析的前提。

## 一、实施方法

所需设备：计算机、摄像设备（摄像机、三脚架）、1394 接口与数据线、Sportscode 软件、放映设备（投影仪、电视）、3G 无线网卡（选择）。

系统配备方法：包括摄取区和放映区。

摄取区：场地摄像区，包括装有 Dartfish 或 Sportscode gamebreaker 运动软件的计算机和摄像机、1394 接口及数据线。

放映区：休息室放映区，包括装有 Sportscode gamebreaker 运动软件的计算机（可以是同一台计算机）和投影仪。

只要有两台计算机或 PAD、无线网，就可以实现数据网络传输。

## 二、实施程序

实施程序如图3-1所示。

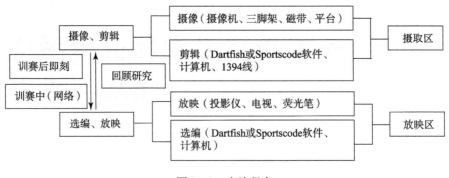

图3-1 实施程序

## 三、系统内核

编码和字段是系统的核心部分,对于编码和字段的组成基于以下原则。

### (一)专项性原则

手球技战术视频统计字段体系要能够真实、准确、客观地反映手球项目专项特点,要以国家队的需要和专项技战术特点为依据,构建科学、客观、全面的编码体系,对手球的各种事件,如进攻、防守、技术、战术、环境、人员、号码、效果等都进行标定。

### (二)可操作性原则

为了使该系统具备很好的操作性,首先,要以球队技战术分析目的和需要进行编码和字段组成的建立;其次,为了使教练员和运动员经过简单的培训就能操作,短时间内达到熟练的程度,要注意编码和剪辑操作的简易性;最后,该系统对人员的数量要求不高,一般两人即可。不同时间、不同对手、不同赛事对技战术分析的需要可能不同,所以,该系统要能够较为方便地根据不同目的进行调整。结合手球规则、队员、技战术特点,建立手球技战术视频数据系统的内核。数据库字段组成包括"基本资料""队员位

# 第一章 手球技战术视频分析系统建立与应用

置""技术""进攻"和"防守"等。建立依据如图 3-2~图 3-4 所示。

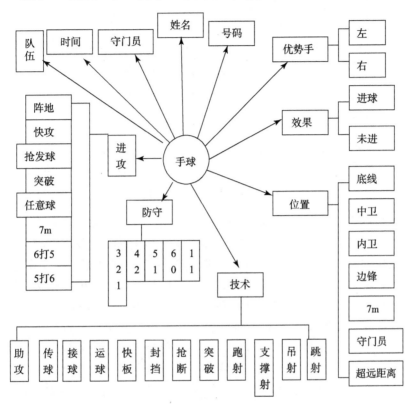

图 3-2 手球比赛视频分析系统字段组成

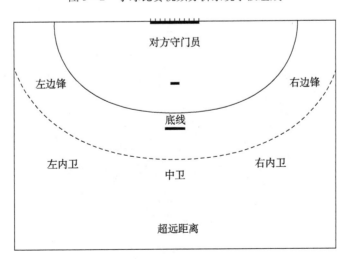

图 3-3 数据库"位置"字段位置分布图

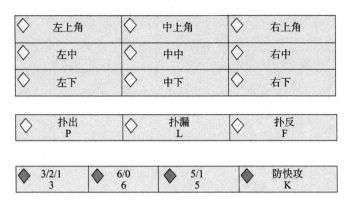

图 3-4 手球防守技战术字段组成

可根据手球比赛时场上技战术特点和变化、分析的需要设定新字段。

可以转换应用于其他竞技项目，特别是同场对抗的集体球类项目。

如图 3-5 所示，强大的视频编码矩阵功能保证了数据的统计分类，可以分析出本方和对方阵地进攻、多打少、快攻的次数，攻击区域（外围、底线、边锋），失误数等。强大的视频剪辑功能保证了分析有的放矢，可以实现半场、全场比赛或训练结束后对本方和对方快攻特点的回放和分析，半场、全场比赛或训练结束后对本方和对方主要阵地进攻方式的回放和分析，半场、全场比赛或训练结束后对本方和对方主要位置进攻的回放和分析，半场、全场比赛或训练结束后对本方和对方主要 6 打 5 进攻的回放和分析，半场、全场比赛或训练结束后对 7m 球射门的回放和分析。

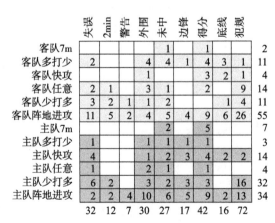

图 3-5 比赛技战术视频矩阵

第二章

# 手球技战术统计分析举例

手球技战术的统计分析是分析自己和对手战术特点（优缺点）、队员技术特点（优缺点），及时发现技战术问题的关键一环，本队同时建立技战术统计分析系统，对于整个球队技战术特点的发展分析也有很重要的意义。简而言之，技战术统计分析就是要认识自己的技战术特点和弥补弱点，认清和发扬自己的优点；认识对手的技战术特点和弱点，避开和控制对手的优点，以及时发现和解决技战术问题，为球队的进步做出支持。长期、系统地研究技战术数据特点，在国内尚属首次。

## 一、研究方法

采用 PHMS 手球专业技战术统计软件（国际手球联合会承认的专业的最先进的技战术场记统计软件）、Excel 数据统计软件、人工记录，如图 3-6、图 3-7 所示。

| TEAM | | | | RESULT | | | | HALF | | TIME | | PLACE | | | |
|---|---|---|---|---|---|---|---|---|---|---|---|---|---|---|---|
| Players | OFFENCE | | | | | | | DENFENCE | | | | MISS | | | |
| | 7m | 6m | Long | Wing | FB | BT | FT | Total | AS | Cut | Block | 1/1 | 7m | 2' | OF | OS | B PC | Line |
| | 罚7m | 底线 | 远射 | 边锋射 | 快攻 | 突破 | 任意球 | G/S | % | 助攻 | 抢断 | 封挡 | 防1失误 | 造7m | 2min | 撞人 | 走步 | 传接失 | 踩线 |
| Yan Meizh | | | | | | | | | | | | | | | | | | | |
| Wang Min | | | | | | | | | | | | | | | | | | | |

| GK 项目 | shots | | | | | | | | | | | | |
|---|---|---|---|---|---|---|---|---|---|---|---|---|---|
| | 6m | | wing | | | 9m | | 7m | | FB | | BT | | Total | |
| | s/s | % | 左 | 右 | s/s | % | s/s | % | s/s | % | s/s | % | s/s | % |
| 1st half(上半时) | | | | | | | | | | | | | | |
| 2nd half(下半时) | | | | | | | | | | | | | | |
| Full time（全场） | | | | | | | | | | | | | | |
| Liu Gui ni | | | | | | | | | | | | | | |
| Huang Hong | | | | | | | | | | | | | | |
| Total | | | | | | | | | | | | | | |

图 3-6　手球比赛队员技术统计表例图

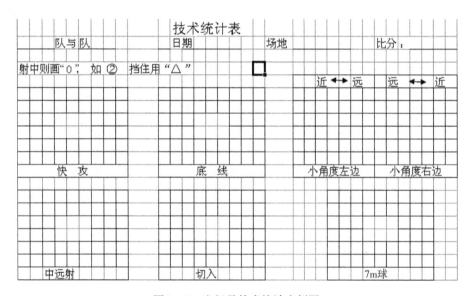

图 3-7　守门员技术统计表例图

## 二、研究结果

### （一）建立基本资料数据库

建立某一对手或任意对手某一队员的基本资料（姓名、身高、体重、年龄、进球数）和射门资料（射门点位置分布）或封救资料（守门员封救点位置分布）数据库。包括 2006 年欧洲锦标赛、2007 年世界锦标赛、2008 年北京奥运会资格赛所包含的国际正式比赛数据累计，如图 3-8 所示。

| 国家队 | 姓名 | 号码 | 位置 | 身高 | 体重 | 年龄 | 射门点/封救点 | | | 国际场 | 进球 | 特点 | 图片 |
|---|---|---|---|---|---|---|---|---|---|---|---|---|---|
| 安哥拉 | TAVARES Maria | 1 | GK | 1.69 | 72 | 31 | 3/26 | 6/9 | 6/21 | 74 | | | |
| 安哥拉 | TAVARES Maria | | | | | | 9/18 | 6/7 | 7/21 | | | | |
| 安哥拉 | TAVARES Maria | | | | | | 15/37 | 4/15 | 14/54 | | | | |
| 安哥拉 | EDUARDO Maria | 2 | FP | 1.78 | 56 | 34 | | | 3/3 | 92 | 261 | | |
| 安哥拉 | EDUARDO Maria | | | | | | 0/1 | | 1/5 | | | | |
| 安哥拉 | EDUARDO Maria | | | | | | 4/5 | 0/2 | 8/9 | | | | |
| 安哥拉 | BENGUE Ilda | 3 | FP | 1.77 | 84 | 33 | 6/7 | 1/1 | 6/8 | 123 | 393 | | |
| 安哥拉 | BENGUE Ilda | | | | | | 4/7 | 0/2 | 4/6 | | | | |
| 安哥拉 | BENGUE Ilda | | | | | | 13/15 | 7/8 | 15/20 | | | | |
| 安哥拉 | RINDADE Filomena | 5 | FP | 1.65 | 67 | 36 | 3/3 | 3/3 | 1/2 | 133 | 481 | | |
| 安哥拉 | RINDADE Filomena | | | | | | 6/8 | | 2/5 | | | | |
| 安哥拉 | RINDADE Filomena | | | | | | 4/5 | 3/3 | | | | | |
| 安哥拉 | CALANDULA Bombo | 6 | FP | 1.77 | 72 | 24 | 1/3 | 1/1 | 1/2 | 11 | 26 | | |
| 安哥拉 | CALANDULA Bombo | | | | | | 1/2 | 0/1 | 3/3 | | | | |
| 安哥拉 | CALANDULA Bombo | | | | | | 3/3 | 4/5 | 3/3 | | | | |
| 安哥拉 | MORAIS Carolina | 7 | FP | 1.67 | 56 | 21 | | | 1/1 | 6 | 3 | | |
| 安哥拉 | MORAIS Carolina | | | | | | | | | | | | |
| 安哥拉 | MORAIS Carolina | | | | | | 1/1 | 1/1 | | | | | |

图 3-8 国际比赛基本资料截图

可以查出任意队阵容、队员的基本资料（身高、体重、号码、年龄、国际场次、进球数），如图 3-9 所示。

| 国家队 | 姓名 | 号码 | 位置 | 身高 | 体重 | 年龄 | 射门点/封救点 | | |
|---|---|---|---|---|---|---|---|---|---|
| 俄罗斯 | USKOVA Yana | 9 | FP | 1.63 | 52 | 22 | 9/9 | 5/6 | 3/4 |
| 俄罗斯 | USKOVA Yana | | | | | | 4/7 | | 2/3 |
| 俄罗斯 | USKOVA Yana | | | | | | 8/12 | 2/2 | 5/7 |

图 3-9 某队员基本资料截图

通过此查询，可以查出某队员的基本特点、进球点分布或封救点分布特点，如图 3-10 所示。

| | | 队员 | | 射门 | | | | | | | | 进攻 | | 防守 | | 判罚 | | | |
|---|---|---|---|---|---|---|---|---|---|---|---|---|---|---|---|---|---|---|---|
| 国家 | 号数 | 姓名 | 比赛 | G/S | % | 6m | Wi | 9m | 7m | FB | BT | AS | TF | ST | BS | YC | 2M | RC | EX |
| 安哥拉 | 6 | CALANDULA Bombo | 7 | 8/12 | 67 | 5/7 | | | | 3/5 | | 3 | 1 | 2 | | 3 | | | |
| 巴西 | | PIEDADE Daniela | | 11/16 | 69 | 8/9 | 1/1 | | | 1/2 | | 2 | 5 | 1 | | 5 | | | |
| 匈牙利 | 6 | KIRSNER Erika | 10 | 9/15 | 60 | 3/4 | 2/3 | | | 4/8 | | 2 | 13 | | 1 | 5 | | | |
| 韩国 | 6 | AN Junghwa | 9 | 27/49 | 55 | 5/7 | 4/15 | 0/2 | | 18/25 | | 10 | 4 | 12 | 1 | 4 | | | |

图 3-10 队员的技术统计资料截图

通过此查询，可以查出某队员的各种进攻（底线位射门、边锋位射门、9m 区远射、快攻、7m 球）的特点，以及助攻、失误、封挡、各种判罚情况的记录。

## （二）技术统计汇总

表 3-1～表 3-5 系统地记录了中国女子手球队国际比赛的基本情况，

包括比赛的名称、时间、地点、比赛对手和结果,以及各次赛事各场比赛的技战术统计。

表3-1 备战奥运会大周期国际比赛结果统计表

| 场次 | 名称 | 时　间 | 地　点 | 比赛对手 | 结　果 |
|---|---|---|---|---|---|
| 1 | 亚运会 | 2006/12/6 | 多哈 | 印度队 | 56（29∶11）19 |
| 2 | | 2006/12/8 | 多哈 | 乌兹别克斯坦队 | 46（24∶9）17 |
| 3 | | 2006/12/10 | 多哈 | 哈萨克斯坦队 | 25（9∶15）32 |
| 4 | | 2006/12/12 | 多哈 | 韩国队 | 32（14∶18）34 |
| 5 | | 2006/12/14 | 多哈 | 日本队 | 22（13∶16）25 |
| 6 | 冬训出访 | 2007/2/27 | 南特 | 法国队 | 23（13∶13）34 |
| 7 | | 2007/3/1 | 图卢兹 | 法国队 | 22（10∶19）35 |
| 8 | | 2007/3/3 | 哈恩 | 西班牙队 | 33（18∶12）28 |
| 9 | | 2007/3/4 | 哈恩 | 西班牙队 | 22（12∶18）34 |
| 10 | | 2007/3/6 | 梅兹 | 梅兹队 | 28（14∶13）33 |
| 11 | | 2007/3/7 | 育兹 | 育兹队 | 28（14∶12）30 |
| 12 | 四国赛 | 2007/6/21 | 合肥 | 西班牙队 | 23（12∶11）21 |
| 13 | | 2007/6/22 | 合肥 | 韩国队 | 25（13∶13）26 |
| 14 | | 2007/6/23 | 合肥 | 挪威队 | 25（11∶9）24 |
| 15 | 汉城杯 | 2007/7/15 | 韩国 | 乌克兰队 | 31（15∶10）20 |
| 16 | | 2007/7/18 | 韩国 | 俄罗斯队 | 25（11∶18）38 |
| 17 | | 2007/7/19 | 韩国 | 韩国队 | 25（11∶14）34 |
| 18 | | 2007/7/20 | 韩国 | 日本队 | 24（10∶11）26 |
| 19 | 夏训出访 | 2007/10/8 | 图卢兹 | 图卢兹队 | 32（17∶12）23 |
| 20 | | 2007/10/10 | 图卢兹 | 图卢兹队 | 38（22∶7）20 |
| 21 | | 2007/10/11 | 梅格纳 | 梅格纳队 | 31（17∶16）25 |
| 22 | | 2007/10/12 | 太原北格 | C.A.B.队 | 29（17∶8）21 |
| 23 | | 2007/10/15 | 德布勒森 | 奥布达依队 | 31（15∶13）25 |
| 24 | | 2007/10/17 | 德布勒森 | 立陶宛队 | 31（14∶11）23 |
| 25 | | 2007/10/18 | 德布勒森 | 奥地利队 | 29（17∶13）25 |
| 26 | | 2007/10/20 | 埃斯梅尔 | 匈牙利队 | 21（11∶20）40 |

续表

| 场次 | 名称 | 时 间 | 地 点 | 比赛对手 | 结 果 |
|---|---|---|---|---|---|
| 27 | 赛前热身赛 | 2007/11/27 | 丹麦 | Horsens 队 | 19（12∶21）41 |
| 28 | | 2007/11/28 | 丹麦 | VeJie 队 | 24（13∶14）27 |
| 29 | | 2007/11/30 | 丹麦 | Odense 队 | 24（14∶12）26 |
| 30 | 世锦赛 | 2007/12/2 | 土伦 | 罗马尼亚队 | 29（16∶15）31 |
| 31 | | 2007/12/3 | 土伦 | 波兰队 | 20（10∶15）27 |
| 32 | | 2007/12/4 | 土伦 | 突尼斯队 | 27（14∶14）30 |
| 33 | | 2007/12/6 | 谱莱利 | 日本队 | 22（13∶14）30 |
| 34 | | 2007/12/7 | 谱莱利 | 巴拉圭队 | 23（13∶6）14 |
| 35 | | 2007/12/8 | 谱莱利 | 多米尼加队 | 35（17∶11）16 |
| 36 | 冬训出访 | 2008/3/6 | 北京 | 哈萨克队 | 28（15∶9）16 |
| 37 | | 2008/3/8 | 北京 | 日本队 | 28（13∶11）24 |
| 38 | | 2008/3/9 | 北京 | 韩国队 | 28（11∶12）24 |
| 39 | | 2008/3/17 | 斯拉斯卡 | ZGODA 队 | 27（14∶11）21 |
| 40 | | 2008/3/18 | 斯克 | 波兰队 | 30（12∶14）31 |
| 41 | | 2008/3/19 | 鲁宾 | 波兰队 | 21（10∶15）27 |
| 42 | | 2008/3/22 | 平托 | 西班牙队 | 25（16∶11）24 |
| 43 | | 2008/3/23 | 平托 | 西班牙队 | 23（12∶13）27 |
| 44 | | 2008/3/27 | 拉高 | 葡萄牙队 | 35（14∶13）31 |
| 45 | | 2008/3/28 | 拉高 | 冰岛队 | 21（15∶9）20 |
| 46 | | 2008/3/29 | 拉高 | 土耳其队 | 28（13∶12）27 |
| 47 | | 2008/3/30 | 拉高 | 巴西队 | 31（15∶9）26 |
| 48 | 春训出访 | 2008/5/16 | 维耶 | 丹麦队 | 27（16∶12）34 |
| 49 | | 2008/5/17 | 然得斯 | 丹麦队 | 27（12∶13）34 |
| 50 | | 2008/5/19 | 黑纳诺 | 安哥拉队 | 33（18∶14）29 |
| 51 | | 2008/5/20 | 黑纳诺 | 乌克兰队 | 31（16∶11）27 |
| 52 | | 2008/5/21 | 黑纳诺 | 巴西队 | 29（17∶13）27 |
| 53 | | 2008/5/23 | 黑纳诺 | 意大利队 | 35（19∶11）20 |
| 54 | | 2008/5/24 | 利桑坦斯 | 土耳其队 | 21（12∶13）25 |

续表

| 场次 | 名称 | 时间 | 地点 | 比赛对手 | 结果 |
|---|---|---|---|---|---|
| 55 | 奥运会 | 2008/8/9 | 北京奥体中心 | 挪威队 | 23（12∶13）30 |
| 56 | | 2008/8/11 | 北京奥体中心 | 罗马尼亚队 | 20（11∶17）34 |
| 57 | | 2008/8/13 | 北京奥体中心 | 安哥拉队 | 32（14∶12）24 |
| 58 | | 2008/8/15 | 北京奥体中心 | 哈萨克斯坦队 | 26（10∶14）29 |
| 59 | | 2008/8/17 | 北京奥体中心 | 法国队 | 21（10∶9）18 |
| 60 | | 2008/8/19 | 北京奥体中心 | 韩国队 | 23（12∶16）31 |
| 61 | | 2008/8/21 | 北京国家体育馆 | 瑞典队 | 20（8∶7）19 |
| 62 | | 2008/8/23 | 北京国家体育馆 | 法国队 | 23（10∶15）31 |

表 3–2　备战奥运会大周期的国际比赛技战术统计总表（2008 年前）

| 时间 | 项目 对手 | 射门/次 | | | | | | | | 其他/次 | | | |
|---|---|---|---|---|---|---|---|---|---|---|---|---|---|
| | | 底线 | 边锋 | 9m | 7m | 快攻 | 突破 | 合计 | % | 2min | 失误 | 抢断 | 封挡 |
| 2006–12 | 韩国队 | 9/21 | 1/2 | 5/13 | 7/8 | 3/5 | 7/8 | 32/57 | 56 | 5 | 18 | 2 | 3 |
| 2006–12 | 日本队 | 2/3 | 1/5 | 3/17 | 7/8 | 4/4 | 5/5 | 22/42 | 52 | 4 | 22 | 3 | 2 |
| 2006–12 | 哈萨克斯坦队 | 4/8 | 5/10 | 5/19 | 7/8 | 1/2 | 3/3 | 25/50 | 50 | 9 | 22 | | 2 |
| 2007–02 | 法国队 | 5/6 | 4/12 | 3/15 | 5/5 | 5/7 | 1/1 | 23/46 | 50 | 4 | 17 | 4 | 3 |
| 2007–03 | 法国队 | 3/3 | 7/11 | 5/16 | 3/5 | 2/3 | 3/3 | 22/41 | 54 | 3 | 21 | 2 | 1 |
| 2007–03 | 西班牙队 | 8/11 | 2/5 | 10/14 | 5/5 | 4/4 | 4/5 | 33/44 | 75 | 4 | 16 | 5 | 3 |
| 2007–03 | 西班牙队 | 4/6 | 7/9 | 5/9 | 1/1 | 3/6 | 2/5 | 22/36 | 61 | 2 | 21 | 1 | 2 |
| 2007–03 | 梅兹队 | 4/7 | 6/10 | 7/15 | 1/2 | 7/8 | 3/5 | 28/47 | 60 | 2 | 26 | 1 | 2 |
| 2007–03 | 育兹队 | 8/9 | 1/5 | 7/14 | 3/3 | 5/6 | 4/4 | 28/41 | 68 | 3 | 23 | 3 | 4 |
| 2007–06 | 西班牙队 | 7/18 | 0/2 | 4/14 | 7/9 | 4/5 | 1/1 | 23/49 | 46.9 | 4 | 15 | 3 | 2 |

续表

| 时间 | 项目<br>对手 | 射门/次 ||||||| 其他/次 ||||
|---|---|---|---|---|---|---|---|---|---|---|---|---|
| | | 底线 | 边锋 | 9m | 7m | 快攻 | 突破 | 合计 | % | 2min | 失误 | 抢断 | 封挡 |
| 2007-06 | 韩国队 | 13/25 | 3/4 | 3/11 | 4/5 | 1/4 | 1/2 | 25/51 | 49 | 2 | 18 | 2 | 2 |
| 2007-06 | 挪威队 | 8/13 | 3/7 | 10/33 | 1/1 | 3/4 | 0/0 | 25/58 | 43.1 | 6 | 12 | 4 | 2 |
| 2007-07 | 乌克兰队 | 5/9 | 4/8 | 10/21 | 2/4 | 7/10 | 3/4 | 31/56 | 55 | 3 | 15 | 3 | 2 |
| 2007-07 | 俄罗斯队 | 5/7 | 3/6 | 7/18 | 2/3 | 4/6 | 4/7 | 25/47 | 53 | 4 | 19 | 2 | 1 |
| 2007-07 | 韩国队 | 3/5 | 4/7 | 8/21 | 3/5 | 3/6 | 4/6 | 25/50 | 50 | 4 | 18 | 1 | 3 |
| 2007-07 | 日本队 | 4/8 | 2/6 | 9/22 | 5/7 | 2/4 | 2/3 | 24/50 | 48 | 3 | 20 | 2 | 2 |
| 2007-10 | 图卢兹队 | 10/12 | 7/10 | 7/12 | 2/2 | 7/8 | 5/5 | 38/49 | 77 | 3 | 24 | 3 | 9 |
| 2007-10 | 梅格纳队 | 8/9 | 1/6 | 6/17 | 3/5 | 8/11 | 5/6 | 31/54 | 57 | 4 | 12 | 4 | 7 |
| 2007-10 | C.A.B.队 | 4/8 | 4/6 | 7/15 | 1/3 | 9/11 | 4/4 | 29/47 | 62 | 3 | 15 | 7 | 6 |
| 2007-10 | 奥布达依队 | 6/9 | 1/5 | 8/15 | 2/8 | 12/18 | 2/2 | 31/57 | 54 | 3 | 13 | 3 | 3 |
| 2007-10 | 立陶宛队 | 4/7 | 6/6 | 11/28 | 1/1 | 7/9 | 2/3 | 31/54 | 57 | 4 | 10 | 7 | 2 |
| 2007-10 | 奥地利队 | 5/6 | 0/2 | 11/29 | 3/4 | 5/6 | 5/8 | 29/55 | 52 | 5 | 7 | 4 | 1 |
| 2007-10 | 匈牙利队 | 5/5 | 4/11 | 6/26 | 1/3 | 0/0 | 5/8 | 21/53 | 39 | 3 | 18 | 4 | 0 |
| 2007-11 | 丹麦队 | 4/7 | 0/3 | 7/26 | 4/5 | 1/3 | 3/3 | 19/47 | 40 | 1 | 14 | 4 | 2 |
| 2007-11 | 丹麦队 | 5/6 | 7/9 | 6/19 | 4/7 | 2/4 | 0/0 | 24/45 | 53 | 5 | 14 | 0 | 2 |
| 2007-11 | 丹麦队 | 4/6 | 2/4 | 12/26 | 0/0 | 6/6 | 0/1 | 24/43 | 55 | 2 | 21 | 5 | 2 |

表 3-3　备战奥运会大周期的国际比赛技战术统计总表（2008 年后）

| 时间 | 项目<br>对手 | 射门/次 ||||||| 其他/次 ||||
|---|---|---|---|---|---|---|---|---|---|---|---|---|---|
| | | 底线 | 边锋 | 9m | 7m | 快攻 | 突破 | 合计 | % | 2min | 失误 | 抢断 | 封挡 |
| 2007-12 | 罗马尼亚队 | 8/11 | 4/10 | 7/21 | 5/5 | 2/2 | 3/3 | 29/52 | 56 | 2 | 17 | 3 | 0 |
| 2007-12 | 波兰队 | 2/4 | 1/7 | 9/25 | 2/3 | 4/8 | 2/5 | 20/52 | 38 | 5 | 20 | 3 | 1 |
| 2007-12 | 突尼斯队 | 7/9 | 4/6 | 6/16 | 5/5 | 0/3 | 5/5 | 27/44 | 61 | 2 | 13 | 3 | 2 |
| 2007-12 | 日本队 | 5/8 | 0/4 | 5/20 | 3/5 | 4/6 | 5/8 | 22/51 | 43 | 2 | 21 | 1 | 7 |
| 2007-12 | 巴拉圭队 | 3/4 | 2/3 | 5/17 | 6/7 | 4/7 | 3/4 | 23/42 | 55 | 0 | 21 | 7 | 0 |
| 2007-12 | 多米尼加队 | 5/6 | 6/10 | 6/16 | 4/4 | 13/18 | 1/1 | 35/55 | 64 | 4 | 13 | 18 | 3 |
| 2008-03 | 哈萨克斯坦队 | 5/10 | 2/3 | 9/20 | 3/4 | 4/4 | 5/6 | 28/47 | 59.6 | 5 | 12 | 6 | 5 |
| 2008-03 | 日本队 | 11/14 | 5/7 | 7/13 | 2/5 | 3/4 | 0/1 | 28/43 | 65.1 | 4 | 14 | 3 | 2 |
| 2008-03 | 韩国队 | 8/13 | 2/3 | 13/27 | 1/1 | 3/7 | 1/1 | 28/52 | 53.8 | 1 | 14 | 2 | 3 |
| 2008-03 | ZGODA 队 | 2/2 | 1/4 | 9/19 | 3/3 | 12/12 | 0/0 | 27/39 | 69 | 6 | 22 | 4 | 1 |
| 2008-03 | 波兰队 | 4/5 | 4/7 | 9/26 | 1/1 | 6/10 | 6/7 | 30/55 | 54.5 | 5 | 4 | 3 | 3 |
| 2008-03 | 波兰队 | 3/4 | 2/9 | 8/27 | 0/1 | 4/6 | 4/8 | 21/55 | 38.1 | 4 | 8 | 1 | 0 |
| 2008-03 | 西班牙队 | 3/4 | 2/4 | 6/11 | 1/3 | 8/10 | 5/8 | 25/40 | 62.5 | 5 | 13 | 1 | 2 |
| 2008-03 | 西班牙队 | 4/5 | 4/9 | 5/15 | 2/3 | 4/6 | 4/6 | 23/43 | 53.9 | 5 | 10 | 0 | 2 |
| 2008-03 | 葡萄牙队 | 7/7 | 3/12 | 6/8 | 2/4 | 11/18 | 6/8 | 35/57 | 61.4 | 5 | 14 | 0 | 3 |
| 2008-03 | 冰岛队 | 4/4 | 1/2 | 11/22 | 1/2 | 2/5 | 2/4 | 21/39 | 53.8 | 5 | 17 | 1 | 1 |

续表

| 时间 | 项目<br>对手 | 射门/次 | | | | | | 合计 | % | 其他/次 | | | |
|---|---|---|---|---|---|---|---|---|---|---|---|---|---|
| | | 底线 | 边锋 | 9m | 7m | 快攻 | 突破 | | | 2min | 失误 | 抢断 | 封挡 |
| 2008-03 | 土耳其队 | 4/6 | 3/6 | 9/18 | 4/6 | 3/4 | 5/5 | 28/45 | 62.2 | 2 | 10 | 2 | 1 |
| 2008-03 | 巴西队 | 3/5 | 2/5 | 8/13 | 5/5 | 7/9 | 6/10 | 31/47 | 66 | 7 | 18 | 1 | 0 |
| 2008-05 | 丹麦队 | 5/6 | 1/3 | 5/23 | 1/1 | 6/8 | 9/13 | 27/54 | 50 | 2 | 15 | 2 | 1 |
| 2008-05 | 丹麦队 | 5/6 | 3/6 | 6/15 | 3/4 | 7/8 | 3/3 | 27/42 | 64 | 3 | 13 | 4 | 0 |
| 2008-05 | 安哥拉队 | 6/7 | 1/4 | 6/18 | 5/7 | 11/12 | 4/5 | 33/53 | 62 | 4 | 8 | 5 | 0 |
| 2008-05 | 乌克兰队 | 3/3 | 2/3 | 14/29 | 5/6 | 5/6 | 2/3 | 31/50 | 62 | 4 | 9 | 2 | 0 |
| 2008-05 | 巴西队 | 1/1 | 3/4 | 8/25 | 6/8 | 8/10 | 3/4 | 29/52 | 55 | 3 | 13 | 2 | 1 |
| 2008-05 | 意大利队 | 1/1 | 4/4 | 9/19 | 5/5 | 11/12 | 5/6 | 35/47 | 74 | 4 | 14 | 6 | 1 |
| 2008-05 | 土耳其队 | 2/2 | 1/4 | 8/22 | 7/8 | 2/5 | 1/2 | 21/43 | 48 | 2 | 15 | 0 | 0 |

表3-4 2008年北京奥运会比赛各场技战术统计

| 项目<br>球队 | 射门/次 | | | | | | 合计 | % | 其他/次 | | | | |
|---|---|---|---|---|---|---|---|---|---|---|---|---|---|
| | 底线 | 边锋 | 9m | 7m | 快攻 | 突破 | | | 2min | 失误 | 抢断 | 封挡 | 助攻 |
| 挪威 | 8/10 | 2/4 | 10/16 | 4/4 | 5/9 | 1/2 | 30/45 | 67 | 3 | 6 | 4 | 5 | 16 |
| 中国 | 5/5 | 2/7 | 7/25 | 4/6 | 2/3 | 3/4 | 23/50 | 46 | 7 | 8 | 2 | 2 | 9 |
| 罗马尼亚 | 7/7 | 4/4 | 11/19 | 3/4 | 6/8 | 3/3 | 34/45 | 76 | 5 | 15 | 2 | 8 | 16 |
| 中国 | 2/2 | 0/1 | 3/23 | 6/8 | 6/8 | 3/8 | 20/50 | 40 | 3 | 15 | 5 | 4 | 10 |
| 安哥拉 | 2/6 | 4/9 | 4/11 | 2/2 | 4/7 | 8/9 | 24/44 | 55 | 2 | 32 | 6 | 2 | 6 |
| 中国 | 3/3 | 3/4 | 10/21 | 6/6 | 5/5 | 5/10 | 32/49 | 65 | 5 | 20 | 13 | 2 | 13 |
| 哈萨克斯坦 | 4/7 | 6/8 | 5/10 | 4/5 | 4/4 | 6/7 | 29/42 | 69 | 5 | 20 | 4 | 4 | 11 |
| 中国 | 4/9 | 1/3 | 6/15 | 7/8 | 1/4 | 7/8 | 26/47 | 55 | 3 | 16 | 7 | 1 | 8 |

续表

| 项目\球队 | 射门/次 | | | | | | | | 其他/次 | | | | |
|---|---|---|---|---|---|---|---|---|---|---|---|---|---|
| | 底线 | 边锋 | 9m | 7m | 快攻 | 突破 | 合计 | % | 2min | 失误 | 抢断 | 封挡 | 助攻 |
| 法国 | 3/7 | 4/11 | 3/14 | 2/3 | 5/9 | 1/3 | 18/47 | 38 | 2 | 24 | 4 | 3 | 13 |
| 中国 | 4/4 | 2/6 | 5/26 | 2/5 | 5/11 | 3/4 | 21/56 | 38 | 6 | 16 | 9 | 9 | 10 |
| 韩国 | 8/12 | 3/9 | 6/13 | 0/0 | 12/13 | 2/4 | 31/51 | 61 | 4 | 22 | 8 | 1 | 19 |
| 中国 | 5/10 | 2/4 | 7/19 | 2/2 | 4/4 | 3/9 | 23/48 | 48 | 1 | 20 | 8 | 2 | 12 |
| 瑞典 | 4/5 | 2/5 | 5/19 | 3/3 | 4/7 | 1/3 | 19/42 | 45 | 5 | 19 | 4 | 9 | 8 |
| 中国 | 6/7 | 4/6 | 4/23 | 3/5 | 2/4 | 1/1 | 20/46 | 43 | 3 | 16 | 4 | 2 | 12 |
| 法国 | 8/9 | 2/6 | 10/18 | 1/1 | 7/8 | 3/4 | 31/46 | 67 | 1 | 19 | 4 | 3 | 13 |
| 中国 | 4/8 | 5/7 | 4/17 | 5/6 | 3/11 | 2/4 | 23/53 | 43 | 1 | 19 | 8 | 1 | 14 |

表3-5 2008年北京奥运会各场比赛守门员统计

| 球队 | 守门员 | 封挡 | | | | | | | |
|---|---|---|---|---|---|---|---|---|---|
| | | 底线 | 边锋 | 9m | 7m | 快攻 | 突破 | 合计 | % |
| 中国 | 刘桂妮 | 0/4 | 1/2 | 1/4 | 0/4 | 2/5 | 1/2 | 5/21 | 24 |
| | 黄红 | 1/5 | 0/1 | 2/9 | | 2/4 | | 5/19 | 26 |
| 挪威 | Haraldsen Lunde | 0/5 | 3/4 | 11/16 | 0/3 | 1/3 | 0/3 | 15/34 | 44 |
| 中国 | 刘桂妮 | 0/1 | 0/2 | 1/2 | 1/2 | | 0/1 | 2/8 | 25 |
| | 黄红 | 0/6 | 0/2 | 2/12 | 0/2 | 2/8 | 0/2 | 4/32 | 13 |
| 罗马尼亚 | Dinu Luminita | 0/2 | 1/1 | 6/9 | 0/4 | 2/7 | 3/5 | 12/28 | 43 |
| 中国 | 黄红 | 1/3 | 1/3 | 2/5 | 0/1 | 0/2 | 0/6 | 4/20 | 20 |
| 安哥拉 | Tavares Pedro | 0/3 | 0/3 | 5/15 | 0/6 | 0/5 | 5/10 | 10/42 | 24 |
| 中国 | 刘桂妮 | 0/1 | 0/3 | 2/3 | | 0/2 | 0/1 | 2/10 | 20 |
| | 黄红 | 3/6 | 1/4 | 1/5 | | 1/3 | 0/5 | 6/27 | 22 |
| 哈萨克斯坦 | Parfenova | 3/6 | 2/3 | 4/10 | 0/5 | 3/3 | 1/8 | 13/35 | 37 |
| 中国 | 黄红 | 3/6 | 4/8 | 6/9 | 0/1 | 1/6 | 1/2 | 15/32 | 47 |
| 法国 | Nicolas | 0/4 | 3/5 | 13/18 | 2/4 | 6/11 | 1/4 | 25/46 | 54 |
| 中国 | 黄红 | 4/12 | 4/7 | 3/9 | 0/0 | 1/13 | 1/3 | 13/44 | 30 |

续表

| 球队 | 守门员 | 封挡 | | | | | | | |
|---|---|---|---|---|---|---|---|---|---|
| | | 底线 | 边锋 | 9m | 7m | 快攻 | 突破 | 合计 | % |
| 韩国 | Oh Yangran | 4/8 | 2/4 | 9/16 | 0/1 | 0/4 | 4/7 | 19/39 | 49 |
| 中国 | 黄红 | 1/5 | 3/5 | 7/12 | 0/3 | 1/5 | 2/3 | 14/33 | 42 |
| 瑞典 | 2名守门员平均值 | 1/7 | 1/5 | 5/9 | 2/5 | 2/4 | 0/1 | 11/31 | 35 |
| 中国 | 2名守门员平均值 | 0/8 | 2/4 | 4/14 | 0/1 | 1/8 | 0/3 | 7/38 | 18 |
| 法国 | Nicolas | 4/8 | 1/5 | 6/8 | 0/5 | 4/7 | 2/4 | 17/37 | 46 |

### (三) 备战奥运会周期技战术演变情况

备战奥运会周期技战术演变情况如图 3-11、图 3-12 所示。

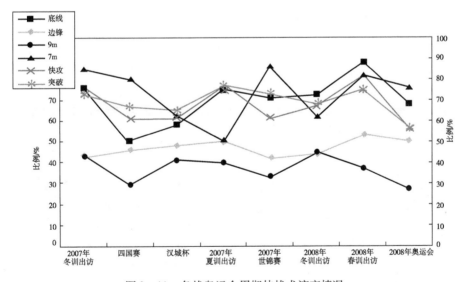

图 3-11 备战奥运会周期技战术演变情况

技战术跟踪统计可以及时发现球队技战术问题，评定训练效果，为训练提供参考。各个位置进攻成功率、各种进攻方式的数据曲线是一个曲折往复的变化过程，这是球队的人员调整变化、队员间的配合水平、队员技术水平、体能情况、意识和精神水平、对手的变化的综合反映。

190　■ 竞技手球运动科学探索与实践

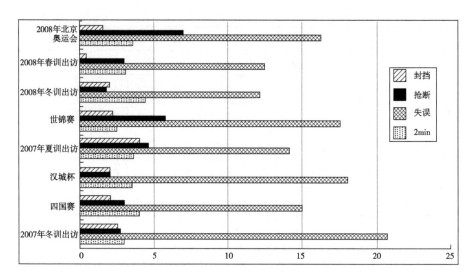

图 3-12　封挡、抢断、失误、2min 变化图

## （四）给选拔队员提供参考

对运动员技战术进行统计排名，有助于科学选拔优秀的队员（图 3-13～图 3-16）。

图 3-13　得分排名

## 第二章 手球技战术统计分析举例

```
PHMS Pictorial Handball Match Statistics              IHF Official System
                    CHINA SPRING CHAMPIONSHIP
                         最有价值球员
OFFICIAL                                              035-1615-1/3
HANDBALL                    比赛至35场
ADULT WOMAN                                           24/03/2007  15:54
```

| RNK. | NO. | NAME | TEAM | TOTAL | RATE | EFF. | OFF. | DEF. | ERR. | P | VALUE | PLYD | TIME |
|---|---|---|---|---|---|---|---|---|---|---|---|---|---|
| 1 | 3 | LIU Yun | AH | 24-36 | 66.7 | 16.0 | 14 | 20 | 10 | 2 | 38.0 | 5 | 2:50 |
| 2 | 5 | LIU Jinlan | GD | 29-39 | 74.4 | 21.6 | 10 | 7 | 5 | 3 | 31.1 | 5 | 2:30 |
| 3 | 6 | WANG Ru | GD | 19-22 | 86.4 | 16.4 | 7 | 6 | 4 | 1 | 24.4 | 5 | 2:35 |
| 4 | 19 | LI Weiwei | BY | 38-68 | 55.9 | 21.2 | 4 | 6 | 1 | | 24.2 | 5 | 1:37 |
| 5 | 10 | SUN Laimiao | AH | 15-19 | 78.9 | 11.8 | 7 | 9 | 6 | 4 | 18.3 | 5 | 2:40 |
| 6 | 9 | WANG Shasha | SD | 35-57 | 61.4 | 21.5 | 5 | 2 | 12 | 2 | 15.0 | 4 | 3:06 |
| 7 | 4 | HUANG Dongjie | HLJ | 19-25 | 76.0 | 14.4 | 1 | 3 | 1 | | 14.9 | 5 | 1:58 |
| 8 | 14 | LI Bin | BY | 17-30 | 56.7 | 9.6 | 5 | 12 | 10 | 2 | 14.6 | 5 | 1:52 |
| 9 | 15 | HU Chunhui | AH | 12-22 | 54.5 | 6.5 | 8 | 4 | 3 | 1 | 14.5 | 5 | 3:00 |
| 10 | 5 | ZONG Wei | BY | 14-29 | 48.3 | 6.8 | 5 | 9 | 4 | 3 | 13.8 | 5 | 0:48 |
| 11 | | SUN Tianmin | SD | 14-17 | 82.4 | 11.5 | 6 | 2 | 5 | 2 | 12.5 | 4 | 2:01 |
| 12 | 4 | ZHAO Jiaqin | JS | 16-33 | 48.5 | 7.8 | 5 | 6 | 1 | | 11.8 | 4 | 2:14 |
| 13 | 6 | WANG Wei | BY | 15-15 | 100.0 | 15.0 | 3 | 3 | 9 | 2 | 11.0 | 5 | 1:29 |
| 14 | 4 | NIU Yue | GD | 34-57 | 59.6 | 20.3 | 5 | 4 | 16 | 3 | 10.8 | 5 | 1:48 |
| 15 | 10 | WANG Chanchan | BY | 18-25 | 72.0 | 13.0 | 3 | 2 | 7 | 1 | 10.5 | 5 | 1:48 |
| 16 | 10 | LI Jiao | BJ | 18-29 | 62.1 | 11.2 | 1 | 3 | 3 | 2 | 10.2 | 6 | 1:51 |
| 17 | 17 | CUI Jing | GD | 11-20 | 55.0 | 6.1 | 4 | 4 | 1 | | 9.6 | 5 | 1:56 |
| 18 | 18 | LI Yuling | GD | 21-40 | 52.5 | 11.0 | 2 | 3 | 7 | 0 | 9.0 | 5 | 2:32 |

图 3-14 最有价值球员排名

```
PHMS Pictorial Handball Match Statistics              IHF Official System
                    CHINA SPRING CHAMPIONSHIP
                      防守排名 (COURT PLAYER)
OFFICIAL                                              070322035-1612-1/3
HANDBALL                    UP TO MATCH 35
ADULT WOMEN                   BY DEFENSE              24/03/2007  15:54
```

| RNK. | NO. | NAME | TEAM | STEAL | INTERCEPT | ERROR CAUSED | FOUL CAUSED | TOTAL | BLOCK | PLAYED |
|---|---|---|---|---|---|---|---|---|---|---|
| 1 | 3 | LIU Yun | AH | 2 | 2 | 1 | 6 | 11 | 9 | 5 |
| 2 | 4 | WU Yanan | BY | 0 | 4 | 0 | 2 | 6 | 0 | 5 |
| 3 | 9 | ZHANG Hongli | AH | 1 | 3 | 0 | 2 | 6 | 1 | 5 |
| 4 | 5 | LIU Jinlan | GD | 0 | 2 | 1 | 3 | 6 | 1 | 5 |
| 5 | 14 | LI Bin | BY | 0 | 5 | 0 | 0 | 5 | 7 | 5 |
| 6 | 4 | GONG Yan | AH | 0 | 3 | 0 | 2 | 5 | 1 | 5 |
| 7 | 4 | ZHAO Jiaqin | JS | 1 | 4 | 0 | 0 | 5 | 1 | 4 |
| 8 | 3 | LUAN Zheng | BJ | 2 | 2 | 0 | 0 | 4 | 0 | 6 |
| 9 | 17 | CUI Jing | GD | 1 | 0 | 0 | 3 | 4 | 0 | 5 |
| 10 | 5 | ZONG Wei | BY | 0 | 4 | 0 | 0 | 4 | 5 | 5 |
| 11 | 10 | SHI Xiaojun | GD | 0 | 4 | 0 | 0 | 4 | 1 | 5 |
| 12 | 6 | WANG Ru | GD | 1 | 1 | 0 | 2 | 4 | 2 | 5 |
| 13 | 15 | HU Chunhui | AH | 2 | 2 | 0 | 0 | 4 | 0 | 5 |
| 14 | 15 | LIU Na | SD | 1 | 1 | 0 | 2 | 4 | 4 | 4 |
| 15 | 18 | LI Yuling | GD | 1 | 1 | 0 | 1 | 3 | 0 | 5 |
| 16 | 6 | WANG Wei | BY | 2 | 1 | 0 | 0 | 3 | 0 | 5 |
| 17 | 13 | NIU Yue | GD | 1 | 0 | 0 | 2 | 3 | 1 | 5 |
| 18 | 19 | LI Weiwei | BY | 1 | 1 | 0 | 1 | 3 | 1 | 5 |

图 3-15 防守排名

```
PHMS Pictorial Handball Match Statistics                          IHF Official System
                        CHINA SPRING CHAMPIONSHIP
                              BEST GOALKEEPER
OFFICIAL                                                              020-1710-1/1
HANDBALL                        UP TO MATCH 20
ADULT WOMAN                                                      24/03/2007  15:54
```

| RNK. | NO. | NAME | TEAM | TOTAL | RATE | EFF. | OFF. | DEF. | ERR. | P | VALUE | PLYD | TIME |
|---|---|---|---|---|---|---|---|---|---|---|---|---|---|
| 1 | 16 | TAN Miao | BJ | 28-59 | 47.5 | 13.3 | 1 | 0 | 0 | 0 | 14.3 | 3 | 0:57 |
| 2 | 16 | LI Xin | BY | 27-52 | 51.9 | 14.0 | 0 | 0 | 0 | 0 | 14.0 | 2 | 0:30 |
| 3 | 1 | LU Ting | JS | 30-91 | 33.0 | 9.9 | 0 | 0 | 0 | 0 | 9.9 | 2 | 1:30 |
| 4 | 12 | HUANG Hong | AH | 23-56 | 41.1 | 9.4 | 1 | 0 | 1 | 0 | 9.4 | 2 | 1:13 |
| 5 | 12 | LIU Guini | SD | 17-47 | 36.2 | 6.1 | 1 | 0 | 1 | 0 | 6.1 | 2 | 0:29 |
| 6 | 1 | YANG Ao | GD | 15-53 | 28.3 | 4.2 | 0 | 0 | 0 | 0 | 4.2 | 2 | 1:18 |
| 7 | 16 | LU Ting | SH | 16-62 | 25.8 | 4.1 | 0 | 0 | 0 | 0 | 4.1 | 3 | 1:10 |
| 8 | 1 | XU Mo | SH | 13-42 | 31.0 | 4.0 | 0 | 0 | 0 | 0 | 4.0 | 2 | 0:00 |
| 9 | 1 | WANG Ting | SD | 12-36 | 33.3 | 4.0 | 0 | 0 | 0 | 0 | 4.0 | 2 | 0:60 |
| 10 | 1 | ZHAO Shengnan | HLJ | 9-27 | 33.3 | 3.0 | 0 | 0 | 0 | 0 | 3.0 | 2 | 0:22 |
| 11 | 1 | SI Yan | AH | 5-11 | 45.5 | 2.3 | 0 | 0 | 0 | 0 | 2.3 | 2 | 0:17 |
| 12 | 1 | ZHANG Xu | BJ | 6-21 | 28.6 | 1.7 | 0 | 0 | 0 | 0 | 1.7 | 3 | 0:00 |
| 13 | 16 | XU Yan | HLJ | 9-35 | 25.7 | 2.3 | 0 | 0 | 1 | 0 | 1.3 | 2 | 0:17 |
| 14 | 12 | ZHANG Xiaozhen | GD | 5-24 | 20.8 | 1.0 | 0 | 0 | 0 | 0 | 1.0 | 2 | 0:38 |

图 3-16 守门员排名

通过对断球、偷抢、封挡、防守时造对方失误，防守时造对方犯规的累计，实现所有参赛队员的防守能力排名。防守能力非常重要，不能被忽视。

通过对守门员的封挡成功率、失误数累计，对守门员进行排名。

### (五) 2007年世锦赛、2008年北京奥运会的数据统计分析

1. 2007年世锦赛守门员防守特点分析

中国队主要门将如下：

黄红：6场比赛（对罗马尼亚队、波兰队、突尼斯队、日本队、巴拉圭队、多米尼加队），平均36.8%的封挡成功率。其中，前四场硬仗封挡成功率28.3%。世锦赛全部比赛排名前20位的，封挡成功率都在35%以上。黄红中路防守成功率66.7%；对左手区域（左上角、中、下角）防守成功率分别为25%、45.5%、25%；对右手区域（右上角、中、下角）防守成功率分别为50%、54.5%、13.6%。对左手区域和右下角的防守封救能力较差。

刘桂妮：6场比赛（对罗马尼亚队、波兰队、突尼斯队、日本队、巴拉圭队、多米尼加队），平均28.4%的封挡成功率。其中，前四场硬仗封挡成功率25.7%，中路（上、中、下）防守成功率分别为33.3%、93.3%、18.2%；左路（左上角、中、下角）防守成功率分别为10%、

11.1%、0%；右路防守成功率分别为11.1%、37.5%、21.4%。对左、右、中路下的防守封挡能力较差，特别是对左路上、下角的防守。图3-17所示为黄红、刘桂妮封挡统计。

| 4/8 | 4/6 | 1/4 |
|---|---|---|
| 6/11 | 5/5 | 5/11 |
| 3/22 | 4/12 | 6/24 |

（a）黄红

| 1/9 | 4/12 | 2/20 |
|---|---|---|
| 6/16 | 14/15 | 1/9 |
| 3/14 | 2/11 | 0/10 |

（b）刘桂妮

图3-17 中国队主要门将封挡统计图

挪威队门将 PEDERSEN Terses，发挥稳定，水平很高，平均封挡率为48%，世界排名第1，对右路和中路上的封挡率高于50%，对左上角和左路中下的封挡相对较弱（表3-6）。

表3-6 挪威守门员技术统计

| 号 | 守门员 姓名 | 总体射门 G/S | % | 底线 G/S | % | 边锋 G/S | % | 9m G/S | % | 7m G/S | % | 快攻 G/S | % | 突破 G/S | % |
|---|---|---|---|---|---|---|---|---|---|---|---|---|---|---|---|
| 1 | GRIMSBØ Kari Aalvik | 20/59 | 34 | 0/10 | 0 | 2/5 | 40 | 17/32 | 53 | 1/7 | 14 | 0/3 | 0 | 0/2 | 0 |
| 12 | PEDERSEN Terses | 45/93 | 48 | 10/20 | 50 | 9/10 | 90 | 21/38 | 55 | 3/12 | 25 | 1/7 | 14 | 1/6 | 17 |
| 16 | HARALDSEN Katrine Lunde | 98/251 | 39 | 23/59 | 39 | 13/25 | 52 | 49/94 | 52 | 5/23 | 22 | 7/29 | 24 | 1/21 | 5 |
| | 总计 | 164/410 | 40 | 33/87 | 38 | 24/42 | 57 | 88/168 | 52 | 9/42 | 21 | 8/43 | 19 | 2/28 | 7 |

挪威队主力门将 HARALDSEN Katrine Lunde，发挥稳定，水平较高，平均封挡率39%，世界排名第10，奥运会排名第1，对左、右、中路封挡率都高于50%，对右上、下角和对左上、下角封挡能力相对较弱（表3-6）。

俄罗斯队主力门将 Suslina I，发挥稳定，水平很高，被评为2007年世锦赛最佳门将。平均封挡率为42%，世界排名第3，对右上角（6%）、右下角和对左上、下角的封挡能力相对较弱。

韩国队主力门将 Oh Y，无明显弱点，各区域的封挡率较平均，对左上角（25%）封挡能力相对较弱。

匈牙利队主力门将 Pálinger K，平均封挡率为35%，世界最优秀门将之一，各区域的封挡率较平均，对左下角（17.6%）的封挡能力相对较弱。

罗马尼亚队主力门将 Dinu L，世锦赛排名第9，奥运会排名第4。世锦赛平均封挡率为39%，各区域封挡率较平均，对右下角（22.4%）的封挡能力相对较弱。

守门员封挡是一个与射门队员斗智斗勇的过程，封挡能力是由多因素构成的，稳定冷静的心理素质，对球的判断力、反应，动作速度和准确度（爆发力、弹跳、柔韧、速度、灵敏、协调），守门员和防守队员的配合度等都是重要的构成因素。出色的守门员能够很好地配合防守队员的防守或封挡，对各种射门方式各区域射门的封挡能力相对均衡，对边锋和远射的封挡成功率能够达到50%以上，对底线射门封挡成功率高于35%，对快攻和突破的封挡成功率高于20%。2008年北京奥运会各队守门员技战术综合统计见表3-7。

表3-7 2008年北京奥运会各队守门员技战术综合统计

| 球队 | 场次 | 总计 | | 底线 | | 边锋 | | 9m | | 7m | | 快攻 | | 突破 | |
|---|---|---|---|---|---|---|---|---|---|---|---|---|---|---|---|
| | | G/S | % | G/S | % | G/S | % | G/S | % | G/S | % | G/S | % | G/S | % |
| 挪威 | 8 | 130/315 | 41 | 10/47 | 21 | 22/47 | 47 | 74/128 | 58 | 11/32 | 34 | 8/37 | 22 | 5/24 | 21 |
| 俄罗斯 | 8 | 107/317 | 34 | 11/49 | 22 | 27/58 | 47 | 48/103 | 47 | 6/33 | 18 | 12/59 | 20 | 3/15 | 20 |
| 韩国 | 8 | 119/326 | 37 | 21/70 | 30 | 22/48 | 46 | 47/83 | 57 | 7/23 | 30 | 12/58 | 21 | 10/44 | 23 |
| 匈牙利 | 8 | 110/337 | 33 | 8/40 | 20 | 24/57 | 42 | 48/107 | 45 | 7/33 | 21 | 16/64 | 25 | 7/36 | 19 |
| 法国 | 8 | 143/360 | 40 | 16/48 | 33 | 19/49 | 39 | 57/108 | 53 | 11/41 | 27 | 24/69 | 35 | 16/45 | 36 |
| 中国 | 8 | 78/294 | 27 | 14/58 | 24 | 16/43 | 37 | 31/85 | 36 | 1/20 | 5 | 11/58 | 19 | 5/30 | 17 |
| 罗马尼亚 | 8 | 120/332 | 36 | 16/54 | 30 | 24/54 | 44 | 54/107 | 50 | 6/30 | 20 | 12/57 | 21 | 8/30 | 27 |
| 瑞典 | 8 | 96/318 | 30 | 5/55 | 9 | 18/48 | 38 | 47/102 | 46 | 10/39 | 26 | 8/39 | 21 | 8/35 | 23 |
| 德国 | 5 | 74/208 | 36 | 10/27 | 37 | 15/29 | 52 | 30/72 | 42 | 4/14 | 29 | 7/38 | 18 | 8/28 | 29 |
| 巴西 | 5 | 54/191 | 28 | 7/22 | 32 | 9/30 | 30 | 16/51 | 31 | 6/24 | 25 | 13/48 | 27 | 3/16 | 19 |
| 哈萨克斯坦 | 5 | 58/195 | 30 | 13/35 | 37 | 7/15 | 47 | 22/59 | 37 | 2/20 | 10 | 10/33 | 30 | 4/33 | 12 |
| 安哥拉 | 5 | 57/204 | 28 | 5/24 | 21 | 1/8 | 13 | 34/78 | 44 | 1/30 | 3 | 5/37 | 14 | 11/27 | 41 |

## 2. 队员射门点分析

任何射门的产生都与射门的整个过程相联系,包括创造射门机会(突破、跑位等),以及射门的整个过程(从选位、助跑、起跳、起跳高度、投掷臂高度和角度、射门时间点、射门角度和力度,到射门环节链,如肩、上臂、前臂和腕掌指的动作)。场上球员射门点的变化是一个射门综合变化的过程,运动员经过多年训练,在激烈的竞技比赛中,在没有太多时间去思考的情况下,更可能形成一个较为固定的射门风格和有一个更习惯或更喜欢的射门区域,但没有绝对的射门点。

世界主要国家手球队员射门分析如下:

刘赟:中国队底线,6场比赛射门成功率86%,是世锦赛成功率最高的运动员,6场比赛后,得42分,并列第3名。射门能力较强,各区域射门点分布较广,最弱的是右中区的射门,成功率为33.3%。

王莎莎:中国队中卫、内卫,6场比赛射门成功率40.6%,射门64次,得26分。各区域射门点分布较广,其中左、右下角的射门成功率较高,最弱的是对中区的射门,16次射门,成功率为12.5%,下角射门多于上角。

刘晓妹:中国队中卫、内卫,6场比赛射门成功率55%,射门40次,得22分。各区域射门点分布较广,其中左、右下角的射门成功率较高,最弱的是中区射门,6次射门,成功率为33.3%,下角射门明显多于上角。

王旻:中国队边锋,6场比赛射门成功率45%,射门20次,得9分。各区域射门点分布较广,其中左、右下角的射门成功率较高,最弱的是中区射门,6次射门,成功率为33.3%,下角射门明显多于上角。图3-18所示为刘赟、王

| 5/5 | 7/7 | 6/6 |
| --- | --- | --- |
| 4/5 | 2/3 | 1/3 |
| 5/5 | 6/6 | 6/6 |

2-Post  1-Blocked
(a)刘赟

| 1/2 | 1/3 | 3/4 |
| --- | --- | --- |
| 2/4 | 0/7 | 5/10 |
| 8/9 | 1/6 | 5/6 |

4-Missed  2-Post  1-Blocked
(b)王莎莎

| 1/2 | 0/2 | 2/3 |
| --- | --- | --- |
| 3/3 | 0/2 | 3/4 |
| 5/5 | 2/2 | 6/7 |

1-Missed  3-Post  6-Blocked
(c)刘晓妹

| | 1/1 | 1/2 |
| --- | --- | --- |
| 0/2 | 0/3 | 1/1 |
| 4/4 | 0/2 | 2/2 |

1-Missed  1-Post  1-Blocked
(d)王旻

图3-18 中国队主要队员射门统计图

莎莎、刘晓妹、王旻射门统计图。

Kiala M：安哥拉队主要得分手，162 次射门，射门成功率 44.4%。各区域射门点分布较广，被封挡 26 次，打门柱 6 次，射偏 16 次，在球门区域内的射门除了中上区域的射门成功率较低外，其他区域的射门成功率都在 50% 以上，左中、右下角的射门多于其他区域。

Bengue I：安哥拉队主要得分手，93 次射门，射门成功率 60.2%，成功率很高。各区域射门点分布较广，右下角的射门最多，下路射门多于中上路，中路射门少。

Mesquita I：巴西队主要得分手，42 次射门，射门成功率 64.3%，成功率很高。下路的射门多于中上路，左右下角射门明显多于其他区域，中路、左路（除下角外）射门少。

Jurack G：德国队主要得分手，左手队员，137 次射门，射门成功率 62%。左区射门明显多于其他区域，中路射门少。左上角射门成功率高达 94.4%。

Görbicz A：匈牙利队主要得分手，136 次射门，射门成功率 58.8%。左、右下角射门明显多于其他区域，成功率 87.5%。其他区域射门较为平均，中上路射门少，左、右上角的射门成功率 100%。

Woo S：韩国队主要得分手，右边锋，左手队员。87 次射门，射门成功率 65.5%。左路特别是左上角，是射门点分布最多的区域，射门成功率，除了中上部和中部，都高达 75% 以上。

Myoung B：韩国队主要得分手，76 次射门，射门成功率 51.3%。左、右下角是射门点分布较多的区域。

Hammerseng G：挪威队主要得分手，68 次射门，射门成功率 72.1%。右下角是射门点分布最多的区域，上角总共 4 次射中。

Johansen K：挪威队主要得分手，61 次射门，射门成功率 68.9%。右上角和左下角是射门点分布最多的区域，其他区域偏少，右下角射门少。

Maier R：罗马尼亚队主要得分手，93 次射门，射门成功率 64.5%。右中下角和左下角是射门点分布最多的区域，其他区域偏少，但成功率高（除中区外）。

3. 世界强队和中国队技战术特点

1）中国队与其他强队技战术分析

从 2007 年世锦赛 2008 年北京奥运会看，中国队与其他强队技战术比较分析见表 3-8 ~ 表 3-11。

## 表 3-8 中国女子手球队 2007 年世锦赛技战术统计表

| 队员号 | 姓名 | 场数 | 射门合计 | % | 底线 | 边锋 | 9m | 7m | 快攻 | 突破 | 进攻助攻 | 失误 | 防守抢断 | 封挡 | 判罚黄牌 | 2min | 红牌 | 罚出场 | 上场时间 h:min:s |
|---|---|---|---|---|---|---|---|---|---|---|---|---|---|---|---|---|---|---|---|
| 1 | 刘桂妮 | 6 | — | — | — | — | — | — | — | — | — | 2 | — | — | — | — | — | — | 2:58min14s |
| 2 | 韦秋香 | 6 | 11/19 | 58 | 1/1 | 2/6 | 1/2 | — | 7/10 | — | 2 | 3 | 3 | — | — | — | — | — | 2:17min49s |
| 3 | 刘赟 | 6 | 42/49 | 86 | 10/12 | 8/9 | 0/1 | 23/26 | 1/1 | — | 2 | 10 | 2 | 2 | 1 | 2 | — | — | 4:20min45s |
| 5 | 刘金兰 | 5 | 8/12 | 67 | — | 4/6 | 0/1 | — | 1/1 | 3/4 | — | — | — | — | — | — | — | — | 1:36min2s |
| 6 | 沈萍 | 4 | 12/28 | 43 | 3/3 | — | 7/21 | 0/1 | 0/1 | 2/2 | 4 | 4 | 4 | — | — | — | — | — | 2:24:48 |
| 8 | 杨柳 | 6 | 3/4 | 75 | 2/2 | — | 1/2 | — | — | — | 3 | — | 3 | — | — | — | — | — | 1:06:35 |
| 9 | 王旻 | 6 | 9/20 | 45 | 1/1 | 0/6 | 0/2 | — | 6/9 | 2/2 | 9 | — | 15 | — | — | — | — | — | 5:14:24 |
| 10 | 王莎莎 | 6 | 26/64 | 41 | 6/12 | 0/4 | 12/33 | — | 2/6 | 6/9 | 24 | 22 | 3 | — | 4 | 4 | — | — | 5:23:42 |
| 11 | 王如 | 3 | 1/2 | 50 | 1/2 | — | — | — | — | — | — | — | — | — | — | — | — | — | 1:55: |
| 12 | 黄红 | 6 | — | — | — | — | — | — | — | — | 3 | — | — | — | — | — | — | — | 3:01:46 |
| 13 | 吴亚楠 | 5 | 3/9 | 33 | 0/1 | 1/4 | 0/1 | — | 1/2 | 1/1 | — | 4 | 1 | — | — | — | — | — | 2:30:34 |
| 14 | 刘晓妹 | 6 | 22/40 | 55 | 4/4 | 0/1 | 10/24 | 1/1 | 1/1 | 6/9 | 18 | 22 | 4 | 4 | — | — | — | — | 4:53:59 |
| 18 | 吴雯绢 | 4 | 7/22 | 32 | 0/2 | 0/1 | 5/15 | — | 1/2 | 1/2 | 5 | 9 | 2 | — | 4 | 1 | 3 | — | 2:53:59 |
| 19 | 黄冬杰 | 6 | 8/12 | 67 | 1/1 | 2/3 | — | — | 5/7 | — | 2 | 6 | — | — | — | — | — | — | 2:12:17 |
| 21 | 史晓军 | 3 | 0/1 | 0 | — | — | — | — | 0/1 | — | 2 | — | — | — | — | — | — | — | 12:14: |
| 23 | 闫美珠 | 6 | 4/14 | 29 | 1/1 | — | 2/12 | — | — | 1/1 | 4 | 1 | 2 | — | 1 | — | — | — | 50:57: |
| 板凳/球队 | | | — | | | | | | | | 3 | — | — | 1 | — | — | — | — | — |
| 合计 | | | 156/296 | 53 | 30/42 | 17/40 | 38/115 | 25/29 | 27/44 | 19/26 | 75 | 107 | 39 | 15 | 18 | 16 | | | |

## 表 3-9 中国女子手球队 2008 年北京奥运会比赛个人统计总表

| 队员 | 底线 | 边锋 | 9m | 7m | 快攻 | 突破 | 合计 | 助攻 | 抢断 | 封挡 | 2min | 失误 | 上场时间 h:min:s |
|---|---|---|---|---|---|---|---|---|---|---|---|---|---|
| 王莎莎 | 5/6 | 1/1 | 15/45 | — | 2/3 | 9/12 | 32/67 | 48 | 22 | 12 | 1 | 5 | 32 | 7:28:40 |
| 李薇薇 | 0/3 | — | 7/26 | 13/16 | 2/4 | 6/7 | 28/56 | 50 | 7 | — | — | —7 | 2:39:1 |
| 刘晓妹 | 2/3 | — | 20/71 | — | 3/6 | 5/9 | 30/89 | 34 | 23 | 8 | 1 | 3 | 28 | 7:7: |
| 闫美珠 | — | 1/7 | 0/1 | — | 1/1 | 2/9 | 22 | — | — | — | — | —1 | 27:30: |
| 吴雯绢 | 5/7 | 0/2 | 1/9 | — | 2/5 | 1/3 | 9/26 | 35 | — | 2 | — | 17 | 4:1:10 |
| 李兵 | 1/1 | — | 1/4 | — | 3/8 | 3/5 | 8/18 | 44 | 5 | 6 | 8 | 3 | 4 | 3:25:58 |
| 张耿 | 2/2 | 0/1 | 1/4 | — | — | 2/5 | 5/12 | 42 | 5 | — | 1 | — | 6 | 58:3: |
| 孙来苗 | 0/1 | — | — | — | 2/3 | — | 2/4 | 50 | 2 | — | — | 5 | 1:25:33 |
| 刘赟 | 16/22 | — | 0/1 | 18/25 | 1/1 | — | 35/49 | 71 | 6 | — | — | 18 | 4:33:12 |
| 韦秋香 | 1/2 | 6/11 | 0/2 | — | 4/4 | 3/3 | 0/3 | 14/27 | 52 | — | 4 | — | 3 | 4:50:17 |
| 王旻 | 1/1 | 5/7 | — | — | 4/6 | 0/2 | 10/16 | 63 | 8 | 8 | — | 5 | 3 | 4:1:3 |
| 黄冬杰 | — | 7/14 | — | — | 5/7 | 1/2 | 13/23 | 57 | 7 | 7 | — | 4 | 8 | 5:58:36 |
| 吴亚楠 | — | 0/2 | — | — | — | 0/1 | 0/3 | — | — | — | — | — | — | 1:3:51 |
| 合计 | 33/48 | 19/38 | 46/169 | 35/46 | 28/50 | 27/48 | 188/399 | 47 | 88 | 56 | 12 | 29 | 130 | — |
| 平均 | 68% | 50% | 27% | 76% | 56% | 56% | 47% | — | 11 | 7 | 1.5 | 3.6 | 16.3 | — |

表 3-10  2007 年世锦赛各球队技战术统计表

| 球队 | 场数 | 总射门 G/S | % | 底线 G/S | % | 边锋 G/S | % | 9m G/S | % | 7m G/S | % | 快攻 G/S | % | 突破 G/S | % | 进攻 助攻 | 进攻 失误 | 防守 抢断 | 防守 封挡 | 判罚 黄牌 | 判罚 2min | 判罚 红牌 | 判罚 罚出场 |
|---|---|---|---|---|---|---|---|---|---|---|---|---|---|---|---|---|---|---|---|---|---|---|---|
| 安哥拉 | 10 | 326/592 | 55 | 48/85 | 56 | 33/57 | 58 | 126/285 | 44 | 25/31 | 81 | 55/82 | 67 | 39/52 | 75 | 116 | 140 | 75 | 23 | 28 | 36 | — | — |
| 阿根廷 | 6 | 124/275 | 45 | 28/52 | 54 | 22/54 | 41 | 22/98 | 22 | 19/28 | 68 | 24/29 | 83 | 9/14 | 64 | 46 | 131 | 39 | 11 | 19 | 21 | 2 | — |
| 澳大利亚 | 6 | 66/258 | 26 | 20/35 | 57 | 13/37 | 35 | 15/153 | 10 | 5/12 | 42 | 9/13 | 69 | 4/8 | 50 | 19 | 166 | 34 | 3 | 18 | 18 | 1 | — |
| 奥地利 | 6 | 141/287 | 49 | 34/68 | 50 | 20/36 | 56 | 35/108 | 32 | 16/22 | 73 | 28/43 | 65 | 8/10 | 80 | 69 | 117 | 10 | 25 | 18 | 22 | 1 | — |
| 巴西 | 6 | 184/304 | 61 | 37/58 | 64 | 48/79 | 61 | 48/100 | 48 | 13/16 | 81 | 34/46 | 74 | 4/5 | 80 | 45 | 109 | 24 | 47 | 18 | 16 | — | — |
| 刚果（金） | 6 | 147/291 | 51 | 29/50 | 58 | 19/40 | 48 | 50/126 | 40 | 20/35 | 57 | 13/20 | 65 | 16/20 | 80 | 49 | 107 | 18 | 22 | 20 | 18 | — | — |
| 中国 | 6 | 156/296 | 53 | 30/42 | 71 | 17/40 | 43 | 38/115 | 33 | 25/29 | 86 | 27/44 | 61 | 19/26 | 73 | 75 | 107 | 39 | 15 | 18 | 16 | 1 | — |
| 克罗地亚 | 8 | 237/392 | 60 | 60/94 | 64 | 22/44 | 50 | 64/136 | 47 | 21/29 | 72 | 43/58 | 74 | 27/31 | 87 | 95 | 124 | 29 | 30 | 24 | 25 | 1 | — |
| 多米尼加 | 6 | 120/268 | 45 | 43/77 | 56 | 12/19 | 63 | 36/126 | 29 | 16/22 | 73 | 5/11 | 45 | 8/13 | 62 | 43 | 139 | 29 | 10 | 17 | 14 | 1 | — |
| 爱沙尼亚 | 8 | 217/372 | 58 | 54/84 | 64 | 23/41 | 56 | 57/134 | 43 | 20/33 | 61 | 37/52 | 71 | 26/28 | 93 | 92 | 158 | 51 | 12 | 25 | 38 | 1 | — |
| 法国 | 10 | 287/522 | 55 | 69/118 | 58 | 33/60 | 55 | 57/157 | 36 | 36/46 | 78 | 73/119 | 61 | 19/22 | 86 | 148 | 173 | 85 | 46 | 29 | 25 | 1 | — |
| 德国 | 10 | 324/560 | 58 | 70/119 | 59 | 41/72 | 57 | 88/189 | 47 | 29/46 | 63 | 75/111 | 68 | 21/23 | 91 | 172 | 157 | 75 | 38 | 29 | 35 | 1 | — |
| 匈牙利 | 10 | 310/552 | 56 | 61/94 | 65 | 27/54 | 50 | 89/233 | 38 | 41/43 | 95 | 63/92 | 68 | 29/36 | 81 | 138 | 156 | 64 | 25 | 30 | 49 | 3 | — |

续表

| 球队 | 场数 | 总射门 G/S | 总射门 % | 底线 G/S | 底线 % | 边锋 G/S | 边锋 % | 9m G/S | 9m % | 7m G/S | 7m % | 快攻 G/S | 快攻 % | 突破 G/S | 突破 % | 进攻 助攻 | 进攻 失误 | 防守 抢断 | 防守 封挡 | 判罚 黄牌 | 判罚 2min | 判罚 红牌 | 判罚 罚出场 |
|---|---|---|---|---|---|---|---|---|---|---|---|---|---|---|---|---|---|---|---|---|---|---|---|
| 日本 | 6 | 185/340 | 54 | 17/28 | 61 | 26/33 | 79 | 58/167 | 35 | 23/29 | 79 | 50/68 | 74 | 11/15 | 73 | 73 | 99 | 47 | 9 | 20 | 18 | — | — |
| 哈萨克斯坦 | 6 | 136/285 | 48 | 38/70 | 54 | 24/47 | 51 | 36/118 | 31 | 20/28 | 71 | 10/14 | 71 | 8/8 | 100 | 37 | 140 | 16 | 20 | 21 | 27 | 1 | — |
| 韩国 | 10 | 313/576 | 54 | 65/114 | 57 | 50/100 | 50 | 55/162 | 34 | 49/74 | 66 | 70/94 | 74 | 24/32 | 75 | 173 | 169 | 86 | 18 | 27 | 41 | 4 | — |
| 马其顿 | 8 | 208/423 | 49 | 44/81 | 54 | 25/66 | 38 | 51/172 | 30 | 23/33 | 70 | 48/54 | 89 | 17/17 | 100 | 81 | 133 | 48 | 20 | 24 | 24 | — | — |
| 挪威 | 10 | 314/518 | 61 | 66/101 | 65 | 39/73 | 53 | 59/154 | 38 | 33/42 | 79 | 93/120 | 78 | 24/28 | 86 | 197 | 167 | 41 | 38 | 29 | 28 | — | — |
| 巴拉圭 | 6 | 79/227 | 35 | 16/39 | 41 | 8/36 | 22 | 28/113 | 25 | 10/15 | 67 | 8/9 | 89 | 9/15 | 60 | 34 | 177 | 30 | 3 | 17 | 21 | — | — |
| 波兰 | 8 | 243/434 | 56 | 52/84 | 62 | 21/47 | 45 | 55/146 | 38 | 21/28 | 75 | 65/91 | 71 | 29/38 | 76 | 125 | 144 | 54 | 26 | 23 | 30 | 2 | — |
| 罗马尼亚 | 10 | 323/559 | 58 | 56/91 | 62 | 33/67 | 49 | 74/192 | 39 | 48/58 | 83 | 76/110 | 69 | 36/41 | 88 | 158 | 148 | 68 | 42 | 34 | 39 | — | — |
| 俄罗斯 | 10 | 315/507 | 62 | 58/85 | 68 | 42/72 | 58 | 79/180 | 44 | 40/50 | 80 | 68/87 | 78 | 28/33 | 85 | 130 | 165 | 70 | 60 | 31 | 37 | — | — |
| 突尼斯 | 6 | 154/305 | 50 | 33/62 | 53 | 21/51 | 41 | 54/126 | 43 | 17/26 | 65 | 18/27 | 67 | 11/13 | 85 | 47 | 90 | 17 | 16 | 19 | 22 | 1 | — |
| 乌克兰 | 6 | 175/323 | 54 | 33/52 | 63 | 22/42 | 52 | 46/129 | 36 | 19/28 | 68 | 37/52 | 71 | 28/20 | 90 | 58 | 96 | 19 | 11 | 19 | 30 | 2 | — |
| 合计 | | 5084/9466 | 54 | 1061/1783 | 60 | 641/1267 | 51 | 1320/3619 | 36 | 589/803 | 73 | 1029/1446 | 71 | 444/548 | 81 | 2220 | 3312 | 1068 | 570 | 557 | 650 | 22 | — |

表 3-11  2008 年北京奥运会各球队技战术统计表

| 国家 | 场次 | 总射门 | 底线 | 边锋 | 9m | 7m | 快攻 | 突破 | 助攻 | 失误 | 抢断 | 封挡 | 2min |
|---|---|---|---|---|---|---|---|---|---|---|---|---|---|
| 挪威 | 8 | 248/407 (61%) | 58/80 (73%) | 25/42 (60%) | 60/140 (43%) | 20/26 (77%) | 65/93 (70%) | 20/26 (77%) | 135 | 108 | 47 | 38 | 27 |
| 俄罗斯 | 8 | 229/420 (55%) | 38/54 (70%) | 14/29 (48%) | 57/149 (38%) | 28/50 (56%) | 52/75 (69%) | 40/63 (63%) | 92 | 154 | 48 | 41 | 30 |
| 韩国 | 8 | 247/422 (59%) | 31/44 (70%) | 39/79 (49%) | 55/138 (40%) | 37/48 (77%) | 56/74 (76%) | 29/39 (74%) | 128 | 132 | 42 | 11 | 26 |
| 匈牙利 | 8 | 211/406 (52%) | 37/61 (61%) | 38/65 (58%) | 56/160 (35%) | 23/34 (68%) | 32/56 (57%) | 25/30 (83%) | 106 | 127 | 30 | 28 | 48 |
| 法国 | 8 | 219/434 (50%) | 43/62 (69%) | 23/59 (39%) | 55/180 (31%) | 21/29 (72%) | 56/74 (76%) | 21/30 (70%) | 115 | 146 | 48 | 31 | 30 |
| 中国 | 8 | 188/399 (47%) | 33/48 (69%) | 19/38 (50%) | 46/169 (27%) | 35/46 (76%) | 28/50 (56%) | 27/48 (56%) | 88 | 130 | 56 | 12 | 29 |
| 罗马尼亚 | 8 | 248/421 (59%) | 34/47 (72%) | 29/43 (67%) | 72/176 (41%) | 34/47 (72%) | 52/71 (73%) | 27/37 (73%) | 121 | 122 | 38 | 31 | 34 |
| 瑞典 | 8 | 196/395 (50%) | 40/55 (73%) | 32/66 (48%) | 50/162 (31%) | 15/23 (65%) | 37/50 (74%) | 22/39 (56%) | 97 | 117 | 31 | 24 | 32 |
| 德国 | 5 | 123/266 (46%) | 30/41 (73%) | 20/45 (44%) | 24/87 (28%) | 5/14 (36%) | 30/55 (55%) | 14/24 (58%) | 61 | 93 | 34 | 15 | 16 |
| 巴西 | 5 | 124/227 (55%) | 21/30 (70%) | 14/32 (44%) | 38/90 (42%) | 15/20 (75%) | 23/32 (72%) | 13/23 (57%) | 59 | 107 | 26 | 11 | 20 |
| 哈萨克斯坦 | 5 | 109/228 (48%) | 13/23 (57%) | 14/25 (56%) | 34/114 (30%) | 24/32 (75%) | 14/21 (67%) | 10/13 (77%) | 43 | 93 | 14 | 21 | 26 |
| 安哥拉 | 5 | 109/249 (44%) | 15/31 (48%) | 15/35 (43%) | 28/106 (26%) | 10/13 (77%) | 14/28 (50%) | 27/36 (75%) | 36 | 99 | 29 | 20 | 15 |

中国队与其他国家球队手球技战术分析如下：

(1) 6m 区射门。王莎莎 12 次 6m 区射门，成功率 50%；匈牙利队、罗马尼亚队、俄罗斯队、挪威队遇到的对手比中国队强，这些队该区域射门成功率都在 60% 以上。

(2) 边锋位射门。刘赟（底线）在此区域射门比边锋刘金兰、吴亚楠、王旻、韦秋香、黄冬杰都多，其中边锋吴亚楠射门成功率 25%，王旻成功率为 0。俄罗斯队（60%）、罗马尼亚队（54%）、挪威队（59%）、韩国队（59%）、德国队（66%）边锋位射门成功率都很高，说明中国队边锋的自我突破射门和整个战术体系中的边锋角色、中边的配合都有一定问题。王莎莎、刘晓妹、吴雯绢边锋位射门成功率都为零，可以看出这些外围队员的边锋位射门能力较差。

(3) 9m 远射。按照中国队所采取的打法，无论是战术配合，还是通过中路交叉、边路穿插，都会给中区队员创造出一定的稍远距离射门机会，如果中区队员没有很好地把握机会，那进攻就会失去很重要的得分手段；而且中区远射打不开局面，对方就会严加看防底线而不盯防远射，这样中国队的底线进攻也失去很大威力。所以如果中区队员远射打不开局面，那么进攻就会失去很大的攻击力。中国队当前进攻特点对中区左中右卫的远射有一个较高的要求。刘晓妹、王莎莎、沈萍、吴雯绢的远射有所表现，刘晓妹达到 41%，其他队员成功率都只有 30%左右。德国队远射平均成功率 51%（其中 4 号 Jurack 右内卫远射成功率达到 60%），俄罗斯队为 43%，罗马尼亚队为 43%，挪威队虽然全队远射成功率只有 35%，但她们的左内卫 Snorroeggen 达到 51%的成功率。中国队能远射的队员少，远射的成功率不高、不稳定是不可回避的问题，这也是为什么中国队中区一直没有形成较强的得分点的原因，而且目前中国队的战术特点是要求卫线的队员多多射门，该问题会愈加凸显。

(4) 快攻。中国队快攻成功率 61%，比起俄罗斯队、挪威队 78%的成功率低很多，我们遇到的对手还较弱。防守稳固和快攻强是成为手球强队的前提，而快攻是所有强队最主要和最先选择的进攻方式。在目前手球竞赛中，一方落后或一方想扩大领先，在不是防守密不透风、进攻不是无坚不摧的情况下，快攻是唯一的办法。中国队稳扎稳打的快攻，从比赛检验来看，有一定成效，但是高速度、高稳定、高效率、高反应的快攻才是最强、最有攻击力的快攻。

(5) 突破。具备一定突破能力的就是王莎莎和刘晓妹，中国队突破射门成功率 73%，而俄罗斯队、挪威队、德国队突破射门成功率都在 80%以上。场上队员具备一定的突破能力，是成为一支强队的重要条件。中国队能突破的队员少、突破射门成功率不高是不争的事实。

(6) 失误。6 场比赛，中国队 107 次失误，平均每场 18 次。俄罗斯队、罗马尼亚队 10 场比赛，平均每场 7 次失误，而且她们遇到的对手比我们强。王莎莎、刘晓妹是主要的得分队员，失误达 22 次，是最多的。失误的原因很多，传接带球技术不过关、配合不到位、一时的松懈和注意力不集中等都会造成失误。打不出流畅的进攻会使失误增多，容易造成对方打反击。进攻流畅的重要性就如同血液在人体内顺畅地流动一样，是保持速度，进行突然加速突破、转身、射门的重要一环，同时对于增加射门球速、有效利用体能也有利。流畅的进攻和有效的压制对方打反击是成为强队的必由之路。

(7) 抢断。中国队具备较强抢断能力的是王旻，抢断排名并列第 5。

(8) 封挡。6 场比赛 15 次封挡，在同罗马尼亚队、波兰队的比赛中，中国队的封挡分别为 0 次和 1 次，而对方分别有 6 次和 8 次。日本队两内卫平均身高 173cm，中国队中路防守队员平均身高达到 182cm，而日本队全场有 39 次远射，得 15 分。封挡完成不好，6/0、5/1 防守的精髓就达不到。俄罗斯队封挡 60 次，平均每场 6 次；罗马尼亚队封挡 42 次，平均每场 4.2 次。与世界强队相比，中国队的封挡也是弱点。封挡由判断、步伐、起跳、伸手等动作技术构成，任何一个环节的缺陷都会导致封挡失败。

俄罗斯队、挪威队各位置进攻和防守较均衡，没有突出的缺点，俄罗斯队防快攻效率最高；韩国队右边锋进攻得分能力相当突出；安哥拉队的突破进攻和中路远射进攻方式、中右路的防守非常突出。

2) 世界强队的共同特点

如表 3-10、表 3-11、图 3-19~图 3-22 所示，对 2007 年世锦赛和 2008 年北京奥运会统计结果的研究发现，世界女子手球强队主要还是在欧洲，女子手球的格局没有根本改变。强队各有特点，风格也不一样，但有一些共性。

(1) 平均射门成功率高。不论面对什么对手，世界一流强队射门成功率都较高且稳定。在 2008 年北京奥运会上，平均射门成功率挪威队达到 61%，俄罗斯队达到 55%，韩国队达到 59%，而中国队只有 47%，低于排名在我们之后的罗马尼亚队（59%）、瑞典队（50%）、巴西队（55%）、哈萨克斯坦队（48%）。在 2007 年世锦赛上，平均射门成功率挪威队为 61%，俄罗斯队为 62%，德国队、罗马尼亚队为 58%，韩国队为 54%，中国队为 53%，日本队为 54%。两次世界顶级女子手球比赛，最后都是平均射门成功率最高的球队夺得冠军。与 2007 年世锦赛相比，俄罗斯队在 2008 年北京奥运会上的射门成功率下降，其在奥运会上的排名也下降，而韩国队、挪威队射门成功率得到保持或提高，在奥运会上的成绩也提高了，这绝不是巧合。强队所遇到的球队越来越强，它们的各位置进攻和快攻的成功率含金量更大。2007 年世锦赛 6 场比赛后射门得分排名见表 3-12。

表 3-12  2007 年世锦赛 6 场比赛后的射门得分排名

| 号 | 姓 名 | 球队 | 得分/分 | 射门/次 | % | 7m | 比赛场数/场 |
|---|---|---|---|---|---|---|---|
| 1 | GÖRBICA Anita | 匈牙利 | 47 | 72 | 65 | 23/24 | 6 |
| 1 | JURACK Grit | 德国 | 47 | 77 | 61 | 5/8 | 5 |
| 3 | HERBRECHT Sophie | 法国 | 42 | 74 | 57 | 19/24 | 6 |

续表

| 号 | 姓名 | 球队 | 得分/分 | 射门/次 | % | 7m | 比赛场数/场 |
|---|---|---|---|---|---|---|---|
| 3 | 刘云 | 中国 | 42 | 49 | 86 | 23/26 | 6 |
| 5 | RADULOVIC Valentina | 马其顿 | 40 | 59 | 68 | 17/22 | 6 |
| 6 | MANGUE Gonzalez Marta | 爱沙尼亚 | 39 | 55 | 71 | 9/15 | 6 |
| 7 | KIALA Marcelina | 安哥拉 | 38 | 94 | 40 | 2/3 | 6 |
| 8 | ALMEIDA Nair | 安哥拉 | 36 | 62 | 58 | — | 6 |
| 8 | KUDLACZ Karolina | 波兰 | 36 | 66 | 55 | 9/10 | 6 |
| 8 | WOO Sunhee | 韩国 | 36 | 55 | 65 | — | 6 |

（2）有一个稳定的高水平门将。根据2008年北京奥运会统计，从平均水平来看，挪威队守门员41%的封挡率，排名第1，法国队守门员40%排名第2，韩国队守门员37%排名第3，中国队为27%。从个体排名来看，排名前7名的守门员封挡率在36%以上，全是奥运会前5名的队，中国队黄红排名第18。挪威队和俄罗斯队决赛，挪威队守门员封挡率达到39%，而俄罗斯队守门员仅为19%，不可否认决赛中守门员的封挡率不高是俄罗斯队失利的重要原因。2008年北京奥运会男子手球决赛法国队守门员封挡率达到49%，而冰岛队守门员只有36%。俄罗斯女子手球队门将Suslina是2007年世锦赛最佳守门员，对237次射门，封挡成功率在42%；挪威女子手球队有2名守门员排在前十位，Pedersen封挡率高达48%；罗马尼亚女子手球队守门员Dinu，对272次射门，封挡率达到39%。中国女子手球队的黄红排名第12位，封挡成功率在37%。强队打到后面，对手的攻击力更强，对守门员的考验也更大。

（3）各个位置进攻能力强而且均衡。在2007年世锦赛女子手球比赛中，底线进攻：俄罗斯队68%（第2）、挪威队65%（并列第3）、罗马尼亚队62%、匈牙利队65%都排在世界前列（并列第3）。令人欣慰的是，中国队的底线进攻成功率为71%，世界第1（对手较弱）。边锋进攻：俄罗斯队58%（第3）、挪威队53%、德国队57%（第4），而中国队仅43%，日本队排名第1（79%）。9m远射：俄罗斯队44%（第4）、德国队47%（第2）、挪威队38%、罗马尼亚队39%，中国队33%，成功率最高的是巴西队48%。世界手球强国各个位置进攻能力都很强，没有出现像中国、日本、巴西队这样"一个胳膊粗，一个胳膊细"的现象，说明这些强队的进攻战术体系和个人攻击能力的完备和全面。

(4) 快攻多且强。在 2007 年世锦赛上，挪威队平均 12 次/场（第 1），成功率在 78%（第 4）；罗马尼亚队平均 11 次/场（第 3），成功率 69%；德国队平均 11.1 次/场（第 2），成功率 68%；俄罗斯队平均 7.8 次/场，成功率 78%（第 4）；中国队平均 7.3 次/场，成功率 61%；排在中游的韩国队 9.4 次/场，成功率 74%。似乎有这种现象，快攻水平和球队最后的成绩有很强的相关性。在 2008 年北京奥运会上，挪威队 60 次快攻得分，成功率达到 70%；俄罗斯队 52 次快攻得分，成功率 69%；韩国队 56 次快攻得分，成功率 76%。俄罗斯队和挪威队决赛，挪威队快攻威力更大，完全压住了俄罗斯队的快攻，挪威队快攻得 12 分，俄罗斯队才得 6 分。韩国队两次战胜匈牙利队，快攻发挥了很大作用。韩国队与匈牙利队的半决赛，韩国队快攻得 8 分，匈牙利队得 3 分。安哥拉队、哈萨克斯坦队、巴西队每场快攻得 4 分左右。打哈萨克斯坦队，中国队快攻仅得 1 分，哈萨克斯坦队得 4 分。在这种顶级赛事中，打出快攻不仅是拉开分差、赶超对手的有力手段，而且是提升自己士气、压制对手气势的非常重要的武器。

(5) 进攻点多，阵容强大。要赢球，必须有进球。在 2008 年北京奥运会上，每场都能得 2 分的人，挪威队有 7 人，俄罗斯队有 8 人，韩国队有 7 人，匈牙利队有 6 人，而中国队只有 4 人，安哥拉队有 4 人。这就像说，刚开始打比赛我们就输俄罗斯队 8 个球了。得分点多就更具有攻击力、更难防守，而且更能够根据场上形势替换队员，在保持全队攻防能力基本稳定的情况下，还能保持体能的充沛，预防比赛多可能造成的伤病。比赛越到后面，阵容优势会越明显。在 2007 年世锦赛上，俄罗斯队 10 场比赛，最少的进 8 个球，最多的进 43 个球，并没有很突出的得分手，平均每场进 1 个球以上的就有 13 人，每场进 2 个球以上的有 8 人，每场进 3 个球以上的有 4 人；挪威队 10 场比赛，最少的进 7 个球，最多的进 49 个球，平均每场进 1 个球以上的有 11 人，每场进 2 个球以上的有 8 人，平均每场进 3 个球以上的有 4 人。俄罗斯队和挪威队得分手多，主力阵容和替补阵容之间的差别小，阵容合理有效，即使队员换了得分能力并没有多大变化，有利于教练根据队员体能特点合理进行全队的体能安排，而保持全队的攻击能力稳定在高水平。德国队 10 场比赛，最少的进 2 个球，最多的进 85 个球，有突出得分手，平均每场进 1 个球以上的有 10 人，进 2 个球以上的有 6 人，进 3 个球以上的有 4 人；罗马尼亚队 10 场比赛，最少的进 1 个球，最多的进 60 个球，有相对突出的得分手，平均每场进 1 个球以上的有 9 人，进 2 个球以上的有 7 人，进 3 个球以上的有 4 人。德国队、罗马尼亚队有相对突出的得分手，但是也有一个进攻不弱的整体得分点支持，所以一旦得分点受到遏制，阵容实力会有所下降，但是不会下降很大，不可否认有明显较弱的得分手是限制两队阵容整体实力的重要方面。而中国队队员得 0~42 分，有突出得分手和不得分球员，平均每场进 2 个球以上的只有 4 人，进 3 个球以上的有 3 人；哈萨克斯坦队队员得 2~24 分，没有突出得分手，有突出不得分球员，平均每场进 2 个球以上的有 5 人。中国有突出得分点，以及较弱、较少的一般的得分点，也有突出不得分手，突出不得分手比突出得分手多，突出得分点一旦受到遏制，一般得分点支持不够，就很难打开进攻局面，这是限制球队达到较高水平的重要原因。哈萨克斯坦队没有突出得分点，但有较弱、较多的一般得分手，这是限制哈萨克斯坦队达到中等水平的重要原因。2007 年世锦赛得分和助攻排名见表 3-13。

表 3-13　2007 年世锦赛得分和助攻排名

| 号 | 姓　名 | 球队 | 得分+助攻 | 得分/分 | 助攻/次 | 比赛场数/场 |
|---|---|---|---|---|---|---|
| 1 | Jurack Grit | 德国 | 124 | 85 | 39 | 9 |
| 2 | Görbicz Anita | 匈牙利 | 115 | 80 | 35 | 10 |
| 3 | Kiala Marcelina | 安哥拉 | 98 | 72 | 26 | 10 |
| 4 | Herbrecht Sophie | 法国 | 84 | 59 | 25 | 10 |
| 4 | Stanca-Galca Ionela | 罗马尼亚 | 84 | 51 | 33 | 10 |
| 4 | Toth Timea | 匈牙利 | 84 | 57 | 27 | 10 |
| 7 | Hammerseng Gro | 挪威 | 78 | 49 | 29 | 9 |
| 8 | Almeida Nair | 安哥拉 | 75 | 57 | 18 | 10 |
| 9 | Kudlacz Karolina | 波兰 | 73 | 47 | 26 | 7 |
| 10 | Mangue Gonzalez Marta | 爱沙尼亚 | 69 | 55 | 14 | 8 |

（6）封挡强。要想不输球，防守是关键。世界强队的共同特点是防守稳固。在 2007 年世锦赛上，俄罗斯队封挡 6 次/场（第 2），挪威队封挡 3.8 次/场，罗马尼亚队封挡 4.2 次/场（第 4），德国队封挡 3.8 次/场，法国队封挡 4.6 次/场（第 3），巴西队排第 1，封挡 7.8 次/场。在 2008 年北京奥运会上，挪威队封挡 38 次、俄罗斯队封挡 41 次，排在前两名，韩国队与前两名各技术统计差距最大的就是封挡，中国队 8 场球仅有 12 次封挡。2007 年世锦赛封挡排名见表 3-14。

表 3-14　2007 年世锦赛封挡排名

| 号 | 姓　名 | 球队 | 合计 | 平均 | 比赛场数/场 |
|---|---|---|---|---|---|
| 1 | Sil Va Aline | 巴西 | 21 | 3.5 | 6 |
| 2 | Penezic Andrea | 刚果（金） | 16 | 2.0 | 8 |
| 3 | Romenskaya Oxana | 俄罗斯 | 14 | 1.4 | 10 |
| 4 | Spiridon Simona | AUT | 13 | 2.2 | 6 |
| 5 | Bese Valeria | 罗马尼亚 | 12 | 1.2 | 10 |
| 5 | Melbeck Stefanie | 德国 | 12 | 1.2 | 10 |
| 7 | Andryushina Ekaterina | 俄罗斯 | 11 | 1.1 | 10 |
| 7 | Platon Anzela | 马其顿 | 11 | 1.6 | 7 |
| 7 | Postnova Liudmila | 俄罗斯 | 11 | 1.1 | 10 |
| 7 | Szücs Gabriella | 匈牙利 | 11 | 1.2 | 9 |

2007 年世锦赛和 2008 年北京奥运会防守统计发现，抢断和失误不能成为判断球队强弱与否的指标。2007 年世锦赛上，俄罗斯队、挪威队、德国队、罗马尼亚队抢断都较高，但不突出，抢断突出的是韩国队、安哥拉队、法国队。在 2008 年北京奥运会上，抢断最突出的是中国队。在 2007 年世锦赛上，俄罗斯队平均每场比赛失误 16.5 次，挪威队平均每场 16.7 次，罗马尼亚队平均每场 14.7 次，德国队平均每场 15.7 次，中国队平均每场 17.8 次，日本队平均每场 16.5 次，都差不多。在 2008 年北京奥运会上，俄罗斯队、法国队的失误数都高于中国队。2007 年世锦赛抢断排名见表 3-15。

表 3-15　2007 年世锦赛抢断排名

| 号 | 姓　名 | 球队 | 合计 | 平均 | 比赛场数/场 |
|---|---|---|---|---|---|
| 1 | Oh Seongok | 韩国 | 20 | 2.0 | 10 |
| 2 | Jurack Grit | 德国 | 17 | 1.9 | 9 |
| 3 | Kiala Luisa | 安哥拉 | 16 | 1.6 | 10 |
| 3 | Mangue Gonzalez Marta | 爱沙尼亚 | 16 | 2.0 | 8 |
| 5 | Moon Pilhee | 韩国 | 15 | 1.5 | 10 |
| 5 | Nyberg Katja | 挪威 | 15 | 1.5 | 10 |
| 5 | 王旻 | 中国 | 15 | 2.5 | 6 |

续表

| 号 | 姓　名 | 球队 | 合计 | 平均 | 比赛场数/场 |
|---|---|---|---|---|---|
| 8 | TERVEL Rafaelle | 法国 | 13 | 1.6 | 8 |
| 9 | AN Junghwa | 韩国 | 12 | 1.3 | 9 |
| 9 | MAIROSU Adina Laura | 罗马尼亚 | 12 | 1.2 | 10 |

从公平竞赛奖排名（表 3 - 16）来看，挪威队是 2007 年世锦赛亚军，公平竞赛排在第 3，在 2008 年北京奥运会上排名第 2，说明该队利用规则、利用身体对抗是最有效的。在 2007 年世锦赛上，中国队、多米尼加队虽然获得了公平竞赛奖，但排在 18 名以后，说明"温柔"的打法不是强队所采用的。

表 3 - 16　2007 年世锦赛公平竞赛排名

| 号 | 球　队 | 得分/分 | | 罚出场 | 红牌 | 2min | 黄牌 | 比赛场数/场 |
|---|---|---|---|---|---|---|---|---|
| | | 平均 | 合计 | | | | | |
| 1 | 多米尼加 | 8.3 | 50 | — | 1 | 14 | 17 | 6 |
| 1 | 巴西 | 8.3 | 50 | — | — | 16 | 18 | 6 |
| 1 | 中国 | 8.3 | 50 | — | — | 16 | 18 | 6 |
| 4 | 法国 | 8.4 | 84 | — | 1 | 25 | 29 | 10 |
| 5 | 挪威 | 8.5 | 85 | — | — | 28 | 29 | 10 |
| 6 | 马其顿 | 9.0 | 72 | — | — | 24 | 24 | 8 |
| 7 | 刚果（金） | 9.3 | 56 | — | — | 18 | 20 | 6 |
| 7 | 克罗地亚 | 9.3 | 74 | — | — | 25 | 24 | 8 |
| 7 | 日本 | 9.3 | 56 | — | — | 18 | 20 | 6 |
| 10 | 澳大利亚 | 9.8 | 59 | — | 1 | 18 | 18 | 6 |

第三章

# 女子手球快攻解析

手球比赛精彩激烈，观赏性很强。随着全媒体信息化社会的发展和手球的进一步推广，其影响力必定会越来越大。女子手球是我国的重点项目，曾经获得过奥运会铜牌、广州亚运会冠军，对手球规律的科学探索一直没有停止。手球是同场对抗的集体球类项目，对抗性和集体性是手球运动的根本属性，手球的任何技术（控球、传接球、突破、射门、无球技术等）和战术（进攻、防守、快攻等）都必须具备这两种基本属性，才能保证比赛效果。而随着竞技手球的发展，比赛对效率的要求越来越高，在保证对抗性和集体性的前提下，对时间和空间的争夺是双方竞赛的焦点，所以，快速越来越成为手球运动的第三属性。本章将利用视频图像分析快攻在女子手球比赛中的重要性、快攻的战术，以及防快攻战术，以提高对手球快攻的认识。

## 一、快攻在手球战术中的比重分析

手球世锦赛是手球最高级别的赛事之一，通过女子手球世锦赛数据纵向对比，可以发现技战术变化的可能趋势。如表3-17所列，从五届世锦赛来看，快攻比例从2005年世锦赛的12.8%，到2007年世锦赛的15.5%，到2009年世锦赛的17.3%，到2011年世锦赛的20.2%，说明快攻在手球技战术执行的比例越来越高。

表 3-17 五届世锦赛平均值综合比较

| 赛事 | 场数/场 | 项目 | 底线 | 边锋 | 9m | 7m | 快攻 | 突破 | 合计 |
|---|---|---|---|---|---|---|---|---|---|
| 2005年世锦赛 | 84 | 射门成功率/% | 66 | 52 | 36 | 73 | 76 | 79 | 54 |
| | | 场均射门/次 | 9.2 | 7.2 | 22 | 4.7 | 6.8 | 3 | 53 |
| | | 射门得分比例/% | 17.4 | 13.6 | 41.6 | 8.9 | 12.8 | 5.7 | 100 |
| 2007年世锦赛 | 92 | 射门成功率/% | 60 | 51 | 36 | 73 | 71 | 81 | 54 |
| | | 场均射门/次 | 9.7 | 6.9 | 19.7 | 4.4 | 7.9 | 3 | 51 |
| | | 射门得分比例/% | 19.0 | 13.5 | 38.5 | 8.6 | 15.5 | 5.9 | 100 |
| 2009年世锦赛 | 110 | 射门成功率/% | 57 | 50 | 32 | 73 | 69 | 66 | 52 |
| | | 场均射门/次 | 11 | 7 | 16 | 4 | 9 | 5 | 52 |
| | | 射门得分比例/% | 21.1 | 13.5 | 30.8 | 7.7 | 17.3 | 9.6 | 100 |
| 2011年世锦赛 | 88 | 射门成功率/% | 55 | 51 | 34 | 79 | 76 | 78 | 54 |
| | | 场均射门/次 | 16.1 | 6.7 | 9.7 | 5.9 | 10.7 | 3.7 | 52.8 |
| | | 射门得分比例/% | 30.5 | 12.7 | 18.4 | 11.2 | 20.2 | 7 | 100 |
| 2013年世锦赛 | 84 | 射门成功率/% | 59 | 50 | 37 | 72 | 74 | 76 | 53 |
| | | 场均射门/次 | 10.5 | 7.5 | 13 | 5.7 | 8 | 5.2 | 49.9 |
| | | 射门得分比例/% | 21 | 15 | 26.1 | 11.4 | 16.1 | 10.4 | 100 |

## 二、快攻图像解析

### (一) 快攻图像解析

(1) 一传快攻：守门员拿球或场上队员得球，传给已跑向边或底的两边锋或底线，得球者完成射门，如图 3-19 所示。

边锋得球上步射门，全程3.26s。

图3-19　一传快攻图示

(2) 团队快攻：

第一种情况：防守前排队员得球后继续运球，视对方防守直接起步射门，或回传跟进队员，或与跟进队员交叉，跟进队员射门，如图3-20所示。

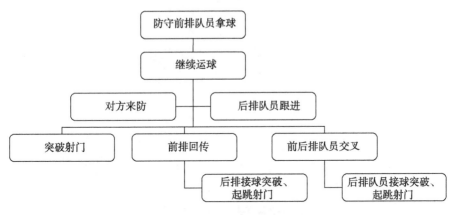

图 3-20 团队快攻一图示

第二种情况：防守后排队员得球，传于接应队员，前排队员迅速下边或底，接应队员运球突破，卫线交叉，持球射门或传边或底，再完成射门，如图 3-21 所示。

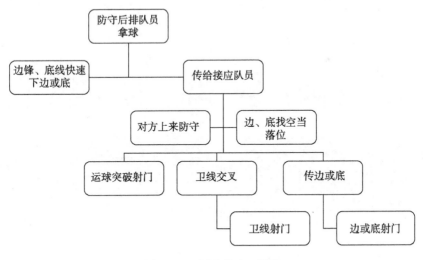

图 3-21 团队快攻二图示

（3）迅速捡球并传给在中线接球的队员，趁对方退防、防线未布置好之机，迅速展开快攻，以求射门得分，如图 3-22 所示。

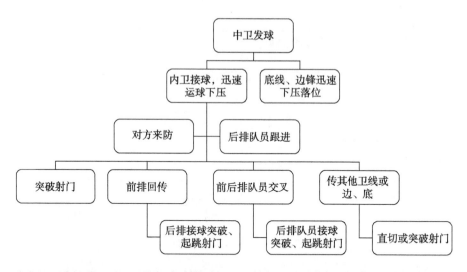

中卫拿球,底线、边锋跑位,接应者准备。

底线下底、边锋下边,接应者跑位接球,2.92s。

接应运球,吸引防守伺机传边。

右边锋接球上步起跳射门,全程4.4s。

图3-22 抢发球快攻

第三章 女子手球快攻解析　　213

中卫发球，底线、边锋迅速下压抢位。

中卫传内卫，内卫迅速运球下压突破，0.98s。

底线掩护，左内卫突破传球给右内卫，1.9s。

内卫直切或突破射门，全程3.16s。

图 3-22　抢发球快攻（续）

## （二）如何打好快攻

世界强队快攻必强，弱队快攻必弱。快攻是领先方扩大优势的法宝，也是落后方反败为胜的利器，非常有必要剖析快攻的战术构成。

（1）要打好快攻要有稳固的阵地防守。有稳固的防守是打出快攻的重要前提，没有稳固的阵地防守，只寄希望于对方低级失误打快攻和抢发球，快攻机会少且低级。

（2）要打好快攻要能超越对方的防守到达空当。要在对方转身、注意力从进攻转向退防的变化时和防守位置失去之机，快速超越对方，到达空当。没有超越对方，就很难有快攻的好局面。

（3）要打好快攻要有传接球的快速、准确。关键是接球队员超越对手、到达空当的同时随时准备接球，以及持球发动快攻队员传球的超越性和准确性。不好的传接球不仅不能发起快攻,还可能导致对方利用我方传接球失误打我方的快攻。

(4)要打好快攻不能一味快(但边锋必须以最快速度跑到边或底),还要注意节奏。要通过持球节奏、方向的变化,队友积极跑位、接应,利用对方防守立足未稳、回防加速后可能的一刻放松之机坚决射门。

要打好快攻,四者缺一不可,如果阵地防守得不太稳固,传接球不够精致,超越的速度和意识较弱,而一味追求快,往往会失误增多而致对方快攻增多,如图3-23所示。

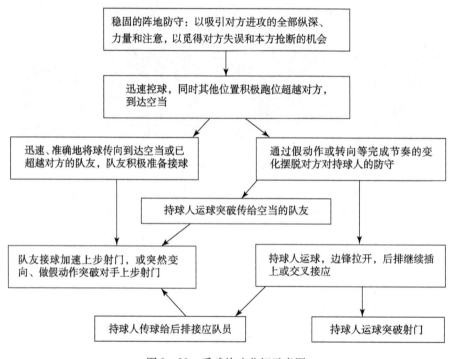

图3-23 手球快攻分解示意图

## 三、防快攻

### (一)快攻防守不利解析

以2007年世锦赛中韩比赛中中国队防快攻出现的问题为例(图3-24),解析防快攻问题。

第三章 女子手球快攻解析

当双方还在底线附近争抢球时,韩国队右路边锋已经快速起动、加速、向前跑位,而中国队边锋、中路还未起动回跑退防。韩国队员形势稍微明确就已经起动。

当韩国队队员已抢到球,发球时,中国队边锋还未退防半场,而对方右边锋已经过了半场,画面中有5名中国队退防慢、路线不清,干扰传球犹豫。形势明确,韩国队已拉开中路防守,1.76s。

当韩国队右边锋快接到球时,中国队退防的边锋还未赶上,中路退防队员也没加速赶上,韩国队已有3名队员超越整条中方防线,3.08s。

当韩国队右边锋开始起动射门时,中国队退防队员还未赶上,而韩国队有左、中、右3名队员到底线就位,时刻准备接应和抢反弹球。

图3-24 2007年世锦赛中国队防守不利问题解析

## (二) 防快攻解析

(1) 防快攻图解 (一) 如图3-25所示。

准备发动抢攻。

迅速控防抢攻队员。

尽可能拖延出球。

图3-25 防快攻图解 (一)

（2）防快攻图解（二）如图3-26所示。

利用抢断发动快攻。

退防起动较慢，紧跟不放，1.2s。

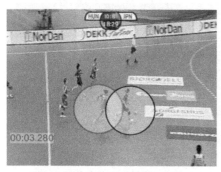

追击，紧追不放，缩短距离，3.28s。

射门前赶上，进行干扰破坏，4.2s。

失球，观察，准备退防。

快攻发动较慢，迅速退防，1.04s。

图3-26 防快攻图解（二）

对方运过中场,防守边退边看,4.54s。　　对方到前场,退防已落位,6.48s。

图 3-26　防快攻图解(二)(续)

由于快攻在当代手球的进攻体系中作用越来越重要,相应的防快攻的重要性也显著上升。防快攻要注意以下几个方面。

第一,提高进攻效率,减少场上失误。防快攻最重要的是减少对方快攻的机会,即提高进攻效率,减少场上失误。由于阵地进攻传接运球失误、撞人等造成对方打反击快攻,往往难以防住。

第二,防一传。防一传快攻时,最近的队员要做到干扰传球和飞行路线,同时积极退防对方偷跑队员。如果是对方守门员发动一传快攻,中路卫线队员要以最快速度跟进、干扰、超越对方偷跑队员;如果是对方场上队员发动一传快攻,离该队员最近的我方队员应该以最快速度,趁对方捡球、找队友或调整时,迅速上前贴身干扰,造成任意球,尽可能延长对方出手时间,其他队员以最快速度退防、到位、布防、上顶。如果防守队员离对方快攻发动者较远,爆发力、速度较差,没把握去贴身防一传时,那就应该以最快速度退防偷跑的对手。

第三,快速退防,有退有防。在进攻时,要有随时退防的意识,退防准备姿势(重心下降,步伐活动)充分;当进攻的前排队员球被断的一瞬间,后排队员就应快速转身退防、追击;当进攻的后排队员球被断的一瞬间,后排队员应该迅速退防,积极进行追击干扰,抢进攻队员正手推进位;当球在争抢中,未争抢队员就应该快速回防,不应该等到形势完全明确(这时对方偷跑队员已经拉开跑位了)再退;当防守对象不明确时,应快速回到本方阵地防守区,抢位布防、上顶干扰。退防是整体行动,前排队员在做完干扰等防守动作后,也应快速退防、回位、布防。

第四,退防中的位置防守。快攻中有四类队员,即一传、接应、跑位、后排插上,根据快攻形势,类别会减少。防一传、接应和跑位(往往是边锋和底线）应该是最接近的队员迅速靠近干扰、造成任意球，然后快速回防到阵地防守位；在对方进攻跑位队员多时，最靠近的队员要在迅速退防到阵地位的同时紧盯不放，不能被对方别的跑位、接应、插上队员干扰，不能犹豫，不能防到一半，要防彻底。一般来说，对于对方后排突然插上的队员，如果防守形势不是很明确，临近队员应突然快速上顶防守、造成任意球，而临位防守在防好自己的人的同时做好补防；防对方控球队员时，最近的队员应该在快速退防卡位时，伺机干扰，造成任意球。当对方快攻被完全控制住时，防守队员要迅速回到阵地防守位。

## 四、小结

快攻在当今竞技手球中运用的比重越来越大。快攻包括一传快攻、团队快攻和抢发球。快攻的重要前提是稳固的防守，成功的快攻必须包括超越对方防守到达空位，以及快速、准确的传接球，要注意节奏，不能一味快攻。

防快攻的重要性随着快攻比重的提升而显著上升。防快攻最重要的是要提高进攻效率，减少场上失误，以及具备退防意识，以减少对方成功发动快攻的机会。防快攻必须快速退防，有退有防，注意防守位置，对对方传球者、跑位者、接应者、插上者的传球路线要积极彻底地干扰和防守，直至控制住对方快攻。

# 第四章

# 韩国、日本、哈萨克斯坦女子手球队打法特点

自从2008年北京奥运会后,中国女子手球队就把备战重点转移到获取伦敦奥运会的参赛权上,锁定了亚洲三强:韩国队、日本队和哈萨克斯坦队。研究韩国队、日本队、哈萨克斯坦队打法特点是了解对手,进行针对性训练,安排比赛策略的重要方面。

## 一、韩国队打法特点:快攻强,阵地灵活多样,3/2/1 和 6/0 防守稳固

### (一) 快攻

(1) 一传快攻。守门员或场上队员得球,迅速将球传给已快速跑动的边锋(右边锋2号、17号,左边锋4号、10号)或底线(9号和13号),依据场上位置优势,准确地传给更有进攻威胁的三个位置中的一员。三个位置跑动时机:身体重心随时处于下降位置,一旦判断本方防守成功前一刻即迅速跑出(见图3-27)。

(2) 团队跟进快攻。本方防守得球,将球传给3号或20号,并无一传快攻机会,边锋或底线迅速下边或底并错位找空当,3号或20号运球推进,视对方防守传给边、底,或助跑、突破射门;边锋或底线得球,迅速

带球，中路跟进，回传中路并向前错位找空当，中路回传边、底，或助跑、突破射门（图3-28、图3-29）。

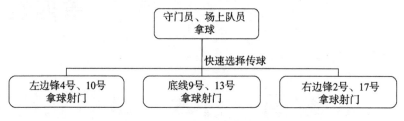

图3-27 韩国队一传快攻图示

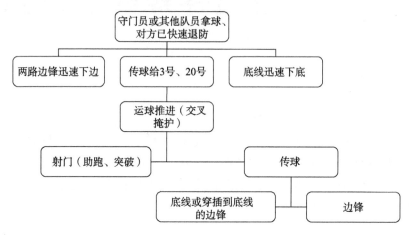

图3-28 韩国队团队快攻（一）图示

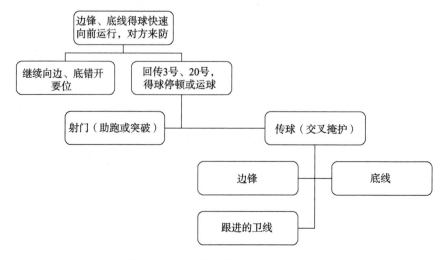

图3-29 韩国队团队快攻（二）图示

## （二）阵地

（1）连切突破、助攻、射门；通过快速横传，拉开防守；中卫3号、6号支撑射门，3号在中卫、左内卫位置突破射门，右内卫19号、15号突破射门（图3-30、图3-31）。

（2）卫线交叉掩护外围射门。

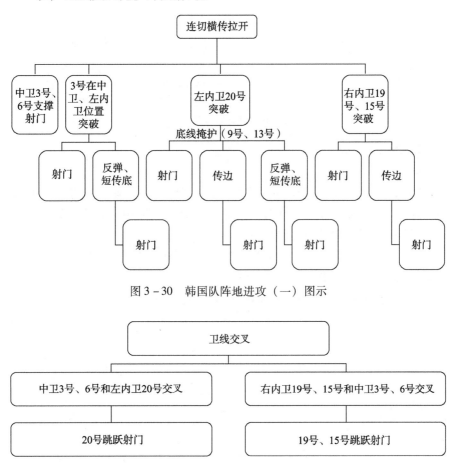

图3-30　韩国队阵地进攻（一）图示

图3-31　韩国队阵地进攻（二）图示

韩国队多打少阵地进攻如图3-32所示。

## （三）防守

防守以3/2/1为主、6/0为辅，但2011年以来，韩国队6/0防守的比重提升，防守稳定。

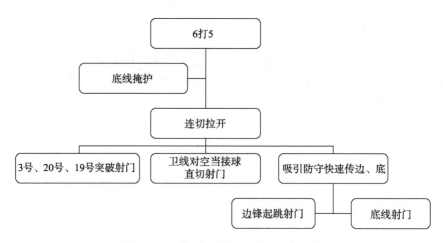

图 3-32　韩国队多打少阵地进攻图示

1）3/2/1 防守

防守阵容如下：

"3"：14 号（身高 186cm，体重 78kg，30 岁，是韩国最高大的运动员）压底，防双底时，9 号同时下底；左边锋 4 号或 10 号；右边锋 2 号。

"2"：19 号（15 号）和 20 号。

"1"：3 号或 9 号（防对方双底进攻战术时），或者根据防守位置的变化 19 号、20 号甩到中路（图 3-33）。

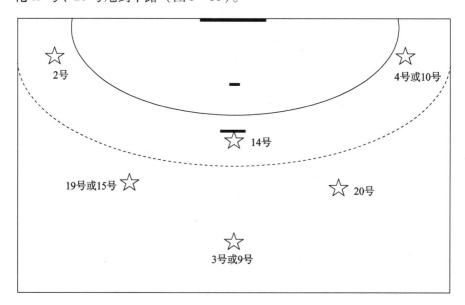

图 3-33　韩国队 3/2/1 防守阵容

2) 6/0 防守

防守阵容：从右至左分别为 4 号（10 号）、20 号、14 号、9 号、19 号、2 号，如图 3-34 所示。

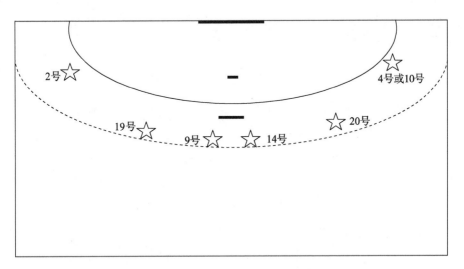

图 3-34　韩国队 6/0 防守阵容

## 二、日本队打法特点：阵地和快攻兼有，阵地灵活，边快突出，3/2/1 和 6/0 防守

### （一）阵地

(1) 连切致空当射门（6 号、17 号、10 号）、突破（17 号）、边锋（8 号、7 号）射门（图 3-35）。

(2) 卫线交叉射门（17 号、10 号、6 号）（图 3-36）。

(3) 卫线（17 号）、边锋传球下底，双底掩护，外围射门或传底（图 3-37）。

(4) 多打少（6 打 5），双底战术，连切战术。

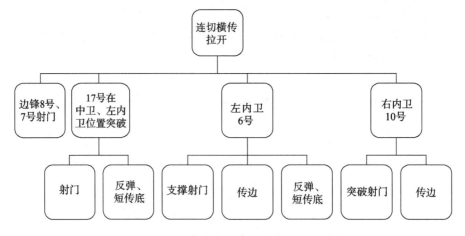

图3-35 日本队主要阵地进攻（一）图示

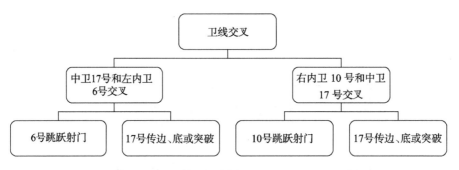

图3-36 日本队主要阵地进攻（二）图示

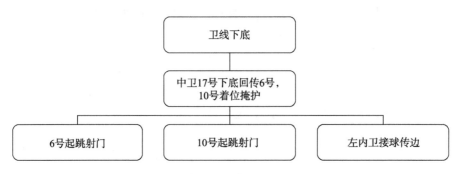

图3-37 日本队主要阵地进攻（三）图示

## （二）快攻

（1）一传快攻。守门员拿球或场上队员得球，传给已跑向对方半场边路或底线的两边锋（图3-38）。

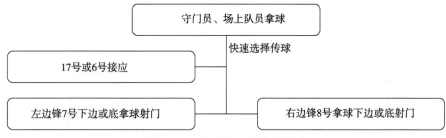

图3-38 日本队一传快攻图示

（2）团队快攻。3/2/1防守前排队员得球后继续运球，视对方防守直接起步射门，或回传跟进队员，或与跟进队员交叉，跟进队员射门。后排队员得球，传给接应17号或6号队员，前排队员迅速下边或底，接应队员运球突破，卫线交叉，传边锋或传底线进行射门（图3-39、图3-40）。

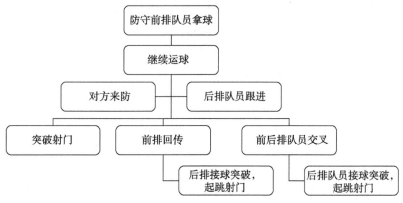

图3-39 日本队团队快攻（一）图示

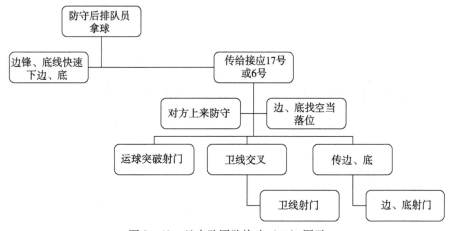

图3-40 日本队团队快攻（二）图示

## (三) 防守

1) 3/2/1 防守

防守阵容如下：

"3"：从左至右，8号（3号）、17号、7号；

"2"：从左至右，14号（5号）、9号（6号）；

"1"：20号（6号，当从6/0变换到3/2/1时）（图3-41）。

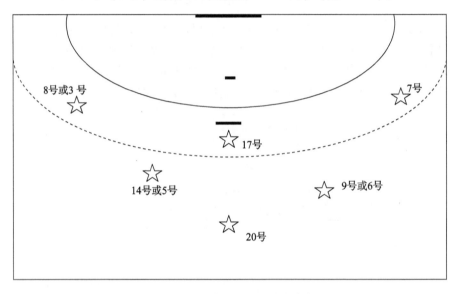

图3-41 日本队3/2/1防守阵容

2) 6/0 防守

防守阵容：从左至右为8号、5号（14号）、17号、6号、9号（20号）、7号（图3-42）。

## 三、哈萨克斯坦队打法特点：阵地进攻为主，双底进攻战术突出，6/0、3/2/1、5/1 防守

### (一) 阵地

(1) 双底进攻战术。通过边锋穿插、卫线下底或直接上双底，压底、吸引防守，让外围射门或传底，边锋突破或传底（图3-43）。

第四章 韩国、日本、哈萨克斯坦女子手球队打法特点 　227

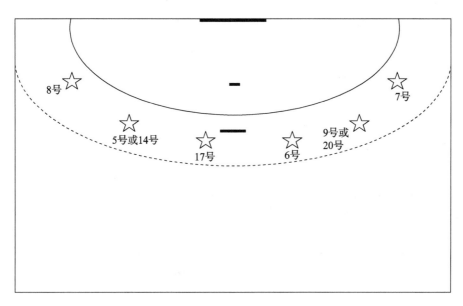

图 3-42　日本队 6/0 防守阵容

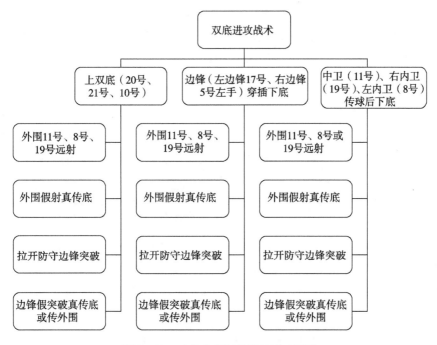

图 3-43　哈萨克斯坦队阵地进攻图示

（2）多打少，延续使用双底战术。

## (二) 快攻

主要是一传快攻：左边锋17号、右边锋5号快速下边，或经中卫11号、4号转移至边锋（图3-44）。

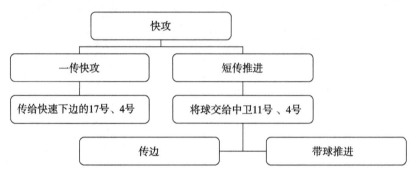

图3-44 哈萨克斯坦队一传快攻图示

## (三) 防守

1) 6/0 防守

(1) 防守阵容：从右至左依次是17号、11号（8号）、21号（8号）、20号、19号、5号（图3-45）。

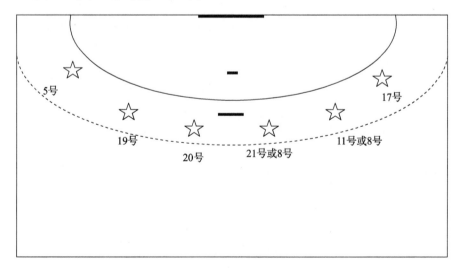

图3-45 哈萨克斯坦队6/0防守阵容

(2) 防守特点：身材高大，主要站稳一线，有时适当扩大，上顶防外围，但下三路较弱，步伐移动较迟缓。

2）3/2/1 防守

（1）防守阵容：

"3"：从右至左 17 号、20 号、5 号；

"2"：从右至左 11 号（8 号），19 号；

"1"：21 号（24 号）（图 3-46）。

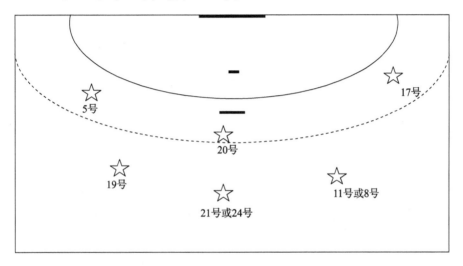

图 3-46　哈萨克斯坦队 3/2/1 防守阵容

（2）防守特点：形同变了形的 6/0，21 号（24 号）不是突得很前，与 19 号、11 号（8 号）基本保持一条水平线。21 号移动特别慢，19 号、11 号移动较慢。个人防守较弱，整体协防较差。

# 第四篇　手球大赛调研

# 第一章

# 2008年北京奥运会女子手球比赛调研

2008年8月9—23日，北京奥运会女子手球的比赛分别在北京奥林匹克体育中心体育馆和国家体育馆举行。来自四大洲的12支球队（中国队、韩国队、哈萨克斯坦队、俄罗斯队、挪威队、罗马尼亚队、法国队、德国队、匈牙利队、瑞典队、安哥拉队、巴西队）经过激烈的争夺，最后挪威队获得金牌，俄罗斯队获得银牌，韩国队获得铜牌，前8名欧洲占6席（表4-1）。

表4-1　2008年北京奥运会女子手球比赛名次

| 排　名 | 球　队 |
|---|---|
| 1 | 挪威 |
| 2 | 俄罗斯 |
| 3 | 韩国 |
| 4 | 匈牙利 |
| 5 | 法国 |
| 6 | 中国 |
| 7 | 罗马尼亚 |
| 8 | 瑞典 |

中国女子手球队比赛结果见表4-2。

表4-2 中国女子手球队比赛结果

| 场次 | 时间 | 地点 | 比赛对手 | 结果 |
|---|---|---|---|---|
| 1 | 2008/8/9 | 奥体中心体育馆 | 挪威 | 23（12∶13）30 |
| 2 | 2008/8/11 | 奥体中心体育馆 | 罗马尼亚 | 20（11∶17）34 |
| 3 | 2008/8/13 | 奥体中心体育馆 | 安哥拉 | 32（14∶12）24 |
| 4 | 2008/8/15 | 奥体中心体育馆 | 哈萨克斯坦 | 26（10∶14）29 |
| 5 | 2008/8/17 | 奥体中心体育馆 | 法国 | 21（10∶9）18 |
| 6 | 2008/8/19 | 奥体中心体育馆 | 韩国 | 23（12∶16）31 |
| 7 | 2008/8/21 | 国家体育馆 | 瑞典 | 20（8∶7）19 |
| 8 | 2008/8/23 | 国家体育馆 | 法国 | 23（10∶15）31 |

在手曲棒垒球运动管理中心的管理、支持和保障下，在教练员和队员们的共同努力下，在全国手球同人的关心和企盼中，中国女子手球队在不到两年的时间里，战胜了很多困难，在2008年北京奥运会赛场上击败安哥拉、法国、瑞典，取得了第6名的成绩。以下从数据统计方面做一些小结。

## 一、各场次比赛简单回顾分析

2008年北京奥运会中国女子手球队各场比赛技战术统计见表4-3。

表4-3 2008年北京奥运会中国女子手球队各场比赛技战术统计

| 项目<br>球队 | 射门/次 | | | | | | | | 其他/次 | | | | |
|---|---|---|---|---|---|---|---|---|---|---|---|---|---|
| | 底线 | 边锋 | 9m | 7m | 快攻 | 突破 | 合计 | % | 2min | 失误 | 抢断 | 封挡 | 助攻 |
| 挪威 | 8/10 | 2/4 | 10/16 | 4/4 | 5/9 | 1/2 | 30/45 | 67 | 3 | 6 | 4 | 5 | 16 |
| 中国 | 5/5 | 2/7 | 7/25 | 4/6 | 2/3 | 3/4 | 23/50 | 46 | 7 | 8 | 2 | 2 | 9 |
| 罗马尼亚 | 7/7 | 4/4 | 11/19 | 3/4 | 6/8 | 3/3 | 34/45 | 76 | 5 | 15 | 2 | 8 | 16 |
| 中国 | 2/2 | 0/1 | 3/23 | 6/8 | 6/8 | 3/8 | 20/50 | 40 | 3 | 15 | 5 | 2 | 10 |
| 安哥拉 | 2/6 | 4/9 | 4/11 | 2/2 | 4/7 | 8/9 | 24/44 | 55 | 2 | 32 | 6 | 2 | 6 |
| 中国 | 3/3 | 3/4 | 10/21 | 6/6 | 5/5 | 5/10 | 32/49 | 65 | 5 | 20 | 13 | 2 | 13 |
| 哈萨克斯坦 | 4/7 | 6/8 | 5/10 | 4/5 | 4/5 | 6/7 | 29/42 | 69 | 5 | 20 | 4 | 4 | 11 |
| 中国 | 4/9 | 1/3 | 6/15 | 7/8 | 1/4 | 7/8 | 26/47 | 55 | 3 | 16 | 7 | 1 | 8 |

续表

| 项目\球队 | 射门/次 ||||||| 其他/次 |||||
|---|---|---|---|---|---|---|---|---|---|---|---|---|
| | 底线 | 边锋 | 9m | 7m | 快攻 | 突破 | 合计 | % | 2min | 失误 | 抢断 | 封挡 | 助攻 |
| 法国 | 3/7 | 4/11 | 3/14 | 2/3 | 5/9 | 1/3 | 18/47 | 38 | 2 | 24 | 4 | 3 | 13 |
| 中国 | 4/4 | 2/6 | 5/26 | 2/5 | 5/11 | 3/4 | 21/56 | 38 | 6 | 16 | 9 | 9 | 10 |
| 韩国 | 8/12 | 3/9 | 6/13 | 0/0 | 12/13 | 2/4 | 31/51 | 61 | 4 | 22 | 8 | 1 | 19 |
| 中国 | 5/10 | 2/4 | 7/19 | 2/2 | 4/4 | 3/9 | 23/48 | 48 | 1 | 20 | 8 | 2 | 12 |
| 瑞典 | 4/5 | 2/5 | 5/19 | 3/3 | 4/7 | 1/3 | 19/42 | 45 | 5 | 19 | 4 | 9 | 8 |
| 中国 | 6/7 | 4/6 | 4/23 | 3/5 | 2/4 | 1/1 | 20/46 | 43 | 3 | 16 | 4 | 2 | 12 |
| 法国 | 8/9 | 2/6 | 10/18 | 1/1 | 7/8 | 3/4 | 31/46 | 67 | 1 | 19 | 4 | 3 | 13 |
| 中国 | 4/8 | 5/7 | 4/17 | 5/6 | 3/11 | 2/4 | 23/53 | 43 | 1 | 19 | 8 | 1 | 14 |

1. 与挪威队的比赛

与 2007 年世锦赛相比, 挪威队的阵容多了一名老队员 Larsen Tonjie。从统计数据来看, 中国队的底线、快攻和远射得分都少于挪威队, 抢断、封挡少于挪威队, 失误、2min 都多于挪威队, 守门员封挡成功率远远低于挪威队的 16 号守门员。上半场开始阶段, 中国队还能够暂时领先, 是因为挪威队开场时重视了远射的顶防, 但忽视了底线的防守, 所以在中国队开场几个远射(李薇薇)得分后, 底线的机会也频频出现; 同时, 中国队的盯重点人的防守策略让对方在开始阶段还不是很适应。然而, 过了 15min, 对方改变了防守策略, 采用一线防守, 防死底线不顶防远射而是封球, 这样中国队的底线机会就大大减少, 到了下半场底线就没得分, 同时外围重炮手李薇薇、王莎莎和刘晓妹远距离射门机会大增, 但是在对方的封防下成功率低(刘晓妹 2/11, 王莎莎 2/5, 李薇薇 3/8)。此时, 中国队防守出现越来越多的问题, 防守时 2min 过多, 使盯防对方重点队员的策略和 3/2/1 防守策略不能持续执行, 对方利用多次的 6 打 5 机会, 利用强力的远射, 利用守门员成功的救球, 将比分赶上并反超。

2008 年北京奥运会中国女子手球队各场比赛守门员封挡统计见表 4-4。

表 4-4  2008 年北京奥运会中国女子手球队各场比赛守门员封挡统计

| 守门员 || 封挡 |||||||
|---|---|---|---|---|---|---|---|---|
| | | 底线 | 边锋 | 9m | 7m | 快攻 | 突破 | 合计 | % |
| 挪威队 | HARALDSEN Lunde | 0/5 | 3/4 | 11/16 | 0/3 | 1/3 | 0/3 | 15/34 | 44 |

续表

| 守门员 | | 封挡 | | | | | | | |
|---|---|---|---|---|---|---|---|---|---|
| | | 底线 | 边锋 | 9m | 7m | 快攻 | 突破 | 合计 | % |
| 中国队 | 刘桂妮 | 0/4 | 1/2 | 1/4 | 0/4 | 2/5 | 1/2 | 5/21 | 24 |
| | 黄红 | 1/5 | 0/1 | 2/9 | — | 2/4 | — | 5/19 | 26 |
| 罗马尼亚队 | Dinu Luminita | 0/2 | 1/1 | 6/9 | 0/4 | 2/7 | 3/5 | 12/28 | 43 |
| 中国队 | 刘桂妮 | 0/1 | 0/2 | 1/2 | 1/2 | — | 0/1 | 2/8 | 25 |
| | 黄红 | 0/6 | 0/2 | 2/12 | 0/2 | 2/8 | 0/2 | 4/32 | 13 |
| 安哥拉队 | Tavares、Pedro | 0/3 | 0/3 | 5/15 | 0/6 | 0/5 | 5/10 | 10/42 | 24 |
| 中国队 | 黄红 | 1/3 | 1/3 | 2/5 | 0/1 | 0/2 | 0/6 | 4/20 | 20 |
| | 刘桂妮 | 1/1 | 0/2 | 0/1 | 0/1 | 0/1 | 0/2 | 1/8 | 13 |
| 哈萨克斯坦队 | Parfenova | 3/6 | 2/3 | 4/10 | 0/5 | 3/3 | 1/8 | 13/35 | 37 |
| 中国队 | 刘桂妮 | 0/1 | 0/3 | 2/3 | — | 0/2 | 0/1 | 2/10 | 20 |
| | 黄红 | 3/6 | 1/4 | 1/5 | 0/4 | 1/3 | 0/5 | 6/27 | 22 |
| 法国队 | Nicolas | 0/4 | 3/5 | 13/18 | 2/4 | 6/11 | 1/4 | 25/46 | 54 |
| 中国队 | 黄红 | 3/6 | 4/8 | 6/9 | 0/1 | 1/6 | 1/2 | 15/32 | 47 |
| 韩国队 | Oh Yangran | 4/8 | 2/4 | 9/16 | 0/1 | 0/4 | 4/7 | 19/39 | 49 |
| 中国队 | 黄红 | 4/12 | 4/7 | 3/9 | 0/0 | 1/13 | 1/3 | 13/44 | 30 |
| 瑞典队 | 平均 | 1/7 | 1/5 | 5/9 | 2/5 | 2/4 | 0/1 | 11/31 | 35 |
| 中国队 | 黄红 | 1/5 | 3/5 | 7/12 | 0/3 | 1/5 | 2/3 | 14/33 | 42 |
| 法国队 | Nicolas | 4/8 | 1/5 | 6/8 | 0/5 | 4/7 | 2/4 | 17/37 | 46 |
| 中国队 | 平均 | 0/8 | 2/4 | 4/14 | 0/1 | 1/8 | 0/3 | 7/38 | 18 |

**2. 与罗马尼亚队的比赛**

与 2007 年世锦赛阵容相比，罗马尼亚队换了 3 名队员（5 号、15 号、25 号）。中国队的进攻远射 23 次仅得 3 分，在对方高大队员凶猛的防守和封挡面前，王莎莎远射 0/3，刘晓妹 2/12，由于不能打破对方正面 6/0 防守，对方严加看管底线，刘赟仅得 2 分，边锋在阵地进攻中仅 1 次射门得 0 分。在对手的防守面前，中国队的进攻显得太弱，再加上对方守门员表现较佳，使全场中国队只得到 20 分。3/2/1 防守时，中国队个人盯防较差,使得对方频频通过穿插、突破、跑位进攻得分,稍微不加干扰对方就在9m左右跳跃射门,其中5号8次射门得7分,守门员也表现不佳(刘桂妮25%、黄红13%),使得对方进攻得分很多。

3. 与安哥拉队的比赛

安哥拉队少了2007年世锦赛表现突出的11号球员。中国队3/2/1防守使对方进攻受阻,组织不起流畅有效的进攻,全场失误多达32次。中国队利用对方失误加强了反击快攻和突破,造7m球。另外,面对对方一线防守,刘晓妹、王莎莎远射打得较顺,得8分。

4. 与哈萨克斯坦队的比赛

对方的21号、24号、15号都是新增队员。中国队3/2/1防守在对方的交叉、凶猛的突破和跑位下被打乱,加上个人防守软弱,以及守门员依然表现不佳(封挡率20%、22%),使得对方频频在底线、边锋处得分。而中国队在对方的防守面前,不能组织起有效进攻,边锋仅韦秋香得1分;王莎莎2/5,刘晓妹2/6,李薇薇2/4,远射共得6分;远射缺乏足够威力,刘赟被对方严加盯防没什么机会,在底线处仅得2分;不能利用对方20次的失误、本队的7次抢断打快攻,快攻仅得1分;对方守门员发挥稳定(封挡率37%)。

5. 与法国队的比赛

法国队在中国队变换的6/0、4/2防守下,进攻被打乱,24次失误,加上中国队守门员发挥出色,封挡率47%,使得对方强大的远射只得3分,全场总共得到18分。而中国队队员基本发挥出水平,王莎莎、刘晓妹包办5次远射得分,利用对方的失误,打出5次快攻,要不是对方守门员发挥出色(封挡率54%)、中国队队员单刀射门和7m射门数次机会未把握住,中国队可以进更多的球。

6. 与韩国队的比赛

从技战术统计来看,双方的阵地进攻得分相差无几,失误、抢断差不多,但韩国队利用快攻(12/13)拉开了与中国队的分差。而中国队面对对方的3/2/1防守,远射成功率不高,仅得7分(刘晓妹3/9,王莎莎2/6,李薇薇1/3),比赛中没能利用对方的22次失误打快攻,同时对方的守门员封挡率高达49%,而中国队仅为30%。

7. 与瑞典队的比赛

对方利用高大守门员的封挡,使得中国队远射仅得4分(王莎莎1/4,刘晓妹2/8,吴雯绢1/5);底线机会不多,刘赟底线仅得1分;快攻和突破也仅分别得2分和1分。但对方在中国队的变形6/0防守中没有占到优势,

9m 远射仅得 5 分，边锋仅得 2 分，发生了 19 次失误，同时中国队的守门员黄红发挥出色，42% 的封挡率比对方的 35% 高出一筹。所以，虽然双方的进攻都发挥不佳，但是在防守方面中国队占到一定优势，最后艰难取得胜利。

8. 与法国队的第二场比赛

与法国队的第二场比赛，法国队加强了防守，中国队进攻不顺，19 次失误，射门效果也不佳。远射仅得 4 分（刘晓妹 3/8，王莎莎 1/4）；快攻 11 次，仅得 3 分。中国队的防守使对方失误达到 19 次，但没有遏制住对方进攻，对方的外围远射拿到 10 分，快攻得 7 分，底线也比中国队多得 4 分。对方守门员 46% 的封挡率比中国队的 18% 要高很多，中国队最后失利。

## 二、2008 年北京奥运会手球比赛队员表现统计分析

2008 年北京奥运会八场比赛队员个人统计见表 4-5，守门员封挡统计见表 4-6。

表 4-5  2008 年北京奥运会八场比赛队员个人统计表

| 姓名 | 射门/次 | | | | | | | | 其他/次 | | | | | 上场时间/n:min:s |
|---|---|---|---|---|---|---|---|---|---|---|---|---|---|---|
| | 底线 | 边锋 | 9m | 7m | 快攻 | 突破 | 合计 | % | 助攻 | 抢断 | 封挡 | 2min | 失误 | |
| 王莎莎 | 5/6 | 1/1 | 15/45 | — | 2/3 | 9/12 | 32/67 | 48 | 22 | 12 | 1 | 5 | 32 | 7:28:40 |
| 李薇薇 | 0/3 | — | 7/26 | 13/16 | 2/4 | 6/7 | 28/56 | 50 | 7 | — | — | — | 7 | 2:39:01 |
| 刘晓妹 | 2/3 | — | 20/71 | — | 3/6 | 5/9 | 30/89 | 34 | 23 | 8 | 1 | 3 | 28 | 7:07:00 |
| 闫美珠 | — | — | 1/7 | 0/1 | 1/1 | 2/9 | 4/18 | 22 | — | — | — | — | 1 | 0:27:30 |
| 吴雯绢 | 5/7 | 0/2 | 1/9 | — | 2/5 | 1/3 | 9/26 | 35 | 9 | 9 | 2 | 5 | 17 | 4:01:10 |
| 李兵 | 1/1 | — | 1/4 | — | 3/8 | 3/5 | 8/18 | 44 | 5 | 6 | 8 | 3 | 4 | 3:25:58 |
| 张耿 | 2/2 | 0/1 | 1/4 | — | — | 2/5 | 5/12 | 42 | 3 | 1 | — | — | 6 | 0:58:03 |
| 孙来苗 | 0/1 | — | — | — | 2/3 | — | 2/4 | 50 | 1 | — | — | 5 | 1 | 1:25:33 |
| 刘赟 | 16/22 | — | 0/1 | 18/25 | 1/1 | — | 35/49 | 71 | 6 | — | — | 1 | 18 | 4:33:12 |
| 韦秋香 | 1/2 | 6/11 | 0/2 | 4/4 | 3/5 | 0/3 | 14/27 | 52 | — | 4 | — | 2 | 3 | 4:50:17 |
| 王旻 | 1/1 | 5/7 | — | — | 4/6 | 0/2 | 10/16 | 63 | 4 | 8 | — | 5 | 3 | 4:01:03 |
| 黄冬杰 | — | 7/14 | — | — | 5/7 | 1/2 | 13/23 | 57 | 7 | 7 | — | 4 | 8 | 5:58:36 |
| 吴亚楠 | — | 0/2 | — | — | 0/1 | — | 0/3 | 0 | 1 | — | — | — | — | 1:03:51 |
| 合计 | 33/48 | 19/38 | 46/169 | 35/46 | 28/50 | 27/48 | 188/399 | 47 | 88 | 56 | 12 | 29 | 130 | — |
| 平均 | 68% | 50% | 27% | 76% | 56% | 56% | 47% | — | 11 | 7 | 1.5 | 3.6 | 16.3 | |

表4-6　2008年北京奥运会八场比赛守门员封挡统计表

| 守门员 | | 封挡 | | | | | | | 时间/n:min:s |
|---|---|---|---|---|---|---|---|---|---|
| | | 底线 | 边锋 | 9m | 7m | 快攻 | 突破 | 合计 | % | |
| 合计 | 黄红 | 13/44 | 13/32 | 23/67 | 0/12 | 8/44 | 4/23 | 61/222 | 27 | 6:2:4 |
| | 刘桂妮 | 1/14 | 3/11 | 8/18 | 1/8 | 3/13 | 1/7 | 17/71 | 24 | 1:58:2 |

从上场时间看王莎莎、刘晓妹上场时间最长，8场比赛超过7h，黄冬杰、刘赟、韦秋香、王旻、吴雯绢都超过4h，闫美珠、张耿少于1h。从得分来看，刘赟、王莎莎、刘晓妹、李薇薇排在前四位，分别得35分、32分、30分、28分，其中刘赟、李薇薇7m球得分分别是18分、13分。从射门成功率来看，全队平均47%，其中刘赟71%、王旻63%，李薇薇50%，黄冬杰57%，王莎莎48%，刘晓妹34%。从助攻来说，王莎莎和刘晓妹排在前两位，分别为22次和23次。快攻全队成功率是56%，得分最多的是黄冬杰5分，其次是王旻4分，韦秋香、李兵、刘晓妹各3分。从失误数来看，平均每场球16.3次，其中八场球失误王莎莎32次、刘晓妹28次、刘赟18次、吴雯绢17次，排在前4位。封挡全队共12次，李兵8次。被罚2min共29次，平均每场3.6次，王旻、王莎莎、孙来苗、吴雯绢各5次。守门员黄红打了6h、刘桂妮近2h，封挡率分别为27%和24%。

## 三、与世界手球强国相比中国女子手球队的差距

2008年北京奥运会前8名队队员基本情况和各队场上队员技战术数据综合统计分别见表4-7、表4-8。

表4-7　2008年北京奥运会前8名队队员基本情况　　单位：次

| 球队 | 平均身高/m | 平均体重/kg | 平均年龄/岁 |
|---|---|---|---|
| 挪威 | 1.78（1.72~1.84） | 71.3（62~80） | 27（23~33） |
| 俄罗斯 | 1.82（1.63~2） | 69.8（53~98） | 26.6（22~32） |
| 韩国 | 1.72（1.62~1.8） | 64.7（50~72） | 28（20~36） |
| 匈牙利 | 1.77（1.67~1.87） | 69.5（57~79） | 26.1（21~33） |
| 法国 | 1.76（1.6~1.88） | 66.5（55~82） | 27.3（21~37） |
| 中国 | 1.78（1.71~1.87） | 70（64~76） | 25.5（19~28） |
| 罗马尼亚 | 1.79（1.7~1.87） | 73.1（63~83） | 27.5（20~30） |
| 瑞典 | 1.78（1.68~1.86） | 72.5（64~83） | 26.5（19~31） |

表4-8 2008年奥运会各队场上队员技战术数据综合统计

| 球队 | 场次 | 总射门 | 底线 | 边锋 | 9m | 7m | 快攻 | 突破 | 助攻 | 失误 | 抢断 | 封挡 | 2min |
|---|---|---|---|---|---|---|---|---|---|---|---|---|---|
| 挪威 | 8 | 248/407 (61%) | 58/80 (73%) | 25/42 (60%) | 60/140 (43%) | 20/26 (77%) | 65/93 (70%) | 20/26 (77%) | 135 | 108 | 47 | 38 | 27 |
| 俄罗斯 | 8 | 229/420 (55%) | 38/54 (70%) | 14/29 (48%) | 57/149 (38%) | 28/50 (56%) | 52/75 (69%) | 40/63 (63%) | 92 | 154 | 48 | 41 | 30 |
| 韩国 | 8 | 247/422 (59%) | 31/44 (70%) | 39/79 (49%) | 55/138 (40%) | 37/48 (77%) | 56/74 (76%) | 29/39 (74%) | 128 | 132 | 42 | 11 | 26 |
| 匈牙利 | 8 | 211/406 (52%) | 37/61 (61%) | 38/65 (58%) | 56/160 (35%) | 23/34 (68%) | 32/56 (57%) | 25/30 (83%) | 106 | 127 | 30 | 28 | 48 |
| 法国 | 8 | 219/434 (50%) | 43/62 (69%) | 23/59 (39%) | 55/180 (31%) | 21/29 (72%) | 56/74 (76%) | 21/30 (70%) | 115 | 146 | 48 | 31 | 30 |
| 中国 | 8 | 188/399 (47%) | 33/48 (69%) | 19/38 (50%) | 46/169 (27%) | 35/46 (76%) | 28/50 (56%) | 27/48 (56%) | 88 | 130 | 56 | 12 | 29 |
| 罗马尼亚 | 8 | 248/421 (59%) | 34/47 (72%) | 29/43 (67%) | 72/176 (41%) | 34/47 (72%) | 52/71 (73%) | 27/37 (73%) | 121 | 122 | 38 | 31 | 34 |
| 瑞典 | 8 | 196/395 (50%) | 40/55 (73%) | 32/66 (48%) | 50/162 (31%) | 15/23 (65%) | 37/50 (74%) | 22/39 (56%) | 97 | 117 | 31 | 24 | 32 |
| 德国 | 5 | 123/266 (46%) | 30/41 (73%) | 20/45 (44%) | 24/87 (28%) | 5/14 (36%) | 30/55 (55%) | 14/24 (58%) | 61 | 93 | 34 | 15 | 16 |
| 巴西 | 5 | 124/227 (55%) | 21/30 (70%) | 14/32 (44%) | 38/90 (42%) | 15/20 (75%) | 23/32 (72%) | 13/23 (57%) | 59 | 107 | 26 | 11 | 20 |

续表

| 球队 | 场次 | 总射门 | 底线 | 边锋 | 9m | 7m | 快攻 | 突破 | 助攻 | 失误 | 抢断 | 封挡 | 2min |
|---|---|---|---|---|---|---|---|---|---|---|---|---|---|
| 哈萨克斯坦 | 5 | 109/228 (48%) | 13/23 (57%) | 14/25 (56%) | 34/114 (30%) | 24/32 (75%) | 14/21 (67%) | 10/13 (77%) | 43 | 93 | 14 | 21 | 26 |
| 安哥拉 | 5 | 109/249 (44%) | 15/31 (48%) | 15/35 (43%) | 28/106 (26%) | 10/13 (77%) | 14/28 (50%) | 27/36 (75%) | 36 | 99 | 29 | 20 | 15 |

从技战术数据综合统计的结果来看，世界强队有共同的特点。

### （一）平均射门成功率高

不论面对什么对手，世界一流强队射门成功率都较高且稳定。挪威队达到61%，俄罗斯队达到55%，韩国队达到59%；而安哥拉队、德国队、哈萨克斯坦队、中国队都低于50%，瑞典队刚达到50%。虽然中国队打安哥拉队成功率达到65%，但不稳定；与法国队比赛第一场为38%，第二场为43%。

### （二）快攻多且成功率高

挪威队65次快攻得分，成功率70%；俄罗斯队52次快攻得分，成功率69%；韩国队56次快攻得分，成功率76%。俄罗斯队和挪威队决赛，挪威队快攻威力更大，完全压住了俄罗斯队的快攻，挪威队快攻得12分，俄罗斯队才得6分。韩国队两次战胜匈牙利队，快攻发挥了很大作用。韩国队与匈牙利队的半决赛，韩国队8次快攻多于匈牙利队3次快攻。安哥拉队、哈萨克斯坦队、巴西队每场快攻得4分左右。打哈萨克斯坦队，中国队快攻仅得1分，哈萨克斯坦队得4分。在这种顶级赛事中，快攻不仅是拉开分差、赶超对手的有力工具，而且是提升自己士气、压制对手气势的非常重要的武器。

### （三）封挡强

挪威队38次、俄罗斯队41次封挡排在前两位。韩国队与前两位各技术统计差距最大的就是封挡。中国队仅12次。

### （四）阵容强大，得分点多

每场都能得2分的人，挪威队有7人，俄罗斯队有8人，韩国队有7

人,匈牙利队有6人,而中国队、安哥拉队只有4人。这就像是刚开始打比赛中国队就输俄罗斯队8个球了。得分点多就更具有攻击力、更难防守,而且更能够根据场上形势替换队员,在保持全队攻防能力基本稳定的情况下,还能保持体能的充沛,防止多打比赛可能造成的伤病。比赛越到后面,阵容优势会越明显。

### (五) 守门员封挡率较高

如表4-9、表4-10所列,从平均水平来说,挪威守门员41%的封挡率,排名第1,法国守门员40%排名第2,韩国守门员37%排名第3,中国队27%。从个人排名来看,排名前七位的守门员封挡率在36%以上,全是2008年北京奥运会前5名的队,黄红排名第18。挪威队和俄罗斯队决赛,挪威队守门员封挡率达到39%,而俄罗斯队守门员仅为19%,不可否认,决战中守门员的封挡率不高是俄罗斯队失利的重要原因。男子手球决赛法国队门将封挡率达到49%,而冰岛队守门员只有36%的封挡率。

表4-9 2008年北京奥运会各队守门员技战术综合统计

| 球队 | 场次 | 总计 | | 底线 | | 边锋 | | 9m | | 7m | | 快攻 | | 突破 | |
|---|---|---|---|---|---|---|---|---|---|---|---|---|---|---|---|
| | | G/S | % | G/S | % | G/S | % | G/S | % | G/S | % | G/S | % | G/S | % |
| 挪威 | 8 | 130/315 | 41 | 10/47 | 21 | 22/47 | 47 | 74/128 | 58 | 11/32 | 34 | 8/37 | 22 | 5/24 | 21 |
| 俄罗斯 | 8 | 107/317 | 34 | 11/49 | 22 | 27/58 | 47 | 48/103 | 47 | 6/33 | 18 | 12/59 | 20 | 3/15 | 20 |
| 韩国 | 8 | 119/326 | 37 | 21/70 | 30 | 22/48 | 46 | 47/83 | 57 | 7/23 | 30 | 12/58 | 21 | 10/44 | 23 |
| 匈牙利 | 8 | 110/337 | 33 | 8/40 | 20 | 24/57 | 42 | 48/107 | 45 | 7/33 | 21 | 16/64 | 25 | 7/36 | 19 |
| 法国 | 8 | 143/360 | 40 | 16/48 | 33 | 19/49 | 39 | 57/108 | 53 | 11/41 | 27 | 24/69 | 35 | 16/45 | 36 |
| 中国 | 8 | 78/294 | 27 | 14/58 | 24 | 16/43 | 37 | 31/85 | 36 | 1/20 | 5 | 11/58 | 19 | 5/30 | 17 |
| 罗马尼亚 | 8 | 120/332 | 36 | 16/54 | 30 | 24/54 | 44 | 54/107 | 50 | 6/30 | 20 | 12/57 | 21 | 8/30 | 27 |
| 瑞典 | 8 | 96/318 | 30 | 5/55 | 9 | 18/48 | 38 | 47/102 | 46 | 10/39 | 26 | 8/39 | 21 | 8/35 | 23 |

续表

| 球队 | 场次 | 总计 G/S | 总计 % | 底线 G/S | 底线 % | 边锋 G/S | 边锋 % | 9m G/S | 9m % | 7m G/S | 7m % | 快攻 G/S | 快攻 % | 突破 G/S | 突破 % |
|---|---|---|---|---|---|---|---|---|---|---|---|---|---|---|---|
| 德国 | 5 | 74/208 | 36 | 10/27 | 37 | 15/29 | 52 | 30/72 | 42 | 4/14 | 29 | 7/38 | 18 | 8/28 | 29 |
| 巴西 | 5 | 54/191 | 28 | 7/22 | 32 | 9/30 | 30 | 16/51 | 31 | 6/24 | 25 | 13/48 | 27 | 3/16 | 19 |
| 哈萨克斯坦 | 5 | 58/195 | 30 | 13/35 | 37 | 7/15 | 47 | 22/59 | 37 | 2/20 | 10 | 10/33 | 30 | 4/33 | 12 |
| 安哥拉 | 5 | 57/204 | 28 | 5/24 | 21 | 1/8 | 13 | 34/78 | 44 | 1/30 | 3 | 5/37 | 14 | 11/27 | 41 |

表 4-10 守门员个人排名

| 排名 | 姓 名 | 球队 | % | 封挡/次 | 射门/次 | MP |
|---|---|---|---|---|---|---|
| 1 | Haraldsen Katrine Lunde | 挪威 | 42 | 120 | 283 | 8 |
| 2 | Leynaud Amandine | 法国 | 40 | 38 | 96 | 8 |
| 2 | Nicolas Valerie | 法国 | 40 | 105 | 264 | 8 |
| 4 | Dinu Luminita | 罗马尼亚 | 39 | 97 | 248 | 8 |
| 5 | Lee Minhee | 韩国 | 38 | 36 | 95 | 8 |
| 6 | Suslina Inna | 俄罗斯 | 37 | 59 | 158 | |
| 7 | Oh Yongran | 韩国 | 36 | 83 | 231 | 8 |
| 18 | 黄红 | 中国 | 27 | 61 | 222 | 8 |

## 四、对手球专项发展的进一步理解和启示

### (一) 拼是手球专项的根本特点

持续拼搏,争取每一秒都拼赢的意志品质是手球比赛的根本要求,也是技战术、身体弱势球队试图取胜的前提。

韩国男子手球队能战胜世界冠军克罗地亚队、战胜冰岛队(冰岛队战胜了俄罗斯队),韩国女子手球队以 10 个球的优势大胜德国队、两次大胜

匈牙利队，是韩国队的技术比那几个队好吗？是韩国队队员的身材比那几个队的队员强壮高大吗？显然不是。韩国无论男队女队都有一个明显的优势，那就是气势。韩国女队利用高德国队、匈牙利队一流的顽强斗志和玩命拼搏，抓住一切微小的机会，一点点把意志很强大、技战术公认的强队——德国队和匈牙利队打垮了。我们也能战胜法国队，看起来不能完成的任务也拿下了。其实，意志上输了，比赛肯定就要输。"拼"谁都能说，没有想着把每一个抢球、每一个防守、每一个跑位、每一个射门……每一个场上对抗都要拼赢，其实不叫拼。不是说队员要拼就能拼倒对手，因为对手也在拼，要看谁拼得更专业、更玩命、更团队，拼得更让对方找不着头绪。一旦我们没拼过别人，我们的技战术、心理上的弱点就会被放大。每一秒钟都要拼，每一秒钟都要争取拼赢，才有赢的希望。拼是手球专项的根本特点，任何一场比赛、任何一刻都要贯穿始终，否则就离输更近了。强打弱、弱打强，都必须拼，才有赢的希望。一个人不拼基本要输球，每一个人都拼才有赢的希望。

　　韩国手球队这种纯真的玩命的竞赛精神除了来自韩国人天生的骨气，还有就是他们所受的教育和磨炼——生活中的磨炼和比赛中的磨炼。技战术的成果要通过不断重复的训练才能达到技战术训练的痕迹效应，达到超量恢复；体能训练要通过大负荷的训练，来达到一定程度疲劳，才能达到超量恢复。超过累，忍住累，是技战术和体能训练取得成果的基本要求，也是精神意志提升的重要方法。目前，我们的队员是全国最好的，希望发挥举国体制的优势，通过请高水平教练，通过常年集训，通过技战术、体能和心理上的一点点提高，在较短时间提高水平。但是，每当需要咬牙熬住、顶住困难训练以提升的时候，就会出现伤病或是疲累，而不能练上去。就像我们比赛时，每当有机会提升、赶超或是最后射门那一刻，就会出现莫名其妙的失误或停滞不前或被对手赶超一样，这种现象有可能是平时"练"出来的。李薇薇有老伤病，坚持不了大负荷训练；刘晓妹、王莎莎、刘赞、王旻、吴雯绢虽然没有大伤，但是一增加负荷，总有那么几天来点小伤而见习，负荷积累不足就根本达不到超量恢复；有些队员训练时增加点儿负荷就喊累，教练多吼几句就全身发毛，多练点儿就生气……这样她们的水平就怎能突破。为什么伤病问题会成为国家队挥之不去的阴影？在奥运赛场也是这样。第一，能打球并能经过重重考验被寄予厚望的运动员很多都有伤病或潜在的伤病；第二，国内其他没什么伤病的运动员由于能力有限不能经受住重重考验而不能顶替那些队员。这些伤病出现的原因很多，但最主要的可能是因为她们年轻时打的比赛太少，是杠铃、跑步练出来的训练体格和精神，而不是通过"真刀真枪"拼出来的专项竞赛体格和精神。通过比赛及时发现问题、发掘人才，然后通过训练和选拔去提高球队比赛水平，这才是健康的。训练体格在大赛的拼抢碰撞下，就难免出问题。大家都在努力，最后一些队员因为这种或那种原因，还是在这种或那种困难面前低下了头，妥协了，停滞了下来，这可能就是在赛场上出现种种"掉链子"的重要原因。

### （二）凶猛激烈的防守和进攻是手球专项的基本特点

从 2008 年北京奥运会来看，更凶猛更强硬的球队，如俄罗斯队、匈牙利队和韩国队在与技术型的罗马尼亚、法国队比赛时都占有优势。女子手球发展更趋于男性化，对抗更凶猛、激烈、快速。可以说，手球运动真是"勇敢者的游戏"。凶猛激烈的防守和进攻是手球专项的基本特点，场上身体接触不可避免，最多的是底线，其次是内卫。身体接触并且在接触中取得优势是手球对抗的基本要求和特点。要敢于和善于进行身体接触，并争取优势，良好的步伐是身体接触能力的基础。软弱的防守肯定抵不住对手凶猛的进攻，软弱的防守不是手球防守所需要的特点。

凶猛激烈的防守和进攻是要通过真正的比赛练出来的。不可否认，我们太缺乏真正的孤注一掷、无路可退、激烈凶猛的比赛了。通过友谊比赛、教学比赛还不能达到这种专项程度，从备战奥运会我们所参加的各种赛事技战术演变图来看，奥运会各种进攻成功率与之前的赛事相比都有下降。国内比赛一年两次，强队需要稍微拼的就是一两场，一年就一两场拼点儿命，与国外联赛每周都拼命的比赛相比，真是太少了，不利于队员的更新提升和天赋队员的涌现。韩国没有联赛的体制，但是有很好的各级学校级别的联赛，让年少的人去感受纯真的比赛，去享受运动的乐趣和比赛获胜的欢乐，是一种花费少、效果好的办法。目前，我国没有手球联赛，队员也没有老一代体育人为国家荣誉而不顾一切的牺牲奉献精神，队员一年就两次比较大的比赛，没法让队员的利益与队员表现直接连在一起，所以，队员就得不到一直持续的考验。在目前情况下，只有将利益与个人的表现相联系，"真刀真枪"的比赛才会出现，才能造就真正的竞赛性格。磨炼竞赛性格最好的时候就是队员年轻的时候，这时他们的潜力是最大的。

### （三）手球是建立在个人攻防基础上的团队项目

手球比赛的形式和效果都通过集体来展现，手球攻防的集体目的是进球和防止进球,个人的攻击和防守是集体目的实现的基础。拿球队员都应该是进攻的核心,其他队员要积极互动、配合支持,并把进攻核心推向最有进球机会的地方。每个进攻队员的第一目的是找机会进球,在进行集体配合时,个人如果仅仅是跑位或传球,就与集体目的不一致,大大削弱了进攻的力量。防守时,每一名防守队员的防守都是集体防守的基础,首先是个人防守;其次是集体配合防守。过于强调集体进攻和防守,将个人攻防建立在集体攻防基础上,就会造成依赖集体的情况,而集体反应往往不如个人快,会造成攻防的削弱。过于强调某个人的作用,会给这个人附加压力,同时也可能会弱化其他队员的作用。手球是集体项目,但要突出个人作用。

### (四)手球运动员的选材不能忽视防守能力、坚强的意志品质和意识天赋

队员选拔往往会偏向得分多、身材有优势的队员,但是这些队员很多是在全国的优秀球队中,遇到的挑战和竞争少,可能更缺乏心理上的自我突破,而往往有一种自傲的心态。如果总要通过思想教育去劝说,才能去练,没有克服一切困难为中国手球崛起而拼搏的精神,总归不是长远之计。除了要考虑基本的技术、身材外,可能还要特别重视运动员的拼搏意志、意识天赋和防守能力。没有坚强的意志,没有玩命的拼劲,没有灵活的头脑,是很难达到高水平的。这种精神素质的塑造和养成与运动员的出身和少儿时的教育及平时训练生活的管理有很大关系。我们不少队员进攻都有一定特点,在国内也是风云人物,但防守较弱。在激烈的对抗中,防守能力是非常重要的。所以,为了手球的发展,千万不能忽视有防守才能的队员。

# 第二章

# 2009 年第 11 届全运会女子手球比赛调研

女子手球项目是奥运会正式项目，2008 年北京奥运会中国女子手球队取得了第 6 名的成绩，北京奥运会的结束就意味着伦敦奥运会备战的开始。第 11 届全运会女子手球比赛是检验奥运会后各省、市、自治区女子手球水平、考察全国女子手球发展现状、选拔备战伦敦奥运会人才的重要赛事。比赛在山东省威海市举行，共有 11 支球队参加角逐，为期 9 天。最后解放军队蝉联冠军，安徽队取得亚军，山东队获得季军，广东队第 4 名，江苏队第 5 名，上海队第 6 名，黑龙江队第 7 名，新疆队第 8 名，北京队第 9 名，广西队第 10 名，四川队第 11 名。

## 一、第 11 届全运会女子手球赛事基本情况

### （一）参赛运动员总数及年龄、形态等统计学分析

1. 参赛运动员总数特点分析

第 11 届全运会女子手球比赛包括解放军队、安徽队、广东队、北京队、广西队、上海队、四川队、新疆队、黑龙江队、山东队和江苏队 11 支球队，共 171 名队员参赛（少于第 10 届全运会 186 名队员、12 支球队），数量是全运会历史上第二位。参赛人数变少是不可忽视的手球发展中出现

的令人担忧的问题,没有广泛的专业人才基础,要达到较高的水平是很难的。挪威甲级俱乐部就有 20 支球队,如果加上各级别、各地方球队,女子手球队不下百支。所以,应该承认手球在我国的竞技基础还相当薄弱。

参赛各位置运动员人数见表 4-11。其中左手运动员共 12 人,人数较少。左手运动员在右内卫和右边锋位置上具有解剖学上的先天射门角度优势,并且能够扩大进攻区域到对方底边线附近,而牵制对方防守。世界强队如挪威队、韩国队等都有很优秀的左手运动员。

表 4-11　参加第 11 届全运会女子手球运动员各位置人数

单位:人

| 合计 | 边锋 | 内卫 | 底线 | 守门员 | 左手 |
| --- | --- | --- | --- | --- | --- |
| 171 | 46 | 74 | 26 | 25 | 12 |

同时,我们对所有参赛运动员的初始运动项目进行了统计,统计结果如表 4-12、图 4-1 所示。

表 4-12　第 11 届全运会女子手球运动员初始运动项目统计

单位:人

| 项　目 | 人数/人 | 占比/% |
| --- | --- | --- |
| 篮球 | 119 | 69.2 |
| 手球 | 34 | 20 |
| 田径 | 10 | 6 |
| 排球 | 5 | 3 |
| 网球 | 1 | 0.6 |
| 足球 | 1 | 0.6 |
| 武术 | 1 | 0.6 |
| 合计 | 171 | 100 |

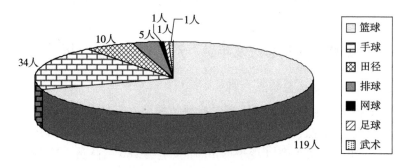

图 4-1　第 11 届全运会女子手球运动员初始运动项目分布图

从表 4-11 和图 4-1 可以看出,参加全运会女子手球比赛的运动员仅 20% 是练手球出身,而练篮球转成手球的运动员达到 69.2%,可以说我国女子手球队员绝大多数是"转行"而来的。这一方面说明全国范围内从小就练手球的女子运动员很少;另一方面说明很多手球运动员是篮球打不好而被淘汰的。手球和篮球具有一定相似的地方,除了身材上的差异外,篮球也要求运动员有很强的爆发力、持续间歇运动能力、身体对抗能力、球性、意志品质和团队意识等。所以,很多手球运动员在某些球类竞技素质方面就已经低于同龄篮球运动员。

竞技基础薄弱主要原因是群众基础薄弱,如果群众基础强了,更多的人打手球了,就会吸引更多厂商对手球的赞助,也就能吸引更多的人参加到手球运动中,"捡别人挑剩下的"现象就会更少,手球运动员的科学选拔就有了底气和基础。手球精彩激烈是最具有观赏性的运动项目之一,但是对手球有所了解的人可以说寥寥无几,不能让大众感受到手球所带来的快乐、激情、感动和活力,不仅是手球的悲哀,更是大众的遗憾。目前,跟篮球、足球、排球等项目相比,手球可以说"没有"群众基础。媒体对手球的关注也很少。全运会女子手球比赛的同时,美国网球公开赛也在进行,中央电视台 30min 的体育新闻节目,对美网的报道恨不得占了 80%,而对全运会手球的报道却是一带而过,拍摄的画面一点儿"专业水准"都没有。手球目前还主要是靠少数人、靠协会、政府的投入,在艰难运作、艰难前行。

2. 参赛运动员年龄特点分析

如表 4-13 所列,四川队、广西队、新疆队与其他队相比平均年龄明显要小,解放军队平均年龄最大,年龄最大的球队取得了冠军。参赛队员平均年龄 22.9 岁,比第 10 届全运会的 22.1 岁高,30 岁以上的队员共 10 名。总体来说参赛队员非常年轻,再过 3 年平均年龄为 25.9 岁,可以说,所有这次参加全运会的队员都是参加 2012 年伦敦奥运会的适龄人选。虽然有个别队员 3 年后达到 42 岁,但只要打得好、状态好,没有什么不可能。

表 4-13 第 11 届全运会女子手球队基本资料统计学特点

| 球队 | 人数/人 | 身高/m | 体重/kg | 年龄/岁 |
| --- | --- | --- | --- | --- |
| 安徽 | 16 | $1.79 \pm 0.04$<br>($1.72 \sim 1.85$) | $69.9 \pm 5.9$<br>($56 \sim 80$) | $22.9 \pm 4.4$<br>($15 \sim 29$) |
| 北京 | 16 | $1.75 \pm 0.06$<br>($1.6 \sim 1.88$) | $67.3 \pm 6.0$<br>($55 \sim 78$) | $23.8 \pm 5.0$<br>($18 \sim 39$) |

续表

| 球队 | 人数/人 | 身高/m | 体重/kg | 年龄/岁 |
|---|---|---|---|---|
| 广东 | 16 | 1.77±0.06 (1.67~1.85) | 69.5±5.6 (63~78) | 24.3±3.5 (19~30) |
| 广西 | 16 | 1.73±0.03* (1.68~1.78) | 63.1±3.6 (60~73) | 20.8±3.7 (16~30) |
| 黑龙江 | 16 | 1.78±0.05 (1.72~1.86) | 66.6±5.5 (60~75) | 23.3±4.1 (19~30) |
| 江苏 | 16 | 1.78±0.05 (1.70~1.87) | 67.9±6.8 (55~77) | 22±2.88 (16~25) |
| 解放军 | 16 | 1.79±0.06 (1.70~1.89) | 70.6±4.3 (64~80) | 25.5±4.1 (18~33) |
| 山东 | 16 | 1.77±0.04 (1.72~1.83) | 68.6±4.0 (60~74) | 24.3±4.3 (18~33) |
| 上海 | 16 | 1.80±0.05 (1.74~1.90) | 71.6±6.8 (62~83) | 23.1±4.1 (19~32) |
| 四川 | 11 | 1.79±0.05 (1.71~1.86) | 66.9±4.8 (60~75) | 18.5±1.5 (16~20) |
| 新疆 | 16 | 1.78±0.04 (1.68~1.87) | 69.5±4.5 (62~82) | 21.8±3.7 (17~28) |
| 总计 | 171 | 1.77±0.05 (1.6~1.9) | 68.4±5.7 (55~83) | 22.9±4.2 (15~39) |

  世界女子手球强队挪威队、俄罗斯队和韩国队的奥运会队员平均年龄在27岁左右。根据对奥运会、世锦赛参赛女子手球运动员年龄特点的分析，绝大多数手球运动员成才年龄在26岁左右，训练年限在8年以上，而中国队年龄偏小，像韩国队、挪威队等世界强队中都有30岁以上，比赛经验丰富、技战术能力强、能压阵的老队员。北京队的石伟39岁，她的表现让人眼前一亮，虽然身体稍微发福，但场上的风采依然抢眼，还有如黑龙江队的祝红霞、上海队的龙佩莉、山东队的车志红、广东队的李玉玲这些30岁左右的"老"队员，在球队中都起到非常重要的作用。我国全运会女子手球球队整体年轻化现象非常奇怪，推测不少运动员并没有达到自己的"黄金"时期就不参加全运会了，也许有伤病原因，也许有思想上的原因，也许在当前我国手球训练体系下队员成才时间短。所以，中国手球协会做出的不限制参赛运动员年龄的决策是根据手球运动员发展规律和中国女子

手球现状做出的。

另外，中国手球协会取消了赛前 3 200m 跑测试。3 200m 跑测试主要评定的是运动员有氧耐力，特别是持续运动中的耐力，手球运动员有氧耐力很重要，是专项体能的重要方面，是运动员在场上做不断的间歇性运动中体能恢复和长时间保持自身高水平技战术的主要体能基础。但手球体能方面最重要的是爆发力，因为耐力差的可以通过换人规则去调整，而如果爆发力差，根本别想打好手球。我国女子手球有以下几类运动员：①有些运动员遗传基因决定了爆发力好，但有氧能力差；②有些运动员有伤病不能持续打很长时间；③有些运动员年龄大有氧能力退化（随着年龄增长，有氧能力退化速度远远高于无氧能力退化速度，而爆发力的退化相对较慢）而不能持续进行大负荷运动。这几类运动员有可能具备了打好手球的技战术能力、意识、意志品质、爆发力，但不具备长时间持续运动的耐力，如果用 3 200m 测试作为手球运动员体能准入标准，这些运动员就不得不退出，这样很可能造成人才的浪费。

手球比赛具有持续性、间歇性、不稳定性、位置性、相对性和包容性的特点。基本的有氧能力是成为优秀手球运动员必需的，高水平的手球运动员需要高水平有氧能力（包括耐力水平、间歇中机体恢复能力），高水平的无氧酵解供能（多次反复持续的攻防能力）对比赛非常重要，同时手球运动员必须具备很强的磷酸原供能能力（突然起动、变向、加速、跳跃、碰撞的能力）。2008 年北京奥运备战周期科研实践表明，中国女子手球队队员体能问题体现在：整体有氧能力较好（但个别队员，如刘晓妹、刘赟、闫美珠、李薇薇由于遗传或伤病原因，有氧耐力较差），但整体无氧爆发力和无氧耐力较差，比赛时无氧代谢供能"疲软"；体能的使用效率较低（重复低效的运动过多造成不必要的体能浪费）；阵容的差距使得球队不能利用换人规则在保持体能稳定的前提下，保持或提高球队的竞技比赛能力。所以，有氧能力较弱已不是中国女子手球队队员主要的体能问题，而且体能问题只是手球竞技能力中的一部分，所以，用 3 200m 测试评定考核运动员有氧能力，并以此决定运动员能否参加手球比赛有点儿以偏概全、缺乏科学依据。当然 3 200m 体能测试的取消，并不意味着有氧能力重要性的降低，而是对手球项目规律的再认识，是对解决中国手球发展中出现的问题做出的决策。

3. 形态学特点分析

如表 4-13 所列，我国女子手球运动员身材最低的是广西队，其他各队相近，平均身高在 1.77m，平均体重 68.4kg，与 2008 年北京奥运会中国女子手球队队员身材相似,已经具备欧洲强队,如挪威队、匈牙利队、法国队队员的身材,与韩国队相比具有身材优势。

调研中还发现:不同位置的运动员身材特点也有差异,边锋的身材显著低于内卫、底线和守门员,而内卫、底线和守门员间无显著差异,如表4-14所示。如表4-15所列,从2008年北京奥运会世界强队的统计也发现相似的特点。手球运动员场上的角色因不同位置攻防需要而不同,不同位置的运动员身材特点也不一样。内卫对正面中间区域的防守和封挡(对方的跳跃远射)、中间区域的进攻,底线对中路的防守和封挡、在对方底线附近的对抗、拼抢,守门员的防守面积的增加等,这些方面对各位置运动员的身材有一定高度和体重要求,但因为同时必须具备较强的反应灵敏性、爆发力、速度、耐力等素质,身材往往不会很高大。而边锋主要不是进行正面的进攻和防守,是要通过不断快速的跑动、较强的弹跳和灵敏性等能力在边路进行攻防,与其他位置相比,对身高要求较低。

表4-14 第11届全运会女子手球不同位置运动员基本身体形态比较表

| 项目 | 边锋 | 内卫 | 底线 | 守门员 |
| --- | --- | --- | --- | --- |
| 身高/m | 1.73±0.95 | 1.81±4.24* | 1.80±4.04* | 1.80±5.29* |
| 体重/kg | 64.45±3.62 | 72.81±1.75* | 74.23±2.66* | 71.65±5.85* |

与边锋比:* $p<0.05$。

表4-15 2008年北京奥运会世界强队不同位置运动员基本身体形态比较表

| 项目 | 边锋(36) | 内卫(52) | 底线(22) | 守门员(21) |
| --- | --- | --- | --- | --- |
| 身高/m | 1.72±0.05 | 1.79±0.07** | 1.78±0.05** | 1.79±0.06** |
| 体重/kg | 65.4±7.5 | 70.2±7.2** | 73.2±4.9** | 72.3±6.1** |

与边锋比:* $p<0.05$;** $p<0.01$。

在初次收到的各队上报的运动员资料中,有身高、体重资料的不到50%,有参加国内、国际比赛资料的不到20%,而且资料有误。到赛场后对各队基本资料又进行了调查分析,对各队再次上交的队员国内、国际比赛场数的调查发现,数据依然缺乏可信度,不予采信。这些现象也从侧面反映出省队建设的不成熟。省队是国家队的基础,手球不仅仅是训练比赛,还有球队建设,还有医疗,还有生活。连运动员的基本资料都不全,何谈训练、比赛、科研资料的积累?没有数据的积累怎么能总结出规律?所以,省队水平总是停滞不前,一个重要原因可能是没有及时总结借鉴前人在选材、队员培养、训练安排、比赛打法、伤病防治等方面的成功和失败的经验教训,使得这些问题总是存在,总是说不清,总是找不到办法解决,每一次建立的球队又都在原来的路上徘徊。而且,一支球队要形成战斗力,一定要有自己的精神,自己的精神不仅仅来自训练比赛,还来自球队日常文化和生活,球队文化建设最重要的是要让每个队员都感到自己存在的意义,增强认同感和归属感。球队文化建设是球队精神建设的润滑剂,关键时刻球队少根弦不是训练打骂说教就能奏效的。连国内、国际比赛场次这么重要的信息,都不做记录,都记错,怎么能让队员有归属感。

## (二) 参赛教练员情况统计

从表 4-16 可以看出,教练员平均年龄 44.6 岁,以中年为主,其中最老的教练是解放军队的李英才（55 岁）,最年轻的教练是新疆队的冯辉（27 岁）;平均执教年限为 14.3 年,在主教练中,执教时间最长的是广东队韩乃国（30 年）,最短的是新疆队的冯辉（4 年）。

表 4-16　第 11 届全运会女子手球教练员情况统计表

| 人数 | 年龄/岁 | 从教时间/年 |
| --- | --- | --- |
| 25 | 44.6 ± 8.2（27～55） | 14.3 ± 7.7（24～30） |

从图 4-2 可以看出,绝大多数教练员具有本科学历,其余是大专学历,没有研究生学历。相当一部分教练员没有受过正规的大学教育,书面表达、专业探究的能力较为欠缺。教练是项目前进的主要掌舵人,教练素质不高是令人担忧的问题。

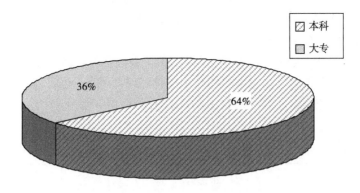

图 4-2　第 11 届全运会教练员学历分类统计

## （三）比赛中的技战术分析及问题

### 1. 国内水平对比分析

如表4-17所列，从2004—2009年的全国比赛可以看出，解放军、安徽女子手球队仍是中国女子手球的顶尖球队。参加第11届全运会决赛的解放军队和安徽队有7名队员是参加2008年北京奥运会的运动员，绝大多数是主力队员。山东队、广东队、江苏队、上海队、黑龙江队、北京队属于第二档次的球队，广西队、四川队属于第三档次的球队。

表4-17 2004—2009年国内女子手球大赛成绩一览表

| 赛事 | 年份/年 | 金牌 | 银牌 | 铜牌 | 参赛球队/支 |
|------|---------|------|------|------|-------------|
| 锦标赛 | 2004 | 解放军队 | 上海队 | 安徽队 | 11 |
| 全运会 | 2005 | 解放军队 | 上海队 | 安徽队 | 11 |
| 锦标赛 | 2006 | 解放军队 | 安徽队 | 山东队 | 10 |
| 锦标赛 | 2007 | 解放军队 | 北京队 | 安徽队 | 12 |
| 锦标赛 | 2008 | 安徽队 | 北京队 | 江苏队 | 11 |
| 全运会 | 2009 | 解放军队 | 安徽队 | 山东队 | 11 |

### 2. 技战术数据特点分析

由于赛事不一样、球队不一样、球队数量不一样，2007年世锦赛、2008年北京奥运会、2005年第10届全运会、2009年第11届全运会的技战术数据没有绝对可比性，但由于技战术数据都是根据手球竞赛规则、通过共同的统计方法得出的，所以，技战术数据具有相对可比性。

1）射门成功率统计分析

如表4-18、表4-19所列，与第10届全运会前4名的球队射门成功率相比，第11届全运会前4名的球队整体成功率有所下降，远射、底线、快攻、突破、任意球、7m射门成功率都有所下降，边锋射门成功率稍有上升。

表4-18 第11届全运会女子手球比赛前四名的球队射门成功率统计

| 项目\球队 | 9m | 底线 | 边锋 | 快攻 | 突破 | 任意球 | 7m | 合计 | 成功率/% |
|-----------|------|-------|-------|-------|-------|--------|-------|---------|----------|
| 解放军 | 24/58 | 61/88 | 22/37 | 51/75 | 29/39 | 0/1 | 13/19 | 200/317 | 63.1 |
| 安徽 | 21/45 | 60/84 | 28/48 | 47/64 | 20/31 | 0/1 | 20/22 | 196/295 | 66.4 |

续表

| 项目\球队 | 9m | 底线 | 边锋 | 快攻 | 突破 | 任意球 | 7m | 合计 | 成功率/% |
|---|---|---|---|---|---|---|---|---|---|
| 山东 | 39/85 | 29/50 | 20/39 | 16/17 | 18/21 | 0/1 | 23/33 | 145/246 | 58.9 |
| 广东 | 40/92 | 37/70 | 22/41 | 21/32 | 13/26 | | 9/12 | 142/273 | 52 |
| 合计 | 124/280 | 187/292 | 92/165 | 135/188 | 80/117 | 0/3 | 65/86 | 683/1 131 | 60.4 |
| 成功率/% | 44.3 | 64 | 55.8 | 71.8 | 68.4 | 0 | 75.6 | 60.4 | — |
| 占比/% | 18.2 | 27.4 | 13.5 | 19.8 | 11.7 | 0 | 9.5 | 100 | — |

表4-19 第10届全运会女子手球比赛前4名的球队射门成功率统计

| 项目\球队 | 9m | 底线 | 边锋 | 快攻 | 突破 | 任意球 | 7m | 合计 | 成功率/% |
|---|---|---|---|---|---|---|---|---|---|
| 解放军 | 33/76 | 51/69 | 29/52 | 56/80 | 56/64 | 7/11 | 21/30 | 253/382 | 66.2 |
| 上海 | 41/101 | 50/69 | 27/58 | 51/71 | 25/37 | 11/17 | 27/32 | 232/385 | 60.3 |
| 安徽 | 34/69 | 54/78 | 30/49 | 69/93 | 34/49 | 4/9 | 26/32 | 251/379 | 66.2 |
| 广东 | 57/109 | 36/65 | 19/34 | 32/45 | 30/45 | 1/3 | 27/33 | 202/334 | 60.5 |
| 合计 | 165/355 | 191/281 | 105/193 | 208/289 | 145/195 | 23/40 | 101/127 | 938/1480 | 63.4 |
| 成功率/% | 46.5 | 68.0 | 54.4 | 72.0 | 74.4 | 57.5 | 79.5 | 63.4 | — |
| 占比/% | 17.6 | 20.4 | 11.2 | 22.2 | 15.5 | 2.5 | 10.8 | 100 | — |

如表4-20所列,第11届全运会前4名球队的边锋、底线和突破的射门成功率比2008年北京奥运会和2007年世锦赛的冠军队低,奥运会和世锦赛的手球比赛是手球最激烈的赛事,凸显中国手球这几种进攻方式的水平较低。

表4-20 射门成功率参考水平 单位:%

| 项目 | 总成功率 | 底线 | 边锋 | 9m | 7m | 快攻 | 突破 |
|---|---|---|---|---|---|---|---|
| 世锦赛中国队 | 49 | 68 | 33 | 32 | 83 | 50 | 71 |
| 奥运会中国队 | 47 | 68 | 50 | 27 | 76 | 56 | 56 |
| 亚锦赛中国队 | 51 | 37 | 61 | 47 | 87 | 72 | 77 |
| 世锦赛冠军队 | 62 | 68 | 58 | 43 | 90 | 78 | 84 |
| 奥运会冠军队 | 61 | 73 | 60 | 43 | 77 | 70 | 77 |

2）射门得分比例统计分析

每个队的进攻都会选择易于得分的手段，得分比例的特点可以看出球队进攻的风格，当然对手不一样，球队表现出的风格也会不一样。如图4-3所示，第11届全运会前4名的球队得分比例最高的是底线得分；其次是快攻、9m和边锋。有以下几个特点。

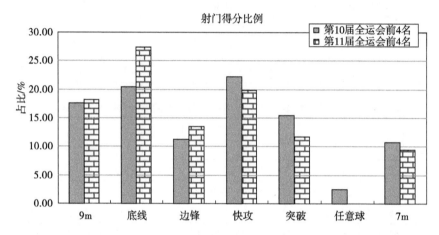

图4-3 第10届全运会和第11届全运会女子手球比赛前4名的球队得分分布

（1）底线区离球门最近，是最危险的区域，而此区域得分较多，说明各队在此区域底线队员或其他穿插底线的队员进攻增强，或是各队此区域防守较弱。

（2）较第十届全运会前四名球队的底线、9m、边锋在总得分中所占比例都有提高，而快攻、突破、任意球得分比例下降。

（3）如图4-4所示，与中国女子手球队在世界赛场上所表现出来的得分特点不一样。在近年的世界大赛上，中国女子手球队的远射得分比例最高，边锋和快攻得分较少，底线得分比例不稳定，从一个侧面说明国内赛场上对底线区、边锋区的防守能力较弱。

（4）如图4-5所示，与世界强队得分分布相比，凸显中国队得分不均衡的问题。强队各有特点，风格也不一样。2008年北京奥运会时，韩国队的快攻、远射和边锋得分都比较多，各种得分比例差距不大，相对均衡；2007年世锦赛上的俄罗斯队和2008年北京奥运会上的挪威队代表了女子手球的最高水平，她们的快攻、远射和底线得分相对较多，各种得分比例差别不大，各个位置进攻能力均衡，没有出现"一个胳膊粗，一个胳膊细"的现象，这说明这些强队的进攻战术体系和个人攻击的完备和全面。

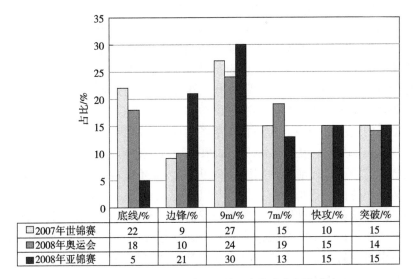

图 4-4  中国女子手球队在世界大赛中的得分分布

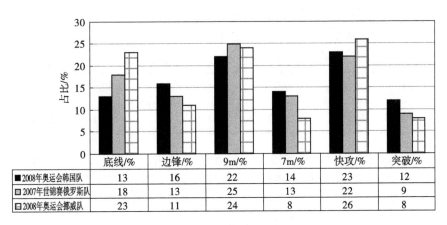

图 4-5  世界女子手球强队得分分布

3) 6 打 5 的问题

6 打 5 是指对方被罚下一名队员时进攻方进攻时所出现的进攻局势。正常 6 打 6 时，进攻方也是希望通过各种进攻方式和手段达到瞬间的 6 打 5、多打少的局面。但是，6 打 5 时的进攻疲软是中国女子手球队非常奇怪的问题，一直没有得到解决。

在此次调研过程中，对黑龙江队和北京队、广东队和江苏队、新疆队和上海队、安徽队和解放军队、黑龙江队和上海队、江苏队和新疆队、广东队和安徽队、山东队和解放军队、黑龙江队和新疆队、上海队和江苏队、山东队和广东队、解放军队和安徽队 12 场比赛的 6 打 5、5 打 6 进攻成功率进行了统计，并对这些球队总体进攻成功率进行了比较。6 打 5 进攻成功的标准就是射门得分，或造成 7m 球并罚中。对总体进攻成功率本研究所采用的数据是这 9 支球队所有比赛进攻最后的累计。

如表 4-21 所列，6 打 5 进攻成功率低于总体进攻成功率，多打少还没有更高的进攻成功率，这是非常奇怪的现象。在调研中发现：各队 6 打 5 时，发动进攻开始很少打快攻，如果打快攻，很可能造成 6 打 4 或更多进攻队员的局面，还能充分利用 2min 时间，但奇怪的是当有这种快攻机会时，队员们往往表现得特别急，结果却自己失误了。另外，6 打 5 成功率不高，凸显队员们突破射门和突破分球能力较差，队员突破时其他队员跟进不够。如果每人都能突破，那么每个人都是攻击点，如果一味靠整体配合去牵引对方防守，那么攻击射门点就是预知的那一个或两个。还有一方面，底线掩护能力不强。底线前掩护、侧掩护能力强的话，射门机会会更好。底线除了是底线区主要得分手，更重要的还是破坏对方核心区域防守的关键，这就需要底线不断地掩护、穿插跑位。更可悲的是，6 打 5 造成 7m 球，结果没罚中。

表 4-21　6 打 5、5 打 6 和总体进攻成功率　　　　单位：%

| 6 打 5 进攻成功率 | 5 打 6 进攻成功率 | 总体进攻成功率 |
| --- | --- | --- |
| 37.8 (37/98) | 24.7 (20/81) | 42 (1 375/3 272) |

挪威队、韩国队、俄罗斯队 6 打 5 防守时往往会打 3/2/1，为的是紧逼对手，抓紧 2min 时间多进球。而第 11 届全运会各省队对对方的 5 打 6 好像是等着对方进攻，不是根据对方的劣势进一步施压，结果造成 5 打 6 成功率高达 24.7%。5 打 6 被进球非常让人心痛。

4）守门员技术统计分析

从表 4-22 可以看出，守门员前 6 名中，前 3 名的球队占了 5 名，他们的封挡成功率相当高，解放军队李欣达到 59.8%，跟第 10 届、第 9 届全运会守门员封挡率有相似特点。如表 4-23 所列，一般来说，世界大赛上守门员封挡率达到 40% 就是非常优秀的了。对比说明国内运动员整体射门水平低下。

表 4-22  第 11 届全运会守门员技术统计

| 排序 | 号 | 姓名 | 球队 | 封挡 | 成功率/% | 效能 | 进攻 | 防守 | 失误 | 受罚 | 价值 | 场数 | 时间 |
|---|---|---|---|---|---|---|---|---|---|---|---|---|---|
| 1 | 12 | 黄红 | 安徽 | 64/132 | 48.5 | 31.0 | 3 | 0 | 2 | 1 | 31.5 | 7 | 3min17s |
| 2 | 16 | 李欣 | 解放军 | 49/82 | 59.8 | 29.3 | 3 | 0 | 1 | 0 | 31.3 | 7 | 1min21s |
| 3 | 12 | 刘桂妮 | 山东 | 72/194 | 37.1 | 26.7 | 1 | 0 | 0 | 0 | 27.7 | 6 | 5min27s |
| 4 | 12 | 杨靓 | 解放军 | 61/135 | 45.2 | 27.6 | 1 | 0 | 1 | 0 | 27.6 | 7 | 3min9s |
| 5 | 1 | 许沫 | 上海 | 60/119 | 50.4 | 30.3 | 0 | 0 | 3 | 0 | 27.3 | 6 | 2min17s |
| 6 | 1 | 司艳 | 安徽 | 42/79 | 53.2 | 22.3 | 2 | 1 | 1 | 0 | 24.3 | 7 | 1min18s |

表 4-23  守门员封挡率　　　　　　　　　　单位：%

| 球队 | 总封挡率 | 底线 | 边锋 | 9m | 7m | 快攻 | 突破 |
|---|---|---|---|---|---|---|---|
| 2007 年世锦赛中国队 | 30 | 23 | 22 | 43 | 20 | 25 | 29 |
| 2008 年奥运会中国队 | 27 | 24 | 37 | 36 | 5 | 19 | 17 |
| 2008 年亚锦赛中国队 | 23 | 0 | 22 | 25 | 20 | 15 | 40 |
| 2007 年世锦赛冠军队 | 42 | 24 | 47 | 61 | 32 | 18 | 17 |
| 2008 年奥运会冠军队 | 42 | 35 | 58 | 54 | 18 | 24 | 0 |

从表 4-24、表 4-25 可以看出，有两届全运会都发挥较好的守门员，但没有三届全运会都发挥较好的守门员。

表 4-24  第 10 届全运会女子手球比赛前 6 名守门员技术统计

| 排名 | 姓名 | 防远射 | 防边射 | 防其他 | 合计 |
|---|---|---|---|---|---|
| 1 | 刘桂妮 | 38/65（58.5%） | 14/30（46.7%） | 48/172（27.9%） | 100/267（37.5%） |
| 2 | 赵胜楠 | 38/76（50.0%） | 12/24（50.0%） | 37/145（25.5%） | 87/245（35.5%） |
| 3 | 谈淼 | 31/50（62.0%） | 11/23（47.9%） | 37/132（28.0%） | 79/205（38.5%） |
| 4 | 商志运 | 24/60（40.0%） | 19/54（35.2%） | 31/163（19.0%） | 74/277（26.7%） |
| 5 | 王婷 | 14/55（25.5%） | 12/37（32.4%） | 48/206（23.3%） | 74/298（24.8%） |
| 6 | 于格丽 | 28/54（51.9%） | 11/21（52.4%） | 28/103（27.2%） | 67/178（37.6%） |

表4-25 第9届全运会女子手球比赛前6名守门员技术统计

| 排名 | 姓名 | 防远射 | 防边射 | 防其他 | 合计 |
|---|---|---|---|---|---|
| 1 | 王晓炯 | 42/70（60.0%） | 18/37（48.6%） | 47/100（47.0%） | 107/207（51.7%） |
| 2 | 范洁 | 34/56（60.7%） | 11/24（45.8%） | 25/78（32.1%） | 70/158（44.3%） |
| 3 | 于格丽 | 24/53（45.3%） | 15/40（37.5%） | 31/93（33.3%） | 70/186（37.6%） |
| 4 | 朱丽珍 | 21/62（33.9%） | 14/36（38.9%） | 31/115（27.0%） | 66/213（31.0%） |
| 5 | 刘玉敏 | 20/42（47.6%） | 13/36（36.1%） | 26/79（32.9%） | 59/157（37.6%） |
| 6 | 常敏 | 20/52（38.5%） | 12/37（32.4%） | 26/117（22.2%） | 58/206（28.2%） |

5）国家队队员技战术统计分析

如表4-26所列，参加2008年北京奥运会的15名队员，有10名是其后第11届全运会前4名球队中的队员，国家队队员几乎都是各省队的中坚力量。但有2名队员因伤病没有参加第11届全运会比赛，有些"老"队员状态也在下降。刘赟、王莎莎、李兵、刘晓妹、李薇薇、韦秋香、吴亚楠、黄冬杰、黄红、刘桂妮的状态上佳。

表4-26 2008年北京奥运会中国队队员情况

| 姓名 | 年龄/岁 | 位置 | 射门成功率/% | 总排名 |
|---|---|---|---|---|
| 刘赟（安徽队） | 27 | 底线 | 80.8（21/26） | 3 |
| 孙来苗（安徽队） | 28 | 底线 | 84.2（16/19） | 23 |
| 王莎莎（山东队） | 22 | 中卫 | 59.6（34/57） | 15 |
| 李兵（解放军队） | 29 | 中卫 | 51.4（18/35） | 45 |
| 张耿（广东队） | 29 | 中卫 | 病休 | |
| 刘晓妹（安徽队） | 24 | 右内卫 | 50（25/50） | 22 |
| 闫美珠（北京队） | 20 | 右内卫 | 54.5（18/33） | 53 |
| 李薇薇（解放军队） | 27 | 左内卫 | 59.2（29/49） | 13 |
| 吴雯绢（上海队） | 28 | 左内卫 | 病休 | |
| 韦秋香（江苏队） | 23 | 右边锋 | 71.4（30/42） | 14 |
| 王旻（上海队） | 29 | 右边锋 | 66.7（12/18） | 39 |
| 吴亚楠（解放军队） | 28 | 左边锋 | 65.4（17/26） | 16 |
| 黄冬杰（黑龙江队） | 28 | 左边锋 | 61.3（19/31） | 7 |
| 黄红（安徽队） | 29 | 守门员 | 48.5（64/132） | 1 |
| 刘桂妮（山东队） | 27 | 守门员 | 48.5（72/194） | 3 |

伤病问题是手球队员挥之不去的阴影，在历届奥运会伤病统计中，手球也是伤病发生率排名靠前的运动项目。一方面比赛和大负荷训练难免产生伤病；另一方面有伤病的运动员又得不到及时的治疗和队员顶替，所以，伤病问题一直困扰着女子手球队员。但是对于女子手球队员伤病的特点和规律尚缺乏系统的研究，对致病原因、环境、影响等规律认识不清，就很难解决好伤病问题。在训练备战周期，往往在伤病运动员治疗后的休息调整中，在肌肉关节机能下降还没有较好恢复时，就进一步接触专项训练和比赛，这样重复使伤病的概率大大增加，导致伤病的恶性循环，如图4-6所示。

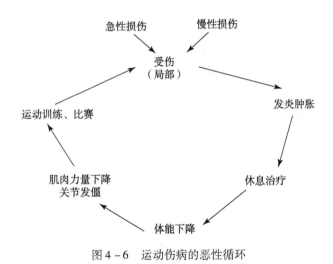

图 4-6　运动伤病的恶性循环

3. 中国女子手球与国际水平的差距及问题

1) 中国女子手球在世界的位置

如表4-27所列，女子手球运动竞争越来越激烈，在举办的奥运会和世界锦标赛比赛中，共有10个国家的球队获得过奥运会或世锦赛冠军，其中主要是欧洲球队，以及亚洲的韩国队。女子手球的争夺呈现多极化发展趋势。综观奥运会女子手球比赛成绩，传统优势仍在欧洲，但其变化凸显由东欧向北欧和亚洲的个别国家转移的趋势，丹麦队获得2004年雅典奥运会冠军，俄罗斯队获得2005年、2007年世锦赛冠军，2006年欧锦赛冠军是挪威队，2008年北京奥运会冠军、欧洲锦标赛冠军是挪威队。韩国队从20世纪80年代以来已排在世界女子手球的优秀行列之中，多次取得过奥运会和世锦赛的前3名，是与欧洲各强队抗争的亚洲代表。

表 4-27　第 21~29 届奥运会女子手球比赛前 3 名队一览表

| 奥运会 | 年份/年 | 地点 | 金牌 | 银牌 | 铜牌 | 备注 |
|---|---|---|---|---|---|---|
| 第 21 届 | 1976 | 蒙特利尔 | 苏联队 | 民主德国队 | 匈牙利队 | — |
| 第 22 届 | 1980 | 莫斯科 | 苏联队 | 南斯拉夫队 | 民主德国队 | — |
| 第 23 届 | 1984 | 洛杉矶 | 南斯拉夫队 | 韩国队 | 中国队 | — |
| 第 24 届 | 1988 | 汉城（今首尔） | 韩国队 | 挪威队 | 苏联队 | 中国队第 6 名 |
| 第 25 届 | 1992 | 巴塞罗那 | 韩国队 | 挪威队 | 独联体队 | — |
| 第 26 届 | 1996 | 亚特兰大 | 丹麦队 | 韩国队 | 匈牙利队 | 中国队第 5 名 |
| 第 27 届 | 2000 | 悉尼 | 丹麦队 | 匈牙利队 | 挪威队 | 韩国队第 4 名 |
| 第 28 届 | 2004 | 雅典 | 丹麦队 | 韩国队 | 乌克兰队 | 中国队第 8 名 |
| 第 29 届 | 2008 | 北京 | 挪威队 | 俄罗斯队 | 韩国队 | 中国队第 6 名 |

中国女子手球队在历届奥运会上曾获得过第 4 名、第 5 名、第 6 名、第 8 名的成绩。2008 年北京奥运会中国女子手球队克服重重困难，不畏强手，战胜法国队和瑞典队，取得第 6 名。但应该承认中国队与世界强队还有一定的差距。如表 4-28 所列，2008 年亚洲手球锦标赛是奥运会后亚洲手球最重要的赛事，中国女子手球队战胜了日本队取得亚军，然而输给了韩国队。

表 4-28　2008 年亚洲女子手球锦标赛名次

| 名　次 | 球　队 |
|---|---|
| 1 | 韩国 |
| 2 | 中国 |
| 3 | 日本 |
| 4 | 泰国 |
| 5 | 哈萨克斯坦 |

2）我国女子手球的问题和差距

（1）射门问题。在全运会、世锦赛、奥运会这些赛事的技战术数据中可以发现的共同特点：总体射门成功率最高的球队都获得了冠军，射门成功率越高，往往最后排名越高。在第 11 届全运会中，队员射门暴露出的问题突出表现在：射门方式比较单一，支撑、低手射门较少；在身体接触对抗中的射门能力较弱；射门点变化较少，多偏中下角。

射门技术是手球的核心技术，射门是进攻互动链中的最后一环，它受到的牵制最小，最能被进一步磨炼。在当今手球比赛中，必须具备在极小空间和极短时间内射门得分的能力。在奥运会或世锦赛上，射门不是单一的技术，80%的射门得分来自以下几种方式：①在极小空间里快速突破一人或多人后闪出极小空当射门；②在主动对抗、接触时凶狠地射门；③在极短时间里，接球后原地、半步、一步和垫步起跳射门；④在有持续干扰情况下的支撑、低手射门。所以，还是按照原来的训练方法进行射门训练已经赶不上专项发展的趋势了。要强化我国手球运动员专项射门能力就必须根据专项特点，在真正的比赛中去锻炼射门，在日常训练中设定相应情境去练射门。在第十一届全运会中，射门方式多样、射门技术比较活的队员，如赵江川、李薇薇，令人印象深刻。只要能进球的技术都是好的射门技术。

（2）得分点较少，较不稳定。世锦赛、奥运会、全运会的比赛都证明：阵容的差距是决定比赛胜负的关键，是决定球队实力的根本。解放军队李兵、李薇薇、陈积、徐秋红、王婵婵、吴亚楠，每个队员都能得分，防不胜防，而安徽队沈萍、刘赟被抑制了，很难有得分点的保证，还得靠刘晓妹和新人李瑶发挥。山东队的得分点仅为赵江川和王莎莎，所以很难和解放军队和安徽队对抗。在2008年北京奥运会上，俄罗斯队的一个重要得分点10号（2m的身高）膝关节严重受伤，是俄罗斯队败给挪威队的重要原因，而2007年世锦赛俄罗斯队阵容整齐，战胜了挪威队。得分点越多，离比赛胜利越近，得分点越稳定，离比赛胜利也越近。得分点不稳定是我国女子手球的又一问题。第11届全运会失误排名前20名的，就有赵江川、李兵、王莎莎、孙梦颖、刘晓妹、安妮、张枝杏，平均每场失误3次以上（表4-29）。

表4-29 第11届全运会女子手球比赛失误数排名　　单位：次

| 排名 | 号 | 姓名 | 球队 | 传球 | 接球 | 运球 | 走步 | 侵区 | 进攻犯规 | 其他 | 合计 | 比赛场次 |
|---|---|---|---|---|---|---|---|---|---|---|---|---|
| 1 | 15 | 邝雪花 | 四川 | 8 | 10 | 4 | 8 | 1 | 5 | 0 | 36 | 6 |
| 2 | 11 | 魏梦庭 | 四川 | 16 | 8 | 3 | 3 | 0 | 3 | 1 | 34 | 6 |
| 3 | 20 | 李君政 | 四川 | 12 | 7 | 3 | 3 | 2 | 1 | 1 | 29 | 6 |
| 4 | 2 | 贺霜 | 新疆 | 6 | 6 | 1 | 12 | 0 | 1 | 0 | 26 | 7 |
| 5 | 5 | 赵江川 | 山东 | 12 | 1 | 1 | 7 | 2 | 2 | 0 | 25 | 6 |

续表

| 排名 | 号 | 姓名 | 球队 | 传球 | 接球 | 运球 | 走步 | 侵区 | 进攻犯规 | 其他 | 合计 | 比赛场次 |
|---|---|---|---|---|---|---|---|---|---|---|---|---|
| 6 | 21 | 张丽 | 广西 | 12 | 9 | 0 | 3 | 1 | 0 | 0 | 25 | 6 |
| 7 | 2 | 李雪 | 北京 | 11 | 2 | 1 | 4 | 1 | 3 | 1 | 23 | 6 |
| 8 | 14 | 李兵 | 解放军 | 8 | 2 | 1 | 6 | 3 | 1 | 1 | 22 | 7 |
| 9 | 7 | 龙佩莉 | 上海 | 14 | 0 | 1 | 4 | 2 | 1 | 0 | 22 | 7 |
| 10 | 14 | 蔡秋丽 | 广西 | 9 | 1 | 2 | 5 | 1 | 2 | 0 | 20 | 6 |
| 11 | 20 | 陶丹杨 | 新疆 | 5 | 1 | 2 | 8 | 0 | 3 | 0 | 19 | 7 |
| 12 | 14 | 黄荣 | 黑龙江 | 10 | 6 | 0 | 1 | 0 | 2 | 0 | 19 | 6 |
| 13 | 9 | 王莎莎 | 山东 | 4 | 2 | 1 | 5 | 0 | 4 | 3 | 19 | 6 |
| 14 | 13 | 郭威 | 黑龙江 | 8 | 3 | 0 | 5 | 0 | 3 | 0 | 19 | 6 |
| 15 | 3 | 孙梦颖 | 上海 | 5 | 4 | 1 | 4 | 1 | 2 | 0 | 17 | 7 |
| 16 | 14 | 刘晓妹 | 安徽 | 5 | 1 | 2 | 6 | 0 | 3 | 0 | 17 | 7 |
| 17 | 12 | 雷素芬 | 广西 | 8 | 2 | 2 | 2 | 0 | 3 | 0 | 17 | 6 |
| 18 | 3 | 安妮 | 广东 | 10 | 1 | 1 | 1 | 1 | 2 | 1 | 17 | 6 |
| 19 | 13 | 罗慧 | 四川 | 5 | 8 | 0 | 1 | 3 | 0 | 0 | 17 | 6 |
| 20 | 11 | 张枝杏 | 广东 | 6 | 1 | 2 | 5 | 0 | 3 | 0 | 17 | 6 |

手球竞技能力是一种综合能力，其中技战术、体能、形态、心智、意志、团队精神等因素相互融合，错综复杂。从全运会、世锦赛、奥运会凸显出来的问题，如快攻、突破、射门、掩护、封挡较差的问题，都不仅仅是技术问题，而是技术、意识、互动等各方面一环扣一环紧密相连的问题。要成为得分点，不仅是技术水平的提高，而且要从体能、意志品质、意识球感、团队配合等多方面磨炼（图4-7），每个人每个时间点问题都不一样，想通过短时间集训使得运动员突然开窍，大幅改善已经练了几年甚至十几年的球感、意识、相对较复杂的射门技术很难，但只要有一点进步的希望也不能放弃。中国女子手球队最缺的可能是与强队对抗的得分点，而不能孤立地认为是某一个因素或问题。一支球队的进步也就是一个不断发掘、磨炼得分点，增强阵容的过程。中国女子手球队要发掘更多的得分点，在真正的比赛中去磨炼得分点。

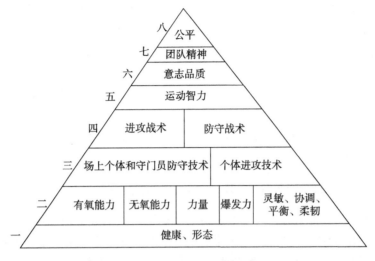

图 4-7 手球竞技能力构成因素

（3）防守问题。防守是手球比赛取得胜利的前提和基础。在第 11 届全运会比赛中，各队防守更为灵活，像江苏队、黑龙江队、上海队、广东队、新疆队很多情况下采用的就是 3/2/1 防守，安徽队、解放军队也经常采用稍微扩大的防守阵型 5/1、4/2。国内很多队员突破能力较差，穿插、跑位、掩护的能力不强，打扩大防守的球队最后成绩都不甚理想，因为个人对抗防守能力不强，对穿插、掩护的协防能力也不强。防守技术看似相对简单，防守技术也更易于练，所以往往不被重视。手球防守一定要注意个体防守的移动性、对抗性、协同性、彻底性，缺乏任何一项都是失败的防守。每一支强队都必须具备优秀的守门员，而没有一个能够在世界大赛上发挥稳定的门将也是中国女子手球队一直存在的问题。

手球是同场对抗的集体球类项目，但我们对于对抗的规律认识不够。对抗，简单地说就是双方在场上制约与反制约。从个体到整体，一旦被制约了，那对抗性就很差了，就不是真正的对抗。在制约中求反制约，在反制约中寻求制约，以达制胜，这才是专项对抗的需要。比如身体接触突破，防守方可能会主动对抗、抱住进攻队员的身体，这时候是防守方制约最深的时候，如果进攻方就俯首称臣，不继续突破，不传球而被制服，那么这波进攻就被防守方制约成功了。其实制约最深的时候，也是反制约效果最好的时候，防守队员贴身抱身的时候，正是此进攻队员深深制约防守队员的时候，而此时如果能在困难条件下继续传球，就能给同伴造成多打少的制约对方防守的机会。这也是当今女子手球最高水平的球队进攻的主要方法，就是先深深吸引防守，然后突然突破或寻求配合、传球和射门。

目前，中国女子手球队队员在身体接触中轻易就被制服了，这不符合专项规律，应该训练在制约中寻求反制约，在反制约中寻求制约，在制约和反制约的博弈中寻求制胜，制约越深反制约的机会和效果就越好，反制约越深制约的效果也就越好。

## 二、2012 年及 2016 年球队情况当时预会计

### （一）备战 2012 年和 2016 年奥运会的适龄人数

参加第 11 届全运会的 171 名女子手球运动员都是备战 2012 年伦敦奥运会的适龄队员。全运会结束后距 2012 年伦敦奥运会资格赛还有不到两年时间，各省队绝大部分会重新建队，可能会冒出一些新人，但是各省二线队员人数也有限，而且指望这些新人能迅速成长起来去打 2012 年伦敦奥运会可能性也很小。一些 30 岁以上的"老"队员，可能会因为结婚、生子、伤病等原因而选择退役。每个省队一线队员的编制是比较固定的，一般不会超过 20 人。如果没有新的地方建立女子手球队的话，以全国 11 个女子手球队的规模计算，备战 2012 年伦敦奥运会女子手球比赛适龄人数也就在 220 人左右。

2016 年里约热内卢奥运会适龄人数影响因素较多，得看中国女子手球运动的普及程度。如果普及程度依然较低，还是以 10 个左右的省队为主，那么适龄人数也就 200 人左右。如果各种原因引起的手球运动员增多（建立手球队的省份增加，开展手球项目的高校增加），那么适龄人数会大大增加，增加的基数来自开展女子手球运动的省份或俱乐部和高校。

### （二）对手球备战 2012 年和 2016 年奥运会的建议和意见

1. 关于手球的科研服务

要吸取奥运科研工作的经验教训，以球队的目标为指引，与管理人员、教练、队医做及时准确的沟通，根据球队实际情况和实际需要，在球队技战术分析、机能监控、防兴奋剂、伤病防治和恢复等方面提供科研支持和服务，进一步探索手球项目规律，为球队实现既定目标做出努力。手球任何竞技因素，包括技术、战术、体能、心理都是活的，都是个体与整体的整合，不要脱离训赛谈机能，不要脱离战术谈技术，不要脱离手球谈伤病，不要脱离实效谈花哨，不要脱离个体谈整体。任何在激烈的手球竞

技场上的关键动作都是在快速、对抗、移动、互动的情况下完成的。而我们在进行技术训练的时候,对进攻或防守的技术互动性认识不够,训练更少。目前,中国女子手球明显的是个体作用过分缺乏,很多时候想通过"虚无"的整体去实现。建立在个体之上的整体其他部位的联动,任何场上个人都能成为个体,可能是需要进一步认识的。

队员大赛后往往出现状态下降、机能下降的现象,要注意调整和适当的营养补充。

2. 关于2009年世锦赛小组赛对手西班牙队、韩国队、科特迪瓦队、阿根廷队和哈萨克斯坦队

韩国队是世界女子手球强队、北京奥运会季军,两次取得奥运会冠军,3次取得奥运会亚军,几乎包揽了所有亚锦赛、亚运会冠军。在近些年的交锋上,中国队负多胜少,1胜4负(表4-30),在2008年年底举行的亚洲女子手球锦标赛上,中国队以23:35再次输给对手。世锦赛将是新周期双方的第二次正式交锋,是了解对手的重要机会,也是进一步锻炼中国队队员与韩国队比赛的能力和信心的重要机会。

表4-30 近年中国女子手球队与西班牙队、韩国队、哈萨克斯坦队比赛结果

| 场次 | 时 间 | 地 点 | 比赛对手 | 结 果 |
|---|---|---|---|---|
| 1 | 2007/3/3 | 哈恩 | 西班牙队 | 33(18:12)28 |
| 2 | 2007/3/4 | 哈恩 | | 22(12:18)34 |
| 3 | 2007/6/21 | 合肥 | | 23(12:11)21 |
| 4 | 2008/3/22 | 平托 | | 25(16:11)24 |
| 5 | 2008/3/23 | 平托 | | 23(12:13)27 |
| 1 | 2007/6/22 | 合肥 | 韩国队 | 25(13:13)26 |
| 2 | 2007/7/19 | 安东 | | 25(11:14)34 |
| 3 | 2008/3/9 | 北京 | | 28(11:12)24 |
| 4 | 2008/8/19 | 北京(奥运会) | | 23(12:16)31 |
| 5 | 2008/11/30 | 曼谷 | | 23(14:16)35 |
| 1 | 2008/3/6 | 北京 | 哈萨克斯坦队 | 28(15:9)16 |
| 2 | 2008/8/15 | 北京(奥运会) | | 26(10:14)29 |

西班牙队是欧洲女子手球传统强队,但近年来没有取得较好成绩,没有参加北京奥运会,2007年世锦赛排名第10。2007年3月至今,中国队

与西班牙队有五次交锋，中国队3胜2负。但是西班牙队2008年年底在欧锦赛上仅输给挪威队，力压俄罗斯队、法国队获得亚军，实力明显增强。

哈萨克斯坦队是中国队在亚洲的老对手，在北京奥运会上两队比赛中国队以3分之差失利。该队2008年年底在亚锦赛上输给韩国队和日本队排名第四。

阿根廷队是南美第二强队，2007年年底在世锦赛上，日本队以31∶20大胜阿根廷队。

非洲女子手球"三强"——安哥拉队、刚果（金）队和科特迪瓦队。中国队与安哥拉队在2008年有两次交锋，都取得了胜利。在非洲，安哥拉队多年来一直压着刚果（金）队和科特迪瓦队。不过科特迪瓦对女子手球更加重视，举办了非洲国家女子手球锦标赛（2009年9月25日—10月1日）。

3. 多打比赛，通过手球比赛选拔人才，培养锻炼球队

手球比赛在同场对抗中变化万千，而如何在变幻莫测的竞技比赛中，做出迅速、准确的判断，然后进行积极高效的反应行动，来争取胜利，需要运动员具备专项体能、技战术配合、团队精神、意志品质。而这种需要本身就是对手球运动员竞技能力的最好锻炼，越纯粹越竞技的手球比赛锻炼效果越好。当今世界手球最强的国家都是职业联赛开展最好的国家。队员和球队的手球水平通过不断的比赛得到不断更新或淘汰，联赛就像是一个手球竞技水平的加工厂，适合这项运动的人员、制度会在不断的加工中得到提炼，而不适合的会在不断加工中被淘汰。而且联赛水平的提高，能增强手球的影响力，就更能吸引赞助商，更能把那些有天分、有素质的运动员从其他项目中吸引过来，进而更能促进手球水平的提高。手球联赛也许是手球最自然、最健康的发展模式。我国有举国体制优势，可以集中最优秀的运动员进行长期集训，对技战术、体能、专项心理进行强化。如果能将联赛体制与举国体制结合，以联赛进行选拔、培养、锻炼，以集训进行磨合、补缺、强化、调整、备战，手球发展的前途将一片光明。

由于手球人才缺乏，时常出现既怕队员受伤但又得打比赛的尴尬。打比赛是手球竞技水平发展的必由之路，但比赛中如果队员受伤而又缺乏具备一定实力的运动员补充，会影响球队竞技水平，这是当前手球发展的突出矛盾。要解决这一矛盾，最好的办法也许就是主动出击，让这一矛盾提前发生、提前解决，因为这一矛盾是手球项目发展过程中必然存在的。要通过比赛去提高运动员防伤防病的能力，因为在激烈的高发伤病风险情况下进行比赛，本身就是项目特点的要求。而在比赛中受伤，在地方队也会

出现，在国家队也会出现，在集训中会出现，在友谊比赛时也会出现，如果想一直保着不在大赛前出现，那么就很有可能在最关键的比赛中出现最"致命"的伤病。当然，不要在伤病没完全恢复或是机能状态很不理想的情况下打比赛，这时候导致伤病是非常遗憾的。

4. 发掘年轻队员

为了备战2012年伦敦奥运会资格赛，要充分发掘在两年内能够成长起来的年轻运动员，激发有继续拼搏愿望的老队员，利用国家队的训赛科医等资源进行培养。要吸取备战北京奥运会的教训，不要浪费资源。除了上文所提及的状态上佳的奥运会国家队队员，推荐进一步考察的队员有新疆队中卫马玲，北京队中卫李雪，黑龙江队内卫郭薇、黄荣，上海队守门员许沫、内卫孙梦颖、底线沙正文、边锋武娜娜，解放军队陈积、徐秋红、王婵婵、杨靓，广东队内卫安妮，安徽队边锋李瑶，山东队中卫赵江川、边锋姜英英。

# 第三章

# 2010 年广州亚运会女子手球比赛调研

2010 年亚运会女子手球比赛在广州举行，为期 9 天，共有 9 支球队参赛。此次亚运会，中国女子手球队是继 2008 年北京奥运会、2009 年世锦赛后，第三次在家门口参加高级别赛事，球队准备充分，奋勇拼搏，最后取得了冠军，创造了最新纪录，同时也锻炼了队伍。

## 一、各队整体情况介绍

如表 4-31 所列，中国队平均 23.8 岁，最大 30 岁（2 名），平均身高 178.7cm，平均体重 71.4kg，是所有参赛女子手球队中平均身高最高的。有 7 名运动员参加过 2008 年北京奥运会，8 名队员参加过 2009 年世界锦标赛，6 名队员参加过 2006 年多哈亚运会。

表 4-31 2014 年仁川亚运会前 5 名球队队员基本信息

| 球队 | 年龄/岁 | 身高/cm | 体重/kg |
|---|---|---|---|
| 日本 | 26.5（21~31） | 168.2（160~179） | 63.3（54~75） |
| 哈萨克斯坦 | 25.6（20~35） | 175.3（163~190） | 66.7（50~88） |
| 韩国 | 26.1（21~35） | 173.5（163~186） | 63.4（53~78） |
| 中国 | 23.8（18~30） | 178.7（167~188） | 71.4（63~86） |
| 朝鲜 | 22.6（20~26） | 173（166~175） | 63（55~68） |

韩国队平均年龄26.1岁，平均身高173.5cm，平均体重63.4kg，30岁以上队员6名，在丹麦AARHUS俱乐部打球的底线Hun Soon Young已经35岁了。4名队员参加过2008年北京奥运会，9名队员参加过2009年世锦赛。在首发阵容中，左边锋5号和守门员12号是新出现的。在半决赛中输给了韩国教练带领的日本队，20年来首次无缘亚洲冠军。2006年多哈亚运会后，韩国队定会吸取此次失败的经验教训，在球队建设上做些调整，防守中肯定会重新回到3/2/1为主的战术上来，今后的韩国队依然强大。

日本队平均年龄26.5岁，30岁以上队员2名，平均身高168.2cm，平均体重63.3kg，有4名队员参加过2007年世锦赛，11名队员参加过2009年世锦赛。主教练是韩国人，"韩国打法"特点鲜明，此次亚运会两次以较大比分输给中国队，但战胜了韩国队，实力不容小视。

哈萨克斯坦队平均年龄25.6岁，30岁以上队员2名（参加过2008年北京奥运会的左边锋Kubrina和参加过2009年世锦赛的"老"门将Nikolayeva都已35岁），平均身高175.3cm，平均体重66.7kg，6名队员参加过2008年北京奥运会的，7名队员参加过2009年世锦赛，6名队员参加过2007年世锦赛。此次亚运会，该队可谓来势汹汹，主教练换了一个俄罗斯老人，并聘请了一名韩国的门将教练。与2008年北京奥运会、2009年世锦赛相比，阵容做了一定调整，如打左前卫的6号、守门员16号都表现出较强实力；打法上更突出快，不再以双底线的阵地打法为主，防守也以一线为主。

朝鲜队是神秘之师，从上报的平均年龄来看，比中国队还年轻，身材与韩国队相当。她们穿戴的是最普通的护膝，但在球场上表现出来的斗志和呼应是相当激昂的，再说有韩国队的"帮助"，也很可能成为中国队的真正对手之一。

从2010年广州亚运会来看，与2008年北京奥运会、2009年世锦赛相比，亚洲女子手球主要对手都在进行球队的调整，有打过各种世界大赛的老队员，也有资历很浅的新队员。

## 二、中国女子手球队技战术统计

本研究采用的2010年广州亚运会中国女子手球队的数据合计是中国队与朝鲜队、日本队、哈萨克斯坦队四场比赛数据。中国队、朝鲜队、日本队、韩国队、哈萨克斯坦队的数据合计是相互间比赛的数据，因为相互间的比赛才更体现真实水平。2006年多哈亚运会的数据采用的是中国队与日本队、韩国队、哈萨克斯坦队的比赛数据。2007年世锦赛的数据采用的是中国队与罗马尼亚队、日本队、突尼斯队、波兰队四场比赛的数据。

## （一）成绩比分分析

2010年广州亚运会，中国队在与日本队、哈萨克斯坦队、朝鲜队的对阵中，平均以26.5∶20战胜对手，没让对手得分超过23，数据显示，球队总体攻防比2006年多哈亚运会（中国队获得第4名）有显著提高。2010年广州亚运会前五名及中国队比赛结果、2006年多哈亚运会主要比赛比分见表4-32~表4-34。

表4-32　2010年广州亚运会前5名

| 名　次 | 球　队 |
| --- | --- |
| 1 | 中国 |
| 2 | 日本 |
| 3 | 韩国 |
| 4 | 哈萨克斯坦 |
| 5 | 朝鲜 |

表4-33　2010年广州亚运会中国队比赛结果汇总

| 场次 | 时　间 | 比赛对手 | 比　分 |
| --- | --- | --- | --- |
| 1 | 2010/11/18 | 印度队 | 43（20∶3）9 |
| 2 | 2010/11/21 | 朝鲜队 | 26（10∶8）21 |
| 3 | 2010/11/23 | 日本队 | 25（12∶6）19 |
| 4 | 2010/11/25 | 哈萨克斯坦队 | 24（11∶10）18 |
| 5 | 2010/11/26 | 日本队 | 31（14∶13）22 |

表4-34　2006年多哈亚运会中国队主要比赛比分

| 比赛对手 | 比　分 |
| --- | --- |
| 哈萨克斯坦队 | 25（9∶15）32 |
| 韩国队 | 32（14∶18）34 |
| 日本队 | 22（13∶16）25 |

## (二) 射门成功率、场均得分特点

2010年广州亚运会中国队射门总体成功率为58.2%，其中底线67.5%、边锋48.3%、9m 32.7%、快攻70%、突破84.6%、7m 72.2%，场均2min 4.5次，失误15.25次，助攻11.75次。

1. 射门成功率的比较

（1）中国队总体射门成功率高于2006年亚运会、2007年世锦赛、2008年奥运会和2009年世锦赛；与2010年广州亚多哈会其他球队相比，高于韩国队（58%）、朝鲜队（54%），日本队（51%）、哈萨克斯坦队（48.4%）（表4-35、图4-8、图4-9、表4-36）。

表4-35  近年来世界大赛中国女子手球队技术特点统计比较

| 项目<br>赛事 | 射门成功率/% | | | | | | | 场均其他/次 | |
|---|---|---|---|---|---|---|---|---|---|
| | 底线 | 边锋 | 9m | 7m | 快攻 | 突破 | 合计 | 2min | 失误 |
| 2006年亚运会 | 47 | 41 | 27 | 88 | 73 | 94 | 53 | 6 | 20.7 |
| 2007年世锦赛 | 68 | 33 | 32 | 83 | 50 | 71 | 49 | 2.5 | 17.5 |
| 2008年奥运会 | 68 | 50 | 27 | 76 | 56 | 56 | 47 | 3.6 | 16.3 |
| 2009年世锦赛 | 56 | 41 | 37 | 81 | 70 | 63 | 52 | 2.9 | 20.1 |
| 2010年亚运会 | 67.5 | 48.3 | 32.7 | 72.2 | 70 | 84.6 | 58.2 | 4.5 | 15.25 |

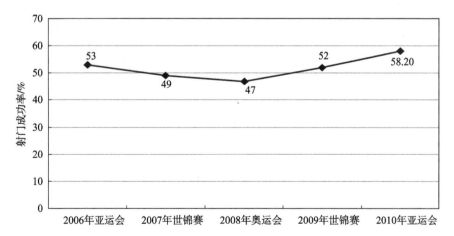

图4-8  2006年亚运会、2007年世锦赛、2008年奥运会、
2009年世锦赛、2010年亚运会射门成功率变化图

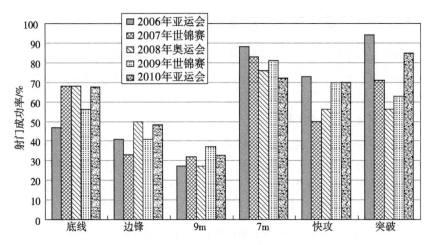

图4-9 2006年亚运会、2007年世锦赛、2008年奥运会、
2009年世锦赛、2010年亚运会射门成功率柱形图

表4-36 2010年广州亚运会其他球队技术特点统计

| 项目 球队 | 射门成功率/% | | | | | | 场均其他/次 | |
| --- | --- | --- | --- | --- | --- | --- | --- | --- |
| | 底线 | 边锋 | 9m | 7m | 快攻 | 突破 | 合计 | 2min | 失误 |
| 韩国 | 64.5 | 55 | 40 | 80 | 78.6 | 33.3 | 58 | 3.32 | 16 |
| 日本 | 63.6 | 51.5 | 29.4 | 71.4 | 64.9 | 75 | 51 | 2.25 | 17 |
| 哈萨克斯坦 | 61.5 | 30.8 | 31.9 | 73.3 | 63.9 | 53.8 | 48.4 | 3.5 | 18.7 |
| 朝鲜 | 65 | 58 | 43 | 75 | 62.5 | 25 | 54 | 4 | 19 |

（2）中国队底线射门成功率高于2006年多哈亚运会、2009年世锦赛，低于2008年北京奥运会和2007年世锦赛；与2010年亚运会其他球队相比，高于韩国队、日本队、哈萨克斯坦队、朝鲜队。

（3）中国队边锋射门成功率高于2006年多哈亚运会、2007年世锦赛、2009年世锦赛，低于2008年北京奥运会；与2010年广州亚运会其他球队相比，低于韩国队（55%）、朝鲜队（58%）、日本队（51.5%），高于哈萨克斯坦队（30.8%）。

（4）中国队9m射门成功率高于2006年多哈亚运会、2007年世锦赛、2008年北京奥运会，低于2009年世锦赛；与2010年多哈亚运会其他球队相比，低于韩国队（40%）、朝鲜队（43%），高于日本队、哈萨克斯坦队。

（5）中国队快攻射门成功率高于2007年世锦赛、2008年北京奥运会，与2009年世锦赛持平，略低于2006年多哈亚运会；与2010年广州亚运会其他球队相比,低于韩国队(78.6%),高于哈萨克斯坦队、日本队、朝鲜队。

6)中国突破射门成功率高于队2007年世锦赛、2008年北京奥运会、2009年世锦赛,比2010年广州亚运会参赛的韩国队、日本队、哈萨克斯坦队、朝鲜队高。

2. 场均其他比较

(1)中国队场均失误少于2006年多哈亚运会、2007年世锦赛、2008年北京奥运会、2009年世锦赛(图4-10);与2010年广州亚运会其他球队相比,少于日本队、韩国队、哈萨克斯坦队和朝鲜队。

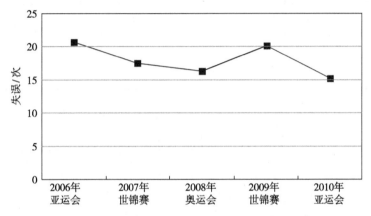

图4-10 2006年亚运会、2007年世锦赛、2008年奥运会、
2009年世锦赛、2010年亚运会失误数变化图

(2)中国队2min判罚高于2007年世锦赛、2008年北京奥运会、2009年世锦赛,低于2006年广州亚运会;与2010年亚运会其他球队相比,高于韩国队、日本队、哈萨克斯坦队、朝鲜队。

2010年广州亚运会中国队、韩国队、日本队、哈萨克斯坦队、朝鲜队比赛技术统计见表4-37~表4-41。

表4-37 2010年广州亚运会中国队比赛技术统计

| 项目 | 射门/次 | | | | | | | | 其他/次 | | |
|------|------|------|------|------|------|------|------|------|------|------|------|
| 球队 | 底线 | 边锋 | 9m | 7m | 快攻 | 突破 | 合计 | % | 助攻 | 失误 | 2min |
| 中国 | 9/12 | 2/9 | 1/2 | 3/5 | 5/8 | 6/6 | 26/42 | 61.9 | 8 | 16 | 6 |
| 朝鲜 | 2/4 | 5/8 | 9/22 | 3/5 | 1/3 | 1/4 | 21/46 | 45.7 | 2 | 17 | 5 |
| 中国 | 6/11 | 3/6 | 6/22 | 4/6 | 2/2 | 4/4 | 25/51 | 49 | 15 | 12 | 5 |
| 日本 | 2/4 | 2/5 | 4/17 | 3/4 | 5/8 | 3/4 | 19/42 | 45.2 | 3 | 18 | 3 |

续表

| 项目\球队 | 射门/次 底线 | 边锋 | 9m | 7m | 快攻 | 突破 | 合计 | % | 其他/次 助攻 | 失误 | 2min |
|---|---|---|---|---|---|---|---|---|---|---|---|
| 中国 | 2/5 | 3/5 | 4/10 | 4/5 | 3/4 | 8/9 | 24/38 | 63.2 | 8 | 15 | 5 |
| 哈萨克斯坦 | 3/4 | 1/3 | 7/25 | 1/3 | 4/7 | 2/6 | 18/48 | 37.5 | 2 | 8 | 2 |
| 中国 | 10/12 | 6/9 | 5/15 | 2/2 | 4/6 | 4/7 | 31/51 | 60.8 | 16 | 18 | 2 |
| 日本 | 3/5 | 2/4 | 4/20 | 4/5 | 6/12 | 3/3 | 22/49 | 44.9 | 3 | 20 | 1 |
| 合计 | 27/40 (67.5%) | 14/29 (48.3%) | 16/49 (32.7%) | 13/18 (72.2%) | 14/20 (70%) | 22/26 (84.6%) | 106/182 | 58.2 | 47/4 | 61/4 | 18/4 |
| 得分占比/% | 25.5 | 13.2 | 15.1 | 12.2 | 13.2 | 20.8 | | | | | |

表4-38 2010年广州亚运会韩国队比赛技术统计

| 项目\对手 | 射门/次 底线 | 边锋 | 9m | 7m | 快攻 | 突破 | 合计 | % | 其他/次 助攻 | 失误 | 2min |
|---|---|---|---|---|---|---|---|---|---|---|---|
| 哈萨克斯坦队 | 6/10 | 2/5 | 4/17 | 8/9 | 4/5 | 1/3 | 25/49 | 51 | 9 | 12 | 5 |
| 日本队 | 9/14 | 5/9 | 4/9 | 4/7 | 4/4 | 2/7 | 28/50 | 56 | 11 | 20 | 1 |
| 哈萨克斯坦队 | 5/7 | 4/6 | 8/14 | 4/4 | 14/19 | 3/8 | 38/58 | 65.5 | 14 | 16 | 4 |
| 合计 | 20/31 (64.5%) | 11/20 (55%) | 16/40 (40%) | 16/20 (80%) | 22/28 (78.6%) | 6/18 (33.3%) | 91/157 | 58 | 11.3 | 16 | 3.32 |
| 得分占比/% | 22 | 12.1 | 17.6 | 17.6 | 24.2 | 6.6 | | | | | |

表4-39 2010年广州亚运会日本队比赛技术统计

| 项目\对手 | 射门/次 底线 | 边锋 | 9m | 7m | 快攻 | 突破 | 合计 | % | 其他/次 助攻 | 失误 | 2min |
|---|---|---|---|---|---|---|---|---|---|---|---|
| 朝鲜队 | 9/14 | 11/17 | 5/10 | 1/3 | 5/6 | — | 31/50 | 62 | 5 | 15 | 3 |
| 中国队 | 2/4 | 2/5 | 4/17 | 3/4 | 5/8 | 3/4 | 19/42 | 45.2 | 3 | 18 | 3 |
| 韩国队 | 7/10 | 2/7 | 7/21 | 2/2 | 8/11 | 3/5 | 29/57 | 50.9 | 16 | 15 | 2 |

续表

| 项目\对手 | 射门/次 | | | | | | | | 其他/次 | | |
|---|---|---|---|---|---|---|---|---|---|---|---|
| | 底线 | 边锋 | 9m | 7m | 快攻 | 突破 | 合计 | % | 助攻 | 失误 | 2min |
| 中国队 | 3/5 | 2/4 | 4/20 | 4/5 | 6/12 | 3/3 | 22/49 | 44.9 | 3 | 20 | 1 |
| 合计 | 21/33 (63.6%) | 17/33 (51.5%) | 20/68 (29.4%) | 10/14 (71.4%) | 24/37 (64.9%) | 9/12 (75%) | 101/198 | 51 | 6.75 | 17 | 2.25 |
| 得分占比/% | 20.8 | 16.8 | 19.8 | 9.9 | 23.8 | 8.9 | | | | | |

表4-40 2010年广州亚运会哈萨克斯坦队比赛技术统计

| 项目\对手 | 射门/次 | | | | | | | | 其他/次 | | |
|---|---|---|---|---|---|---|---|---|---|---|---|
| | 底线 | 边锋 | 9m | 7m | 快攻 | 突破 | 合计 | % | 助攻 | 失误 | 2min |
| 中华台北队 | 4/10 | 2/6 | 2/8 | 3/4 | 12/18 | 7/13 | 30/59 | 50.8 | 6 | 20 | 7 |
| 韩国队 | 3/5 | 1/4 | 7/18 | 2/2 | 4/6 | — | 17/35 | 49 | 3 | 19 | 4 |
| 中国队 | 3/4 | 1/3 | 7/25 | 1/3 | 4/7 | 2/6 | 18/48 | 37.5 | 2 | 8 | 2 |
| 韩国队 | 6/7 | | 7/21 | 5/6 | 3/5 | 5/7 | 26/46 | 56.5 | 4 | 28 | 1 |
| 合计 | 16/26 (61.5%) | 4/13 (30.8%) | 23/72 (31.9%) | 11/15 (73.3%) | 23/36 (63.9%) | 14/26 (53.8%) | 91/188 | 48.4 | 3.75 | 18.7 | 3.5 |
| 得分占比/% | 17.6 | 4.4 | 25.3 | 12.1 | 25.3 | 15.4 | | | | | |

表4-41 2010年广州亚运会朝鲜队比赛技术统计

| 项目\对手 | 射门/次 | | | | | | | | 其他/次 | | |
|---|---|---|---|---|---|---|---|---|---|---|---|
| | 底线 | 边锋 | 9m | 7m | 快攻 | 突破 | 合计 | % | 助攻 | 失误 | 2min |
| 日本队 | 11/16 | 2/4 | 7/15 | 3/3 | 4/5 | — | 27/43 | 63 | 9 | 21 | 3 |
| 中国队 | 2/4 | 5/8 | 9/22 | 3/5 | 1/3 | 1/4 | 21/46 | 45.7 | 2 | 17 | 5 |
| 合计 | 13/20 (65%) | 7/12 (58%) | 16/37 (43%) | 6/8 (75%) | 5/8 (62.5%) | 1/4 | 48/89 | 54 | 5.5 | 19 | 4 |
| 得分占比/% | 27.1 | 14.5 | 33.3 | 12.5 | 10 | 2.1 | | | | | |

从表4-42可以看出，中国队2010年广州亚运会场均得分合计26.5

分、其中底线 6.75 分、边锋 3.5 分、9m 4 分、快攻 3.5 分、突破 5.5 分。

表 4-42　近年来世界大赛中中国队场均得分变化特点　单位：分

| 项目 | 合计 | 底线 | 边锋 | 9m | 快攻 | 突破 |
|---|---|---|---|---|---|---|
| 2006 年亚运会 | 26.3 | 5 | 2.3 | 4.3 | 2.7 | 5 |
| 2007 年世锦赛 | 22.0 | 5.5 | 2.3 | 6.8 | 2.5 | 3.8 |
| 2008 年奥运会 | 23.5 | 4.1 | 2.4 | 5.8 | 3.5 | 3.4 |
| 2009 年世锦赛 | 23.0 | 4.4 | 2.7 | 5.7 | 4.1 | 3.2 |
| 2010 年亚运会 | 26.5 | 6.75 | 3.5 | 4 | 3.5 | 5.5 |

中国队 2010 年广州亚运会场均得分较 2006 年多哈亚运会、2007 年世锦赛、2008 年北京奥运会、2009 年世锦赛增加（图 4-11）；比 2010 年广州亚运会的韩国队（30.3）要低，高于哈萨克斯坦队、日本队、朝鲜队（表 4-43）。

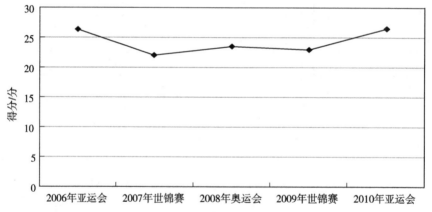

图 4-11　2006 年亚运会、2007 年世锦赛、2008 年奥运会、
2009 年世锦赛、2010 年亚运会场均得分变化图

表 4-43　2010 年广州亚运会其他球队场均得分统计　单位：分

| 球队 | 合计 | 底线 | 边锋 | 9m | 快攻 | 突破 |
|---|---|---|---|---|---|---|
| 韩国 | 30.3 | 6.7 | 3.7 | 5.3 | 7.3 | 2 |
| 日本 | 25.3 | 5.3 | 4.3 | 5 | 6 | 2.3 |
| 哈萨克斯坦 | 22.8 | 4 | 1 | 5.8 | 5.8 | 3.5 |
| 朝鲜 | 24 | 6.5 | 3.5 | 8 | 2.5 | 0.5 |

中国队场均底线得分高于 2006 年多哈亚运会、2007 年世锦赛、2008 年北京奥运会、2009 年世锦赛；比 2010 年广州亚运会的韩国队、日本队、哈萨克斯坦队、朝鲜队高。

中国队场均边锋位得分高于 2006 年多哈亚运会、2007 年世锦赛、2008 年北京奥运会、2009 年世锦赛；比 2010 年广州亚运会的韩国队、日本队低。

中国队场均 9m 得分低于 2006 年多哈亚运会、2007 年世锦赛、2008 年北京奥运会、2009 年世锦赛；低于 2010 年广州亚运会的日本队、韩国队、哈萨克斯坦队、朝鲜队。

中国队场均快攻得分高于 2006 年多哈亚运会、2007 年世锦赛，与 2008 年北京奥运会相同，低于 2009 年世锦赛；高于 2010 年广州亚运会的朝鲜队，低于日本队、韩国队、哈萨克斯坦队。

中国队场均突破得分高于 2006 年多哈亚运会、2007 年世锦赛、2008 年北京奥运会、2009 年世锦赛；高于 2010 年广州亚运会的韩国队、日本队、哈萨克斯坦队、朝鲜队。

### （三）得分比例分析

从表 4-44、图 4-12 可以看出，中国队 2010 年多哈亚运会得分比例最高的是底线（25.5%），然后是突破（20.8%），9m（15.1%），快攻、边锋（13.2%），7m（12.2%）。

表 4-44 近年来世界大赛中国队射门得分比例变化特点

| 项目<br>赛事 | 射门得分比例/% | | | | | |
|---|---|---|---|---|---|---|
| | 底线 | 边锋 | 9m | 7m | 快攻 | 突破 |
| 2006 年亚运会 | 19 | 8.7 | 16.3 | 26.6 | 10.3 | 19 |
| 2007 年世锦赛 | 22 | 9 | 27 | 15 | 10 | 15 |
| 2008 年奥运会 | 18 | 10 | 24 | 19 | 15 | 14 |
| 2009 年世锦赛 | 19 | 12 | 25 | 12 | 18 | 14 |
| 2010 年亚运会 | 25.5 | 13.2 | 15.1 | 12.2 | 13.2 | 20.8 |

从表 4-44、表 4-45 可以看出以下特点。

（1）中国队底线得分比例较 2006 年多哈亚运会、2007 年世锦赛、2008 年北京奥运会、2009 年世锦赛高；比 2010 年广州亚运会的朝鲜队低（27.1%），高于韩国队、日本队、哈萨克斯坦队。

（2）中国队边锋得分比例较 2006 年多哈亚运会、2007 年世锦赛、

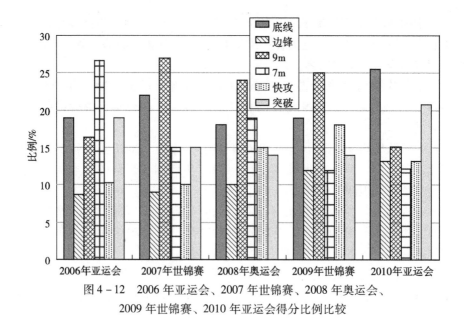

图4-12 2006年亚运会、2007年世锦赛、2008年奥运会、
2009年世锦赛、2010年亚运会得分比例比较

2008年北京奥运会、2009年世锦赛高;低于2010年广州亚运会的朝鲜队、日本队,高于哈萨克斯坦队、韩国队。

(3) 中国队9m得分比例较2006年多哈亚运会、2007年世锦赛、2008年北京奥运会、2009年世锦赛有所下降,低于2010年广州亚运会的韩国队、日本队、哈萨克斯坦队。

(4) 中国队快攻得分比例较2006年多哈亚运会、2007年世锦赛高,低于2008年北京奥运会、2009年世锦赛;比2010年广州亚运会的韩国队(24.2%)、日本队(23.8%)、哈萨克斯坦队(25.3%)低,高于朝鲜队(10%)。

(5) 中国队突破得分比例高于2006年多哈亚运会、2007年世锦赛、2008年北京奥运会、2009年世锦赛;高于2010年广州亚运会的韩国队、日本队、哈萨克斯坦队、朝鲜队。

表4-45 2010年广州亚运会其他队得分比例差异

| 项目<br>球队 | 射门得分比例/% | | | | | |
| --- | --- | --- | --- | --- | --- | --- |
| | 底线 | 边锋 | 9m | 7m | 快攻 | 突破 |
| 韩国 | 22 | 12.1 | 17.6 | 17.6 | 24.2 | 6.6 |
| 日本 | 20.8 | 16.8 | 19.8 | 9.9 | 23.8 | 8.9 |
| 哈萨克斯坦 | 17.6 | 4.4 | 25.3 | 12.1 | 25.3 | 15.4 |
| 朝鲜 | 27.1 | 14.5 | 33.3 | 12.5 | 10 | 2.1 |

### (四) 守门员封挡率统计

如表4-46所列,2010年广州亚运会中国队守门员平均封挡率为38.5%,对底线封挡率为23.1%,对边锋封挡率为37.5%,对9m封挡率为44.2%,对快攻封挡率为42.9%,对突破封挡率为40%,对7m封挡率为25%。

**表4-46 2010年广州亚运会中国队守门员封挡率变化比较**

单位:%

| 赛 事 | 平均封挡率 | 底线 | 边锋 | 9m | 7m | 快攻 | 突破 |
|---|---|---|---|---|---|---|---|
| 2006年亚运会 | 31.4 | 20 | 27 | 42 | 14.3 | 20 | 28.6 |
| 2007年世锦赛 | 30 | 23 | 22 | 43 | 20 | 25 | 29 |
| 2008年奥运会 | 27 | 24 | 37 | 36 | 5 | 19 | 17 |
| 2009年世锦赛 | 32 | 37 | 39 | 40 | 10 | 18 | 40 |
| 2010年亚运会 | 38.5 | 23.1 | 37.5 | 44.2 | 25 | 42.9 | 40 |

(1) 中国队平均封挡率高于2006年多哈亚运会、2007年世锦赛、2008年北京奥运会和2009年世锦赛(图4-13),高于2010年广州亚运会的韩国队(35.7%)、日本队(29.5)、哈萨克斯坦队(28.1%)、朝鲜队(32.1%)。

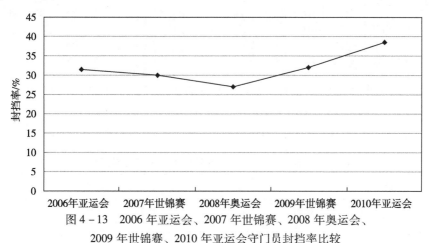

图4-13 2006年亚运会、2007年世锦赛、2008年奥运会、2009年世锦赛、2010年亚运会守门员封挡率比较

(2) 中国队底线射门封挡率高于2006年多哈亚运会、2007年世锦赛,低于2008年北京奥运会和2009年世锦赛;高于2010年广州亚运会的韩国队,低于哈萨克斯坦队、日本队和朝鲜队。

(3) 中国队边锋射门封挡率高于 2006 年多哈亚运会、2007 年世锦赛、2008 年北京奥运会，低于 2009 年世锦赛；低于 2010 年广州亚运会的日本队、韩国队、朝鲜队，高于哈萨克斯坦队。

(4) 中国队 9m 射门封挡率高于 2006 年多哈亚运会、2007 年世锦赛、2008 年北京奥运会和 2009 年世锦赛，高于 2010 年广州亚运会的哈萨克斯坦队、日本队，低于韩国队、朝鲜队。

(5) 中国队快攻射门封挡率高于 2006 年多哈亚运会、2007 年世锦赛、2008 年北京奥运会、2009 年世锦赛，高于 2010 年广州亚运会的韩国队、日本队、朝鲜队、哈萨克斯坦队。

(6) 中国队突破射门封挡率高于 2006 年多哈亚运会、2007 年世锦赛、2008 年北京奥运会，与 2009 年世锦赛持平；高于 2010 年广州亚运会的韩国队、日本队、哈萨克斯坦队、朝鲜队。

历届亚运会、世锦赛、奥运会守门员各项封挡率如图 4-14 所示，2010 年亚运会各场比赛守门员封挡统计见表 4-47。

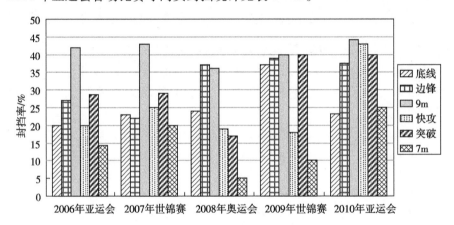

图 4-14  2006 年亚运会、2007 年世锦赛、2008 年奥运会、2009 年世锦赛、2010 年亚运会守门员各项封挡率比较

表 4-47  2010 年广州亚运会各场比赛守门员封挡统计

| 球队\项目 | 封挡 | | | | | | 合计 | % |
| --- | --- | --- | --- | --- | --- | --- | --- | --- |
| | 底线 | 边锋 | 9m | 7m | 快攻 | 突破 | | |
| 中国 | 1/3 | 3/8 | 4/13 | 0/1 | 2/3 | 3/4 | 14/35 | 40 |
| 朝鲜 | 3/12 | 5/7 | 1/2 | 0/3 | 3/8 | 0/6 | 12/38 | 31.6 |
| 中国 | 0/2 | 1/3 | 6/10 | 0/3 | 1/6 | 1/4 | 9/28 | 32.1 |
| 日本 | 5/11 | 2/5 | 5/11 | 1/5 | 0/2 | 0/4 | 13/38 | 34.2 |

续表

| 项目\球队 | 封挡 | | | | | | 合计 | % |
|---|---|---|---|---|---|---|---|---|
| | 底线 | 边锋 | 9m | 7m | 快攻 | 突破 | | |
| 中国 | 1/4 | 2/3 | 5/12 | 2/3 | 3/7 | 2/4 | 15/33 | 45.5 |
| 哈萨克斯坦 | 2/4 | 2/5 | 2/6 | 1/5 | 1/4 | 1/9 | 9/33 | 27.3 |
| 中国 | 1/4 | 0/2 | 4/8 | 1/5 | 6/12 | 0/3 | 12/34 | 35.3 |
| 日本 | 1/11 | 2/8 | 5/10 | 0/2 | 2/6 | 2/6 | 12/43 | 27.9 |
| 中国队汇总 | 3/13(23.1%) | 6/16(37.5%) | 19/43(44.2%) | 3/12(25%) | 12/28(42.9%) | 6/15(40%) | 50/130 | 38.5 |
| 韩国 | 2/5 | 2/3 | 9/16 | 0/2 | 2/6 | | 15/32 | 47 |
| 哈萨克斯坦 | 2/8 | 2/4 | 7/11 | 1/9 | 0/4 | 2/3 | 14/39 | 36 |
| 韩国 | 2/9 | 3/5 | 6/13 | 0/2 | 2/10 | 1/4 | 14/43 | 32.6 |
| 日本 | 5/14 | 2/7 | 0/4 | 2/6 | 0/4 | 3/5 | 12/40 | 30.0 |
| 朝鲜 | 3/12 | 5/16 | 5/10 | 2/5 | 0/5 | — | 15/46 | 33 |
| 日本 | 2/10 | 1/1 | 2/7 | 0/3 | 1/4 | | 6/25 | 24 |
| 韩国 | 0/6 | — | 6/13 | 1/6 | 2/5 | 2/7 | 11/37 | 29.7 |
| 哈萨克斯坦 | 2/7 | 1/5 | 2/10 | 0/4 | 3/17 | 3/6 | 11/49 | 22.4 |
| 韩国队汇总 | 4/20(20%) | 5/8(62.5%) | 21/42(50%) | 1/10(10%) | 6/21(28.6%) | 3/11(27.3%) | 40/112 | 35.7 |
| 日本队汇总 | 13/46(28.3%) | 8/21(38.1%) | 12/32(37.5%) | 3/16(18.8%) | 3/16(18.8%) | 5/15(33%) | 43/146 | 29.5 |
| 哈萨克斯坦队汇总 | 6/19(31.6%) | 5/14(35.7%) | 11/27(40.7%) | 2/18(11.1%) | 4/25(16%) | 6/18(33.3%) | 34/121 | 28.1 |
| 朝鲜队汇总 | 6/24(25%) | 10/23(43.5%) | 6/12(50%) | 2/6(33.3%) | 3/13(23.1%) | 0/6(0) | 27/84 | 32.1 |

## （五）防守成功率统计

如表 4-48、图 4-15 所示，中国队防守成功率高于 2006 年多哈亚运会、2007年世锦赛、2008年北京奥运会、2009年世锦赛。

表4-48 防守成功率比较

| 时　间 | 赛事 | 防守成功率/% |
|---|---|---|
| 2006-12 | 亚运会 | 55.7 |
| 2007-12 | 世锦赛 | 49.6 |
| 2008-08 | 奥运会 | 58.4 |
| 2009-12 | 世锦赛 | 62.1 |
| 2010-11 | 亚运会 | 67.8 |

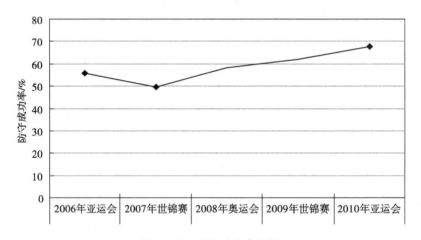

图4-15 防守成功率比较

## （六）个人技术数据

### 1. 场上队员

2010年广州亚运会个人技术统计如下：

按得分多少排名：李薇薇、沙正文、韦秋香、王莎莎、李兵、马玲、赵佳芹、李瑶、孙梦颖、周美微、闫美珠、安妮。远射得分最多的是李薇薇，其次是王莎莎；底线得分最多的是沙正文，其次是李兵、李薇薇；边锋得分最多的是马玲，其次是韦秋香；快攻得分最多的是韦秋香，其次是李兵、李瑶；突破得分最多的是王莎莎，其次是李兵；7m得分最多的是李薇薇，其次是韦秋香（表4-49）。

表4-49 2010年广州亚运会队员个人技术统计（与朝鲜队、日本队、哈萨克斯坦队四场比赛）

| 项目\队员 | 进攻/次 底线 | 边锋 | 9m | 7m | 快攻 | 突破 | 合计 | % | 助攻 | 防守/次 抢断 | 封挡 | 2min | 失误/次 |
|---|---|---|---|---|---|---|---|---|---|---|---|---|---|
| 李薇薇 | 2/2 | — | 8/13 | 8/11 | 1/2 | 3/3 | 22/31 | 71 | 4 | — | — | — | 4 |
| 韦秋香 | 1/1 | 5/10 | 0/4 | 3/5 | 5/6 | 1/1 | 15/27 | 56 | 1 | — | — | 2 | 11 |
| 刘晓妹 | 1/1 | — | 2/7 | — | — | — | 3/8 | 38 | 3 | — | — | 1 | 1 |
| 李瑶 | — | 3/10 | — | — | 2/2 | 0/1 | 5/13 | 38 | 1 | — | — | — | 3 |
| 赵佳芹 | 1/2 | — | 1/6 | — | 1/1 | 4/4 | 7/13 | 54 | 12 | — | — | — | 8 |
| 王莎莎 | 2/4 | — | 3/14 | — | 1/1 | 6/6 | 12/25 | 48 | 15 | — | — | 4 | 8 |
| 沙正文 | 18/25 | — | 0/1 | — | 1/1 | — | 19/27 | 70 | — | — | — | 1 | 8 |
| 马玲 | 0/1 | 6/7 | — | 2/2 | 1/1 | 1/1 | 10/14 | 71 | 1 | — | — | — | 6 |
| 孙梦颖 | — | 0/1 | — | — | 0/1 | 1/1 | 1/3 | 33 | — | — | — | — | 2 |
| 李兵 | 2/4 | — | 2/4 | — | 2/3 | 4/6 | 10/17 | 59 | 7 | — | — | 6 | 9 |
| 闫美珠 | — | — | — | — | — | — | — | — | — | — | — | — | — |
| 周美微 | — | — | — | — | — | — | — | — | — | — | — | — | — |
| 安妮 | — | — | — | — | — | — | — | — | — | — | — | — | — |

按射门成功率高低排名：李薇薇、马玲、沙正文、李兵、韦秋香、赵佳芹、王莎莎、刘晓妹、李瑶、孙梦颖（表4-49）。李薇薇、李兵、韦秋香射门成功率高于2008年北京奥运会，王莎莎、马玲、赵佳芹高于2009年世锦赛，沙正文、刘晓妹、李瑶低于2009年世锦赛（表4-50、表4-51）。

表4-50 2008年北京奥运会八场比赛队员个人统计总表

| 项目\队员 | 进攻/次 底线 | 边锋 | 9m | 7m | 快攻 | 突破 | 合计 | % | 助攻 | 防守/次 抢断 | 封挡 | 2min | 失误/次 |
|---|---|---|---|---|---|---|---|---|---|---|---|---|---|
| 王莎莎 | 5/6 (83%) | 1/1 (100%) | 15/45 (33%) | — | 2/3 (67%) | 9/12 (75%) | 32/67 | 48 | 22 | 12 | 1 | 5 | 32 |
| 李薇薇 | 0/3 (0) | — | 7/26 (26%) | 13/16 (81%) | 2/4 (50%) | 6/7 (85%) | 28/56 | 50 | 7 | — | — | — | 7 |
| 刘晓妹 | 2/3 (67%) | — | 20/71 (28%) | — | 3/6 (50%) | 5/9 (55%) | 30/89 | 34 | 23 | 8 | 1 | 3 | 28 |

续表

| 项目\队员 | 进攻/次 ||||||| 防守/次 |||| 失误/次 |
|---|---|---|---|---|---|---|---|---|---|---|---|---|
| | 底线 | 边锋 | 9m | 7m | 快攻 | 突破 | 合计 | % | 助攻 | 抢断 | 封挡 | 2min | |
| 韦秋香 | 1/2(50%) | 6/11(54%) | 0/2(0) | 4/4(100%) | 3/5(60%) | 0/3(0) | 14/27 | 52 | — | 4 | — | 2 | 3 |
| 李兵 | 1/1(100%) | — | 1/4(25%) | — | 3/8(37.5%) | 3/5(60%) | 8/18 | 44 | 5 | 6 | 8 | 3 | 4 |

表4-51 2009年世锦赛队员个人统计总表

| 项目\队员 | 进攻/次 ||||||| 防守/次 |||| 失误/次 |
|---|---|---|---|---|---|---|---|---|---|---|---|---|
| | 底线 | 边锋 | 9m | 7m | 快攻 | 突破 | 合计 | % | 助攻 | 抢断 | 封挡 | 2min | |
| 李薇薇 | 10/17 | 1/1 | 7/20 | 23/26 | — | 6/7 | 47/61 | 66 | — | — | — | 2 | 23 |
| 韦秋香 | 3/4 | 8/23 | 3/5 | 3/5 | 9/14 | 1/2 | 27/53 | 51 | — | 4 | — | — | 16 |
| 刘晓妹 | 3/11 | 1/3 | 14/33 | — | 4/6 | 5/7 | 27/60 | 45 | 27 | 5 | 6 | 2 | 23 |
| 李瑶 | 0/1 | 10/16 | 0/1 | — | 12/16 | — | 22/34 | 65 | 2 | 2 | — | 3 | 8 |
| 赵佳芹 | 4/7 | 0/1 | 7/18 | — | 4/4 | 5/9 | 20/39 | 51 | 11 | 7 | — | 2 | 21 |
| 王莎莎 | 2/3 | — | 6/19 | — | 2/2 | 5/9 | 15/33 | 45 | 15 | 5 | 1 | 1 | 13 |
| 沙正文 | 10/11 | 2/2 | 0/1 | — | 1/1 | 1/1 | 14/66 | 88 | 3 | 3 | 11 | 6 | 17 |
| 马玲 | — | 1/5 | — | — | 2/2 | 1/2 | 4/9 | 44 | 2 | 1 | — | — | 5 |
| 孙梦颖 | 1/2 | 0/2 | 0/6 | — | 0/1 | 1/1 | 2/12 | 17 | — | 1 | — | — | 5 |

助攻最多的是王莎莎，其次是赵佳芹；被判2min最多的是李兵，其次是王莎莎。失误从多到少排名：韦秋香、李兵、赵佳芹、王莎莎、沙正文、马玲、李薇薇（表4-49）。

2. 守门员

如表4-52～表4-55所列，黄红封挡率为41.7%，比2006年多哈亚运会、2008年北京奥运会、2009年世锦赛高；许沫封挡率为34.6%，高于2009年世锦赛。

表4-52 2010年广州亚运会守门员技术统计

| 姓名 | 底线 | 边锋 | 9m | 7m | 快攻 | 突破 | 合计 | % |
|---|---|---|---|---|---|---|---|---|
| 黄红 | 3/9 | 5/10 | 11/27 | 0/3 | 5/12 | 6/11 | 30/72 | 41.7 |
| 许沫 | 0/4 | 1/6 | 7/14 | 3/8 | 7/16 | 0/4 | 18/52 | 34.6 |

表4-53 2009年世锦赛守门员技术统计

| 姓名 | 底线 | 边锋 | 9m | 7m | 快攻 | 突破 | 合计 | % |
|---|---|---|---|---|---|---|---|---|
| 黄红 | 19/51 | 11/29 | 19/47 | 3/20 | 4/31 | 11/22 | 67/200 | 34 |
| 许沫 | 11/31 | 11/27 | 13/33 | 1/19 | 6/26 | 1/8 | 43/144 | 30 |

表4-54 2008年北京奥运会守门员技术统计

| 姓名 | 底线 | 边锋 | 9m | 7m | 快攻 | 突破 | 合计 | % |
|---|---|---|---|---|---|---|---|---|
| 黄红 | 13/44 | 13/32 | 23/67 | 0/12 | 8/44 | 4/23 | 61/222 | 27 |

表4-55 2006年多哈亚运会守门员技术统计

| 姓名 | 底线 | 边锋 | 9m | 7m | 快攻 | 突破 | 合计 | % |
|---|---|---|---|---|---|---|---|---|
| 黄红 | 1/1 | 0/0 | 2/6 | 0/1 | 0/1 | 0 | 3/9 | 33 |

## 三、分析与讨论

中国女子手球队在2010年广州亚运会上夺得有史以来第一个正式国际比赛冠军，在欢欣鼓舞的同时，我们要保持清醒的头脑，形势依然严峻，问题依然存在。韩国队失去冠军后，势必认真总结教训，重整旗鼓，卷土重来。日本队两次以较大比分输给中国队，势必更加重视中国队。哈萨克斯坦队也会认真研究中国队。所以，我们更要团结一致，扎实工作，如履薄冰，稳步推进。

### （一）经验

（1）大周期的训练和比赛紧密结合，扎实推进。中国女子手球队在北京奥运会结束后，及时总结北京奥运会备战的经验教训，确立新周期的备战任务，根据国内女子手球特点、对手特点开始大周期集训。训练与比赛紧密结合，以赛带练，以练促赛，相辅相成，及时总结，及时调整，稳步前进。按照"三从一大"的训练指导原则，通过训练抓基础体能、技战术的同时，突出专项比赛能力。通过多打各种比赛（与国内陪练队的比赛、队内分组比赛和国际比赛）检验训练成果，及时发现和分析问题，选拔队员，调整阵容，了解对手，提高球队竞技状态。

（2）手曲棒垒球运动管理中心的指导方针正确，反应迅速，决策果断。中心项目负责人经常驻队,在训练和比赛中亲临指挥协调。国家女子手球队备战过程中遇到的困难和问题,如球队人员调整、训赛安排等,中心都能认真调查,做出快速和明智的决定。

(3) 正确的比赛临场指挥。在比赛中,不轻视任何对手,也不畏惧任何对手,根据对手最新特点、球队特点,排兵布阵,克敌制胜。例如,根据"老"队员技术、伤病、防守的特点,协调安排上场,保障了球队整体技战术质量,并且没有造成重大伤病减员。

(4) 队员场上执行力强,敢打敢拼,确保了球队整体技战术水平发挥。

5) 各方的支持是亚运会实现目标的有力保障。在国家女子手球队备战过程中,各方无微不至的支持和帮助是训练和比赛的有力保障。奥林匹克体育中心为国家队提供了良好的在京训练、生活条件;国家队的外训有效展开离不开各地方体育局的协调支持;手、曲、棒、垒球运动管理中心奥运保障部及时提供各种优良的训练、医用设备,营养支持和信息,请心理专家下队讲课等,为手球的亚运会备战提供了强大的支持,解决了备战的后顾之忧。

(6) 强化医务、科研保障,保证了运动员机能状态。球队前往广州前,运动员整体机能状况良好,随着赛前调整的到来,队员的身体机能进一步提高。在中心的协调帮助下,从2010年9月中旬到出发前,球队经历了大负荷训练,但球队的机能状态趋向好转,在此期间球队加强了机能监控,根据队员机能评定结果、训练状况、训练周期安排进行了运动营养调补,对重点运动员的月经不调问题和血色素、睾酮水平不佳的问题进行了针对性的加强补充,并加强了与教练的沟通,避免运动员出现持续性机能下降而导致的过度疲劳和伤病。

## (二) 从亚运会看亚洲女子手球发展特点

2010年广州亚运会是2008年北京奥运会后在中国举行的又一次体育盛会,亚奥理事会的45个成员全部组队参赛,实现了亚奥理事会的大团聚,运动员为10 156人,随队人员为4 750人,为历届之最。本届亚运会的金牌总数达到476枚,也是历届之最,分布在42个大项中,其中除28个奥运会比赛项目外,还有14个非奥运会比赛项目,是亚运会历史上比赛项目最多的一届。2010年广州亚运会的项目数是北京奥运会的1.5倍,使用的比赛场馆是北京奥运会的1.3倍,参赛运动员、技术人员人数等都超过了2008年北京奥运会,亚运会的规模得到前所未有的扩张。此次亚运会中国女足第4名,男足未进入前8名,男排第5名,男手第7名,男女篮、女排取得冠军,而女手的冠军开创了历史,为中国体育代表团此次成绩中的闪光点。

手球是经典的奥运会项目,但此次亚运会手球参赛球队共20支(男子11支,女子9支),参赛球队数量比足(31支)、篮(24支)、排(29支)少,与列入奥运会项目不久的橄榄球(18支,其中女子9支)相当,比非奥运会项目的藤球都少。而2006年第15届多哈亚运会,手球有24支参加。所以,总体而言,虽然亚运会规模在扩大,但手球项目的参赛球队在减少,手球在亚洲的发展依然比较迟缓。在亚洲手球联合会的官方网站上,找不到往届亚运会、亚洲锦标赛等亚洲级赛事的任何信息记录,亚洲手球联合会有待于进一步发展。

虽然亚洲手球整体环境不尽如人意,但亚洲女子手球也一直没有放慢发展的脚步。中国手球人一直默默无闻,前赴后继,为手球发展提供了动力和保障。近几年在国家体育总局手曲棒垒球运动管理中心的领导下,"请进来,走出去",自力更生,探索项目规律,回顾、检讨、展望,步步推进,开创了女子手球发展新的一页。韩国队以其惯有的"小快灵拼狠巧"在世界女子手球舞台上仍具有很强的竞争力,仍是亚洲女子手球的代表。日本队聘请了荷兰和韩国外教,积极发展联赛,寻求新的突破。哈萨克斯坦队充分利用与俄罗斯队的友好关系,对教练和队员进行交流培养,获得了较快发展。朝鲜队是神秘之师,不可小视。亚洲女子手球韩国、中国、日本、哈萨克斯坦、朝鲜五强的局面已经形成,而其他亚洲手球队明显较弱。韩国女子手球队在亚洲的水平近30年来一直无人可以超越。一支球队一直突出,也暴露了地区手球发展的问题。欧洲女子手球一直处于世界最高水平,从东欧到北欧,没有一支球队能在最高领奖台上延续10年,正是有了此起彼伏的竞争,才推动欧洲手球一直处于世界最高水平。

从表4-56、表4-57可以看出,亚洲女子手球发展的节奏特点(供参考)。

**表4-56 历届女子手球世锦赛前3名队及中国队成绩一览表**

| 世锦赛 | 年份/年 | 地点 | 金牌 | 银牌 | 铜牌 | 中国队名次 |
|---|---|---|---|---|---|---|
| 第1届 | 1957 | 南斯拉夫 | 捷克斯洛伐克队 | 匈牙利队 | 南斯拉夫队 | 无 |
| 第2届 | 1962 | 罗马尼亚 | 罗马尼亚队 | 丹麦队 | 捷克斯洛伐克队 | 无 |
| 第2届 | 1965 | 联邦德国 | 匈牙利队 | 南斯拉夫队 | 联邦德国队 | 无 |
| 第4届 | 1971 | 荷兰 | 民主德国队 | 南斯拉夫队 | 匈牙利队 | 无 |

续表

| 世锦赛 | 年份/年 | 地点 | 金牌 | 银牌 | 铜牌 | 中国队名次 |
|---|---|---|---|---|---|---|
| 第5届 | 1973 | 南斯拉夫 | 南斯拉夫队 | 罗马尼亚队 | 苏联队 | 无 |
| 第6届 | 1975 | 苏联 | 民主德国队 | 苏联队 | 匈牙利队 | 无 |
| 第7届 | 1978 | 捷克斯洛伐克 | 民主德国队 | 苏联队 | 匈牙利队 | 无 |
| 第8届 | 1982 | 匈牙利 | 苏联队 | 匈牙利队 | 南斯拉夫队 | 无 |
| 第9届 | 1986 | 荷兰 | 苏联队 | 捷克斯洛伐克队 | 挪威队 | 9 |
| 第10届 | 1990 | 韩国 | 苏联队 | 南斯拉夫队 | 民主德国队 | 8 |
| 第11届 | 1993 | 挪威 | 德国队 | 丹麦队 | 挪威队 | 14 |
| 第12届 | 1995 | 奥地利/匈牙利 | 韩国队 | 匈牙利队 | 丹麦队 | 14 |
| 第13届 | 1997 | 德国 | 丹麦队 | 挪威队 | 德国队 | 22 |
| 第14届 | 1999 | 丹麦/挪威 | 挪威队 | 法国队 | 奥地利队 | 19 |
| 第15届 | 2001 | 意大利 | 俄罗斯队 | 挪威队 | 南斯拉夫队 | 11 |
| 第16届 | 2003 | 克罗地亚 | 法国队 | 匈牙利队 | 韩国队 | 19 |
| 第17届 | 2005 | 俄罗斯 | 俄罗斯队 | 罗马尼亚队 | 匈牙利队 | 17 |
| 第18届 | 2007 | 法国 | 俄罗斯队 | 挪威队 | 德国队 | 21 |
| 第19届 | 2009 | 中国 | 俄罗斯队 | 法国队 | 挪威队 | 12 |

表4-57 女子手球世锦赛和奥运会中国队、韩国队、日本队、哈萨克斯坦队比赛名次一览表

| 年份/年 | 地点 | 名次 | | | | 球队数/支 |
| | | 赛事 | 中国队 | 韩国队 | 日本队 | 哈萨克斯坦队 | |
|---|---|---|---|---|---|---|---|
| 1962 | 罗马尼亚 | 世锦赛 | 没参赛 | 没参赛 | 9 | 没参赛 | 9 |
| 1965 | 法国 | 世锦赛 | 没参赛 | 没参赛 | 7 | 没参赛 | 8 |
| 1971 | 荷兰 | 世锦赛 | 没参赛 | 没参赛 | 9 | 没参赛 | 9 |
| 1973 | 南斯拉夫 | 世锦赛 | 没参赛 | 没参赛 | 10 | 没参赛 | 12 |
| 1975 | 苏联 | 世锦赛 | 没参赛 | 没参赛 | 10 | 没参赛 | 12 |
| 1976 | 加拿大蒙特利尔 | 奥运会 | 没参赛 | 没参赛 | 5 | 没参赛 | 6 |

续表

| 年份/年 | 地点 | 赛事 | 名次 中国队 | 名次 韩国队 | 名次 日本队 | 名次 哈萨克斯坦队 | 球队数/支 |
|---|---|---|---|---|---|---|---|
| 1978 | 捷克斯洛伐克 | 世锦赛 | 没参赛 | 没参赛 | 没参赛 | 没参赛 | 9 |
| 1980 | 苏联莫斯科 | 奥运会 | 没参赛 | 没参赛 | 没参赛 | 没参赛 | 6 |
| 1982 | 匈牙利 | 世锦赛 | 没参赛 | 6 | 没参赛 | 没参赛 | 12 |
| 1984 | 美国洛杉矶 | 奥运会 | 3 | 2 | 没参赛 | 没参赛 | 6 |
| 1986 | 荷兰 | 世锦赛 | 9 | 11 | 14 | 没参赛 | 16 |
| 1988 | 韩国汉城（今首尔） | 奥运会 | 6 | 1 | 没参赛 | 没参赛 | 8 |
| 1990 | 韩国 | 世锦赛 | 8 | 11 | 没参赛 | 没参赛 | 16 |
| 1992 | 西班牙巴塞罗那 | 奥运会 | 没参赛 | 1 | 没参赛 | 没参赛 | 8 |
| 1993 | 挪威 | 世锦赛 | 14 | 11 | 没参赛 | 没参赛 | 16 |
| 1995 | 奥地利/匈牙利 | 世锦赛 | 14 | 1 | 15 | 没参赛 | 20 |
| 1996 | 美国亚特兰大 | 奥运会 | 5 | 2 | 没参赛 | 没参赛 | 8 |
| 1997 | 德国 | 世锦赛 | 22 | 5 | 17 | 没参赛 | 24 |
| 1999 | 挪威/丹麦 | 世锦赛 | 18 | 9 | 17 | 没参赛 | 24 |
| 2000 | 澳大利亚悉尼 | 奥运会 | 没参赛 | 4 | 没参赛 | 没参赛 | 10 |
| 2001 | 意大利 | 世锦赛 | 11 | 15 | 20 | 没参赛 | 24 |
| 2003 | 克罗地亚 | 世锦赛 | 19 | 3 | 16 | 没参赛 | 24 |
| 2004 | 希腊雅典 | 奥运会 | 8 | 2 | 没参赛 | 没参赛 | 10 |
| 2005 | 俄罗斯 | 世锦赛 | | 8 | | 没参赛 | 24 |
| 2007 | 法国 | 世锦赛 | 21 | 6 | 19 | 18 | 24 |
| 2008 | 中国北京 | 奥运会 | 6 | 3 | 没参赛 | 12 | 12 |
| 2009 | 中国 | 世锦赛 | 12 | 6 | 16 | 22 | 24 |

（1）1976 年前。亚洲女子手球萌芽期。日本队是亚洲女子手球最强队，是亚洲女子手球的代表。

（2）1976—1980 年。亚洲女子手球低迷期。无球队参加 1978 年世锦赛和 1980 年奥运会，也是亚洲女子手球的更迭期，从此日本队退出亚洲女子手球舞台中心，韩国队和中国队逐渐赶超上来。

(3) 1980—1990 年。亚洲女子手球争夺期。韩国队和中国队展开激烈争夺,在亚洲比赛中一直保持前两名,在世界比赛中名次相差无几,期间韩国队胜多负少,中国队在 1990 年世锦赛上战胜了韩国队,此阶段中韩竞争韩国队胜出。韩国队、中国队在世界女子手球舞台上的出色表现提升了亚洲女子手球的地位,日本女子手球水平相对下降,韩国队、中国队、日本队在亚洲女子手球的排位基本确立。

(4) 1990—1996 年。亚洲女子手球发展期。韩国队快速发展,在奥运会和世锦赛上表现出色,达到了世界女子手球高水平;中国队发展迟缓,与韩国队差距拉大。

(5) 1996—2007 年。亚洲女子手球成熟期。韩国队发展势头不减,但发展速度变缓,在奥运会上屡有出色表现,但在世锦赛上鲜有出彩;中国队和日本队为竞争亚洲第 2 名,互有胜负,中国队胜多负少;哈萨克斯坦队逐渐走上亚洲女子手球舞台,对中国队和日本队发起挑战。

(6) 2007—2009 年。亚洲女子手球谋发展期。韩国队虽然强势,但风格缺少变化,身体不占优势,发展势头继续减弱;中国女子手球取得较快的发展;日本女子手球的发展寻求出路,再次面临风格转换;哈萨克斯坦队新"老"更替,在亚洲女子手球舞台上逐渐站稳脚跟。

(7) 2009 年以后。亚洲女子手球后发展期。韩国队依然具备优势,发展平稳,中国队、日本队、哈萨克斯坦队新周期面临风格转换、新老交替。

## (三) 要面对的问题

### 1. 如何看"老"队员想退役

中国女子手球队虽然年轻,但队中有几位"老"队员,经过国家多年的悉心培养,参加过数次世锦赛、奥运会、亚运会,是中国女子手球的宝贵财富,年轻队员成长的缓慢、奥运会任务的迫切使得她们的重要性进一步提升。第 11 届亚运会,有的"老"队员如李兵在关键比赛的攻防中起到相当重要的作用,所以进一步调动"老"队员的积极性是非常重要的。但有相当一些老队员有退役的想法,对此如果处理不当,可能给发展中的女子手球带来更大的烦恼。为什么不老的队员就想退役?原因是什么?一是年龄的确相对不小了,而个人工作问题没有解决,感情还没有归宿,再坚持下去可能错过不多的机会。二是对手球的热爱、对国家的奉献热情不够支撑她们继续打球。这个问题源于选材,没有几个队员是真正从小爱上手球而干这一行的,被"分"到手球项目后,进入体制培养,衣食住行公家管，这些队员在专项运动能力提高的同时，其他方面的成长相对同龄人来说是落后了，且滋养了很多运动员的惰性，成为被"养"起来的运动员。当她们要面对走出这个圈子，被"放"出去时，虽然国家有运动员退役相关政策规定，但面对日益饱和的体育系统编制、日益激烈的外界竞争，难免会有剧烈的心理波动。三是或多或少都有伤病的困扰，继续训练、比赛对身体损害的风险会进一步增加，这也促使她们产生退役的想法。所以，运动员想退役的问题是运动员培养体制与社会发展机制的不协调、被动培养与主动选择的不协调、集体与个人不协调的综合体现，是有时代原因的"老问题"。

2. 如何提高队员场上解读比赛的能力

国家级运动员应有较强的解读比赛的能力，这样才能更好地在比赛中快速采取有效的技战术，去取得比赛胜利。然而，受过那么多训练，经过那么多训赛培养，有些女子手球队员进步不显著，除了身体机能的限制外，更重要的是她们对手球的理解、追求和热爱得不到提升。对比赛的解读和分析主要是由教练来做的，队员们往往比较被动地接受。队员们的各种赛后小结往往是进行思想上的总结，喊口号，说的话也是千篇一律，队员们从具体比赛中解读、分析、总结的能力的确较弱，其主要有两个原因：自己不想和没有要求。所以，要想让运动员更会打球，就要提高运动员解读、分析比赛的能力。手球的特点和规律变化万千，为什么要多打真正的比赛？就是要让教练和队员去了解、认识和尽可能去适应各种变化。要提高应对变化进行技战术执行的能力，就必须适应变化，并将其升华为意识，升华为视野和行为。意识和视野的开阔性是技战术行为的先导。越是高级的比赛对意识和视野的要求就越高。

3. 针对对手的主要特点，选拔人才，强化组合，强化训练

训练是竞技体育的核心问题，由于我国目前没有完备的手球联赛，缺乏欧洲手球发达国家那种以联赛作为选拔、训练的机制，所以，我国的手球训练显得更加重要。因为入选国家队的运动员在国内比赛的表现相对来说比较突出，选拔出当前国内优秀的运动员不是难题。国家级的训练主要在于整合和强化，整合最优秀的运动员至战斗力最强，针对对手特点，根据手球项目规律，强化训练，从难从严从实战出发，提升球队实力。一个人老犯同样的错误是可悲的，对于一支球队来说，老犯同样的错误是可惜的。对于手球球队来说，任何个人的错误都可能导致球队的错误，所以，让球队不犯同样的错误比个人更难。知错就改当然理想，就怕改不了或改不好，遇到相似情况、相似对手还是重犯。这里有三个问题：一是改错的

态度；二是改错的能力；三是改错的潜力。随着队员年龄增大，机能不可能一直提高，但比赛经历的增多没有带来技术、意识上的显著进步，是比较令人遗憾的。

以下问题都是些老问题，从2008年北京奥运会备战周期就出现，到目前并没有解决得很理想，在接下来的比赛中肯定还会遇见。

（1）如何提高打韩国队、日本队3/2/1防守的成功率？韩国队一定会吸取2010年亚运会失败的教训，重新突出他们擅长的3/2/1防守。

（2）当对方重点盯防我们的重点运动员时，该怎么打？

（3）如何提高打韩国队、日本队、哈萨克斯坦队一线防守的成功率？

（4）如何防韩国队、日本队、哈萨克斯坦队的快攻？

（5）如何防韩国队、日本队的突破、连切、交叉？

## （四）项目、比赛规律再探索

手球是同场对抗的集体球类项目，体能、技术、战术、心理、规则利用都必须具备对抗性，同时技战术执行、运动和队员心理必须具备集体性，才是手球的专项规律，而专项属性与制胜目的性的结合才是手球专项制胜规律（图4-16）。任何球队缺乏对抗制胜性、集体制胜性中的一条都是非专业球队。

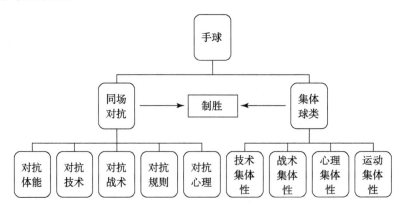

图4-16　手球项目规律示意图

手球比赛具有对抗激烈性、变化异常性、时空限定性，在有限的时空内如何在激烈对抗中制胜，如何在异常变化中制胜，决定成败归属。应对变化、适应变化、创造变化是比赛制胜的关键。比如进攻，能够按照既定某套战术成功的概率不会高于20%，绝大多数进攻是在战术执行不利的情况下进行的，所以，训练中要特别注意在战术进行不顺的情况下的持续进攻。

拼搏是手球比赛的基本特点，只要有一个队员不拼就很难取胜，特别是实力相当或以弱对强的比赛，只有全体都拼才有赢的希望。每个人每个动作在每个时空力争拼赢，是拼搏的基本目的。

能取得比赛胜利的球队，集体的合力大于简单之和，而发生立方次变化产生强大的能量，这就是真正集体的力量。在激烈的比赛中，在弱打强的比赛中，集体的力量是取胜的根本保证。特别是在防守中，集体的配合是防守成功的根本保证，但在进攻中，个体的创造是进攻得分的关键。本来很有特点、很有技术个性的运动员，随着训练的磨炼，技术的创造性却越来越平淡，是什么压抑了队员的个性？如何取得技术创造个性的培养与团队集体纪律性的协调发展，是球队训练和管理中必须面对的问题。

攻守平衡是比赛制胜的基本要求。要想取得激烈比赛的胜利，底线、边锋、外围、快攻的进攻和守门员的封球都不能差。不要试图通过控制对方某种进攻而取胜，而要通过对抗对方进攻而取胜。

轻敌是失败之母。对于任何对手都不可轻视，韩国队在2010年亚运会比赛中失利，轻敌而致的战术指挥不当是最重要的原因。

第四章

# 2011年女子手球亚洲区伦敦奥运会资格赛调研

2011年亚洲女子手球锦标赛暨伦敦奥运会资格赛在常州举行，从2011年10月12—21日，为期10天，共有6支球队（中国队、韩国队、日本队、哈萨克斯坦队、土库曼斯坦队、朝鲜队）参赛，采用单循环赛制，积分最高者为亚锦赛冠军，直接获得参加伦敦奥运会的资格，第2名直接获得参加奥运会落选赛的资格。此次赛事，中国女子手球队是继2008年奥运会、2009年世锦赛、2010年广州亚运会后，第四次在家门口参加的高级别赛事，继2010年广州亚运会夺冠之后乘势直接获得奥运会参赛资格是中国女子手球队的目标。然而中国队分别负于韩国队和日本队，最终失去了伦敦奥运会参赛资格。回顾中国女子手球队4年备战历程，深入总结失败的原因，是中国女子手球能否走出阴霾、重新崛起的必需。本章对伦敦奥运会资格赛中国女子手球队技战术统计进行了分析，并与2006年多哈亚运会、2007年世锦赛、2008年北京奥运会、2009年世锦赛、2010年广州亚运会进行了比较，探讨了中国女子手球技战术的特点和问题，以期为中国女子手球重整旗鼓提供参考。

## 一、研究对象与方法

### （一）研究对象

1. 2011年伦敦奥运会资格赛各球队基本情况

如表4-58所列，中国队平均年龄25.2岁，最大31岁（李兵31岁，孙来苗 30 岁），平均身高 177.4cm，平均体重 71.8kg，是所有参赛女子手球队中平均身高第二高的。有 6 名运动员参加过 2008 年北京奥运会，11 名队员参加过 2010 年广州亚运会。

表 4-58　2011 年奥运会资格赛各队基本信息

| 球队 | 年龄/岁 | 身高/cm | 体重/kg |
| --- | --- | --- | --- |
| 日本 | 27.1（23~32） | 168.3（160~179） | 62.8（53~75） |
| 哈萨克斯坦 | 24.9（19~34） | 179.4（163~190） | 71.5（58~94） |
| 韩国 | 26.1（20~33） | 171.6（160~182） | 63.5（55~77） |
| 中国 | 25.2（19~31） | 177.4（166~190） | 71.8（62~85） |
| 朝鲜 | 23.2（21~26） | — | — |

韩国队平均年龄 26.1 岁，平均身高 171.6cm，平均体重 63.5kg，30 岁以上队员 6 名。3 名队员参加过北京奥运会，4 名队员参加过 2010 年广州亚运会。2010 年亚运会后，韩国队更换了主教练（中国队为 2008 年北京奥运会时的主教练）。

日本队平均年龄 27.1 岁，平均身高 168.3cm，平均体重 62.8kg。30 岁以上队员 3 名，基本上都是参加 2010 年广州亚运会的队员，主教练是韩国人。年轻队员 21、20、23 和 28 号都打上了主力，老将沦为替补。

哈萨克斯坦队平均年龄 24.9 岁，比 2010 年广州亚运会时更年轻，平均身高 179.4cm，平均体重 71.5kg，身材更加高大，是所有参赛队中平均身高最高的。30 岁以上队员 1 名，4 名队员参加过 2008 年北京奥运会。主教练是韩国人。

朝鲜队从上报的平均年龄来看，比哈萨克斯坦队还年轻，身材资料无。

与 2008 年北京奥运会、2009 年世锦赛、2010 年广州亚运会相比，韩国队阵容变化最大，哈萨克斯坦队、日本队变化较大，而中国队相对稳定，都是新老结合的球队。

2. 2006 年、2007 年、2008 年、2009 年、2010 年、2011 年大赛技战术统计

研究采用 2006 年广州亚运会中国队与日本队、韩国队、哈萨克斯坦队比赛数据，2007 年世锦赛（法国）中国队比赛数据，2008 年北京奥运会中国队比赛数据，2009 年世锦赛（常州市）中国队比赛数据，2010 年广州亚运会（广州市）中国队与朝鲜队、日本队、哈萨克斯坦队比赛数据，2011 年女子手球亚洲区伦敦奥运会资格赛（常州市）中国队、韩国队、日

本队、哈萨克斯坦队、朝鲜队的比赛数据。

## （二）研究方法

视频采集：摄像机、磁带等。

PHMS 手球比赛统计软件，统计项目包括：底线射门、边锋射门、9m 远射、7m 罚球、快攻射门和突破射门的总次数和成功率，失误总数和场均失误数，封挡总数和场均封挡数。

数理统计：将数据归纳整理，建立数据库，用 SPSS 16.0 进行数据处理。

# 二、研究结果

## （一）成绩比分

在伦敦奥运会资格赛中，中国队分别负于韩国队、日本队，未能获得伦敦奥运会的参赛资格，韩国队直接获得参赛资格，而日本队获得参加2012年伦敦奥运会参赛的资格。比赛结果和成绩排名见表4-59、表4-60。

表4-59 伦敦奥运会资格赛中国队比赛结果汇总

| 场次 | 比赛时间 | 地点 | 比赛对手 | 结果 |
|---|---|---|---|---|
| 1 | 2011/10/12 | 常州市 | 土库曼斯坦队 | 41（22:1）6 |
| 2 | 2010/11/21 | 常州市 | 日本队 | 21（12:11）26 |
| 3 | 2010/11/23 | 常州市 | 韩国队 | 19（10:16）31 |
| 4 | 2010/11/25 | 常州市 | 朝鲜队 | 28（14:12）26 |
| 5 | 2010/11/26 | 常州市 | 哈萨克斯坦队 | 22（9:7）21 |

表4-60 赛会成绩排名

| 名次 | 球队 |
|---|---|
| 1 | 韩国 |
| 2 | 日本 |
| 3 | 中国 |
| 4 | 朝鲜 |
| 5 | 哈萨克斯坦 |

## (二) 射门成功率、场均得分特点分析

如表 4-61 所列，伦敦奥运会资格赛中国队射门总体成功率 52.6%，其中底线 67.5、边锋 50%、9m 32.7%、快攻 63%、突破 71%、7m 60%，场均 2min 3.75 次，失误 19 次，助攻 10 次。

表 4-61　近年来世界大赛中国女子手球队技术特点统计比较表

| 项目<br>赛事 | 射门成功率/% | | | | | | | 场均其他/次 | |
|---|---|---|---|---|---|---|---|---|---|
| | 底线 | 边锋 | 9m | 7m | 快攻 | 突破 | 合计 | 2min | 失误 |
| 2006 年亚运会 | 47 | 41 | 27 | 88 | 73 | 94 | 53 | 6 | 20.7 |
| 2007 年世锦赛 | 68 | 33 | 32 | 83 | 50 | 71 | 49 | 2.5 | 17.5 |
| 2008 年奥运会 | 68 | 50 | 27 | 76 | 56 | 56 | 47 | 3.6 | 16.3 |
| 2009 年世锦赛 | 56 | 41 | 37 | 81 | 70 | 63 | 52 | 2.9 | 20.1 |
| 2010 年亚运会 | 67.5 | 48.3 | 32.7 | 72.2 | 70 | 84.6 | 58.2 | 4.5 | 15.25 |
| 2011 年奥运会资格赛 | 67.5 | 50 | 32.7 | 60 | 63 | 71 | 52.6 | 3.75 | 19 |

（1）中国队总体射门成功率高于 2007 年世锦赛、2008 年北京奥运会和 2009 年世锦赛，低于 2010 年广州亚运会。与其他球队相比，低于韩国队（63.5%）、日本队（54%），高于朝鲜队（48.3%）、哈萨克斯坦队（50.2%）（表 4-62）。

表 4-62　伦敦奥运会资格赛其他球队技术特点统计表

| 项目<br>球队 | 射门成功率/% | | | | | | | 场均其他/次 | |
|---|---|---|---|---|---|---|---|---|---|
| | 底线 | 边锋 | 9m | 7m | 快攻 | 突破 | 合计 | 2min | 失误 |
| 韩国 | 68 | 50 | 39.7 | 89 | 84 | 69.6 | 63.5 | 3 | 12.5 |
| 日本 | 63 | 46 | 35.1 | 91.7 | 65.3 | 70.8 | 54 | 1.5 | 18 |
| 哈萨克斯坦 | 60.4 | 33.3 | 26.7 | 77.8 | 73.9 | 64.3 | 50.2 | 3.5 | 17.5 |
| 朝鲜 | 60.7 | 56 | 25.9 | 75 | 63.3 | 72 | 48.3 | 2.25 | 16.8 |

（2）中国队底线射门成功率高于 2006 年多哈亚运会、2009 年世锦赛，低于 2008 年北京奥运会和 2007 年世锦赛，同于 2010 年广州亚运会。与其他球队相比，低于韩国队，高于日本队、哈萨克斯坦队、朝鲜队。

（3）中国队边锋射门成功率高于 2006 年多哈亚运会、2007 年世锦赛、2009 年世锦赛、2010 年广州亚运会，同于 2008 年北京奥运会；与其他球队相比，低于朝鲜队（56%），同于韩国队（50%），高于日本队

（46%）、哈萨克斯坦队（33.3%）。

（4）中国队9m射门成功率高于2006年多哈亚运会、2007年世锦赛、2008年北京奥运会，低于2009年世锦赛，同于2010年广州亚运会；与其他球队相比，低于韩国队（39.7%）、日本队（35.1%），高于朝鲜队（25.9%）、哈萨克斯坦队（26.7%）。

（5）中国队快攻射门成功率高于2007年世锦赛、2008年北京奥运会，低于2006年多哈亚运会、2009年世锦赛、2010年广州亚运会；与其他球队相比，低于韩国队（84%）、哈萨克斯坦队（73.9%）、日本队（65.3%）、朝鲜队（63.3%）。

（6）中国队突破射门成功率低于2010年广州亚运会，同于2007年世锦赛，高于2008年北京奥运会、2009年世锦赛；与其他球队相比，高于韩国队（69.6%）、日本队（70.8%）、哈萨克斯坦队（64.3%），低于朝鲜队（72%）。

（7）中国队场均失误低于2006年多哈亚运会、2009年世锦赛，高于2007年世锦赛、2008年北京奥运会、2010年广州亚运会；比此次赛事的其他球队都高。

（8）中国队2min判罚高于2007年世锦赛、2008年北京奥运会、2009年世锦赛，低于2006年多哈亚运会、2010年广州亚运会；比此次赛事的其他球队都高。

伦敦奥运会资格赛中国队比赛技术统计见表4-63。

表4-63 伦敦奥运会资格赛中国队比赛技术统计　　单位：次

| 项目<br>球队 | 射门 | | | | | | | 其他 | | |
|---|---|---|---|---|---|---|---|---|---|---|
| | 底线 | 边锋 | 9m | 7m | 快攻 | 突破 | 合计 | 助攻 | 失误 | 2min |
| 中国 | 5/9 | 2/7 | 4/17 | 2/4 | 1/2 | 7/8 | 21/47(44.7%) | 10 | 21 | 5 |
| 日本 | 1/2 | 2/5 | 9/19 | 3/4 | 7/13 | 4/5 | 26/48(54.2%) | 2 | 15 | 2 |
| 中国 | 3/7 | 3/7 | 7/14 | 4/6 | 3/4 | 2/2 | 22/40(55%) | 4 | 12 | 3 |
| 哈萨克 | 2/4 | 3/8 | 12/24 | 2/3 | | 2/5 | 21/44(47.7%) | 3 | 8 | 5 |
| 中国 | 11/14 | 2/4 | 3/15 | 1/2 | 2/3 | 0/1 | 19/39(48.7%) | 11 | 26 | 5 |
| 韩国 | 6/6 | 3/7 | 5/17 | 4/5 | 11/14 | 2/2 | 31/51(60.8%) | 11 | 11 | 2 |
| 中国 | 8/10 | 7/10 | 4/9 | 2/3 | 6/10 | 1/3 | 28/45(62.2%) | 15 | 17 | 2 |
| 朝鲜 | 3/4 | 3/5 | 8/23 | 3/4 | 4/7 | 5/5 | 26/48(54.2%) | 2 | 14 | 3 |
| 中国队<br>合计 | 27/40<br>(67.5%) | 14/28<br>(50%) | 18/55<br>(32.7%) | 9/15<br>(60%) | 12/19<br>(63%) | 10/14<br>(71%) | 90/171<br>(52.6%) | 40/4<br>10 | 76/4<br>19 | 15/4<br>3.75 |

续表

| 项目\球队 | 射门 | | | | | | | 其他 | | |
|---|---|---|---|---|---|---|---|---|---|---|
| | 底线 | 边锋 | 9m | 7m | 快攻 | 突破 | 合计 | 助攻 | 失误 | 2min |
| 占比/% | 30 | 15.6 | 20 | 10 | 13.3 | 11.1 | 100 | — | — | — |
| 韩国 | 26/38（68%） | 15/30（50%） | 23/58（39.7%） | 16/18（89%） | 42/50（84%） | 16/23（69.6%） | 138/217（63.5%） | 52/4 13 | 50/4 12.5 | 12/4 3 |
| 占比/% | 18.8 | 11 | 17 | 11.6 | 30 | 11.6 | 100 | — | — | — |
| 日本 | 17/27（63%） | 12/26（46%） | 27/77（35.1%） | 11/12（91.7%） | 32/49（65.3%） | 17/24（70.8%） | 116/215（54%） | 41/4 10.3 | 72/4 18 | 6/4 1.5 |
| 占比/% | 14.6 | 10.3 | 23.3 | 9.5 | 27.6 | 14.7 | 100 | — | — | — |
| 朝鲜 | 17/28（60.7%） | 14/25（56%） | 22/85（25.9%） | 9/12（75%） | 19/30（63.3%） | 18/25（72%） | 99/205（48.3%） | 12/4 3 | 67/4 16.8 | 9/4 2.25 |
| 占比/% | 17.2 | 14.1 | 22.2 | 9.1 | 19.2 | 18.2 | 100 | — | — | — |
| 哈萨克斯坦 | 29/48（60.4%） | 5/15（33.3%） | 16/60（26.7%） | 7/9（77.8%） | 17/23（73.9%） | 18/28（64.3%） | 92/183（50.2%） | 27/4 6.75 | 70/4 17.5 | 14/4 3.5 |
| 占比/% | 31.5 | 5.4 | 17.4 | 7.6 | 18.5 | 19.6 | 100 | — | — | — |

从表 4-64 可以看出，中国队在伦敦奥运会资格赛中场均得 22.5 分，其中底线 6.75 分、边锋 3.5 分、9m 4.5 分、快攻 3 分、突破 2.5 分，场均得分较 2006 年多哈亚运会、2008 年北京奥运会、2009 年世锦赛、2010 年广州亚运会减少，比此次赛事的韩国队、哈萨克斯坦队、日本队、朝鲜队都低（表 4-65）。

表 4-64  近年来世界大赛中国队场均得分　　　　单位：分

| 赛事 | 合计 | 底线 | 边锋 | 9m | 快攻 | 突破 |
|---|---|---|---|---|---|---|
| 2006 年亚运会 | 26.3 | 5 | 2.3 | 4.3 | 2.7 | 5 |
| 2007 年世锦赛 | 22.0 | 5.5 | 2.3 | 6.8 | 2.5 | 3.8 |
| 2008 年奥运会 | 23.5 | 4.1 | 2.4 | 5.8 | 3.5 | 3.4 |
| 2009 年世锦赛 | 23.0 | 4.4 | 2.7 | 5.7 | 4.1 | 3.2 |
| 2010 年亚运会 | 26.5 | 6.75 | 3.5 | 4 | 3.5 | 5.5 |
| 2011 年奥运会资格赛 | 22.5 | 6.75 | 3.5 | 4.5 | 3 | 2.5 |

中国队场均底线得分高于2006年多哈亚运会、2007年世锦赛、2008年北京奥运会、2009年世锦赛，同于2010年广州亚运会；比此次赛事的韩国队、日本队、朝鲜队高，比哈萨克斯坦队低。场均边锋位得分高于2006年多哈亚运会、2007年世锦赛、2008年北京奥运会、2009年世锦赛，同于2010年广州亚运会，比此次赛事的韩国队低。场均9m得分低于2007年世锦赛、2008年北京奥运会和2009年世锦赛；低于此次赛事的日本队、韩国队、朝鲜队。场均快攻得分高于2006年多哈亚运会、2007年世锦赛，低于2008年北京奥运会、2009年世锦赛、2010年广州亚运会；低于此次赛事的朝鲜队、日本队、韩国队、哈萨克斯坦队。场均突破得分低于2006年多哈亚运会、2007年世锦赛、2008年北京奥运会、2009年世锦赛和2010年广州亚运会；低于此次赛事的韩国队、日本队、哈萨克斯坦队、朝鲜队。

表4-65 伦敦奥运会资格赛其他队场均得分　　　单位：分

| 球队 | 合计 | 底线 | 边锋 | 9m | 快攻 | 突破 |
|---|---|---|---|---|---|---|
| 韩国 | 34.5 | 6.5 | 3.75 | 5.75 | 10.5 | 4 |
| 日本 | 29 | 4.25 | 3 | 6.75 | 8 | 4.25 |
| 哈萨克斯坦 | 23 | 7.25 | 1.25 | 4 | 4.25 | 4.5 |
| 朝鲜 | 24.75 | 4.25 | 3.5 | 5.5 | 4.75 | 4.5 |

## （二）得分比例分析

从表4-66可以看出，中国队在奥运资格赛中得分比例最高的是底线（30%），然后是9m（20%）、边锋（15.6%）、快攻（13.3%）、突破（11.1%）。

表4-66 近年来世界大赛中国队得分比例　　　单位：%

| 赛事 | 底线 | 边锋 | 9m | 7m | 快攻 | 突破 |
|---|---|---|---|---|---|---|
| 2006年亚运会 | 19 | 8.7 | 16.3 | 26.6 | 10.3 | 19 |
| 2007年世锦赛 | 22 | 9 | 27 | 15 | 10 | 15 |
| 2008年奥运会 | 18 | 10 | 24 | 19 | 15 | 14 |
| 2009年世锦赛 | 19 | 12 | 25 | 12 | 18 | 14 |
| 2010年亚运会 | 25.5 | 13.2 | 15.1 | 12.2 | 13.2 | 20.8 |
| 2011年奥运会资格赛 | 30 | 15.6 | 20 | 10 | 13.3 | 11.1 |

从表4-66、表4-67可以看出,中国队底线得分比例比2006年多哈亚运会、2007年世锦赛、2008年北京奥运会、2009年世锦赛、2010年广州亚运会高;比此次赛事的哈萨克斯坦队低,比韩国队、日本队、朝鲜队高。边锋得分比例较2006年多哈亚运会、2007年世锦赛、2008年北京奥运会、2009年世锦赛、2010年广州亚运会高,高于此次赛事的朝鲜队、日本队、哈萨克斯坦队、韩国队。9m得分比例比2006年多哈亚运会、2010年广州亚运会高,比2007年世锦赛、2008年奥运会、2009年世锦赛低;低于此次赛事的日本队、朝鲜队,高于韩国队、哈萨克斯坦队。快攻得分比例较2006年多哈亚运会、2007年世锦赛、2010年广州亚运会高,低于2008年北京奥运会、2009年世锦赛;比此次赛事的韩国队、日本队、哈萨克斯坦队、朝鲜队都低。突破得分比例低于2006年多哈亚运会、2007年世锦赛、2008年北京奥运会、2009年世锦赛、2010年广州亚运会;低于此次赛事的韩国队、日本队、哈萨克斯坦队、朝鲜队。

表4-67 伦敦奥运会资格赛其他队得分比例　　　单位:%

| 球队 | 底线 | 边锋 | 9m | 7m | 快攻 | 突破 |
| --- | --- | --- | --- | --- | --- | --- |
| 韩国 | 18.8 | 10.9 | 16.7 | 11.6 | 30 | 11.6 |
| 日本 | 14.6 | 10.3 | 23.3 | 9.5 | 27.6 | 14.6 |
| 哈萨克斯坦 | 31.5 | 5.4 | 17.4 | 7.6 | 18.5 | 19.6 |
| 朝鲜 | 17.2 | 14.1 | 22.2 | 9.1 | 19.2 | 18.2 |

### (三) 守门员封挡成功率统计

如表4-68所列,在伦敦奥运会资格赛中中国队守门员平均封挡率为34.6%,对底线射门封挡率为25%,对边锋射门封挡率为47.6%,对9m射门封挡率为43.3%,对快攻封挡率为31.2%,对突破封挡率为19%,对7米封挡率为14.3%。

表4-68 近年来世界大赛中国队守门员封挡率　　　单位:%

| 赛事 | 平均封挡率 | 底线 | 边锋 | 9m | 7m | 快攻 | 突破 |
| --- | --- | --- | --- | --- | --- | --- | --- |
| 2006年亚运会 | 31.4 | 20 | 27 | 42 | 14.3 | 20 | 28.6 |
| 2007年世锦赛 | 30 | 23 | 22 | 43 | 20 | 25 | 29 |
| 2008年奥运会 | 27 | 24 | 37 | 36 | 5 | 19 | 17 |
| 2009年世锦赛 | 32 | 37 | 39 | 40 | 10 | 18 | 40 |
| 2010年亚运会 | 38.5 | 23.1 | 37.5 | 44.2 | 25 | 42.9 | 40 |
| 2011年奥运会资格赛 | 34.6 | 25 | 47.6 | 43.3 | 14.3 | 31.2 | 19 |

（1）中国队平均封挡率高于2006年多哈亚运会、2007年世锦赛、2008年北京奥运会和2009年世锦赛，低于2010年广州亚运会；低于此次赛事的韩国队（37.1%）、日本队（36.6%），高于哈萨克斯坦队（34.1%）、朝鲜队（24.4%）。

（2）中国队对底线射门的封挡率高于2006年多哈亚运会、2007年世锦赛、2008年北京奥运会、2010年广州亚运会，低于2009年世锦赛；低于此次赛事的韩国队、日本队、哈萨克斯坦队。

（3）中国队对边锋射门的封挡率高于2006年多哈亚运会、2007年世锦赛、2008年北京奥运会、2009年世锦赛和2010年广州亚运会；低于此次赛事的日本队、哈萨克斯坦队，高于韩国队、朝鲜队。

（4）中国队对9m射门的封挡率高于2006年多哈亚运会、2007年世锦赛、2008年北京奥运会和2009年世锦赛，低于2010年广州亚运会；低于此次赛事的哈萨克斯坦队、日本队、韩国队。

（5）中国队对快攻射门的封挡率高于2006年多哈亚运会、2007年世锦赛、2008年北京奥运会、2009年世锦赛，低于2010年广州亚运会；高于此次赛事的韩国队、日本队、朝鲜队、哈萨克斯坦队。

（6）中国队对突破射门的封挡率高于2008年北京奥运会，低于2006年多哈亚运会、2007年世锦赛、2009年世锦赛、2010年广州亚运会；低于此次赛事的韩国队、日本队、哈萨克斯坦队、朝鲜队。

伦敦奥运会资格赛各场比赛守门员封挡统计见表4-69。

表4-69 伦敦奥运会资格赛各场比赛守门员封挡统计

| 球队 | 底线 | 边锋 | 9m | 7m | 快攻 | 突破 | 合计 | % |
| --- | --- | --- | --- | --- | --- | --- | --- | --- |
| 中国 | 1/2 | 3/5 | 4/13 | 1/4 | 5/12 | 1/5 | 15/41 | 36.6 |
| 日本 | 3/8 | 4/6 | 7/11 | 0/4 | 1/2 | 1/8 | 16/37 | 43.2 |
| 中国 | 2/4 | 4/7 | 8/20 | 0/2 | — | 2/4 | 16/37 | 43.2 |
| 哈萨克斯坦 | 4/7 | 4/7 | 5/12 | 1/5 | 1/4 | 0/2 | 15/37 | 40.5 |
| 中国 | 0/6 | 1/4 | 9/14 | 1/5 | 2/13 | 0/2 | 13/44 | 29.5 |
| 韩国 | 2/13 | 0/2 | 5/8 | 1/2 | 1/3 | — | 9/28 | 32.1 |
| 中国 | 1/4 | 2/5 | 5/13 | 0/3 | 3/7 | 0/5 | 11/37 | 29.7 |
| 朝鲜 | 0/8 | 1/8 | 3/7 | 1/3 | 4/10 | 1/2 | 10/38 | 26.3 |
| 中国队汇总 | 4/16 (25%) | 10/21 (47.6%) | 26/60 (43.3%) | 2/14 (14.3%) | 10/32 (31.2%) | 3/16 (19%) | 55/159 | 34.6 |
| 韩国队汇总 | 14/41 (34%) | 4/13 (30.8%) | 26/43 (60%) | 1/7 (14%) | 4/21 (19%) | 4/18 (22%) | 53/143 | 37.1 |

续表

| 球队 | 底线 | 边锋 | 9m | 7m | 快攻 | 突破 | 合计 | % |
|---|---|---|---|---|---|---|---|---|
| 日本队汇总 | 12/33 (36.4%) | 6/12 (50%) | 21/35 (60%) | 0/8 (0) | 10/33 (30%) | 7/32 (22%) | 56/153 | 36.6 |
| 哈萨克斯坦队汇总 | 7/25 (28%) | 18/32 (56%) | 26/55 (47.3%) | 3/18 (17%) | 3/30 (10%) | 4/19 (21%) | 61/179 | 34.1 |
| 朝鲜队汇总 | 10/43 (23%) | 7/27 (26%) | 9/23 (39%) | 2/13 (15.4%) | 8/41 (19.5%) | 4/17 (23.5%) | 40/164 | 24.4 |

### （四）防守成功率统计

如表4-70所列，此次奥运会资格赛中国队防守成功率高于2007年世锦赛，低于2006年多哈亚运会、2008年北京奥运会、2009年世锦赛、2010年广州亚运会。

表4-70 防守成功率比较表

| 赛　事 | 防守成功率/% |
|---|---|
| 2006年亚运会 | 55.7 |
| 2007年世锦赛 | 49.6 |
| 2008年奥运会 | 58.4 |
| 2009年世锦赛 | 62.1 |
| 2010年亚运会 | 67.8 |
| 2011年奥运会资格赛 | 49.8 |

## 三、分析讨论

2007年世锦赛后，中国女子手球队脚踏实地，"走出去，引进来"，出现了2008年后的一路上升的势头，培养了一些年轻队员，取得了2010年广州亚运会的冠军，开创了历史新纪录，但是什么造成了女子手球队在伦敦奥运会资格赛主场出人意料的落败？

### （一）球队技战术实力不足，而准备不充分致使有限的实力又打折扣

队员、教练、管理和科医后勤保障的实力构成了球队的竞技实力，竞

技比赛最终比的是实力。对于同场对抗的集体球类项目来说，球队的技战术实力是球队竞技实力的综合体现。比赛数据显示，此次赛事中国队总体射门成功率、守门员封挡率，以及快攻、突破得分比重较2010年广州亚运会都下降，比韩国队和日本队也低；失误大增，2min被罚多于对手。说明与韩、日相比，球队的技战术实力不足，而且技战术发展没有跟上世界手球发展的大趋势，即速度更快、对抗性更强、变化更多、配合更连续、更讲究团队化和节奏化。从2006年到2010年亚洲球队间的比赛来看，中国队和日本队、哈萨克斯坦队的比赛都很胶着，即使取胜也很困难，而对韩国队没有胜绩，说明中国女子手球队技战术实力不足，并没有战胜韩、日、哈直接出线的硬性条件。所以，想利用主场优势取得出线权，必须在心理、作风的主场优势方面做最充分的准备，使这两方面有压倒优势弥补实力上的不足。但中国队取得2010年广州亚运会冠军，这种感觉是很多人特别是运动员之前没有感受体会到的，要让她们彻底卸下这个包袱，去攀登另一个更难的高峰，很多队员不知道如何在心理上调整自己，球队出现了盲目乐观的现象。而奥运会资格赛是比奥运会更激烈残酷的比赛，当队员心理还没调整过来时，有限的水平再打折扣就是必然的了，想赢怕输导致领先时畏首畏尾，落后时急躁盲目。另外，"老"队员随着年龄增大，本身机能能力难免下降，很难保持2010年广州亚运会那种状态，在获得了亚运会冠军后，拼搏意志有所削弱，日常训练竞赛效果就打折扣。而年轻队员，特别是崭露头角的新星，经过2009年、2010年的洗礼，从技术和心态上都更加成熟，但是进步太慢了（此次资格赛，与2010年广州亚运会相比有些新星得分大幅下降，守门员封挡率也下降），赶不上对手研究她们的速度，应变能力差是致命的弱点。2011年夏季球队出访欧洲发现韩国队和日本队也在欧洲，表明韩、日高度重视，而且更早地与欧洲一些国家的手球俱乐部建立了关系，中国队在获取信息方面就略逊一筹。

## （二）球队没有充分发挥自身特点，进攻方式不平衡，被对手牵制

中国队在身材上具有优势，特别是底线队员，所以，打底线是中国队的特点和优势，但近年来中国队取得一系列的胜利不是仅依靠底线，而是能充分结合外围的突破和射门，所以，中国队的特点是"高远突"相结合。但此次奥运会资格赛，中国队过分依赖底线得分，底线得分比例高达30%（5年来最高），而突破得分仅为11.1%（5年来最低），这种不平衡不协调的进攻打法不但使中国队特点丧失，而且效果不好。一味地讲究对

对手的研究，应对、迎合对手，却造成"误入歧途"，丧失了自身特点，也就失去了获胜的保证。

### （三）人才匮乏，球队选人、用人捉襟见肘

选人、用人、组合的能力是球队水平的核心保障，由于我国手球专业球员少、底子薄，选人一环和国外对手相比的确矮一截。所以，如何用人，如何组合，以最好地发挥现有球员的功能达到集体水平的最优化，是当前国家队建设中最重要的需求。不仅要知人，还要善任；既要有全局意识，又要有长远视野；既要能系统贯通，又要能统筹规划。其实中国女子手球队选人用人从2007年开始，效果相当不错，积累了很多成功经验。但是，在2011年的关键时刻上，选人用人方面多年积攒下来的小问题集中爆发了。2011年夏季出访欧洲暴露出来的令人担心的问题是：核心队员打不了逆风球、意识差；老队员状态差、起伏大；新队员伤病增多、提高慢、不稳定，而时间紧迫。面对运动员状态下降、弱点放大、压力增加，在人员组织和使用上，一直慢"半拍"，无人敢换。所以，教练组在2011年备战期间，对运动员的选拔、任用和把握，节奏明显比较迟缓，过于依赖创造过"辉煌"的运动员，特别是在中卫的位置上用人问题较大，中卫是核心位置，中卫到后来都无法信赖，集中体现了人员的匮乏与无奈。

## 四、总结与建议

综合分析认为，此次失去伦敦奥运会参赛资格的原因主要是球队技战术实力不够，心理、信息方面准备不足，选人用人不优。从2007年到2011年手球发展的这些年，中国女子手球队夺得了2008年北京奥运会第5名、2010年广州亚运会冠军，在培养年轻队员、有限队员最优化的利用、组织团队建设、后勤保障工作、对外交流上成绩斐然。但是，未获得伦敦奥运会参赛资格，说明中国女子手球队的实力还不够。深刻总结反思，立足当下，瞄准未来，面临的最大问题依然是人才问题，运动员底子薄、人数少，是中国手球的最大国情，是限制手球竞技水平提高的最重要原因。为此，必须在2008年、2012年奥运会备战经验的基础上，加紧改进，继续努力。

### （一）改革运动员培养体制，加快培养优秀人才

有条件的话加紧推行联赛，改革现有球员培养是为全运会的体制，提

高球员代谢率，改善球员竞技水平更新能力，保证优秀球员的涌现。当今世界手球最强的国家都是职业联赛开展最好的国家。如果联赛还是没办法推行，那就必须改革选材机制，提高球员进步速度。从过去发展来看，很多手球运动员都是被其他项目淘汰的运动员；选材时没有从项目规律出发，常把体能、技术、意识分开，造成身材或体能或死技术突出，而比赛能力不强。就目前队员来说，与国外对手在意识上的差距是最大的，选材一定要选聪明的，意识不够好的打一般比赛还行，参加关键的比赛都会成为球队短板。比赛是选材的最好方法，但比赛数量少，竞技水平不高，怕比赛受伤是比赛选材的最大障碍。选材的争议导致不少走弯路的现象发生，限制了球队水平的提高。

从项目规律来说，培养队员、使队员进步应该主要是基层的工作，国家队负责选拔队员，强化集训，参加国际大赛，为国争光。但由于地方球队培养队员主要是为了全运会，4 年一个周期，培养的队员往往要用几届，队员在编制内，竞技水平明显更新改进压力小。而国家队几乎年年都有比赛，而且比赛一个比一个重要，地方队培养与国家队需求间的矛盾很突出，使很多基层应该干的工作，都是国家队来干，但国家队又不能统管其编制，所以，队员在国家队压力其实不是很大，甚至有把国家队当副业的情况。我们经常发现国家队队员虽然参加了很多比赛，但进步不大。一方面进步的潜力（意识、天赋、技术、体能）不大，进步的动力不大，因为缺少竞争，缺少对手球纯粹的热爱；另一方面进步的能力不大，主动分析、学习、创新的能力不强。

### （二）继承奥运会备战的成果，吸取备战的经验教训，提高国家队训赛水平

中国有举国体制的优势，可以集中最优秀的手球运动员进行长期集训，可以充分调动各方面（管理组织、科医保障、后勤支持）的资源，对球队技战术、体能、专项心理进行强化，提高专项竞技水平。年轻运动员（20~25 岁）经过培养，已逐步成长，她们需要在大赛中进一步证明自己；而相对的老队员（25~30 岁）经过这些年的历练，已经成为球队的核心，她们需要在大赛中进一步表现自己。

### （三）加强国家队复合型团队建设

建立一个功能完善的复合型团队，教练、后勤、管理、科研、医务各尽其职、相互合作，是新时期高水平球队建设的必需。高水平主教练和教

练团队必须是选人、用人、组合能力强，心胸开阔，从善如流的。要尽可能建立稳定的广泛的信息联络、收集点，同时加强科研成果的推广，促进全国手球科研、医务认知水平，促进手球训练比赛。

### （四）按照手球发展趋势，进行选材、训练

对抗性更强、速度更快、变化更多、配合更连续、攻防更讲究团队化和节奏化是当今手球比赛发展的大趋势。为了适应这种发展趋势，运动员必须具备多样性，必须具备更高的速度和耐力水平、对抗能力、应变适应能力、团队化的技战术能力和技战术发挥的节奏控制能力。所以，在选材和训练上一定要把握这种趋势，使更多能适应这种趋势的多样的球员出现和成长，这样中国女子手球就不会被世界落下。

# 第五章

# 2013年第12届全运会男子手球比赛调研

送走了亚青会,迎来了全运会。全运会是国内最高水平、最大规模的赛事,全运会调研不能仅限于国内,而应放眼世界。在手曲棒垒球运动管理中心高度重视和统一部署下,手球第12届全运会调研工作有条不紊地进行。本研究从第2届亚青会中国男、女青年手球队的表现说起。

## 一、第2届亚青会手球比赛中国男子青年手球队的表现引发的思考

第2届亚青会于2013年8月13—23日在中国南京市举行,虽然青年手球队与成年队无绝对可比性,但亚青会的手球技战术数据具有一定参考价值。

中国男青(中国男子青年手球队,下同)此次赛事对手包括西亚、中亚和东亚的球队,锻炼机会很难得。中国男青整体射门成功率53.7%,边锋(28.6%)尤其低,世界强队大赛平均射门成功率往往达到60%,边锋射门成功率达60%以上。中国男青主要得分方式是9m(37.6%)和底线(31.6%)射门,快攻、边锋、突破得分都不超过10%,快攻和边锋得分过少(表4–71)。守门员封挡率总体为28%(表4–72),世界强队守门员在世界大赛上一般封挡率达到35%以上。

表4-71 2013年第2届亚青会中国男青及对手射门成功率统计

| 球队 | 合计 | % | 底线 | 边锋 | 9m | 7m | 快攻 | 突破 |
|---|---|---|---|---|---|---|---|---|
| 中国 | 25/59 | 42 | 9/16 | 1/7 | 12/31 | — | 3/3 | 0/2 |
| 伊拉克 | 27/49 | 55 | 10/17 | 6/12 | 1/8 | 2/2 | 6/6 | 2/4 |
| 中国 | 26/55 | 47 | 8/12 | 1/3 | 12/31 | 3/6 | 2/3 | — |
| 沙特 | 37/56 | 66 | 7/9 | 2/8 | 9/16 | 4/4 | 8/12 | 7/7 |
| 中国 | 36/53 | 67 | 11/14 | 2/4 | 11/21 | 4/4 | 5/6 | 3/4 |
| 哈萨克斯坦 | 20/53 | 37 | 7/11 | 3/5 | 6/30 | 1/2 | 1/2 | 2/3 |
| 中国 | 30/51 | 58 | 9/16 | 2/4 | 9/16 | 1/2 | 1/2 | 8/8 |
| 中华台北 | 38/55 | 69 | 7/10 | 9/12 | 5/14 | 4/5 | 12/13 | 1/1 |
| 中国队合计 | 117/218 | 53.7 | 37/58 (63.8%) | 6/21 (28.6%) | 44/99 (44.4%) | 8/12 (66.7%) | 11/14 (78.6%) | 11/14 (78.6%) |
| 各项射门得分占比/% | | | 31.6 | 5.2 | 37.6 | 6.8 | 9.4 | 9.4 |

表4-72 2013年第2届亚青会中国男青及对手守门员封挡率统计

| 球队 | 合计 | % | 底线 | 边锋 | 9m | 7m | 快攻 | 突破 |
|---|---|---|---|---|---|---|---|---|
| 中国 | 10/47 | 21 | 1/8 | 4/6 | 3/12 | 0/4 | 2/10 | 0/7 |
| 伊拉克 | 14/40 | 35 | 2/10 | 2/3 | 8/20 | 1/4 | 1/3 | — |
| 中国 | 17/37 | 45 | 3/10 | 1/2 | 9/15 | 1/2 | 1/2 | 1/3 |
| 哈萨克斯坦 | 8/44 | 18 | 2/13 | 2/4 | 4/15 | 0/4 | 0/5 | 0/3 |
| 中国 | 10/48 | 20 | 1/8 | 3/12 | 4/9 | 1/5 | 1/13 | 0/1 |
| 中华台北 | 18/48 | 37 | 7/16 | 3/5 | 6/15 | 1/2 | 1/2 | 0/8 |
| 中国队合计 | 37/132 | 28 | 5/26 | 9/23 | 16/36 | 2/11 | 4/25 | 1/11 |

中国女青（中国女子青年手球队，下同）总体射门成功率48%，9m最低，为25.9%，第一得分来源是9m（27.3%），第二得分来源是7m（18.2%），快攻、底线、边锋得分占比不高（表4-73）。守门员合计封挡率29%（表4-74）。

表4-73 2013年第2届亚青会中国女青及对手射门成功率统计

| 球队 | 合计 | % | 底线 | 边锋 | 9m | 7m | 快攻 | 突破 |
|---|---|---|---|---|---|---|---|---|
| 中国 | 22/47 | 46 | 1/1 | 4/4 | 10/32 | 2/3 | 2/2 | 3/4 |
| 哈萨克斯坦 | 23/49 | 47 | 2/2 | 2/9 | 6/22 | 4/7 | 5/5 | 4/4 |

续表

| 球队 | 合计 | % | 底线 | 边锋 | 9m | 7m | 快攻 | 突破 |
|---|---|---|---|---|---|---|---|---|
| 中国 | 20/57 | 35 | 5/9 | 4/5 | 6/37 | 1/1 | 1/1 | 3/4 |
| 韩国 | 42/63 | 66 | 7/9 | 11/16 | 7/17 | 5/6 | 10/13 | 2/2 |
| 中国 | 35/55 | 63 | 4/9 | 4/5 | 5/12 | 11/12 | 5/6 | 6/11 |
| 泰国 | 24/46 | 52 | 5/10 | 4/5 | 2/13 | 1/4 | 2/2 | 10/12 |
| 中国队合计 | 77/159 | 48 | 10/19 (52.6%) | 12/14 (85.7%) | 21/81 (25.9%) | 14/16 (87.5%) | 8/9 (89%) | 12/19 (63.2%) |
| 各项射门得分占比/% | | | 13 | 15.6 | 27.3 | 18.2 | 10.4 | 15.5 |

表4-74 2013年第2届亚青会中国女青及对手守门员封挡率统计

| 球队 | 合计 | % | 底线 | 边锋 | 9m | 7m | 快攻 | 突破 |
|---|---|---|---|---|---|---|---|---|
| 中国 | 18/40 | 45 | 0/2 | 5/7 | 10/16 | 3/7 | 0/4 | 0/4 |
| 哈萨克斯坦 | 7/29 | 24 | 0/1 | 0/4 | 6/16 | 0/2 | 0/2 | 1/4 |
| 中国 | 7/48 | 14 | 0/6 | 3/14 | 2/9 | 1/6 | 1/11 | 0/2 |
| 韩国 | 16/36 | 44 | 4/9 | 0/4 | 11/17 | 0/1 | 0/1 | 1/4 |
| 中国 | 11/35 | 31 | 4/9 | 1/5 | 4/6 | 1/2 | 0/2 | 1/11 |
| 泰国 | 11/46 | 23 | 3/7 | 0/4 | 3/8 | 1/12 | 1/6 | 3/9 |
| 中国队合计 | 36/123 | 29 | 4/17 | 9/26 | 16/31 | 5/15 | 1/17 | 1/17 |

从第2届亚青会手球比赛可以看出，亚洲青年手球发展的格局并未从根本上改变，男子手球是韩国队和西亚各队争雄，女子手球是韩国队一枝独秀。亚青手球比赛，特别是男子手球，表现出的速度快、对抗强、爆发猛、变化多、讲个性、重节奏、流畅、灵活、团队化、激情的特点正是世界竞技手球发展的特点和趋势，说明亚洲手球经过多年发展已逐步融入世界手球发展大潮中。

据了解，参赛的西亚各队男子青年手球运动员，大多是从14岁和17岁年龄级别联赛中选出的，韩国队和中华台北队运动员是从中学生联赛中选出的。联赛化和职业化看来是亚洲手球发展的主流。世界男子手球成绩往往与该国（地区）职业联赛发展水平相关，世界或各洲范围内职业联赛发展不好的国家（地区）很难挤入世界或各洲的高水平行列，这种现象比女子手球更明显。

在中国手球目前还是冷门项目，资金少，媒体关注少，而发展集体项目投入大、培养周期长，青年手球运动员更是寥寥无几，目前主要还是靠手曲棒垒管理中心和政府的投入在支撑。从第2届亚青会中国男女青年手球队技战术表现来看，并没有跟上世界竞技手球发展的趋势，有输在起跑线上的风险。手球自1936年进入奥运会（女子手球1976年进入奥运会）后一直是奥运会的正式项目，是欧洲人最喜爱项目之一，在美洲、非洲和亚洲也越来越受欢迎。手球比赛精彩激烈，随着媒体的发展和市场化运作，手球的版图还在不断扩大。用国际手球联合会主席穆斯塔法的话说："手球是世界上最漂亮的运动，手球是一颗钻石，需要进一步打磨，以使它璀璨发光。"第2届亚青会启示我们，中国手球之路可能比预想的还艰难。

手球是典型的集体球类项目，体育总局领导近年来多次强调发展集体球类项目是我国从体育大国走向体育强国的必需。中国手球协会主席吴齐指出，中国手球要认清新形势，适应新要求，力求新突破，开创新局面；手球必须在体育强国之路上占有一席之地，要有手球的振兴梦；必须坚持两手抓，一手抓普及，一手抓提高；要培养手球精神，勇于改革，切忌空谈。手曲棒垒球运动管理中心主任雷军指出，在中国体育调整结构的过程中，手球作为集体项目要抓住这一契机。中国手球协会副主席孟伟在总结中国手球近5年的发展时指出，中国手球的发展形势依然严峻，发展模式不完善，在现实体制下要继续发挥举国体制的优势，加强人才培养，按照世界手球发展趋势，结合自身特点，打造打法（快高结合，以高制快；内外结合，以内为主；坚固防守）。第12届全运会手球比赛正是在这种国内外背景下开始的，是迎接老一拨队员谢幕和新一拨队员黄金期开始的过渡期，是检验伦敦奥运会周期后各省市手球水平、考察全国手球发展现状、选拔手球人才的最重要的国内赛事。

## 二、第12届全运会男子手球比赛基本情况

手球比赛在辽宁省鞍山市举行，从9月1—11日，10个比赛日，共有8支男队（127名男队员）、8支女队（128名女队员）参加了角逐，男女队比赛各5天，各20场比赛。手曲棒垒球运动管理中心领导亲临一线指挥，狠抓赛纪赛风和反兴奋剂工作，邀请了波兰队、塞尔维亚队、罗马尼亚队的国际级裁判来执裁，在球队、裁判、工作人员的动员大会上，中心手球项目各级主管领导特别强调："要从国家层面、从竞技体育转型层面

考虑问题；要尊重球队、自己和地方；判罚尺度要统一，要责任到人，履行承诺，清正廉洁，树立正确的参赛观，给鞍山人民留下好印象。拼搏不是拼命，顽强不是粗野，争取比赛取得成绩和精神文明双丰收。要给追求手球梦想的年轻人提供公平竞赛的机会，让他们通过努力奋斗有机会实现自己的梦。"最终江苏队蝉联冠军，山东队获得亚军，北京队获得季军，解放军队第4名，广东队第5名，天津队第6名，香港队第7名，上海队第8名。

## （一）参赛运动员年龄、形态、总数统计学分析

### 1. 参赛运动员年龄特点分析

如表4-75所列，第12届全运会男子手球队员平均年龄为24.2岁（17~33岁），其中江苏队平均年龄最大（26岁），上海队最小（22.8岁）。年龄最大的队员是江苏队叶强（35岁），最小的是上海队孟宇超（17岁）。平均年龄最大的球队取得了冠军，平均年龄最小的球队垫底。所有参赛队员平均年龄比第11届全运会的22.9岁高，见表4-76。世界强队一般年龄都在27岁以上（见表4-77），所以，总体来说参赛队员非常年轻，所有参加第12届全运会的队员都应是参加下一届奥运会的适龄运动员。

表4-75 第12届全运会男子手球各队运动员基本资料

| 球队 | 人数/人 | 平均身高/cm | 平均体重/kg | 平均BMI | 平均年龄/岁 | 平均运动年限/年 |
| --- | --- | --- | --- | --- | --- | --- |
| 香港 | 16 | 179.8 | 77.8 | 24.1 | 23.2（19~29） | 11.3 |
| 北京 | 16 | 190.1 | 94.2 | 26.1 | 25.8（21~34） | 12 |
| 广东 | 16 | 192.8 | 90.6 | 24.4 | 23.7（19~26） | 8 |
| 江苏 | 16 | 193.0 | 89.9 | 24.1 | 26（18~35） | 9.8 |
| 解放军 | 16 | 190.8 | 94.3 | 25.9 | 24.4（18~30） | 10.3 |
| 山东 | 16 | 189.9 | 91.4 | 25.3 | 23.6（20~29） | 9.3 |
| 上海 | 16 | 191.1 | 89.1 | 24.4 | 22.8（17~29） | 7.2 |
| 天津 | 15 | 191.9 | 91.2 | 24.8 | 24.4（19~34） | 7.7 |
| 合计或平均 | 127 | 189.9 | 89.8 | 24.9 | 24.2（17~35） | 9.4 |

表 4-76　第 11 届全运会男子手球各队运动员基本资料

| 球队 | 人数/人 | 平均年龄/岁 | 平均身高/cm | 平均体重/kg | 平均BMI | 平均运动年限/年 |
|---|---|---|---|---|---|---|
| 江苏 | 16 | 21.3 | 192.5 | 87.6 | 23.6 | 7.7 |
| 山东 | 16 | 22.1 | 187.6 | 88.2 | 25.1 | 7.6 |
| 解放军 | 16 | 23.6 | 191.3 | 86.6 | 23.7 | 9.3 |
| 北京 | 16 | 26.9 | 189.1 | 87.3 | 24.4 | 11.5 |
| 上海 | 16 | 24.9 | 190.0 | 87.2 | 24.2 | 9.4 |
| 广东 | 16 | 25.9 | 190.4 | 88.0 | 24.3 | 11.1 |
| 四川 | 15 | 19.3 | 193.8 | 87.0 | 23.2 | 3.3 |
| 安徽 | 15 | 20.7 | 188.8 | 83.5 | 23.4 | 5.9 |
| 天津 | 16 | 25.4 | 189.6 | 90.9 | 25.3 | 10.3 |
| 香港 | 16 | 24.8 | 180.8 | 78.3 | 24.0 | 8.8 |
| 河北 | 12 | 21.0 | 188.8 | 83.5 | 23.4 | 6.7 |
| 澳门 | 14 | 19.4 | 176.8 | 75.2 | 24.1 | 5.5 |
| 合计或平均 | 184 | 22.9 | 188.3 | 85.3 | 24.0 | 8.1 |

表 4-77　2011 年、2013 年世锦赛前 3 名队运动员基本资料

| 赛事 | 球队 | 平均身高/m | 平均体重/kg | 平均BMI | 平均年龄/岁 | 平均国际比赛数/次 |
|---|---|---|---|---|---|---|
| 2013年世锦赛 | 西班牙 | 1.92 (1.78~2.12) | 96 (75~110) | 26.0 | 27.2 (19~35) | 65.2 (2~229) |
| | 丹麦 | 1.94 (1.79~2.12) | 94 (74~112) | 25.0 | 27.8 (21~37) | 92.1 (14~208) |
| | 克罗地亚 | 1.94 (1.78~2.1) | 98.1 (78~114) | 26.1 | 25.6 (20~32) | 64.1 (1~199) |
| 2011年世锦赛 | 法国 | 1.91 (1.78~1.99) | 93 (73~106) | 25.5 | 29 (23~35) | 115.5 (2~331) |
| | 丹麦 | 1.91 (1.79~2) | 94 (77~112) | 25.8 | 28.2 (19~35) | 89 (2~211) |
| | 西班牙 | 1.92 (1.76~2.1) | 95 (75~110) | 25.8 | 29 (23~38) | 92.2 (7~221) |

第12届全运会男子手球队员平均运动年限是9.4年,高于第11届全运会(8.1年),其中平均运动年限最长的依然是北京队(12年),其次是香港队(11.3年),最短的是上海队(7.2年)(表4-75)。运动年限最短的成绩排名最后。运动年限最长的运动员是香港队练明辉,30岁,手球运动年限20年,从小就开始玩。运动年限最短的运动员是天津队曹悦(20岁,2年)和许松(21岁,2年),练得比较晚。

如表4-78、图4-17所示,第12届全运会所有男子手球队员年龄分布特点是:30岁以上的队员占5%,25～29岁的队员占40%,20～24岁的队员占47%,19岁以下的队员占8%。而2012年伦敦奥运会、2013年世锦赛男子手球前3名球队25～29岁的队员人比例达43%,30岁以上的达33.3%,20～24岁的队员只占22.6%(表4-79、图4-18)。与世界强队相比,中国男子手球一线队员较年轻,30岁以上队员比例低,20～24岁的队员多。一般来说,手球运动员要有10年的球龄才开始成熟,相对年轻的球员毕竟球技也不够成熟,但就得担当全国最高等级比赛的任务,这一方面可能是某些队员过早退役了;另一方面可能青黄不接的现象较为严重,不得不让年轻队员上场。当然,如果仅考虑上场队员,球队的年龄会提高,但手球打的是集体,不要寄希望于几名队员,而要把所有队员的力量都调动起来才行。

表4-78 第12届全运会男子手球队员年龄分布

| 总数/人 | 30岁以上/人 | 25～29岁/人 | 20～24岁/人 | 19岁以下/人 |
| --- | --- | --- | --- | --- |
| 128 | 6(5%) | 51(40%) | 60(47%) | 10(8%) |

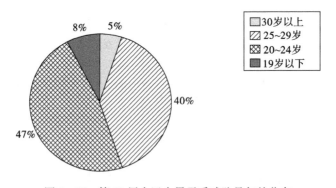

图4-17 第12届全运会男子手球队员年龄分布

表4-79　2013年世锦赛、2012年伦敦奥运会前3名队队员年龄分布

| 年龄范围/岁 | 人数/人 | 占比/% |
| --- | --- | --- |
| <19 | 1 | 1.1 |
| 20~24 | 21 | 22.6 |
| 25~29 | 40 | 43 |
| >30 | 31 | 33.3 |

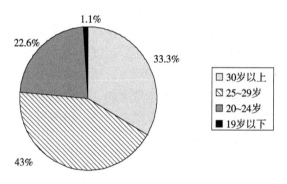

图4-18　2013年世锦赛、2012年伦敦奥运会前3名队队员年龄分布

2. 参赛运动员形态学特点分析

如表4-75、表4-76所列，第12届全运会男子手球队员平均身高189.9cm，比第11届全运会的188.3cm稍高；平均体重89.8kg，比第11届的85.3kg稍重；平均BMI 24.9，比第11届全运会的24.0稍高。平均身高最低是香港队（179.8cm），最高是江苏队（193.0cm）；平均体重最重的是北京队94.2kg，最轻的是香港队77.8kg；平均BMI最高的是北京队26.1，最低的是江苏队24.1。第12届全运会手球比赛是全国8支最好的球队，而第11届全运会是所有球队参赛。

BMI=体重（kg）/身高（m）$^2$，综合了身高、体重的特点，是判断人体形态是否均衡的重要指标（表4-80）。通过对2011年、2013年世锦赛前3名队的队员身材特点分析发现，世界最优秀的男子手球运动员BMI为25.5~26.0，说明整体上优秀的男子手球运动员体重正常偏上，形态均衡充实。手球运动员应该有较大的体重以增强对抗能力，特别是底线运动员，因为底线运动员与对手对抗碰撞比各位置都多得多，但较大的体重会影响移动能力，而在移动中的对抗是手球真正的专项对抗，不能为了一味强调对抗增加体重而牺牲了移动能力。研究发现，世界强队的BMI适中，

运动员形态均衡，并不是为了增加对抗能力而使体重过度偏高，这是在身体对抗能力和身体移动能力互优均衡中而达成的一致。这种体重能保证运动员的移动对抗能力、灵敏性、一定的耐力和爆发力，是手球专项体重。而第12届全运会男子手球运动员BMI与世界最优秀的男子手球运动员有一定差距，身体的充实度不够，虽然身高差异不大，但身材壮实的差异可以很大程度上解释为何中国队与欧洲强队在比赛对抗中明显偏软。欧洲优秀男子手球运动员的身材高大、身体壮实、肌肉发达，是训练比赛优胜劣汰的结果，也与欧洲运动员饮食习惯有关。我国男子手球运动员的选材、训练和比赛水平提高了，就可能产生更多的身材体格好的运动员。在当前男子手球发展的形势下，加强训练的规律性，不要忽视大力量的训练，同时保证运动员一定的优质蛋白质的摄入，可以促进体格的改善。在体格成长的敏感期，即青春发育期（14~19岁），就逐步加强力量训练，效果可能会更好。不注重力量训练质量的体重增加，只可能是肥肉的增加。不注重肌肉质量的身高，不是手球专项需要的身高。当然要结合更精确的身体成分评价方法才更科学。

表4-80 BMI的标准及意义

| 意 义 | 男 性 | 女 性 |
| --- | --- | --- |
| 体重过轻 | <20 | <19 |
| 体重适中 | 20~25 | 19~24 |
| 体重过重 | 25~30 | 24~29 |
| 肥胖 | 30~35 | 29~34 |
| 非常肥胖 | >35 | >34 |

3. 参赛运动员总数特点分析

由于赛制安排发生了变化，第12届全运会男子手球比赛仅有香港队、解放军队、江苏队、广东队、山东队、上海队、北京队、天津队参加，合计127名队员。这8支球队是全国男子手球比较优秀的球队，但这并不能代表男子手球发展的规模，因为这8支球队是通过全运会预赛确定的。男子手球预赛各地方队都积极参加，预赛球队数量更能代表我国男子手球发展规模。从第12届全运会男子手球预赛球队来看，当时全国有13支男子一线球队，分别是江苏队、广东队、山东队、上海队、解放军队、北京队、天津队、香港队、安徽队、西藏队、四川队、山西队、澳门队。如表4-81所列，预赛表明有手球专业球队的省、市、自治区、特别行政区

(包括解放军队)共17个,其中有男女手球一线球队的为9个,分别是江苏队、广东队、山东队、上海队、北京队、安徽队、香港队、四川队及解放军队。球队分布广泛,遍布全国东西南北,既有人口大省,也有人口小省,既有经济强省,也有经济弱省。中国手球协会近年来做了很大的努力,在手、曲、棒、垒管理中心统一安排、策划、推动下,设立手球队的省份增多,各级别赛事增多,参赛球队增多(特别是小学、后备人才基地比赛),运动员人数增多,手球在全国的发展取得了明显进步,手球得到了更大范围的普及。但如何在扩大规模的基础上提升质量,需要进一步思考。

表4-81　第12届全运会手球预赛参赛队统计

| 序号 | 所属省、市、自治区、特别行政区(包括解放军) | 女队 | 男队 |
| --- | --- | --- | --- |
| 1 | 北京 | √ | √ |
| 2 | 解放军 | √ | √ |
| 3 | 上海 | √ | √ |
| 4 | 安徽 | √ | √ |
| 5 | 江苏 | √ | √ |
| 6 | 山东 | √ | √ |
| 7 | 广东 | √ | √ |
| 8 | 黑龙江 | √ | |
| 9 | 广西 | √ | |
| 10 | 香港 | √ | √ |
| 11 | 新疆 | √ | |
| 12 | 四川 | √ | √ |
| 13 | 辽宁 | √ | |
| 14 | 西藏 | | √ |
| 15 | 天津 | | √ |
| 16 | 山西 | | √ |
| 17 | 澳门 | | √ |
| 合计 | 26 | 13 | 13 |

但是，与欧洲国家及日本队、韩国队相比，我国男子手球运动员数量还是相当少，男子手球竞技基础相当薄弱的现象还没有根本改变。特别要注意的是，目前我国男子手球主要还是靠政府支持发展的项目，全运会四年磨一剑，某些球队没有进入全运会，某些球队因为全运会成绩不理想，当地政府有没有可能为了节约经费，保障重点夺金项目，停止支持手球队，而导致当地手球队发展的中断，甚至消亡？根据当前手球发展现状，一线球队的带动作用是项目发展的核心力量，而培养队员、提高一线球队的水平是要时间的。刚刚投入几年就想获得好成绩很难，如果因为成绩差就不继续发展了，那是手球的悲哀，是手球面临的巨大风险。所以，要保护各地蓬勃发展的手球队，要想方设法使地方手球队不因全运会成绩而影响长远发展，要竭尽所能使那些未进入全运球队的优秀年轻运动员得到进一步锻炼和发展的机会，要思考政府不怎么支持时如何充分挖掘社会的力量去维持手球的发展。

调研中，对所有参赛男运动员的初始运动项目进行了统计，收到95人的数据，结果如表4-82所列：有48.4%的运动员是从最初开始练手球的，占比最高，但篮球作为初始项目的运动员高达46.3%，说明有相当手球运动员也是从篮球转行而来的。因为篮球和手球在运动特点、能量代谢方式、形态需求、心理素质上有相似的地方，所以这些运动员是在球类运动素质上被筛选淘汰的，更好地去打篮球了。如表4-82、表4-83所列，转行而来、"半路出家"的现象，男子手球没有女子手球严重。结合手球运动年限的统计，即使有些队员最开始练的就是手球，但是练的时间比较晚，十七八岁都过了球感、身体素质培养的最敏感时期，而与手球强国的孩子从小就开始练手球相比，还是有很大差距。

表4-82 第12届全运会男子手球运动员初始运动项目统计

| 项 目 | 人数/人 | 占比/% |
| --- | --- | --- |
| 手球 | 46 | 48.4 |
| 篮球 | 44 | 46.3 |
| 田径 | 2 | 2.1 |
| 排球 | 2 | 2.1 |
| 赛艇 | 1 | 1.1 |
| 合计 | 95 | 100 |

表 4-83　第 11 届全运会女子手球运动员初始运动项目统计

| 项　目 | 人数/人 | 占比/% |
|---|---|---|
| 篮球 | 119 | 69.2 |
| 手球 | 34 | 20 |
| 田径 | 10 | 6 |
| 排球 | 5 | 3 |
| 网球 | 1 | 0.6 |
| 足球 | 1 | 0.6 |
| 武术 | 1 | 0.6 |
| 合计 | 171 | 100 |

欧洲球队打得最好的手球运动员，往往是对手球热爱、痴迷，甚至疯狂的。其实其他竞技项目也有类似现象。因为喜欢所以投入，因为喜欢所以钻研，因为喜欢所以全力以赴，因为喜欢所以矢志不渝，因为喜欢所以无怨无悔。我们的运动员到底有多少是真正喜欢手球的？可能有相当一部分队员只是把手球当份工作、谋生手段，这可能还不能足以让他们排除各种干扰、战胜各种困难，不顾一切地投入手球项目中。这是手球选材不可忽视的问题。兴趣是最好的老师，特别是对手球这类复杂的集体项目。作为科研人员，我希望运动员要培养对手球的兴趣，在学习技术、战术的时候，一定要辩证和动态地接受，不能绝对化和神圣化，要学习解读比赛的能力，要培养预判、发现和发掘机会的能力，并勇于实践，知行合一，不畏困难。在此，不得不提一提山东男子手球队。他们有最好的教练吗？有最好的保障吗？有完整的后备体系吗？山东队这批队员曾经是国家女子手球队的陪练，主要靠他们自己玩球、耍球、"打野球"转正的，但他们是目前国内所有球队中技术玩得最花、绝招最多的，看他们打球真是乐在其中，在继获得第 11 届全运会亚军后，又获得第 12 届全运会亚军，证实了自己，证实了兴趣的强大导师作用。

手球是比赛项目，比赛成绩是第一评价指标。在当前国内手球运动队专业体制很难发生大的改变的情况下，一定要提升这种相对僵化的体制的科学性和专业性。目前，国内这种体制绩效评价总是不太清晰，过于注重以训练年限作为评价指标，这不够科学。手球项目规律要求运动员比赛才能实现价值，运动员比赛取得成绩才能创造价值。手曲棒垒球运动管理中心近年来一再强调要利用竞赛杠杆提高训练水平，竞赛杠杆也应是评价运动员和教练员绩效的标准。所以，各球队要跟踪记录队员的比赛场次、比赛成绩，作为评价队员的重要优先指标，这是项目规律的要求，是球队可持续发展的要求。另外，一支球队要有战斗力，一定要形成自己的精神气质，它不仅仅来自训练比赛，还来自球队的日常生活和文化建设。球队文化建设最重要的是要让每个队员都感到自己存在的意义，增加认同感、归属感和凝聚力。球队文化建设是球队精神建设的润滑剂，队员的训练、比赛、伤病、学习、业余生活都是实实在在的存在，而不能只重视训练和比赛。存在决定意识，如果只把队员上场作为存在，那么队员只会认为他们是被利用的"手球机器"。而作为我国手球运动员来说，为了适应当今快速发展变化的社会，一定要转变观念和调整行为方式，不要把国家的关心和培养作为一种依赖，要学习如何更好地生存，要学习如何更好地独立生活，要学习如何更好地融入社会。

## （二）参赛教练员情况统计

从表4-84可以看出，男队教练员平均年龄44.4岁，以中年为主，其中最老的教练是解放军队的张新安60岁，最年轻的教练是山东队教练王洪斌31岁；平均执教年限为13.2年，时间最长的是天津队刘伟成30年，最短为北京队郑永利1年；男女比例为17:1。与女队教练相比，平均年龄稍高，执教年限相似。

表4-84　第12届全运会男女手球队教练员情况统计

| 赛事 | 人数/人 | 平均年龄/岁 | 平均从教年限/年 | 男:女 |
|---|---|---|---|---|
| 第12届全运会预赛（女子） | 39 | 42.8（25~58） | 12.8（2~35） | 20:9 |
| 第12届全运会决赛（男子） | 18 | 44.4（31~60） | 13.2（1~30） | 17:1 |

由于目前运动员少、整体水平不高，中国男子手球走向世界的重任对教练员的要求更高，需要的是能使中国队发生化学变化的教练。教练员指导专项训练和比赛的水平只是基本要求，除此之外，好的教练员应该具备一双慧眼，能识别有天赋的队员；应该具备良好的沟通协调能力和心态调控（对自己和队员）能力；应该具备快速应变、快速调动能力；应该具备科学求实精神，不能只凭经验；应该具备国际化视野，对亚洲主要对手、对世界手球发展趋势要有深刻理解；应该有包容的气质，能够听取和吸收不同的建议，能够容忍有个性的队员存在；要忠于国家利益，不能被地方或个人利益所影响。国外高水平手球教练员是在职业联赛体系中成长起来的，不进则退、适者生存、优胜劣汰是教练员的生存法则。而我国的手球

教练员，一般是运动员退役后在国家培养下走上教练岗位的。球队的数量进一步限制了教练员的数量，而且绝大部分教练员没有受过正规的高等教育，而体制保障下的培养使得教练的竞争和危机意识与职业教练不能比。

作为遵守手球规律来说，任何技术和战术都是由多个不同的小技术组成的，千万不能过度强调某些小技术，而忽视了技术和战术的整体。另一方面，任何技术和战术都会随着时间、对手、形势的变化而发生变化，不能固化技术和战术配合，而忽视了技术和战术的随时变化性。所以，千万不能忽视用整体观念，变化发展、辩证统一的观念来执教，特别是青少年教练和启蒙教练更不能忽视。因为面对年轻的、缺乏全面文化教育的运动员，教练的执教、言语对他们技术、战术的形成是垄断性的。例如，说射门，不该说"射上角"，而说"多射上角可能成功率会更高"可能更科学；再比如，不该说"不要耍球嘚瑟"，而说"不要不遵守手球规则耍球，但有利于球队获益的杂耍玩球是鼓励的"可能会更恰当；再比如，不该说"要快跑、快传、快射"，而说"有机会时快跑、快传、快射，机会不好时通过节奏和方向的变化，跑动得灵动，再伺机发动快攻"可能更科学。作为带一个全运会周期的教练员，通过几年的国内比赛应该清楚自己的实力和对手的实力，几年的全国冠军赛、锦标赛、联赛都没有战胜强手，如果全运会最后一年还是中规中矩、按部就班，不可能在全运会有突破。要想突破，必须有非常之举，要有胆识用新人，要有勇气去承担失败，太保守的话，其实就是认输了。

### （三）比赛中的技战术分析及问题

#### 1. 参赛队排名总体对比分析

如表4-85所列，从近些年的全国比赛看，2009年之前北京男队是成绩最好的球队，而2010年之后江苏队是国内顶尖的球队，山东队近年来进步也很明显，广东队这几年也有进步，但全运会成绩不理想。这4支球队是入选国家队队员最多的球队，国家队的训赛对省队水平的提升作用显而易见。解放军队近几年入选国家队的队员减少，成绩下降也是不争的事实。所以，省队成绩提高与国家队成绩提高从根本上来说是协调发展的，各省队一定要提高认识。香港队战胜上海队获得第7名，取得了该球队在全运会历史上最好的成绩。

表4-85 近年来国内男子手球大赛成绩一览表

| 赛事 | 年份/年 | 金牌 | 银牌 | 铜牌 | 参赛球队/支 |
| --- | --- | --- | --- | --- | --- |
| 全运会 | 2005 | 北京队 | 解放军队 | 江苏队 | 12 |
| 锦标赛 | 2006 | 江苏队 | 北京队 | 广东队 | 8 |
| 锦标赛 | 2007 | 北京队 | 江苏队 | 解放军队 | 12 |
| 锦标赛 | 2008 | 北京队 | 江苏队 | 解放军队 | 12 |
| 全运会 | 2009 | 江苏队 | 山东队 | 解放军队 | 12 |
| 联赛 | 2011 | 江苏队 | 解放军队 | 广东队 | 8 |
| 锦标赛 | 2013 | 江苏队 | 广东队 | 山东队 | 13 |
| 全运会 | 2013 | 江苏队 | 山东队 | 北京队 | 8 |

第12届全运会最后进入前4名的球队，和第11届全运会是一样的，这说明8年来男子手球格局未发生根本变化。由于第12届全运会第一档次球队江苏队一枝独秀，而山东队、解放军队、北京队、广东队、天津队、上海队实力都差不多，属第二档次球队，香港属第三档次球队，所以第12届全运会第一档次少，第二档次多，比赛主要集中在第二档次的竞争上。而第11届全运会北京队、江苏队、解放军队、山东队都属于第一档次，第一档次球队的竞赛是主流。第11届全运会北京队实力明显高于第12届全运会，但仅取得第4名，而第12届全运会取得第3名。总体上第12届全运会男子手球比赛技战术水平要低于第11届全运会。

2. 技战术数据特点分析

1）射门成功率统计分析

如表4-86、表4-87所列，与第11届全运会前4名射门成功率（58.4%）相比，第12届全运会前4名整体射门成功率（55.4%）有所下降，9m（34.1%）、底线（59.7%）、快攻（23.5%）、边锋（50%）射门成功率都有所下降，7m射门成功率（80.6%）、突破射门成功率（73.2%）稍有上升。在中国手球协会指导下，采用7m决胜机制可能对7m射门成功率的上升有一定促进作用。

表4-86 第11届全运会男子手球比赛前4名射门成功率统计

| 球队 | 9m | 底线 | 边锋 | 快攻 | 突破 | 任意球 | 7m | 合计 | % |
| --- | --- | --- | --- | --- | --- | --- | --- | --- | --- |
| 江苏 | 18/62 | 29/44 | 15/20 | 32/45 | 5/9 | 1/1 | 10/12 | 110/193 | 57 |
| 山东 | 16/56 | 41/63 | 18/36 | 45/53 | 20/29 | — | 19/25 | 159/262 | 60.7 |

续表

| 球队 | 9m | 底线 | 边锋 | 快攻 | 突破 | 任意球 | 7m | 合计 | % |
|---|---|---|---|---|---|---|---|---|---|
| 解放军 | 33/97 | 47/98 | 16/27 | 36/46 | 16/22 | 2/5 | 10/13 | 160/308 | 51.9 |
| 北京 | 37/80 | 63/87 | 27/42 | 39/57 | 25/36 | 0/2 | 11/14 | 202/318 | 63.5 |
| 合计 | 104/295 | 180/292 | 76/125 | 152/201 | 66/96 | 3/8 | 50/64 | 631/1081 | 58.4 |
| % | 35.3 | 61.6 | 60.8 | 75.6 | 68.8 | 37.5 | 78.1 | 58.4 | — |
| 各项占比/% | 16.5 | 28.5 | 12.0 | 24.1 | 10.5 | 0.5 | 7.9 | 100 | — |

表4-87 第12届全运会男子手球比赛前4名射门成功率统计

| 球队 | 9m | 底线 | 边锋 | 快攻 | 突破 | 任意球 | 7m | 合计 | % |
|---|---|---|---|---|---|---|---|---|---|
| 江苏 | 34/79 | 26/37 | 10/19 | 49/67 | 29/35 | 3/7 | 9/11 | 160/255 | 62.7 |
| 山东 | 34/95 | 19/33 | 9/20 | 28/36 | 28/38 | 1/4 | 9/11 | 128/237 | 54.0 |
| 北京 | 17/67 | 25/42 | 11/24 | 29/37 | 18/27 | 6/11 | 17/22 | 123/230 | 53.5 |
| 解放军 | 28/90 | 19/37 | 16/29 | 19/27 | 18/27 | 2/6 | 19/23 | 121/239 | 50.6 |
| 合计 | 113/331 | 89/149 | 46/92 | 125/167 | 93/127 | 12/28 | 54/67 | 532/961 | 55.4 |
| % | 34.1 | 59.7 | 50 | 74.9 | 73.2 | 42.9 | 80.6 | 55.4 | |
| 各项占比/% | 21.2 | 16.7 | 8.6 | 23.5 | 17.5 | 2.3 | 10.2 | 100 | |

如表4-87、表4-88所列,第12届全运会前4名的边锋、快攻射门成功率比2008年北京奥运会中国队低,与2008年北京奥运会、2012年伦敦奥运会和2011年、2013年世锦赛冠军队射门总成功率都达到60%及以上相比,除江苏队外,差距较大,特别是边锋和9m射门成功率差距显著。

表4-88 男子手球比赛射门成功率参考水平　　　单位:%

| 赛事 | 球队 | 总成功率 | 底线 | 边锋 | 9m | 7m | 快攻 | 突破 |
|---|---|---|---|---|---|---|---|---|
| 2008年奥运会 | 中国队 | 46 | 56 | 60 | 33 | 75 | 78 | 67 |
| 2008年奥运会 | 冠军队 | 60 | 78 | 50 | 41 | 85 | 69 | 76 |
| 2011年世锦赛 | 冠军队 | 67 | 73 | 59 | 54 | 71 | 85 | 89 |
| 2012年奥运会 | 冠军队 | 63 | 78 | 53 | 49 | 74 | 82 | 79 |
| 2013年世锦赛 | 冠军队 | 60 | 69 | 69 | 39 | 71 | 75 | 70 |

2) 射门得分比例统计分析

如图4-19所示,第12届全运会男子手球前4名得分占比第一高的是快攻(23.5%),第二是9m(21.2%),第三是突破(17.5%),第四是底线(16.7%),边锋得分仅为8.6%。与第11届全运会相比,底线、边锋得分比例下降,9m、突破得分比例上升。2008年奥运会中国男子手球队的9m远射得分占比为43%,而底线得分占比为22%、快攻得分占比为17%。

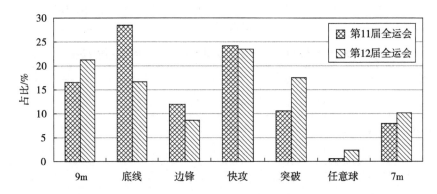

图4-19 第11届全运会和第12届全运会男子手球比赛前4名得分分布

需要强调的是,第11届全运会的球队和第12届全运会的球队不是完全一样的,所以,技战术数据比较仅作为相对性参考。还可以看看近年来世界男子手球大赛中最优秀的球队的各项得分占比。如表4-89所列,2012年北京奥运会、2013年世锦赛最高水平的球队第一得分手段往往是9m远射,但一般不超过31%,而快攻和底线射门往往是第二得分手段;边锋、突破得分比例较低,为15%左右。而中国队2008年北京奥运会、2013年亚青会得分比例表现出来的特点是:①9m远射是主要得分方式,占比高,2008年北京奥运会为43%、2013年亚青会为37.6%;②快攻、边锋得分比例较低,2008年北京奥运会、2013年亚青会不超过10%。③底线是主要得分手段,2008年北京奥运会占22%,2013年亚青会占31.6%。

表4-89 2012年奥运会、2013年世锦赛男子手球冠军各项得分占比 单位:%

| 赛事 | 球队 | 底线 | 边锋 | 9m | 7m | 快攻 | 突破 |
|---|---|---|---|---|---|---|---|
| 2012年奥运会 | 法国 | 23.7 | 13.6 | 30.1 | 7.1 | 13.6 | 11.9 |
| 2013年世锦赛 | 西班牙 | 17.1 | 16.8 | 22.9 | 7.1 | 21.4 | 14.7 |

3）射门多样化

我们对第12届全运会男子手球所有比赛除去7m射门的支撑和跑动射门方式（肩上支撑、低手、侧倒、跑动、跳起、吊射、旋转、转身倒地、快板、突破跳起射门）做了统计，结果表明，总体射门成功率低于第11届全运会。从表4-90、表4-91可以看出，第12届全运会第一射门方式同第11届全运会一样是跳起射门（49.1%），成功率是46.5%，比第11届全运会（51.8%）低；第二射门方式是突破跳起射门（17.2%），成功率高于跳起射门，达到56.6%，低于第11届全运会的突破跳起射门，而第11届第二射门方式是肩上支撑射门（12.1%）；第三射门方式是转身倒地射门（11.5%），成功率为60.7%（低于第11届全运会的69%）。数据显示，队员们的低手射门、侧倒射门、跑动射门、吊射、旋转射门的比例都高于第11届全运会。

表4-90 第11届全运会男子手球比赛射门方式统计

| 射门方式 | | 得分/分 | 射门次数/次 | 成功率/% | 占比/% |
| --- | --- | --- | --- | --- | --- |
| 支撑射门 | 肩上射门 | 49 | 132 | 37.1 | 12.1 |
| | 低手射门 | 22 | 36 | 61.1 | 3.3 |
| | 侧倒射门 | 12 | 17 | 70.6 | 1.6 |
| | 跑动射门 | 12 | 27 | 44.4 | 2.5 |
| 跳起射门 | 跳起射门 | 318 | 614 | 51.8 | 56.3 |
| | 吊射 | 25 | 36 | 69.4 | 3.3 |
| | 旋转射门 | 5 | 11 | 45.5 | 1.0 |
| | 转身倒地射门 | 58 | 84 | 69.0 | 7.7 |
| | 快板球 | 9 | 13 | 69.2 | 1.2 |
| | 突破跳起射门 | 73 | 120 | 60.8 | 11.0 |
| 合计 | | 583 | 1 090 | 58.1 | 100 |

注：表中射门方式指标值主要通过小组赛、交叉赛共14场比赛统计而得。

表 4-91　第 12 届全运会男子手球比赛射门方式统计

| 射门方式 | | 得分/分 | 射门次数/次 | 成功率/% | 占比/% |
| --- | --- | --- | --- | --- | --- |
| 支撑射门 | 肩上射门 | 30 | 108 | 27.8 | 5.8 |
| | 低手射门 | 25 | 83 | 30.1 | 4.5 |
| | 侧倒射门 | 24 | 44 | 54.5 | 2.4 |
| | 跑动射门 | 31 | 57 | 54.4 | 3.1 |
| 跳起射门 | 跳起射门 | 423 | 909 | 46.5 | 49.0 |
| | 吊射 | 34 | 63 | 54.0 | 3.4 |
| | 旋转射门 | 22 | 37 | 59.5 | 2.0 |
| | 转身倒地 | 130 | 214 | 60.7 | 11.5 |
| | 快板球 | 15 | 20 | 75.0 | 1.1 |
| | 突破跳起门 | 180 | 318 | 56.6 | 17.2 |
| 合计 | | 914 | 1 853 | 49.3 | 100 |

注：表中的射门方式指标值是通过对所有 20 场比赛的统计而得。

4）多打少的问题

第 12 届全运会男子手球比赛阵地进攻成功率平均 39.0%，一传快攻成功率平均 82.3%，短传快攻成功率平均 45.3%，多打少成功率平均 53.4%，少打多成功率平均 43.2%，防守成功率平均 52.7%。阵地进攻成功率最高的是广东队（46.7%），最低的是香港队（34.2%）；一传快攻成功率最高的是山东队（100%），但一传快攻次数最多的是江苏队（24 次，为山东队的 2.7 倍）；多打少成功率最高的是广东队（71.1%），最低的是解放军队（31.3%）；防守成功率最高的是山东队 56.9%，最低的是香港队 49.3%；封挡抢断最高的是江苏队 80 次，最低的是天津队 29 次。

一般来说 6 打 5 或是多打少的成功率要高于该队阵地进攻成功率 10% 以上才算正常。如表 4-92 所列，上海队（33.3%）、解放军队（31.3%）多打少成功率比自身阵地进攻成功率低，说明球队多打少进攻太差。

表4-92 第12届全运会各队攻防特点统计

| 序号 | 球队 | 比分 | 阵地进攻 得分 | 阵地进攻 进攻 | 阵地进攻 % | 一传快攻 得分 | 一传快攻 进攻 | 一传快攻 % | 短传快攻 得分 | 短传快攻 进攻 | 短传快攻 % | 合计 得分 | 合计 进攻 | 合计 % | 多打少 得分 | 多打少 进攻 | 多打少 % | 少打多 得分 | 少打多 进攻 | 少打多 % | 助攻 | 封挡抢断 | 守门员 | 对方射失 | 对方失误 | 合计 | % |
|---|---|---|---|---|---|---|---|---|---|---|---|---|---|---|---|---|---|---|---|---|---|---|---|---|---|---|---|
| 1 | 上海 | 120:133 | 87 | 250 | 34.8 | 13 | 18 | 72.2 | 20 | 46 | 43.5 | 120 | 314 | 38.2 | 8 | 24 | 33.3 | 4 | 14 | 28.6 | 47 | 34 | 60 | 31 | 46 | 171 | 55.5 |
| 2 | 北京 | 123:127 | 94 | 246 | 38.2 | 14 | 16 | 87.5 | 15 | 39 | 38.5 | 123 | 301 | 40.9 | 22 | 31 | 71.0 | 10 | 21 | 47.6 | 52 | 49 | 74 | 18 | 17 | 158 | 52.0 |
| 3 | 天津 | 120:146 | 94 | 264 | 35.6 | 9 | 12 | 75.0 | 17 | 48 | 35.4 | 120 | 324 | 37.0 | 16 | 23 | 69.6 | 10 | 25 | 40.0 | 32 | 29 | 67 | 31 | 34 | 161 | 51.1 |
| 4 | 山东 | 152:108 | 100 | 249 | 40.2 | 9 | 9 | 100.0 | 19 | 40 | 47.5 | 128 | 298 | 43.0 | 21 | 35 | 60.0 | 10 | 27 | 37.0 | 18 | 43 | 64 | 24 | 29 | 160 | 55.9 |
| 5 | 广东 | 152:134 | 114 | 244 | 46.7 | 9 | 11 | 81.8 | 29 | 46 | 63.0 | 152 | 301 | 50.5 | 27 | 38 | 71.1 | 9 | 19 | 47.4 | 30 | 51 | 55 | 21 | 25 | 152 | 49.7 |
| 6 | 江苏 | 160:108 | 111 | 246 | 45.1 | 24 | 27 | 88.9 | 25 | 45 | 55.6 | 160 | 319 | 50.2 | 12 | 26 | 46.2 | 9 | 14 | 64.3 | 53 | 80 | 86 | 35 | 2 | 199 | 56.5 |
| 7 | 解放军 | 121:136 | 102 | 273 | 37.4 | 10 | 12 | 83.3 | 9 | 25 | 36.0 | 121 | 310 | 39.0 | 5 | 16 | 31.3 | 11 | 27 | 40.7 | 32 | 34 | 73 | 26 | 24 | 157 | 51.8 |
| 8 | 香港 | 113:145 | 89 | 260 | 34.2 | 7 | 10 | 70.0 | 17 | 40 | 42.5 | 113 | 311 | 36.3 | 12 | 27 | 44.4 | 4 | 10 | 40.0 | 46 | 46 | 47 | 20 | 37 | 150 | 49.3 |

5）防守阵型

第12届全运会反映出男子防守有以下特点：①扩大防守多，75%的球队有5/1、3/2/1防守阵型（表4-93）；一线防守少，即使是一线防守也往往扩到7~9m（除去对底线的控防）。②每个队都不会只采用一种防守阵型。③进攻时冲击、穿插、掩护导致防守局面往往比女子手球比赛复杂，在复杂的防守局面中完成换防、盯防、交接、上顶、控制、回位，这些防守细节决定一支球队阵地防守水平。④面对对方的射门往往尽力顶防。⑤由于男子的爆发力、速度、灵敏度更高，往往防快攻比女子手球更难。

表4-93 第12届全运会各队防守阵型

| 序号 | 球队 | 6/0 防守 | 5/1 防守 | 3/2/1 防守 |
|---|---|---|---|---|
| 1 | 北京 | √ | √ | — |
| 2 | 解放军 | — | √ | √ |
| 3 | 上海 | — | — | √ |
| 5 | 江苏 | √ | √ | — |
| 6 | 山东 | — | √ | √ |
| 8 | 广东 | √ | √ | √ |
| 9 | 天津 | — | √ | √ |
| 10 | 香港 | — | — | √ |
| 合计 | | 3 | 6 | 6 |

6）守门员技术统计分析

从表4-94、表4-95可以看出，第12届全运会男子手球比赛前4名队守门员总体封挡率为38.3%，低于第11届全运会的39.8%。其中主要是9m封挡率从57.4%下降到49.2%，而7m封挡率从18.5%提高到27.4%。守门员前4名与球队排名顺序一致。

表4-94 第11届全运会守门员技术统计

| 球队 | 9m | 底线 | 边锋 | 快攻 | 突破 | 任意球 | 7m | 合计 | % |
|---|---|---|---|---|---|---|---|---|---|
| 江苏 | 31/59 | 11/25 | 11/22 | 5/20 | 3/8 | 1/3 | 2/12 | 64/149 | 43 |
| 山东 | 18/33 | 22/60 | 7/20 | 5/16 | 8/21 | 0/2 | 3/18 | 63/170 | 37.1 |
| 解放军 | 23/45 | 33/75 | 15/30 | 7/28 | 3/19 | 0/1 | 3/20 | 84/218 | 38.5 |

续表

| 球队 | 9m | 底线 | 边锋 | 快攻 | 突破 | 任意球 | 7m | 合计 | % |
|---|---|---|---|---|---|---|---|---|---|
| 北京 | 37/53 | 23/66 | 10/23 | 10/43 | 11/34 | 2/2 | 4/15 | 97/236 | 41.1 |
| 合计 | 109/190 | 89/226 | 43/95 | 27/107 | 25/82 | 3/8 | 12/65 | 308/773 | 39.8 |
| 占比/% | 57.4 | 39.4 | 45.3 | 25.2 | 30.5 | 37.5 | 18.5 | 39.8 | — |

表4-95 第12届全运会守门员技术统计

| 球队 | 9m | 底线 | 边锋 | 快攻 | 突破 | 任意球 | 7m | 合计 | % |
|---|---|---|---|---|---|---|---|---|---|
| 江苏 | 47/87 | 10/21 | 13/27 | 8/30 | 5/17 | 1/2 | 2/10 | 86/194 | 44.3 |
| 山东 | 22/48 | 13/28 | 6/14 | 7/30 | 8/26 | 4/10 | 4/16 | 64/172 | 37.2 |
| 北京 | 31/71 | 9/28 | 3/10 | 15/45 | 11/37 | 1/3 | 4/7 | 74/201 | 36.8 |
| 解放军 | 26/50 | 12/34 | 7/16 | 10/44 | 10/32 | 1/4 | 7/29 | 73/209 | 34.9 |
| 合计 | 126/256 | 44/111 | 29/67 | 40/149 | 34/112 | 7/19 | 17/62 | 297/776 | 38.3 |
| 占比/% | 49.2 | 39.6 | 43.3 | 26.8 | 30.4 | 36.8 | 27.4 | 38.3 | — |

江苏队守门员封挡率最高，达44.3%，如果在世界大赛中有如此表现就算很高了。一般来说，世界大赛中守门员封挡率达到40%以上就是非常优秀的了，见表4-96。当然，国内比赛激烈程度、运动员射门水平都与国际顶级比赛没有绝对可比性，但可以作为参考。但令人担忧的是，现在国际比赛中运动员外围射门能力越来越强，国内守门员防外围射门的能力却在下降，当然不能忽视的是防外围的防守队员和守门员的配合。

表4-96 男子守门员封挡率参考　　　　单位：%

| 赛事 | 球队 | 总封挡率 | 底线 | 边锋 | 9m | 7m | 快攻 | 突破 |
|---|---|---|---|---|---|---|---|---|
| 2008年奥运会 | 中国队 | 24 | 30 | 31 | 30 | 17 | 21 | 9 |
| 2008年奥运会 | 冠军队 | 37 | 23 | 36 | 57 | 23 | 17 | 11 |
| 2011年世锦赛 | 冠军队 | 40 | 34 | 40 | 46 | 29 | 23 | 44 |
| 2012年奥运会 | 冠军队 | 39 | 22 | 30 | 57 | 22 | 27 | 37 |
| 2013年世锦赛 | 冠军队 | 35 | 15 | 28 | 51 | 26 | 16 | 28 |

7）运动员个体技术统计分析

每个人都有心目中的最佳阵容，我们心目中的最佳阵容：赵晨、张骥、王旭东、李安、李语庆、潘翔、王权。但曹悦、李中州、田剑侠、钱为玮、王杰缘、周小坚、王泷表现比较突出（表4-97）。

表 4-97　第 12 届全运会个体技术统计

| 排序 | 号 | 姓名 | 球队 | 9m | 底线 | 边锋 | 快攻 | 突破 | 任意 | 7m | 合计 | % | 助攻 | 场数 |
|---|---|---|---|---|---|---|---|---|---|---|---|---|---|---|
| 1 | 18 | 张骥 | 北京 | 5/19 | 5/5 | 3/3 | 5/5 | 7/12 | 3/6 | 14/16 | 42/66 | 63.6 | 20 | 5 |
| 2 | 15 | 李安 | 江苏 | 1/4 | 3/4 | 2/4 | 17/22 | 8/10 | 1/1 | 7/8 | 39/53 | 73.6 | 2 | 5 |
| 3 | 17 | 李中州 | 广东 | 4/19 | 4/7 | 0/0 | 8/9 | 11/15 | 3/5 | 6/6 | 36/61 | 59.0 | 9 | 5 |
| 4 | 6 | 赵晨 | 江苏 | 16/31 | 5/8 | 1/1 | 2/2 | 6/6 | 1/2 | 0/0 | 31/50 | 62.0 | 7 | 5 |
| 5 | 14 | 田剑侠 | 天津 | 13/26 | 3/4 | 1/1 | 4/8 | 6/11 | 0/1 | 2/2 | 29/53 | 54.7 | 11 | 5 |
| 6 | 3 | 李军 | 天津 | 10/25 | 3/5 | 0/1 | 6/7 | 0/2 | 0/0 | 9/11 | 28/51 | 54.9 | 9 | 5 |
| 7 | 7 | 付云博 | 广东 | 7/11 | 1/2 | 0/0 | 2/3 | 4/6 | 0/2 | 12/16 | 26/40 | 65.0 | 5 | 5 |
| 8 | 19 | 李语庆 | 山东 | 4/7 | 0/2 | 2/3 | 10/12 | 2/2 | 0/0 | 7/9 | 25/35 | 71.4 | 0 | 5 |
| 9 | 8 | 钱为玮 | 上海 | 1/2 | 1/1 | 7/11 | 14/18 | 1/2 | 0/0 | 1/1 | 25/35 | 71.4 | 5 | 5 |
| 10 | 8 | 曹悦 | 天津 | 8/28 | 0/3 | 0/0 | 5/6 | 11/16 | 0/1 | 0/0 | 24/54 | 44.4 | 1 | 5 |
| 11 | 9 | 赵鑫 | 山东 | 9/32 | 1/3 | 0/1 | 4/5 | 8/11 | 1/1 | 0/0 | 23/53 | 43.4 | 6 | 5 |
| 12 | 7 | 许文邦 | 香港 | 12/38 | 0/4 | 2/7 | 3/5 | 2/2 | 0/0 | 3/7 | 22/63 | 34.9 | 7 | 5 |
| 13 | 3 | 曲汝洋 | 广东 | 2/2 | 2/2 | 0/1 | 9/11 | 5/8 | 0/1 | 3/4 | 21/29 | 72.4 | 5 | 5 |
| 14 | 4 | 曹作亮 | 解放军 | 9/27 | 2/3 | 0/0 | 1/2 | 3/4 | 2/3 | 4/4 | 21/43 | 48.8 | 10 | 5 |
| 15 | 20 | 王伟 | 广东 | 1/3 | 5/9 | 1/2 | 9/10 | 2/2 | 0/0 | 2/3 | 20/29 | 69.0 | 2 | 5 |
| 16 | 3 | 赵时俊 | 上海 | 8/10 | 1/3 | 2/4 | 6/8 | 2/2 | 0/1 | 1/3 | 20/31 | 64.5 | 11 | 5 |
| 17 | 13 | 叶仕仁 | 香港 | 8/22 | 2/2 | 1/1 | 5/5 | 3/3 | 0/1 | 0/0 | 19/34 | 55.9 | 8 | 4 |
| 18 | 17 | 王旭东 | 山东 | 3/11 | 2/3 | 3/5 | 6/7 | 5/8 | 0/2 | 0/0 | 19/36 | 52.8 | 0 | 5 |

续表

| 排序 | 号 | 姓名 | 球队 | 9m | 底线 | 边锋 | 快攻 | 突破 | 任意 | 7m | 合计 | % | 助攻 | 场数 |
|---|---|---|---|---|---|---|---|---|---|---|---|---|---|---|
| 19 | 1 | 刘宗其 | 天津 | 23/41 | 6/16 | 7/18 | 9/51 | 4/21 | 3/7 | 6/20 | 58/174 | 33.3 | 1 | 5 |
| 20 | 1 | 王泷 | 北京 | 21/46 | 7/20 | 2/6 | 11/26 | 9/30 | 0/0 | 4/7 | 54/135 | 40.0 | 1 | 5 |
| 21 | 12 | 丛淼 | 解放军 | 21/40 | 11/29 | 5/13 | 9/36 | 6/26 | 1/4 | 1/10 | 54/158 | 34.2 | 1 | 5 |
| 22 | 12 | 王权 | 江苏 | 28/48 | 7/14 | 6/14 | 5/18 | 3/12 | 0/1 | 1/5 | 50/112 | 44.6 | 2 | 5 |
| 23 | 1 | 萧智庭 | 香港 | 13/39 | 11/40 | 4/28 | 7/41 | 6/22 | 1/3 | 4/11 | 46/184 | 25.0 | 1 | 5 |
| 24 | 16 | 王帅 | 山东 | 14/25 | 7/16 | 3/6 | 5/18 | 6/15 | 3/6 | 1/7 | 39/93 | 41.9 | 1 | 5 |
| 25 | 16 | 朱春雷 | 上海 | 8/21 | 8/21 | 4/7 | 7/20 | 6/26 | 1/3 | 0/7 | 34/105 | 32.4 | 3 | 5 |
| 26 | 1 | 王旭兴 | 广东 | 16/39 | 4/19 | 4/7 | 2/16 | 3/23 | 3/3 | 0/8 | 32/115 | 27.8 | 2 | 5 |
| 27 | 9 | 叶强 | 江苏 | 14/27 | 1/2 | 5/7 | 1/4 | 0/2 | 1/1 | 1/4 | 23/47 | 48.9 | 8 | 5 |
| 28 | 16 | 张广建 | 广东 | 8/19 | 3/9 | 3/6 | 2/7 | 2/5 | 0/0 | 5/21 | 23/67 | 34.3 | 1 | 5 |

## 三、中国男子手球与国际水平的差距及问题

### （一）中国男子手球在世界上的位置

男子手球最高级别比赛的规模经历了从小到大的过程。世锦赛参赛球队从1938年4支，到1954年6支、1958年8支，再到1970年12支、1982年16支、1995年24支，之后历届世锦赛都是24支球队。奥运会在1980年后就一直保持12支球队参赛。从1936年第11届奥运会到2013年第23届世锦赛，欧洲球队几乎垄断了前3名（除了1988年汉城奥运会韩国队夺得亚军），说明欧洲男子手球水平始终是最高的；期间有10支欧洲球队夺得过冠、亚军，西欧以法国队、德国队、西班牙队为代表，东欧以俄罗斯（苏联、独联体）队、克罗地亚队、罗马尼亚队、南斯拉夫队为代表，北欧以瑞典队为代表。北欧球队未获得过奥运会冠军，从1999年之后再也没获得过冠军。进入21世纪，西欧球队夺冠6次，东欧球队夺冠3次，西欧球队在近10年取得了压倒性胜利。从2008年开始，法国队夺得了2次奥运会、2次世锦赛冠军，是当今最高水平的球队。日本队1970年参加世锦赛，是亚洲球队在世界舞台上亮相的开始。40年间，亚洲球队的世锦赛成绩绝大部分在12名以后，奥运会成绩绝大部分在6名以后，说明亚洲男子手球水平与世界最高水平差距较大，一般维持在世界第三档次。历届世锦赛和奥运会亚洲最好成绩绝大多数是东亚球队创造的（除了2003年世锦赛卡塔尔队获第16名，1980年和1996年奥运会科威特队获第12名），其中韩国队是亚洲成绩最好的球队，其次是日本队。韩国队在1997年世锦赛上夺得第8名，在1988年汉城奥运会上夺得第2名，是亚洲球队在世锦赛和奥运会上的最好成绩。中国男子手球队在世界舞台上唯一一次出现是2008年北京奥运会。

2013年世锦赛前12名的球队中，欧洲球队占了11名，世界男子手球第一、二档次的球队基本上在欧洲，巴西队、突尼斯队是其所在洲的代表，分别夺得了第13名和第11名，处于第二档次末和第三档次领先的位置。沙特阿拉伯队排名第19，是亚洲成绩最好的球队，是世锦赛扩大参赛球队以来亚洲成绩最差的一次。澳大利亚队在24支球队中垫底。总之，亚洲男子手球竞争更加激烈，西亚球队竞争力增强，东亚球队的优势地位在动摇。近几年亚洲男子手球球队在世界大赛中成绩下滑，说明亚洲手球水平在下降。而中国男子手球队在经历2008年北京奥运会之后，已经取得一定的进步，具备了向韩国队、西亚球队发起挑战的实力。

男子手球历届世锦赛和奥运会前3名及亚洲队成绩见表4-98、表4-99。

表 4-98 历届世界男子手球锦标赛前 3 名及亚洲队成绩一览表

| 世锦赛 | 年份/年 | 地点 | 金牌 | 银牌 | 铜牌 | 中国队名次 | 亚洲其他球队名次 | 参赛球队/支 |
|---|---|---|---|---|---|---|---|---|
| 第1届 | 1938 | 德国 | 德国队 | 奥地利队 | 瑞典队 | 无 | 无 | 4 |
| 第2届 | 1954 | 瑞典 | 瑞典队 | 德国队 | 捷克斯洛伐克队 | 无 | 无 | 6 |
| 第3届 | 1958 | 德国 | 瑞典队 | 捷克斯洛伐克队 | 德国队 | 无 | 无 | 8 |
| 第4届 | 1961 | 德国 | 罗马尼亚队 | 捷克斯洛伐克队 | 瑞典队 | 无 | 无 | 8 |
| 第5届 | 1964 | 捷克斯洛伐克 | 罗马尼亚队 | 瑞典队 | 捷克斯洛伐克队 | 无 | 无 | 8 |
| 第6届 | 1967 | 瑞典 | 捷克斯洛伐克队 | 丹麦队 | 罗马尼亚队 | 无 | 无 | 8 |
| 第7届 | 1970 | 法国 | 罗马尼亚队 | 德国队 | 南斯拉夫队 | 无 | 日本队10 | 12 |
| 第8届 | 1974 | 德国 | 罗马尼亚队 | 德国队 | 南斯拉夫队 | 无 | 日本队12 | 12 |
| 第9届 | 1978 | 丹麦 | 法国队 | 苏联队 | 德国队 | 无 | 日本队12 | 12 |
| 第10届 | 1982 | 德国 | 苏联队 | 南斯拉夫队 | 波兰队 | 无 | 日本队14、科威特队15 | 16 |
| 第11届 | 1986 | 瑞士 | 南斯拉夫队 | 匈牙利队 | 德国队 | 无 | 韩国队12 | 16 |
| 第12届 | 1990 | 捷克斯洛伐克 | 瑞典队 | 苏联队 | 罗马尼亚队 | 无 | 韩国队12、日本队15 | 16 |
| 第13届 | 1993 | 瑞典 | 俄罗斯队 | 法国队 | 瑞典队 | 无 | 韩国队15 | 16 |
| 第14届 | 1995 | 冰岛 | 法国队 | 克罗地亚队 | 瑞典队 | 无 | 韩国队12、科威特队20、日本队23 | 24 |

续表

| 世锦赛 | 年份/年 | 地点 | 金牌 | 银牌 | 铜牌 | 中国队名次 | 亚洲其他球队名次 | 参赛球队/支 |
|---|---|---|---|---|---|---|---|---|
| 第15届 | 1997 | 日本 | 俄罗斯队 | 瑞典队 | 法国队 | 20 | 韩国队8、日本队15、沙特队21 | 24 |
| 第16届 | 1999 | 埃及 | 瑞典队 | 俄罗斯队 | 南斯拉夫队 | 20 | 韩国队14、科威特队19、沙特队22 | 24 |
| 第17届 | 2001 | 法国 | 法国队 | 瑞典队 | 南斯拉夫队 | 无 | 韩国队12、沙特队21、科威特队23 | 24 |
| 第18届 | 2003 | 葡萄牙 | 克罗地亚队 | 德国队 | 法国队 | 无 | 卡塔尔队16、沙特队19、科威特队20 | 24 |
| 第19届 | 2005 | 突尼斯 | 西班牙队 | 克罗地亚队 | 法国队 | 无 | 日本队16、卡塔尔队22、科威特队23 | 24 |
| 第20届 | 2007 | 德国 | 德国队 | 波兰队 | 丹麦队 | 无 | 韩国队15、科威特队18、沙特队23 | 24 |
| 第21届 | 2009 | 克罗地亚 | 法国队 | 克罗地亚队 | 波兰队 | 无 | 韩国队12、日本队16、巴林队23 | 24 |
| 第22届 | 2011 | 瑞典 | 法国队 | 丹麦队 | 西班牙队 | 无 | 日本队13、卡塔尔队20、韩国队21 | 24 |
| 第23届 | 2013 | 西班牙 | 西班牙队 | 丹麦队 | 克罗地亚队 | 无 | 沙特队19、卡塔尔队20、韩国队21 | 24 |
| 第24届 | 2015 | 卡塔尔 | 法国队 | 卡塔尔队 | 波兰队 | 无 | 卡塔尔队2、伊拉克队21、沙特队22 | 24 |

表 4-99 历届奥运会男子手球比赛前三名及亚洲队成绩一览表

| 奥运会 | 年份/年 | 地点 | 金牌 | 银牌 | 铜牌 | 中国队名次 | 亚洲其他球队名次 | 参赛球队/支 |
|---|---|---|---|---|---|---|---|---|
| 第11届 | 1936 | 柏林 | 德国队 | 奥地利队 | 瑞士队 | 无 | 无 | 6 |
| 第20届 | 1972 | 慕尼黑 | 南斯拉夫队 | 捷克斯洛伐克队 | 罗马尼亚队 | 无 | 日本人11 | 16 |
| 第21届 | 1976 | 蒙特利尔 | 苏联队 | 罗马尼亚队 | 波兰队 | 无 | 日本人9 | 11 |
| 第22届 | 1980 | 莫斯科 | 德国队 | 苏联队 | 罗马尼亚队 | 无 | 科威特人12 | 12 |
| 第23届 | 1984 | 洛杉矶 | 南斯拉夫队 | 法国队 | 罗马尼亚队 | 无 | 日本人10、韩国人11 | 12 |
| 第24届 | 1988 | 汉城(现首尔) | 苏联队 | 韩国队 | 南斯拉夫队 | 无 | 韩国人2、日本人11 | 12 |
| 第25届 | 1992 | 巴塞罗那 | 独联体队 | 瑞典队 | 法国队 | 无 | 韩国特人12 | 12 |
| 第26届 | 1996 | 亚特兰大 | 克罗地亚队 | 瑞典队 | 西班牙队 | 无 | 科威特人12 | 12 |
| 第27届 | 2000 | 悉尼 | 俄罗斯队 | 德国队 | 西班牙队 | 无 | 韩国人9 | 12 |
| 第28届 | 2004 | 雅典 | 克罗地亚队 | 冰岛队 | 俄罗斯队 | 无 | 韩国人8 | 12 |
| 第29届 | 2008 | 北京 | 法国队 | 冰岛队 | 西班牙队 | 12 | 韩国人8 | 12 |
| 第30届 | 2012 | 伦敦 | 法国队 | 瑞典队 | 克罗地亚队 | 12 | 韩国人11 | 12 |

## （二）世界男子手球发展趋势

结合奥运会、亚青会的视频，综合男子手球世锦赛、奥运会技战术统计，参考女子手球的发展趋势，总结了男子手球的发展趋势，仅作为参考。

（1）手球精彩激烈，是观赏性、娱乐性、竞技性与健身性融合的项目，在信息爆炸的时代，手球得到越来越多的人关注和喜欢将会是大概率事件。越来越多的国家、地区都会更加重视本国、本地区手球运动的发展，以服务大众对手球的梦想、需要和期待。相对落后的亚洲、非洲、美洲、大洋洲手球的发展代表着世界手球发展的大趋势，虽然可能存在各种困难，但前景是光明的。伴随手球版图的扩张，世界男子手球的交流更加频繁是大势所趋，世界范围和区域范围的锦标赛、冠军赛、友谊赛，以及俱乐部比赛将会更多。

（2）竞技手球技战术发展的趋势主要包括：速度更快，对抗性更强，爆发更猛，变化更多，配合更连续，个性更突出，节奏更讲究，位置更专一，技术更全面。为了适应这种趋势，要具备多方位、多角度、多速度的攻防能力，所以风格的大融合趋势很难改变。2012年伦敦奥运会、2013年世锦赛男子手球比赛的技战术特点反映出快攻、底线和突破在总体进攻中的比重增加，边锋保持稳定；9m远射得分比重下降，但仍是第一得分手段；没有很强的外围就打不开进攻局面，成不了强队。另外，防守的攻击性、对抗性、协同性、持续性特征将更突出，防快攻的重要性也越来越突出。

（3）男子手球竞技水平的提高对运动员的射门、传接球、突破、运球等有球技术的实效性、对抗性、稳定性、全面性、变化性提出了更高要求。在场上表现出的非常奇特、诡异、漂亮的射门等技术是个体天赋与个性的一种突出体现。穿插跑位、跟进、突破、掩护、躲闪、挣脱、一对一防守、封挡等无球技术的进一步提高是手球技术水平提高的大势所趋。

（4）为了适应男子手球竞技趋势，更强的爆发力、灵敏性、平衡能力是必需的，而且要具备更强的有氧耐力、力量水平。随着位置竞争的加强，体能位置特点会更加明显。然而，体能越来越不会成为一个关键的成败因素。手球是技战术主导的体能为基础的集体球类项目，依靠几个队员打球的现象会越来越少。世界强队很少因为体能问题掉队，因为有充足的高水平运动员储备，因为有科学的体能训练和恢复措施，而且这种优势进一步发展进步的趋势很难遏制。

（5）在激烈复杂的比赛中，灵活地根据场上形势、对手、队友的情况，在千变万化中迅速找到攻防对抗的适宜办法并加以实施，这种解读比赛并快速反应的能力就是意识。在竞争日趋激烈的情况下，对心理和意识的要求进一步提高，成熟的心理和优良的意识是比赛取得胜利的保证。没有成熟的心理和良好的意识，有再好的技战术能力和体能也是无源之水。成熟的心理表现为不急躁、不气馁，顽强的意志品质，高度的注意力，高对抗下心态平稳。越是在最关键、最危急的时刻，往往越需要更清醒的头脑。

## （三）我国男子手球的主要问题、差距分析

手球是技战术主导的体能为基础的集体球类项目，项目竞技因素细分为技术、战术、体能、心理、规则的利用。我们从 2006 年 9 月开始为国家女子手球队服务，与男子手球队接触不多，虽看过男子手球队 2008 年奥运会、第 11 届全运会、2010 年广州亚运会、2013 年亚青会的几场比赛，并对近年来世界大赛和国内男子手球的技战术数据进行了一定研究，但认识还很肤浅，本次调研提出的我国男子手球可能存在的问题的一些观点仅作为参考。

1. 射门问题

1) 射门成功率在国际比赛中提高不多，专项射门技术是核心，但不可忽视无球技术的支撑

手球技战术的对抗性是专项的基本规律，战术是由技术组成的。手球技术既包括有球技术（传接球、运球、突破、射门、躲闪、挣脱），也包括无球技术（跑位、跟进、突破、掩护、一对一防守、封挡、躲闪、挣脱），手球技术是有球技术和无球技术的融合体，无球技术和有球技术相辅相成，缺一不可。其中，射门技术是核心技术，第 12 届全运会射门多样性比第 11 届全运会有少许提高，而射门成功率却有少许下降。2008 年北京奥运会射门成功率为 46%，2013 年亚青会为 53.7%，而要达到较好的成绩，射门成功率必须达到 55% 以上，国际大赛上中国男子手球队射门成功率不高的问题没有根本解决。推测原因，一方面是射门技术提高不够；另一方面是创造好的射门机会的能力提高不够。对于一支成熟的球队来说，射门机会不好，即使再好的射门技术，射门成功率也很难高；而有好的射门机会，即使一般射门技术，射门成功率也不会低。在大赛中，更好更难的射门技术可以提高在困难复杂情况下的射门成功率，但难度射门成功率毕竟很难超越普通一般射门的成功率。射门技术和非射门技术（持球

突破、无球技术)是点和面的关系,没有非射门技术的水平面,很难有射门技术的闪光点。所以,一方面要加强在强对抗、快速度、多变化、大难度、配合和个性融合中的射门技术,以适应现代手球比赛的基本特点;另一方面要加强无球技术、持球突破的训练;两者相辅相成、缺一不可。如果过多强调射门技术,可能会使队员在射门机会不是很好的情况下就射门,即使能做出难度大的动作、做得很漂亮,射门成功率也不会高。而通过队员间的跑位、跟进、掩护等无球技术,可以将复杂局面化解,创造更多、更轻松的射门机会。

另外,在整场比赛中,个体有球时间只占到10%左右,而无球时间大概达到90%,而且防守技术主要由无球技术组成。目前,对无球技术的想当然和忽视是不是造成队员射门技术缺陷的核心问题之一呢?在战术的执行过程中,无球战术也相应占到90%左右,所以,提高运动员无球技术水平对提高射门成功率可能有很大作用。

2)缺乏强力外围射手

从2012年伦敦奥运会、2013年世锦赛都可以发现,无论竞技手球如何变化,世界最强的球队第一得分手段均为外围射门,通过强力外围射门,打开防守,创造底线和边锋的机会。国内比赛也有类似的特点,第12届全运会男子手球比赛中江苏队的赵晨、郝可鑫组成的外围明显强于其他球队,北京队外围队员的退役导致进攻实力大大下滑。从2008年北京奥运会、2013年亚青会来看,中国队第一得分手段也是外围射门,但与世界强队相比还有很大差距。再说,中国男子手球队近年来底线成为第二得分手段,如果没有强力外围的支持或突破,底线的进攻性能肯定会被加强的对方防守弱化。所以,加强世界级外围射手的培养非常重要。

3)得分点较少

在亚青会上,中国队对沙特阿拉伯队、伊拉克队和中华台北队的比赛中,得分点主要集中在两三个人身上,这是没法取得好成绩的。女子手球的科研实践,以及世锦赛、奥运会比赛都证明,阵容是决定比赛胜负的关键,是决定球队实力的根本。例如,第12届全运会的半决赛北京队对山东队,北京队张骥进的球再多也难以抵挡山东队的全面开花。

手球竞技能力是一种综合能力,其中技战术、体能、形态、心智、意志、团队精神等因素相互融合,错综复杂。从全运会、世锦赛、奥运会凸显出来的问题,比如快攻、突破、射门、掩护、封挡较差的问题来看,都不仅仅是技术问题,而是技术、意识、互动等各方面一环扣一环紧密相连的问题。要成为得分点,不仅仅是技术水平的提高,而且要从体能、意志品质、意识、球感、团队配合等多方面磨炼,每个人每个时间点问题都不一样,想通过短时间集训使运动员突然开窍,大幅度地改善已经练了几年甚至十几年的球感、意识、相对复杂的射门技术很难,但只要有一点进步的希望也不能放弃。中国男子手球与世界强队相比最缺的是能与强队对抗的得分点,一个球队的进步过程也就是一个不断挖掘、磨炼得分点,增强阵容的过程。中国男子手球要发掘更多的得分点,在真正的比赛中去磨炼、磨合得分点。

2. 失误

在手球比赛中失误难以避免,虽追求低失误率不是手球制胜的必需,但失误率高与比赛失利的相关性很强。2012年伦敦奥运会男子手球冠军法国队,场均失误11次,2013年男子手球世锦赛冠军西班牙队场均失误9.5次,世界强队的任何比赛失误一般不会超过场均15次。而一场比赛失误超过20次,比赛就有90%的可能性会失利。中国男子手球队2008年北京奥运会场均失误19次,与世界强队相比,失误太多。失误多不仅影响进攻效率,而且损伤士气,而对方利用失误打反击快攻是当今手球比赛的基本规律。所以,减少失误是提高手球竞技水平的必然要求。失误的原因往往不是单一的,技术不扎实、配合不默契、应变不灵活、注意力不集中、心理太紧张、体能没跟上都会是引起失误的原因。所以,系统的严格按照项目发展规律(速度、对抗、变化、节奏、个性)的训练、比赛,打造过硬的技术、配合、应变能力,心理素质和体能,才能从根本上减少失误的发生。

3. 战术问题

通过此次调研,提出以下几点意见供大家讨论。

1)进攻是否形成稳定高效的自身打法还是个悬而未决的问题

风格打法是球队打出来的,是根据自身情况、对手特点,为了战胜对手,在一段时期内呈现出来的比较稳定的特征。根据队员特点、对手情况,每个球队都可以打出适合自身的战术风格。风格的形成是在取胜的过程中自然而然水到渠成的。有一条基本原则:进攻打活就有生命力。进攻打活就是球能够活动起来。非常重要的一点就是:只要球没被控制或出球的手没被控制,就必须让球传起来,即进攻推进或配合不轻易被防守控制,要学会躲闪,随时接应,即使躯干被控制也要将球传出去,让人活动接应,让球活起来,活起来就会有威力。

从第12届全运会的手球比赛来看,各队进攻特点并不一样,较全面的就是江苏队。地方队队员不同、教练不同、遇到的对手不同,所以不同的球队有不同的打法是正常的，中国手球协会也一直鼓励各球队打造自己的打法优势。但是一支球队的进攻打法特点每年都不一样，没有一次赛事一样，那可能就暴露出球队在用人、比赛风格的塑造上存在不稳定现象。欧洲顶尖强队在遇到顶级对手时，能打快攻就不打阵地，能打远射就不打底线，能打底线就不打边锋，哪个地方有机会、有优势就打哪，各位置协调、随机应变、全面开花、防不胜防，这应该是手球进攻战术的规律。这些球队在没有强求打某一位置、打某一人的情况下，却充分打出了自身的风格，这是手球场上进攻资源自由分配和流动的自然结果。而国内球队存在这种现象：自认为自己外围、底线有优势，就坚决打外围、底线，对手加强对位防守，结果不仅自认为的优势没发挥出来，还造成其他位置进攻失调。一味想用自己的优势打，却失去了自身的打法特点。所以，球队不能根据对手特点、时机变化而一味追求自身所谓的打法优势，会造成进攻资源的浪费，会导致球队进攻效率下降，失去了自身特点，还失去了对比赛的控制。

2）快攻在国际比赛上一直表现疲软

第12届全运会快攻打得好的球队，往往成绩也更好。在2008年北京奥运会、2013年亚青会上中国男子手球队快攻比例都达不到10%，中国男女手球队在国际赛场上打稍微强一点儿的球队就出现快攻打不出来的问题，快攻一直成为焦点问题之一。下面剖析快攻的战术构成。

（1）要打好快攻，要有稳固的阵地防守。没有稳固的阵地防守，只寄希望于对方低级失误和抢发球，只能对付比我们更弱的队。

（2）要打好快攻要能尽快超越对方的防守到达空位，要在对方转身、注意力从进攻转向退防的变化时和防守位置失去时，快速超越对方到达空位。没有超越对方，就很难有快攻的好局面。

（3）要打好快攻要有传接球的准确性，关键是接球队员要在超越对手、到达空当的同时随时准备接球，以及持球发动快攻的队员传球的超越性和准确性。不好的传接球不仅发动不起快攻，还可能导致对方利用我方传接球失误打我们的快攻。

（4）要打好快攻不能一味急迫（但边锋肯定要最快地跑下去），要通过持球节奏、方向的变化、队友积极跑位接应，利用对方防守立足未稳、回防加速后可能的放松之机坚决射门。

要打好快攻，四者缺一不可。敢问中国队差距在哪儿？从阵地防守的不太稳固、传接球的不够精致、超越的速度慢和意识较弱，到一味的急迫快攻，要打出好快攻可能真还有一段艰难的路要走。

3）防守还不够强大

防守是手球比赛取得胜利的前提和基础。防守强大是弱队与强队抗衡的筹码。在第 12 届全运会上，各队防守灵活，以扩大为主。而 2013 年亚青赛上，中国队防守以 6/0、5/1 为主，但绝不是站着不动，而是看到要射门就立即顶防、控制。手球防守规律要求一定要注意个体防守的移动性、对抗性、协同性、彻底性、应变性，缺乏任何一点都是失败的防守，防守布阵和应变每跨错一步都可能是失败的防守。每一支强队都必须具备较优秀的守门员，而没有一个在世界大赛上能够发挥稳定的门将也是中国男子手球队一直存在的问题。另外，由于快攻在现代手球打法中的比重越来越大，防快攻也变得越来越重要。防快攻，包括防抢发球，有一条基本原则就是，不能一味退防，要有的退，有的主动快速上防。

4. 心理问题让人存有疑虑

第 12 届全运会比赛由于 7m 决胜的赛制使得比赛的残酷性增加，特别是罚 7m 球的运动员的心理压力肯定会大增。广东队 8 号，在第一场和解放军队的比赛中表现出色，但 7m 球未罚中导致广东队输给解放军队。随后打香港队和山东队，该队员几乎全面哑火，罚 7m 球几乎没进过。作为左手外围队员，他的萎靡导致广东队右路几乎瘫痪，广东队负于山东队，这名队员没有发挥出水平是重要原因，可能是第一场比赛之后，该队员没有从罚 7m 球失利的心理阴影中走出来。

和欧亚强手，特别是亚洲的主要对手韩国队、日本队及西亚球队相比，目前我们男子手球队员整体技术水平不高，战术素养不足，有强力技术特点的队员不多，阵容厚度较差。在这种情况下，要战胜亚洲对手，冲出亚洲，重新进军奥运会：一是要加强球队技战术的训练；二是要充分依靠团队的力量，要磨炼整体基础上的个体；三是要以高昂的拼搏精神和充沛的体能作为保障。

心理问题其实谁都有，要靠自身去化解。在重要比赛中某些队员突然发挥失常，队员集体"哑火"，在逆境时总扛不住，在顺风时紧张不起来，正常的拼抢往往过了头，队员们出现茫然的眼神，这时就要考虑是不是队员的心理出现了问题。不能在比分、队友、对手、教练、时间的压力下，保持淡定和沉稳的心态，正常发挥自身的技战术和体能水平，而导致集体竞技水平失常，是我国女子手球队员心理不稳定的集中体现，很担心这种现象在男子手球队员身上也存在。手球作为集体项目，集体的心理稳定容易受到个人心理不稳定的干扰，这也是队员心理不稳定的重要问题。心理的稳定是保持技战术和体能水平的保证。解决心理问题要靠自己，要通过不同的、不断的、真正的比赛去磨炼自己的意志，去发展自己淡定而又觉醒的心理。

中国男子手球技战术水平还有待提高，但运动员比赛的精神和意志更不能落后。要敢打敢拼，越不敢打输得就越惨；要斗志昂扬，越低沉就越自我抑制。中国从足球、篮球在近年大赛中的表现给我们很大的启示，全国人民可以原谅"技不如人"，但绝不原谅"不跑不拼不抢"。

竞技手球需要运动员不仅具备手球运动天赋和运动技术表现，还需要强大的解读比赛、应对场上变化随机应变的能力，而且需要具备与队友间互动、配合和调动激情的能力，所以竞技手球是集动商、智商和情商于一体的运动。手球运动员的动商、智商和情商水平可以决定其手球水平，球队所有队员的动商、智商和情商水平则决定整个球队的竞技水平，千万不能把手球只看成运动。

5. 体能够了吗

弱队打强队，如果体能也弱，就会被无情地拉开更大的差距。而弱队打强队，能"跑不停、拼不尽"的话，即使输了，也值得尊重。首先，中国男子手球队得承认在技战术上是弱队，但体能不该再成为问题。手球比赛中要求运动员快速移动、反复冲刺，同时在有身体接触的激烈对抗中，完成各种难度和强度较大的射门和传接球、封挡等技术动作和战术配合，这就要求运动员必须具备良好的专项身体素质。不但需要运动员有良好的腰腹力量及挥臂的爆发力，要有前臂和手腕的爆发力及控制球的能力，而且需要运动员有良好、持久的腰腿及全身的对抗力量和耐力、良好的快速起跳能力及多种形式多方向弹跳的力量。手球比赛是非周期性、持续性和间歇性交融的混氧运动，场上队员比赛时平均强度在无氧阈强度上下，主要进行的是有氧运动，但无氧运动占一定比例，负荷强度可以达自身极限，存在一定的个体和位置差异。国内外不少研究也认为，优秀男子手球运动员的掷远和爆发力短冲尤其突出，其次是灵敏性、协调性，以及有球、无球的移动能力。成为优秀手球运动员须具备高水平无氧爆发力和较强的有氧能力，对有氧能力要求最高的是边锋，其次是卫线和底线，再次是守门员。

手球，运动员的体能问题似乎是限制中国手球水平的重要问题，而实际研究发现，中国手球运动员体能的主要问题是：①从总体上说，无氧爆发力（短冲、弹跳）和无氧耐力、专项掷远能力较差，而耐力水平并不差。②阵容的差距使得中国队不能够利用换人规则来保持体能稳定，达到保持或提高球队的竞技比赛能力的目的，或是由于替补技战术水平不够而导致主力队员上场时间大增，以致体能过分透支和伤病风险增加。③技战术效率不高（技术不精、配合不佳）和失误过多，导致体能无谓消耗过多。④队员体能特点和弱点不同，在场上用人方面有时过度考虑队员技术和身材上的优势，而忽视了体能差异。例如，在激烈的比赛中，6/0 防守，中间高个队员有防守的身材优势，但身材较高的队员往往爆发力、耐力较差，努力防下后要转进攻就较慢，如果持续攻防，高个队员就可能防守时步伐缓慢而被对手突破。⑤体能问题往往成为比赛失败的替罪羊。运动员的体能是由遗传和训练共同决定的，作为成年运动员来说，体能随训练周期会有一定变化，但个体体能上限很难超越其遗传潜能。特别是爆发力主要由中枢神经系统机能、快肌纤维比例和 ATP、CP 含量决定，这些生理特性绝大多数跟遗传相关，可训练性较小。

要在总结国家队体能问题的基础上，制定好的办法将技术、身材和体能因素融合优化。首先，对于选拔上来的运动员要进行身体素质测定，辨别不同队员的体能问题，要分清楚哪些队员在激烈比赛时可以打全场，哪些队员只能打防守或进攻。然后，要加强体能训练的专项化和个体化。最后，要加强医务监督和营养恢复，防伤防病，使运动员最佳体能状态出现在最重要的比赛中。

6. 人才培养取得巨大进步，但路还要踏实地走下去

第 12 届全运会上令人印象深刻的运动员有解放军队 16 号守门员，他在小组赛和广东队 7m 球决战中，能顶住压力，发挥神勇，不仅帮助解放军队取胜，而且挽救了 3 名未罚中的队员的心灵，能看到那些 7m 罚不中的队员重新抬起头让我感到很欣慰。印象比较深刻的年轻队员还包括：边锋有上海队 8 号、解放军队 25 号，外围有江苏队 6 号、天津队 8 号、山东队 17 号、广东队 17 号。如果第 12 届全运会出彩的队员是第 11 届全运会或者 2010 年广州亚运会的队员，说明这些年省队在人才培养上是比较失败的。"老"队员打得再好，也难以掩饰他们的巅峰已过，而优秀的年轻队员涌现不出来，这给国家队备战各类大赛带来很大的人才困局。第 11 届全运会男子手球最大的"冷门"是香港队战胜上海队，香港队的水平不可小视，它是民间俱乐部打比赛玩出来的，由业余球员组成，而上海队是正规的专业体制培养出来的，这是业余联赛和专业培养体制的对阵。我们真得好好思考人才培养的问题，要从人才培养的体制机制方面去探索。

运动员人才培养主要分两个层次：选材和训赛。对于成熟的手球运动员来说，通过训练挖掘其技战术、体能、心理、配合的潜力是有限度的，地方队都一直高度重视球队的训练和比赛工作，但仍旧未取得手球竞技成

绩的巨大提高，这不得不反思人才培养的深层次问题。人才培养是个系统工程，手球人才培养要做长远考虑。在2012年伦敦奥运会科技工作总结会议上，有关领导指出以战略眼光加强职业体育和青少年体育的研究，促进体育事业可持续发展，是推动体育强国建设的关键。手球是同场对抗的集体球类项目，比赛中变化万千，而如何在变幻莫测的竞技比赛中，做出迅速准确的判断，然后进行积极高效的反应行动，以争取胜利，需要运动员具备专项的体能、技术、战术配合、团队精神、意志品质。而这本身就是对手球运动员竞技能力的最好锻炼，越纯粹越竞技的手球比赛锻炼效果越好。当今世界手球最强的国家都是职业联赛开展最好的国家。对抗性更强、速度更快、爆发更猛、变化更多、配合更连续，攻防更讲究团队化、个性化和节奏化是当今手球比赛发展的大趋势。为了适应这种发展趋势，首先必须涌现出更多能适应这种趋势的多样的球员。球员必须具备多样性，必须具备更强的速度和耐力水平、对抗能力、应变适应能力、团队化的技战术能力和技战术发挥的节奏控制能力，而这些竞技能力很难通过简单或复杂的训练培养就能够得来的。通过设定某一或某几个情境去模仿真正的比赛而发展培养专项比赛能力也是不太符合项目规律的，因为人员有差异、变化有差异、进程有差异、激烈程度有差异；通过选拔一批队员进行长时间培养发展专项比赛能力很难，因为手球技战术、体能水平的应变和适应能力是核心竞争力，这种应变、适应能力要通过与大量的不同对手、大量的不同队友在比赛中产生并发展，而且长时间培养导致人才发现和淘汰周期过长而效率不高，更有可能长时间集训培养的人情利益会影响人才的科学选拔，再者，这批队员不太可能同时都变得很强大，可能有更好的队员被挡在了这扇门外。专业培养可能隔几年就能培养出一两个非常优秀的运动员，而职业联赛往往可以在同时期产生多名优秀运动员。

目前，中国手球已建立了从国少队、国青队到国家队一条龙的训练培养体系，采用体教结合与专项运动队混合培养模式，非常具有创新性和前瞻性，跨出了人才培养体系构建中巨大的一步。如果国少队、国青队、国家队队员来源于各级别的联赛，各联赛间能互相流动，那么就可能带来中国手球发展新局面，功未必在当代，但利绝对在千秋。

欧洲手球成才模式，也许能给中国男子手球人才球队建设以一定启发。该模式经过近百年发展已相当完善，它根据人的生长发育阶段，发展各级别（小学、中学、大学、职业）联赛，让球员在各级别联赛中发展手球志趣和竞技水平，自我选择，适者生存，优胜劣汰，源源不断为国家队输送人才。这种球员成才模式通过阶梯式的联赛适应，从手球的根本项目规律出发，尊重球员个人兴趣、选择和个体适应能力，保证了人才的可持续产生和可持续全面发展，造就了源源不断的优秀球员，确保了欧洲手球在世界手球界一直处于领先地位，为世界手球的发展做出了巨大贡献。欧洲手球职业俱乐部绝大部分是自负盈亏的独立自由的俱乐部，政府不参与、不干涉手球联赛和俱乐部活动，俱乐部的存在与发展规则和球员的存在与发展原则根本上是一致的。职业联赛的组织者、监督者、仲裁者是手球联盟，独立于政府和宗教。只要球员在职业联赛中脱颖而出，就可能参与更高级别或者国外更高水平的联赛。而国家队时刻为优秀队员敞开大门。当然，这种模式培养出的手球人才，充满个性，独立自主，有时会存在个人利益或个性与国家利益或要求相冲突而不为国效力的情况，这是此种人才发展模式的弊端。

目前，中国手球队员成才模式是通过组织各级别球队的训练比赛来培养队员，使其成为国家队比赛的可用之才。寄希望于一拨队员，通过训练比赛彻底挖掘他们的最大潜能，相对于科学培养人才这个繁重的系统工程，在运动员培养制度不健全时，也是应对人才匮乏、任务艰巨的无奈之选。此种模式培养、发展、选拔出来的运动员，一般都有很强的为国争光、努力拼搏精神，但难免造成体制外与体制内的隔阂，省队的发展不能适应国家项目发展的需求，球员有功利化倾向而文化素质较低，球员更擅长训练而不是更擅长比赛，制约了项目整体的发展。

从手球发展的历史、现状以及未来趋势来说，发展联赛，培育优良的联赛环境，给运动员提供肥沃的成长土壤，让运动员努力奋斗、自我选择、自我负责，优胜劣汰，可能也是一条适应手球和运动员发展趋势的人才成长模式。而且联赛水平的提高，增强了手球的影响力，就更能吸引赞助商，更能把那些有天分、有素质的运动员、各类人才和资源从其他项目中吸引过来，进而促进手球水平的提高。所谓不进则退，在对手们都在进行深化改革，寻求进一步发展时，中国手球人也正在顺应发展潮流，充分利用竞技体育改革开放的大好时机，痛定思痛，改革人才培养机制，迎头赶上，振兴手球。中国有举国体制的优势，可以集中最优秀的运动员进行长期集训，对技战术、体能、专项心理进行强化。如果能将联赛体制与举国体制相结合，以联赛进行选拔、培养、锻炼，以集训进行磨合、补缺、强化、调整、备战，手球的发展将前途光明。国家体育总局非常重视某些集体球类项目，又发展联赛，又有全运会鼓励政策，但中国手球这些年在国际比赛中的成绩提高不大。抛开自身的因素，国外高水平联赛发展速度更快是重要原因。

目前，我国少年手球蓬勃发展，但如何对那些真正喜欢手球、手球打得好的孩子进行正规的培养锻炼，是在目前国内赛制不完善的情况下，保证手球发展必须考虑的问题。必须敢于创新。①要加强对体制外手球人才的培养选拔。教练员要开阔思路，要主动到乡村，到少儿、青年联赛中去选拔，而完善不同年龄级别的联赛也是我国手球赛制发展的必然。②高校要招收高水平手球运动员。手球对场地、时间的要求灵活，规则简单，强调集体精神，非常适合高校开展。高校招收高水平手球运动员对那些竞技体制外的优秀手球人才是条出路，还可以增加手球在高校的影响力，增加孩子对手球的认同。③促进学校手球运动的发展，尝试创办高校手球联赛。高校有传播优势，有人才优势，有资源优势，如果高校特别是重点高校能开设手球公体课，对手球发展非常有益。所以，应加强手球协会与高校、教育部体育主管部门的合作与联系。④手球是原来的"军球"，争取在军队系统创新机制，突破发展瓶颈，复兴手球。⑤动员社会资本发展手球。一方面可以鼓励社会闲散资本对政府主导的专业手球增加投入；另一方面，社区、社会办球队，使其成为非政府主导的、以独立俱乐部形式存在的手球球队。

### 7. 男子手球科研依然比较薄弱

实践证明，科研服务对项目发展是有积极促进作用的。在近30年的手球文献中，国内对男子手球的研究很少，而国际上对男子手球的研究要远远高于女子手球。这与我国男子手球是冷门项目、成绩一直不理想有很大关系。男子手球科研做得少，科研基础薄弱，所以相对来说科研进步的潜力巨大。对技战术的研究很多可以从女子手球借鉴过来，但是竞技状态研究必须针对男运动员。男运动员竞技状态对运动员场上表现的影响往往要高于女运动员，所以，男运动员竞技状态监控做好了可能会取得比女运动员更显著的效果。每届全运会后，队员们都会经历生理和心理上的低潮期，现在有些教练员也会去测定男运动员的机能指标，但是如果没有相对系统的研究，即使拿到这些指标，也不知道队员状态是好是坏。

# 第六章

# 2013年世界女子手球锦标赛调研

2013年世界女子手球锦标赛，中国队在小组赛中负于丹麦队、塞尔维亚队、巴西队、日本队，战胜了阿尔及利亚队，位于小组第5名，在随后的"总统杯"比赛中战胜刚果（金），负于突尼斯队。整个赛程持续10天，进行了7场比赛，面对两个欧洲对手、一个亚洲对手、一个美洲对手、三个非洲对手，取得了2胜5负的成绩，最后仅获得第18名。中国队场均进球22.9个，场均失球31.1个，场均半场比分为12:15.3（表4-100）。

表4-100 2013年世界女子手球锦标赛中国队比赛结果汇总

| 场次 | 时 间 | 对手 | 结果 |
| --- | --- | --- | --- |
| 1 | 2013-12-07 | 丹麦队 | 21（13:19）44 |
| 2 | 2013-12-08 | 巴西队 | 21（12:19）34 |
| 3 | 2013-12-10 | 日本队 | 27（12:16）33 |
| 4 | 2013-12-11 | 阿尔及利亚队 | 27（15:14）25 |
| 5 | 2013-12-13 | 塞尔维亚队 | 18（10:19）32 |
| 6 | 2013-12-15 | 刚果（金）队 | 23（11:8）22 |
| 7 | 2013-12-16 | 突尼斯队 | 23（11:12）28 |
| | 平均 | | 22.9（12:15.3）31.1 |

# 一、对手基本信息

阿尔及利亚队（平均身高177cm，平均体重75kg，平均年龄27.6岁）是2012年非洲锦标赛第4名，只在1997年参加过世锦赛，当时获得第19名。本届世锦赛获得第22名。

（1）巴西队（平均身高175cm，平均体重69kg，平均年龄26.3岁）从1995年起，没错过任何一届世锦赛，最好成绩是2011年世锦赛第5名，上升势头明显。主教练是丹麦人，几乎所有队员都在欧洲打球，2012年手球小姐是巴西队的Alexandra do Nascimento，2016年作为奥运会东道主，目标是进入半决赛。最终奇迹般地获得本届世锦赛冠军。

（2）日本队（平均身高167cm，平均体重61kg，平均年龄27.2岁）从1995年起，没错过任何一届世锦赛，近20年来最好成绩是2011年世锦赛第14名，是所有参赛球队中平均身高最矮的。日本队队员Kimiko Hira（36岁）和韩国队队员Miyoung Song（38岁），是这届世锦赛最老的队员。本届世锦赛日本队进入十六强，但被法国队挡在八强之外，最终获得第14名。

（3）丹麦队（平均身高177cm，平均体重71kg）错过了2007年世锦赛，1997年世锦赛获得冠军，2011年世锦赛获得第4名，2004年雅典奥运会获得冠军。本届世锦赛获得季军。进入八强的波兰队、巴西队、德国队的主教练都是丹麦人。

（4）塞尔维亚队（平均身高176cm，平均体重72kg，平均年龄27.1岁）2001年、2003年世锦赛分别获得第3名和第9名，2012年欧锦赛获得第4名。作为东道主，本届世锦赛获得亚军。

（5）刚果（金）队（平均身高169cm，平均年龄27.3岁）是2012年非洲锦标赛第3名，本届世锦赛获得第20名。

（6）突尼斯队（平均身高174cm，平均体重65kg，平均年龄25.1岁）是2012年非洲锦标赛亚军。2007年世锦赛中国队以27∶30输给突尼斯队。本届世锦赛获得第17名。

（7）中国队（平均身高178cm，平均体重70kg，平均年龄22.2岁）是所有参赛球队中平均身高最高的球队（与德国一样），是第三年轻的球队（第一为多米尼加队，21.4岁；第二为巴拉圭队，21.5岁）。

## 二、技战术统计分析

### (一) 快攻比较分析

快攻数据是独立进行统计的,一旦明显地发动快攻,就纳入统计,而官方统计的快攻往往是典型的、完整的快攻,所以与官方快攻统计数据有较大出入。比赛场次包括:日本队对塞尔维亚队(26:28)、中国队对丹麦队(21:44)、丹麦队对日本队(29:25)、中国队对巴西队(21:34)、中国队对日本队(27:33)、塞尔维亚队对巴西队(23:25)、中国队对阿尔及利亚队(27:25)、塞尔维亚队对丹麦队(23:22)、中国队对塞尔维亚队(18:32)、丹麦队对巴西队(18:23)、中国队对刚果(金)队(23:22)、中国队对突尼斯队(23:28)。欧洲球队共统计了8场(塞尔维亚队4场、丹麦队4场),日本队3场,中国队7场。

1. 从场均进攻次数看快攻特点

如表4-101所列,实力差距大的球队,如中国队与丹麦队、巴西队、塞尔维亚队的比赛,单队场均进攻数都超过63次,单次进攻时间为25.7~28.6s;实力相近的球队,如中国对日本队、中国队对突尼斯队、塞尔维亚队对丹麦队、塞尔维亚队对巴西队、丹麦队对巴西队,单队场均进攻次数都不超过60次,单次进攻时间为30~36s。所以,目前手球的快,不仅体现在快攻上,阵地进攻的速度加快更明显。

表4-101 场均进攻次数统计(依据官方数据)

| 球 队 | 进攻次数 | 球 队 | 进攻次数 |
| --- | --- | --- | --- |
| 中国 | 66 | 丹麦 | 66 |
| 中国 | 70 | 巴西 | 70 |
| 中国 | 64 | 阿尔及利亚 | 64 |
| 中国 | 58 | 日本 | 59 |
| 中国 | 62 | 刚果 | 61 |
| 中国 | 59 | 突尼斯 | 58 |
| 中国 | 63 | 塞尔维亚 | 63 |
| 塞尔维亚 | 59 | 丹麦 | 59 |
| 塞尔维亚 | 53 | 巴西 | 53 |
| 丹麦 | 49 | 巴西 | 49 |

推论：①实力差距大的球队比赛，进攻次数越多，场均进攻速度越快，快攻数越多。往往实力差距越大，强队的快攻数越多，快攻质量越高。②强队之间的比赛，进攻次数并不是更多，速度并不是想象中的那么快，快攻并不是想象中的那么多，如丹麦队对巴西队仅发动了16次快攻，丹麦队对塞尔维亚队仅发动了11次快攻。强队并不是一味求快。③中国队对丹麦队发动了13次快攻，仅为丹麦队的一半，说明中国队打强队打快攻很难。从进攻速度比较，中国队单次进攻速度和欧洲球队无差异，中国队进攻速度整体上和欧洲球队也无显著差异，差别就在单次进攻的效率上，说明中国队与欧洲球队比赛时速度被动地被带起来了。④强队打弱队也不是一味求快。弱队之间比赛也可以打出很多快攻。中国队打刚果（金）队发动了28次快攻，在刚果（金）队看来中国队打得很快。弱队打强队往往快攻很难打出来，如果一味求快，就要承担失误增多、被抢断打反击的更大风险。

为什么我们感觉到强队之间比赛很快呢？第一，欧洲强队阵地进攻局部跑位很快，传接球很快，距离较大，动作速度快，退防很快；第二，欧洲强队只要有机会，只要想进攻，往往从快攻着手。

所以，由于各队实力有差距，而且对手不一样，快攻的绝对比较很难进行；而且统计场次毕竟不是很多，数据仅可作为参考和趋势分析之用。

2. 中国队、欧洲球队、日本队快攻比较分析

中国队场均快攻17.6次，高于欧洲球队平均的16.4次和日本队的13.3次。说明中国队比赛中发动的快攻数并不少，另一原因是中国队后面的对手越来越弱，快攻更容易发动，导致数值偏高。

场均快攻进球，欧洲球队平均7.9个，高于中国队5.3个和于日本队4.7个。场均快攻成功率，欧洲球队平均为48%，高于日本队的35%和中国队的30.1%。说明中国快攻成功率比欧洲球队和日本队都低。

表4-102所列为欧洲球队、中国队、日本队快攻比较统计。

表4-102 欧洲球队、中国队、日本队快攻比较统计

| 快攻特点 | 欧洲球队 | 中国队 | 日本队 |
| --- | --- | --- | --- |
| 场均快攻次数 | 131/8=16.4 | 123/7=17.6 | 40/3=13.3 |
| 场均快攻进球、总成功率 | 7.9，48% | 5.3，30.1% | 4.7，35% |

续表

| 快攻特点 | | 欧洲球队 | 中国队 | 日本队 |
|---|---|---|---|---|
| 快攻起源<br>（场均次数<br>及占比） | 对手失误、<br>进攻犯规 | 5.5，33.6% | 6.3，35.8% | 5.6，42.5% |
| | 抢断发动 | 1.8，10.7% | 0.6，3.2% | 1，7.5% |
| | 对手射失 | 6.8，41.9% | 8.3，47.2% | 5，37.5% |
| | 主动发动 | 2.3，13.7% | 2.4，13.8% | 1.7，12.5% |
| 快攻方式<br>（场均次数<br>及占比） | 一传快攻 | 4，24.4% | 4.3，24.4% | 2，15% |
| | 团队快攻 | 10.5，64.1% | 10.9，61.8% | 9.6，72.5% |
| | 抢发球 | 1.9，11.5% | 2.4，13.8% | 1.7，12.5% |
| 快攻战术<br>（场均次数<br>及占比） | 前排超越 | 5.8，35.1% | 4.4，25% | 3.3，22.5% |
| | 平行推进 | 1，6.1% | 3.3，18.8% | 1.3，10% |
| | 后排跟进插上 | 7.7，47.3% | 9.6，54.5% | 6.7，50% |
| | 后排交叉 | 1.9，11.5% | 0.3，1.6% | 2，15% |
| 快攻结果<br>（场均次数<br>及占比） | 射门 | 12.3，74.8% | 9.3，52.9% | 8，60% |
| | 失误、进攻犯规 | 2.3，13.7% | 3.9，21.9% | 3.6，27.5% |
| | 转阵地 | 1.9，11.5% | 4.4，25.2% | 1.7，12.5% |
| | 变节奏继续快 | 2.6，16% | 0，0% | 0，0% |
| 快攻射门位置<br>（场均次数<br>及占比） | 边锋 | 4.3，34.7% | 4.9，52.3% | 4.6，58.3% |
| | 底线 | 3.7，30.6% | 2.3，24.6% | 1.7，20.8% |
| | 外围 | 4.3，34.7% | 2.1，23.1% | 1.7，20.8% |
| 快攻射门方式<br>（场均次数<br>及占比） | 起跳射门 | 7，57.1% | 6.6，70.7% | 5.3，66.7% |
| | 转身侧身射门 | 1.9，15.3% | 1，10.8% | 1，12.5% |
| | 突破射门 | 2，16.3% | 1.1，12.3% | 1.4，16.7% |
| | 支撑射门 | 1.4，11.2% | 0.6，6.2% | 0.3，2.5% |

1）快攻起源的差别

快攻起源主要包括以下几个方面。

（1）对手进攻失误时，利用对方失误打反击快攻，往往球队阵地防守越强，导致对方进攻失误越多。

（2）对手射门未中，守门员迅速拾球发动快攻，以及防守队员封挡下球，迅速在场上拾球发动进攻，或者射门被守门员或场上队员封挡出边线，场上队员迅速拾球发动快攻。

(3) 主动抢断对方的传球或运球，反击快攻。

(4) 主动发动快攻，在对方防守未稳时主动冲击发动快攻，以及对手进球后，打抢发球快攻。

欧洲球队第一快攻起源是对手射失（场均 6.8 次，49%），还会主动发动（13.7%），以及利用对手失误、进攻犯规（场均 5.5 次，33.6%）和抢断（10.7%）发动快攻。日本队第一快攻起源是对手失误、进攻犯规（场均 5.6 次，42.5%）：一是利用对手射失发动快攻（场均 5 次，37.5%）；二是主动发动和抢断发动，后两者比例与欧洲各队接近。

利用对手射失发动快攻，比利用对手失误发动快攻难得多，所以，总体上来说，欧洲球队发动快攻的能力强于日本。而当拉开与对手的比分差距后，一般主动发动快攻的积极性会下降，这也许是欧洲球队主动发动快攻比例不高的原因。

中国队与欧洲球队相似：第一快攻起源是对手射失（场均 8.3 次，47.2%），比例比欧洲球队低；第二快攻起源是对手失误、进攻犯规，比例比日本队低。中国队利用抢断发动快攻的比例明显比欧洲球队和日本队都低，抢断应该是快攻发动的最好时机。

进攻时发生犯规（如撞人、延误等）和失误（如侵区、传接球失误、运球失误、走步），会被快攻强手充分利用打快攻。一定要加强进攻的成功率，减少发生进攻犯规和失误的现象，尽可能将球推向射门。另外，阵地防守好，才有更多的快攻机会。因为阵地防守好，才可能产生更多的对手失误、本方抢断和对手射门成功率下降的情况，而且好的阵地防守会吸引对手更大的进攻注意和更多的进攻投入，一旦发生本方的快攻时机，对方往往从全心进攻转入快速退防赶不上快攻的节奏和速度。

2) 快攻方式的差别

快攻方式分为一传、团队和抢发球快攻。欧洲球队、日本队、中国队第一快攻方式都是团队快攻，分别为场均 10.5 次（64.1%）、9.6 次（72.5%）、10.9 次（61.8%），这提示我们，训练中一传快攻固然重要，但更重要的是加强团队快攻的训练。一传快攻和抢发球快攻的比例，中国队与欧洲球队相似，比日本队多，都排在第 2 位，分别为场均 4 次（24.4%）、2 次（15%）。欧洲队员远距离捕捉机会及传球的能力较强，而且边锋和底线在有超越对手打快攻的机会时，会非常坚决，在高速运动中的接球能力也较强。而中国队一传快攻比例虽高，但成功率比欧洲球队和日本队低。抢发球快攻在欧洲各队、日本队、中国队的占比都位于第3位，其中中国队最高，这与中国队在"总统杯"比赛中特意打抢发球快攻有很大关系。

3）快攻战术的差别

快攻战术包括以下几个方面。

（1）前排超越，是指场上队员，往往是边锋和底线（持球或接球），明显超越对方防线到达空位，实施快攻。超越是形成纵深的前提，是快攻形势的重要一环。欧洲球队、日本队、中国队的前排超越快攻都占快攻总数的第2位，欧洲球队场均前排超越快攻5.8次（35.1%），比中国队场均4.4次（25%）和日本队场均3.3次（22.5%）高。与欧洲队员相比，中国队员快攻时往往超越速度不够、超越犹豫、不会横向超越，所以快攻的格局往往不明朗，导致快攻转化为射门的比例不高，快攻后续发展不顺。

（2）平行推进，是指场上队员同时向前纵向平稳快速推进，伺机射门的快攻。欧洲球队、日本队的快攻平行推进占比分别为6.1%、10%，相当少；而中国队占到18.8%，相当多。平行推进相对来说好组织，但对对方的防守渗透相比于其他快攻方式是最少的，相对来说是快攻战术中效果最差的一种。

（3）后排跟进插上，是指前排队员（边锋或底线）向前积极落位，外围队员跟进接球，或持球直接射门，或突破射门，或将球传给跑到空位的边锋或底线，实施快攻。后排跟进插上快攻是欧洲球队、日本队、中国队第一快攻方式，分别达到场均7.7次（47.3%）、6.7次（50%）、9.6次（54.5%），中国队快攻也注意了后排跟进插上。

（4）后排交叉，是指前排队员向前积极落位，外围队员通过相互交叉打开快攻局面，自身持球或运球射门，或者将球传给跑到空位的边锋、底线，实施快攻。日本队后排交叉快攻比例占到15%、欧洲球队为11.5%、中国队为1.6%，日本队在快攻中后排跟进积极，而且比较善于打交叉，而中国队后排通过交叉跑位打出局面较少。

4）快攻结果的差别

快攻结果包括：射门、失误（包括进攻违例犯规）、转阵地（包括被对方防守抑制而转成阵地）、变节奏继续快攻。快攻转化成射门欧洲各队场均达到12.3次（74.8%），日本队为8次（60%），中国队为9.3次（52.9%），欧洲球队快攻发展完整的水平是最高的，而快攻发展成射门的比例中国队较低。

快攻转化成失误（包括进攻违例犯规）的比例，欧洲球队场均 2.3 次（13.7%），日本队为 3.6 次（27.5%），中国队为 3.9 次（21.9%），快攻导致失误比例增加似乎是必然的，但欧洲球队快攻失误少，而中国队较多。

快攻转阵地的比例欧洲球队、日本队、中国队分别达到 11.5%、12.5%、25.2%，中国队快攻转阵地的比例是最高的。中国队的快攻遇到对手防守时，容易被防守和各种干扰遏制、堵截而自动慢下来。而欧洲球队在 16% 的快攻中，减慢速度，变换节奏，可以再突然加快，这是日本队和中国队目前没有的。

5）快攻射门的位置差别

快攻射门的位置：欧洲各队边锋场均 4.3 次（34.7%）、底线场均 3.7 次（30.6%）、外围场均 4.3 次（34.7%），而日本队边锋快攻射门突出，场均 4.6 次（58.3%），底线、外围场均均为 1.7 次（20.8%）；中国队边锋场均 4.9 次（52.3%），外围和底线场均分别为 2.1 次（23.1%）、2.3 次（24.6%）。可以看出，中国队快攻射门主要集中在边锋，而欧洲球队快攻在各位置都能射门，特别是快攻中外围射门比例跟边锋一样高，说明欧洲队员在快攻中外围有机会就会坚决射门。

6）快攻射门方式

快攻射门方式统计了起跳射门、转身侧身射门、突破射门、支撑射门，欧洲球队、日本队、中国队相近，占比第一的射门方式都是起跳射门，而欧洲各队的支撑射门方式（11.2%）比日本队、中国队都高。

所以，欧洲球队形成了全方位、多层次、多接应、多节奏、多种射门方式的快攻体系，快攻成功率高，场均快攻进球数多。日本队比较多地利用对手的失误打快攻，快攻中善于通过后排的跟进、交叉组织战术，快攻转化成射门的比例、快攻成功率比中国队高。

## （二）中国队技战术统计分析

1. 进攻

1）射门成功率不高

官方统计数据显示，中国队总体射门成功率 45%，其中底线 68.9%、边锋 42.9%、9m32.6%、7m60.9%、快攻 63.6%、突破 73.3%（表 4-103），而对手射门成功率为 62%。与对手射门成功率比较，以及与表 4-104 的数据对照，说明中国队射门成功率不高。

表4-103　2013年世锦赛中国队比赛技战术统计（官方数据）

| 球队 | 底线 | 边锋 | 9m | 7m | 快攻 | 突破 | 合计 G/S | % | 防守/% | 2min | 其他/次 失误 | 抢断 | 封挡 |
|---|---|---|---|---|---|---|---|---|---|---|---|---|---|
| 中国 | 3/4 | 4/11 | 9/29 | 3/4 | 0/1 | 2/2 | 21/51 | 41 | 33 | 2 | 21 | 2 | 0 |
| 丹麦 | 11/13 | 7/10 | 10/14 | 3/3 | 8/9 | 5/8 | 44/57 | 77 | 68 | 1 | 11 | 3 | 10 |
| 中国 | 8/11 | 2/9 | 8/32 | 2/2 | 1/3 | 0/1 | 21/58 | 36 | 51 | 4 | 18 | 7 | 1 |
| 巴西 | 7/9 | 10/13 | 7/10 | 3/4 | 6/8 | 1/4 | 34/48 | 71 | 70 | 4 | 24 | 4 | 4 |
| 中国 | 9/10 | 5/7 | 5/19 | 2/2 | 4/5 | 2/2 | 27/45 | 60 | 44 | 6 | 17 | 4 | 2 |
| 日本 | 7/8 | 9/10 | 6/18 | 5/5 |  | 6/6 | 33/47 | 70 | 53 | 0 | 14 | 5 | 4 |
| 中国 | 4/10 | 3/8 | 8/19 | 3/4 | 6/8 | 3/5 | 27/54 | 50 | 61 | 5 | 15 | 5 | 6 |
| 阿尔及利亚 | 4/9 | 2/6 | 7/21 | 3/5 | 5/5 | 4/7 | 25/53 | 47 | 58 | 2 | 15 | 7 | 5 |
| 中国 | 1/2 | 4/6 | 6/28 | 3/7 | 2/3 | 2/2 | 18/50 | 38 | 49 | 4 | 20 | 2 | 2 |
| 塞尔维亚 | 5/8 | 2/5 | 11/19 | 4/6 | 6/8 | 4/4 | 32/50 | 64 | 71 | 1 | 16 | 6 | 10 |
| 中国 | 1/1 | 5/12 | 8/24 | 1/3 | 7/9 | 1/1 | 23/50 | 46 | 64 | 2 | 18 | 6 | 4 |
| 刚果（金） | 5/9 | 1/5 | 7/18 | 0/1 | 5/6 | 4/8 | 22/47 | 47 | 63 | 2 | 18 | 4 | 2 |
| 中国 | 5/7 | 4/10 | 12/27 | 0/1 | 1/4 | 1/2 | 23/51 | 45 | 52 | 3 | 15 | 0 | 0 |
| 突尼斯 | 9/13 | 4/8 | 8/17 | 4/4 | 2/4 | 1/1 | 28/47 | 60 | 61 | 1 | 14 | 6 | 6 |
| 中国队合计 | 31/45 (68.9%) | 27/63 (42.9%) | 56/178 (32.6%) | 14/23 (60.9%) | 21/33 (63.6%) | 11/15 (73.3%) | 160/357 | 45 | 51 | 3.7 | 18 | 3.4 | 1.9 |
| 对手合计 | 48/69 | 35/57 | 56/117 | 22/28 | 32/40 | 25/38 | 218/349 | 62 | 63 | 1.6 | 16 | 5 | 5.9 |
| 中国队得分占比/% | 19.3 | 16.9 | 35 | 8.7 | 13.2 | 6.9 | — | — | — | — | — | — | — |

表 4-104　射门成功率参考　　　　　　　　　　单位：%

| 赛事 | 球队 | 总成功率 | 底线 | 边锋 | 9m | 7m | 快攻 | 突破 |
|---|---|---|---|---|---|---|---|---|
| 2008 年奥运会 | 中国队 | 47 | 68 | 50 | 27 | 76 | 56 | 56 |
| 2009 年世锦赛 | 中国队 | 52 | 56 | 41 | 37 | 81 | 70 | 63 |
| 2010 年亚运会 | 中国队 | 58.2 | 67.5 | 48.3 | 32.7 | 72.2 | 70 | 84.6 |
| 2011 年世锦赛 | 中国队 | 50 | 55.2 | 52.5 | 28 | 82.8 | 77.8 | 100 |
| 2011 年世锦赛 | 冠军队 | 65 | 66 | 61 | 48 | 88 | 83 | 100 |
| 2008 年奥运会 | 冠军队 | 61 | 73 | 60 | 43 | 77 | 70 | 77 |
| 2012 年奥运会 | 冠军队 | 52 | 65 | 67 | 37 | 56 | 68 | 58 |

2）进攻点少

没有稳定的进攻点是进攻弱势的根源。比赛中如果没有场均 3 分以上（除 7m 球）的得分都不能称为进攻点。在对欧洲球队、日本队的比赛中，王莎莎、赵佳芹算是进攻点，其他年轻队员没有突出表现，王书慧在对阿尔及利亚队的比赛中打入 13 个球，但表现不稳定。

3）阵地进攻不理想

教练组一再强调连续的进攻，但实际上进攻卡壳比较严重，特别是对强队，容易被对方上顶防守、扩大防守和盯人防守影响，阵地配合被抑制后往往要重新组织，应变能力依然薄弱，最后往往发展成单枪匹马，步伐、跑位、摆脱、闪躲、掩护显得笨拙。

4）快攻薄弱

中国队场均快攻次数不少，但对强队打不出像样的快攻，中国队的快攻比较容易转成阵地，不太善于利用抢断打快攻，战术组织平行推进多，不善于利用超越和交叉打开快攻局面，射门位置主要在边锋，主要采用起跳射门，射门位置和方式较为单一，快攻成功率不高，场均快攻得分少。

5）底线攻击力下降

2013 年世锦赛第一得分来源是 9m，为 35%，底线为 19.3%，边锋为 16.9%，快攻为 13.2%。与 2011 年世锦赛、2010 年广州亚运会比赛中底线是第一得分来源相比，底线的攻击力下降较大。

6）失误多仍然是一大问题

场均失误 18 次，与欧洲对手比赛时场均失误超过 20 次。失误不仅伤了本方士气、体能，还容易被对方抓住打反击，更是失去比赛节奏的重要原因。

2. 防守

1）场上队员防守

防守是 2013 年世锦赛教练组再三强调的问题，但场均失球 31.1 个，防守成功率仅 51%，特别是对强队防守时成功率极低，如对丹麦队防守成功率为 33%、对塞尔维亚队为 49%、对日本队为 44%，而对手防守成功率分别达到 68%、53%、71%；对手整体防守成功率达到 63%。从表 4-105 可以看出，与 2008 年北京奥运会、2009 年世锦赛、2010 年广州亚运会相比，防守成功率下降。另外，场均 2min 3.7 次，比对手多出 2 次，而防守成功率低于对手 10 个百分点，说明防守的技术效率不是很理想。场均封挡 1.9 次，比对手低 4 次，中国队队员身材高大，但封挡能力太差。快攻的官方数据显示，场均给对方快攻进球 4.6 个，说明防快攻也不够到位。而从王莎莎、吴茵、祖翠伤退看出，攻防的代价很大。

表 4-105 防守成功率比较

| 赛　事 | 防守成功率/% |
| --- | --- |
| 2006 年亚运会 | 55.7 |
| 2007 年世锦赛 | 49.6 |
| 2008 年奥运会 | 58.4 |
| 2009 年世锦赛 | 62.1 |
| 2010 年亚运会 | 67.8 |
| 2013 年世锦赛 | 51 |

2）守门员表现

如表 4-106 所列，守门员总封挡率 20%，对塞尔维亚队、丹麦队、巴西队的封挡率不超过 10%，形同虚设。在场上队员整体防守被突破的情况下，守门员的封挡更是千疮百孔。守门员的判断、反应、动作速度和幅度是最重要的素质，判断是前提，反应是基础，动作是保证，一定要重视判断、反应的训练，而目前训练突出了动作的速度、幅度，忽视了判断，是舍本逐末的做法。

表 4-106 2013 年世锦赛守门员封挡统计

| 球　队 | 合计 | % | 底线 | 边锋 | 9m | 7m | 快攻 | 突破 |
| --- | --- | --- | --- | --- | --- | --- | --- | --- |
| 中国 | 5/49 | 10 | 0/11 | 2/9 | 0/10 | 0/3 | 1/9 | 2/7 |
| 丹麦 | 16/37 | 43 | 1/4 | 6/10 | 7/16 | 1/4 | 1/1 | 0/2 |

续表

| 球队 | 合计 | % | 底线 | 边锋 | 9m | 7m | 快攻 | 突破 |
|---|---|---|---|---|---|---|---|---|
| 中国 | 2/36 | 6 | 1/8 | 0/10 | 0/7 | 0/3 | 0/6 | 1/2 |
| 巴西 | 24/45 | 53 | 2/10 | 6/8 | 14/22 | 0/2 | 1/2 | 1/1 |
| 中国 | 5/38 | 13 | 1/8 | 1/10 | 3/9 | 0/5 | — | 0/6 |
| 日本 | 8/35 | 23 | 0/9 | 1/6 | 6/11 | 0/2 | 1/5 | 0/2 |
| 中国 | 12/37 | 32 | 3/7 | 2/4 | 4/11 | 1/4 | 0/5 | 2/6 |
| 阿尔及利亚 | 13/40 | 33 | 5/9 | 2/5 | 4/12 | 0/3 | 1/7 | 1/4 |
| 中国 | 7/39 | 8 | 1/6 | 2/4 | 2/13 | 0/4 | 2/8 | 0/4 |
| 塞尔维亚 | 17/35 | 49 | 1/2 | 2/6 | 9/15 | 4/7 | 1/3 | 0/2 |
| 中国 | 14/36 | 39 | 4/9 | 3/4 | 4/11 | 1/1 | 1/6 | 1/5 |
| 刚果（金） | 17/40 | 43 | 0/1 | 4/9 | 10/18 | 2/3 | 1/8 | 0/1 |
| 中国 | 10/38 | 26 | 2/11 | 1/5 | 5/13 | 0/4 | 2/4 | 0/1 |
| 突尼斯 | 16/39 | 41 | 1/6 | 6/10 | 5/17 | — | 3/4 | 1/2 |
| 中国队守门员合计 | 55/273，20 | | 20 | 24 | 24 | 8 | 16 | 19 |

从以上综合数据分析来看，防守整体上组织得不够理想，个人的防守能力不强，团队的协防不好，守门员的防守较差。

3. 个人技战术统计

官方数据显示，中国队得分排名（由高到低）：赵佳芹、王书慧、张海侠、王莎莎、陈倩、于源源、李瑶、郑冬冬、吴茵、沙正文。

射门成功率排名（由高到低）：杨娇、武娜娜、沙正文、郑冬冬、张海侠、于源源、王莎莎、陈倩、李瑶、王书慧、赵佳芹。

上场比赛时间排名（由多到少）：张海侠、赵佳芹、王莎莎、司艳、陈倩、沙正文、郑冬冬、王书慧、李瑶、武娜娜、侯一博。

助攻排名（由高到低）：赵佳芹、王莎莎、吴茵、沙正文、张海侠、王书慧、李瑶。

守门员封挡率排名（由高到低）：王小华、司艳、侯一博。

守门员上场时间排名（由多到少）：司艳、侯一博、王小华。

失误排名（由多到少）：赵佳芹、郑冬冬、吴茵、张海侠、王书慧、王莎莎。

2min 排名（由多到少）：祖翠、沙正文、赵佳芹、张海侠、陈倩、李瑶、武娜娜、于源源。

## 三、从2013年世锦赛看世界女子手球特点

### （一）国际女子手球格局还未发生显著变化

欧洲强队仍占据第一位，南美的巴西队、非洲的安哥拉队、亚洲的韩国队还能对它们进行一定的挑战，亚洲、非洲、美洲其他国家的球队无法与之抗衡。亚洲球队有两支进入十六强，整体上强于非洲和美洲、大洋洲的球队。但巴西队是唯一一支进入八强的非欧洲球队，而且一路过关斩将，最终夺得世锦赛冠军。巴西队员身体各方面（爆发力、弹跳、灵敏性、协调性、柔韧性、身材）素质出众，甚至超过欧洲队员，个体技术（射门、突破、防守）超强，守门员更是出类拔萃，所有队员都在欧洲打球，主教练来自丹麦队。巴西队近年来的进步可以说是举世瞩目，主要就是在自身身体素质优势的基础上，充分融入欧洲联赛，让队员在欧洲顶级联赛中成长，再挑选一个好的欧洲教练执教。

### （二）强弱队特点鲜明

强队之间的比赛表现出的高强度、高速度、高技术、强个性对抗的特点。强队攻守强且平衡，适应和应变能力强。强队会重复那些打得成功的固定配合，配合被遏制时会根据情势随时调整，不会重复配合中的错误。进攻时球的传动和人的联动相互融合达到流畅，即使人被抑制，球也能积极传出。强队往往只要有机会就快攻，又不是一味快攻，只要拉开分差，快攻积极性往往下降。积极的阵地防守策略被广泛采用，特别是防守左内卫、右内卫往往找专人执行，特别凶悍，而对中卫的控制往往要通过协防。防守时往往张开双手，而且双手不断使用假动作，封挡能力强。防守控制进攻的空间和选择的目的非常明确。

弱队进攻不连贯，失误、进攻违例和犯规、"卡壳"多，进攻效率不高。弱队有时试图发动快攻追分，但快攻转化成射门效率低下，而被对方利用打反击，往往失去节奏，欲速而不达。弱队防守组织不够清晰、对抗

比较松散，不能形成整体，守门员弱。强弱队之间的比赛，实力差距越大，快攻越多。弱队之间的比赛，也可以打出很漂亮的快攻。实力差距决定了比赛精彩程度。

### （三）进攻阵型各队整体上差别不大

一般球队开始进攻都采用 3/3 阵型，进攻过程中会变换成 4/2 阵型（双底）。利用固定配合是大多数球队采用的进攻策略，很多配合很多球队都在使用，并没有绝密的配合。使用率高的配合包括：中卫与左内卫或右内卫交叉；左内卫和中卫无球交叉，左边锋持球；中卫与左内卫或右内卫无球交叉，球在右内卫或左内卫手上；中卫与底线交叉等。

### （四）防守和进攻一样充满对抗，防守的凶猛性往往更强

虽然整体进攻速度在加快，但强队之间比赛进球数有减少的趋势，说明防守对抗增强的趋势非常明显，以后进一个球可能越来越不容易。绝大多数欧洲强队阵地防守都是 6/0 阵型，中间 4 名球员，两边对位防边锋，防守往往不是死守一线，而是有伸缩；换防守阵型（5/1、4/2、3/2/1）并不多，往往发生在领先五六个球，盯防重点队员、追赶比分的情况下。亚洲的韩国队、日本队与欧洲强队对抗还是以 3/2/1 防守为主。

### （五）技术特性

队员的各项技术（射门、突破、传接球、无球穿插、封挡、躲闪、掩护、摆脱、扑救等）强弱队差别明显，弱队队员面对弱的防守也能发挥很好的技术，强队队员面对弱队强的防守也不能发挥很好的技术。所以，手球技术是个相对概念。各项技术的全面性、稳定性、应变性、效率性是衡量运动员技术水平高低的标准。随着世锦赛表现出来的攻防强度增加，在狭小空间和短暂的反应时间下各项技术执行的全面性、稳定性、应变性和效率是技术发展的基本趋势。技术不能再被认为是局部的、暂时的、偶然的、固定的，以及规范的。例如，传接球，各种传接球方式，为了达到攻防目的，在传球路线上通过拨球的小的"不规范"动作，迅速改变传球方向，在 2013 年世锦赛上，运用非常普遍。

### （六）运动员的个性

塞尔维亚队、丹麦队的队员平时看上去都很安静，但一到场上情绪激

昂、个性十足，而我们的队员场下个性有余，场上却显得安静柔和。

### （七）兴奋剂检测的力度在加大

2013年世锦赛期间中国队有4人（王书慧、于源源、王小华、侯一博）3次进行兴奋剂检测（中国队与日本队、中国队与刚果（金）队赛后尿检，一次清晨血检），世锦赛前有2人（李瑶、司艳）进行兴奋剂检测。

# 第七章

# 2014年仁川亚运会女子手球比赛调研

2014年仁川亚运会女子手球比赛,中国队共进行了五场比赛,对手分别是印度队、韩国队、泰国队、日本队、哈萨克斯坦队,中国女子手球队取得了2胜3负的战绩,最后获得第4名,未实现比赛夺牌的目标。但通过此次比赛锻炼了球队,了解了对手,为2015年奥运会资格赛备战积累了经验。

## 一、4支球队整体情况

中国队平均身高178.4cm,在所有参赛女队中最高,最高的沙正文190cm,最低的李瑶173cm。平均年龄23.6岁,比韩国队、日本队、哈萨克斯坦队都小,19岁的队员有李晓晴、张海侠、乔如,30岁及以上的2名:宫艳30岁,沈萍31岁。参加过2010年广州亚运会的队员4名:赵佳芹、沙正文、李瑶、许沫;参加过2013年世锦赛的9名:赵佳芹、沙正文、李瑶、武娜娜、陈倩、张海侠、杨娇、吴茵、侯一博。队员平均体重70.5kg,最重的86kg(沙正文、乔如),最轻的62kg(李瑶、王彬)。

韩国队平均年龄25.8岁,最小的JUNG Yura(底线)20岁,2名30岁以上的队员:最大的SONG Miyoung(守门员)39岁,右边锋WOO Sunhee 36岁(22号,韩国主力右边锋,左手,世界最强的右边锋之一,韩国队近10年来的标志性人物，参加了2004年雅典奥运会、2005年世锦赛、2006年多哈亚运会、2007年世锦赛、2009年世锦赛、2010年广州亚运会、2011年世锦赛、2012年伦敦奥运会）。参加过2010年广州亚运会的有4名队员：GWON Hanna、WOO Sunhee、JUNG Jihae、RYU Eunhee；参加过2012年伦敦奥运会的有8名队员：JUNG Jihae、WOO Sunhee、Kim Ona（前核心球员，现伤愈复出）、JUNG Yura、RYU Eunhee、SIM Haein、JO Hyobi、GWON Han Na；参加过2013年世锦赛的有13名队员：KIM Seon Hwa、CHOI Sumin、WON Seonpil、PARK Mira、YOO Hyunji、KIM Jinyi、JUNG Yu Ra、SONG Miyoung、RYU Eun Hee、JUNG Jihae、LEE Eun Bi、WOO Sun Hee、GWON Han Na。阵容以2013年世锦赛的人员为班底。全队平均身高172.4cm，最低的163cm，最高的181cm；平均体重60.9kg，最轻的51kg（守门员PARK Saeyoung），最重的80kg。主教练曾率队夺得北京奥运会季军。

日本队平均年龄26.4岁，最小的22岁，3名30岁以上队员，最大的HIDA Kimiko（守门员）37岁，另一名守门员FUJIMA Kaori 32岁，2名守门员都参加过2013年世锦赛，FUJIMA Kaori还参加过2010年广州亚运会，加上ISHITATE Mayuko、ARIHAMA Yuko共3名队员参加过2010年广州亚运会。参加过2013世锦赛的队员有8名，其中HIDA Kimiko、FUJIMA Kaori、SHIROISHI Sato为守门员，YOKOSHIMA Kaoru（9号）是2013年世锦赛主力底线，NISHIKIORI Arata、NAGATA Shiori是年轻底线。ARIHAMA Yuko（17号）是日本队近10年来的标志性人物之一，参加过2005年世锦赛、2007年世锦赛、2009年世锦赛、2010年广州亚运会、2011年世锦赛、2013年世锦赛。ISHITATE Mayuko（20号）为2013年世锦赛主力中卫。日本队最厉害的得分手FUJII Shio（10号）没来参加亚运会，很有可能是在伤病康复中，为奥运会资格赛养精蓄锐。全队平均身高166.6cm，最低的158cm，最高的178cm，平均体重61.8kg，是4支球队中身材最矮小的。主教练是2013年世锦赛带队的主教练，助理教练团队进行了更换。

哈萨克斯坦队平均年龄24.4岁，最大的是32岁的中卫和边锋（9号），19岁的队员2名。平均身高176.9cm，最高的为底线SUYAZOVA Yelena（190cm），最低的为左边锋KLIMENKO Yelena（160cm）。MUKANOVA Rizagul（3号，底线，26岁）、RODINA Anastassiya（守门员，23岁）、SUYAZOVA Yelena（11号，底线，25岁）参加过2009年世锦赛；PIKALOVA Marina（5号，右边锋，29岁）参加过2007年世锦赛、2008

年北京奥运会、2009 年世锦赛；PARFENOVA Tatiana（守门员，29 岁），参加过 2008 年北京奥运会。9 号、11 号、守门员 PARFENOVA Tatyana（12 号）、边锋 KLIMENKO Elena（4 号）参加过 2011 年世锦赛。

## 二、中国队技术统计

2014 年仁川亚运会中国队的技战术数据合计采用的是中国队与韩国队、日本队、哈萨克斯坦队的三场比赛数据。2006 年多哈亚运会的数据采用的是中国队与日本队、韩国队、哈萨克斯坦队的比赛数据。2010 年广州亚运会的数据采用的是中国队与朝鲜队、日本队、哈萨克斯坦队的比赛数据。

### （一）成绩比分分析

2014 年仁川亚运会女子手球比赛韩国队均以较大比分优势战胜日本队、哈萨克斯坦队和中国队获得冠军，仍旧是亚洲女子手球的霸主。日本队战胜了中国队、哈萨克斯坦队取得亚军，哈萨克斯坦队战胜了中国队获得第 3 名，而中国队以平均 24.3∶30 的比分败于韩国队、日本队和哈萨克斯坦队取得第 4 名，中国队比赛结果见表 4 - 107。与 2010 年广州亚运会以较大比分优势战胜日本队、哈萨克斯坦队取得冠军相比成绩下降（表 4 - 108），降回到 2006 年多哈亚运会的水平（表 4 - 109）。

表 4 - 107　2014 年仁川亚运会中国队比赛结果汇总

| 场次 | 时　间 | 地点 | 比赛对手 | 结　果 |
| --- | --- | --- | --- | --- |
| 1 | 2014 年 9 月 22 日 | Suwon 体育馆 | 印度队 | 39（20∶6）12 |
| 2 | 2014 年 9 月 24 日 | Suwon 体育馆 | 韩国队 | 22（10∶17）35 |
| 3 | 2014 年 9 月 25 日 | Suwon 体育馆 | 泰国队 | 38（21∶5）21 |
| 4 | 2014 年 9 月 24 日 | Seonhak 手球馆 | 日本队 | 25（10∶17）28 |
| 5 | 2014 年 9 月 24 日 | Seonhak 手球馆 | 哈萨克斯坦队 | 26（11∶14）27 |

表 4 - 108　2010 年广州亚运会中国队主要比赛比分

| 对　手 | 结　果 |
| --- | --- |
| 日本队 | 25（12∶6）19 |
| 哈萨克斯坦队 | 24（11∶10）18 |
| 日本队 | 31（14∶13）22 |

表 4-109  2006 年多哈亚运会中国队主要比赛比分

| 对　手 | 比　分 |
|---|---|
| 哈萨克斯坦队 | 25（9∶15）32 |
| 韩国队 | 32（14∶18）34 |
| 日本队 | 22（13∶16）25 |

## （二）射门成功率、场均得分特点分析

如表 4-110 所列，中国队与韩国人、日本人、哈萨克斯坦队比赛射门成功率都比对手低，平均为 53%（对手平均为 63%），其中底线射门成功率 52.8%、边锋射门成功率 42.1%、9m 外围射门成功率 27.3%、7m 罚球成功率 76.9%、快攻射门成功率 65.4%、突破射门成功率 67.7%，场均失误 16.3 次、2min 5 次。参考近几年中国队在大赛上的表现，边锋、9m、快攻和突破射门成功率都有一定程度下降（表 4-110、表 4-111、图 4-20）。如表 4-112 所列，近几年世界冠军队射门总成功率多在 60% 以上，边锋射门成功率一般达到 60% 以上，9m 射门成功率达到 40% 以上。

表 4-110  2014 年仁川亚运会中国队比赛技术统计（以官方数据为准）

| 项目<br>球队 | 射　门 | | | | | | 合计 | | 其他 | |
|---|---|---|---|---|---|---|---|---|---|---|
| | 底线 | 边锋 | 9m | 7m | 快攻 | 突破 | G/S | % | 失误 | 2min |
| 中国 | 6/10 | 2/3 | 4/19 | 5/5 | 3/5 | 2/2 | 22/44 | 50 | 17 | 7 |
| 韩国 | 5/8 | 5/8 | 2/4 | 8/9 | 8/14 | 7/9 | 35/52 | 67 | 12 | 4 |
| 中国 | 10/19 | 2/5 | 2/3 | 3/4 | 6/9 | 2/4 | 25/44 | 57 | 15 | 4 |
| 日本 | 12/23 | 1/1 | 1/1 | 6/7 | 3/5 | 5/5 | 28/42 | 67 | 17 | 3 |
| 中国 | 12/24 | 4/11 | — | 2/4 | 8/12 | — | 26/51 | 51 | 17 | 4 |
| 哈萨克斯坦 | 6/15 | 5/5 | 2/12 | 4/4 | 3/4 | 7/8 | 27/48 | 56 | 16 | 2 |
| 中国队<br>合计 | 28/53<br>(52.8%) | 8/19<br>(42.1%) | 6/22<br>(27.3%) | 10/13<br>(76.9%) | 17/26<br>(65.4%) | 4/6<br>(67.7%) | 73/139 | 53 | 16.3 | 5 |
| 得分比例 /% | 38.4 | 10.9 | 8.2 | 13.7 | 23.3 | 5.5 | — | | | |
| 中国 | 5/8 | 1/3 | 6/8 | 1/1 | 23/27 | 3/3 | 39/50 | 78 | 10 | 1 |
| 印度 | 3/4 | 1/9 | 2/16 | 2/6 | 1/1 | 3/3 | 12/39 | 31 | 30 | 3 |
| 中国 | 1/2 | 0/1 | 8/12 | 3/5 | 25/27 | 1/1 | 38/48 | 79 | 14 | 2 |
| 泰国 | 4/5 | 7/14 | 1/7 | 3/3 | 2/4 | 4/4 | 21/37 | 57 | 21 | 0 |

表 4-111 近年来世界大赛中国队射门成功率比较

| 项目<br>赛事 | 射门成功率/% | | | | | | |
|---|---|---|---|---|---|---|---|
| | 底线 | 边锋 | 9m | 7m | 快攻 | 突破 | 合计 |
| 2006 年亚运会 | 47 | 41 | 27 | 88 | 73 | 94 | 53 |
| 2007 年世锦赛 | 68 | 33 | 32 | 83 | 50 | 71 | 49 |
| 2008 年奥运会 | 68 | 50 | 27 | 76 | 56 | 56 | 47 |
| 2009 年世锦赛 | 56 | 41 | 37 | 81 | 70 | 63 | 52 |
| 2010 年亚运会 | 67.5 | 48.3 | 32.7 | 72.2 | 70 | 84.6 | 58.2 |
| 2011 年世锦赛 | 55.2 | 52.5 | 28 | 82.8 | 77.8 | 100 | 50 |
| 2013 年世锦赛 | 68.9 | 42.9 | 32.6 | 60.9 | 63.6 | 73.3 | 51 |
| 2014 年亚运会 | 52.8 | 42.1 | 27.3 | 76.9 | 65.4 | 67.7 | 53 |

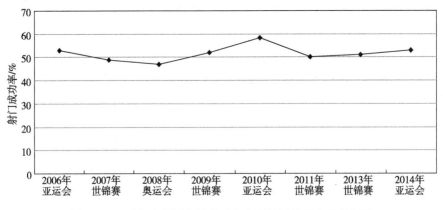

图 4-20 近年来中国女子手球队大赛射门总成功率变化图

表 4-112 世界冠军队射门成功率　　　　　　　单位: %

| 球队 | 总成功率 | 底线 | 边锋 | 9m | 7m | 快攻 | 突破 |
|---|---|---|---|---|---|---|---|
| 2011 年世锦赛冠军队 | 65 | 66 | 61 | 48 | 88 | 83 | 100 |
| 2008 年奥运会冠军队 | 61 | 73 | 60 | 43 | 77 | 70 | 77 |
| 2012 年奥运会冠军队 | 52 | 65 | 67 | 37 | 56 | 68 | 58 |

如表 4-113 所列，2014 年仁川亚运会中国女子手球队场均底线得 9.3 分、边锋得 2.7 分、9m 得 2 分、快攻得 5.7 分、突破得 1.3 分，与近年来中国队在世界大赛中得分相比，底线、快攻得分增多，但 9m 外围远射、

边锋和突破射门得分减少。

表4-113　近年来世界大赛中国队场均得分变化特点

| 赛事 | 合计 | 底线 | 边锋 | 9m | 快攻 | 突破 |
|---|---|---|---|---|---|---|
| 2006年亚运会 | 26.3 | 5 | 2.3 | 4.3 | 2.7 | 5 |
| 2007年世锦赛 | 22.0 | 5.5 | 2.3 | 6.8 | 2.5 | 3.8 |
| 2008年奥运会 | 23.5 | 4.1 | 2.4 | 5.8 | 3.5 | 3.4 |
| 2009年世锦赛 | 23.0 | 4.4 | 2.7 | 5.7 | 4.1 | 3.2 |
| 2010年亚运会 | 26.5 | 6.75 | 3.5 | 4 | 3.5 | 5.5 |
| 2013年世锦赛 | 22.9 | 4.4 | 3.9 | 8 | 3 | 1.6 |
| 2014年亚运会 | 24.3 | 9.3 | 2.7 | 2 | 5.7 | 1.3 |

## （三）得分比例分析

如表4-114所列，中国女子手球队在2014年仁川亚运会上得分比例最高的是底线和突破到底线处射门，达到38.4%；其次是快攻23.3%；再往下依次是7m罚球13.7%、边锋10.9%、9m 8.2%、突破5.5%。与近年来中国队在世界大赛中的射门得分相比，底线和快攻得分比例提高，而9m、边锋、突破得分比例下降。

表4-114　近年来中国队在世界大赛中射门得分比例变化　单位：%

| 赛事 | 底线 | 边锋 | 9m | 7m | 快攻 | 突破 |
|---|---|---|---|---|---|---|
| 2006年亚运会 | 19 | 8.7 | 16.3 | 26.6 | 10.3 | 19 |
| 2007年世锦赛 | 22 | 9 | 27 | 15 | 10 | 15 |
| 2008年奥运会 | 18 | 10 | 24 | 19 | 15 | 14 |
| 2009年世锦赛 | 19 | 12 | 25 | 12 | 18 | 14 |
| 2010年亚运会 | 25.5 | 13.2 | 15.1 | 12.2 | 13.2 | 20.8 |
| 2011年世锦赛 | 25 | 24.2 | 20.3 | 18.8 | 10.9 | 0.8 |
| 2013年世锦赛 | 19.3 | 16.9 | 35 | 8.7 | 13.2 | 6.9 |
| 2014年亚运会 | 38.4 | 10.9 | 8.2 | 13.7 | 23.3 | 5.5 |

## （四）守门员封挡成功率统计

如表4-115所列，2014年仁川亚运会中国队守门员在对韩国队、日本队、哈萨克斯坦队三场比赛中平均封挡率为23.7%，其中对底线封挡率为36%、对边锋封挡率21.4%、对9m外围封挡率为44.4%、对7m封挡率为10%、对快攻封挡率为22.2%、对突破封挡率为19%。与韩国队、日本队、哈萨克斯坦队三场比赛，中国队守门员封挡率都较对手守门员低10%以上（对手平均达到36%以上），在与泰国队比赛中封挡率为25%。如表4-116所列，与近几年中国队守门员在大赛中的封挡率相比，总封挡率下降，对边锋封挡率下降，而对远射、底线封挡率提高。近几年世界冠军队封挡率都超过36%，对外围封挡率超过50%，对边锋封挡率超过40%。如表4-117所列，三场比赛侯一博封挡率为25.4%，许沫封挡率为21.6%。

表4-115 2014年仁川亚运会守门员封挡统计

| 球队 | 平均封挡 | 底线 | 边锋 | 9m | 7m | 快攻 | 突破 |
| --- | --- | --- | --- | --- | --- | --- | --- |
| 中国 | 11/46 (24%) | 2/7 (28.6%) | 3/8 (37.5%) | 0/2 (0) | 1/9 (11.1%) | 3/11 (27.3%) | 2/9 (22.2%) |
| 韩国 | 14/36 (39%) | 3/9 (33%) | 1/3 (33%) | 9/13 (69.2%) | 0/5 (0) | 1/4 (25%) | 0/2 (0) |
| 中国 | 8/36 (22%) | 6/18 (33.3%) | 0/1 (0) | 0/1 (0) | 1/7 (14.3%) | 1/4 (25%) | 0/5 (0) |
| 日本 | 14/39 (36%) | 5/15 (33.3%) | 2/4 (50%) | 1/3 (33.3%) | 1/4 (25%) | 3/9 (33.3%) | 2/4 (50%) |
| 中国 | 9/36 (25%) | 5/11 (45%) | 0/5 (0) | 4/6 (66.7%) | 0/4 (0) | 0/3 (0) | 0/7 (0) |
| 哈萨克斯坦 | 17/43 (40%) | 7/19 (36.8%) | 5/9 (55.6%) | 4/9 (44.4%) | 2/4 (50%) | 3/11 (27.3%) | — |
| 中国队合计 | 28/118 (23.7%) | 13/36 (36%) | 3/14 (21.4%) | 4/9 (44.4%) | 2/20 (10%) | 4/18 (22.2%) | 4/21 (19%) |
| 中国 | 7/28 (25%) | 1/5 | 3/10 | 1/2 | 0/3 | 2/4 | 0/4 |
| 泰国 | 2/40 (5%) | 0/1 | — | 2/10 | 0/3 | 0/25 | 0/1 |
| 中国 | 9/21 (43%) | 1/4 | 5/6 | 1/3 | 2/4 | 0/1 | 0/3 |
| 印度 | 6/45 (13%) | 3/8 | 1/2 | 0/6 | 0/1 | 2/25 | 0/3 |

表 4-116  中国队守门员封挡率变化及与奥运会冠军队比较

单位：%

| 赛事及球队 | 平均封挡率 | 底线 | 边锋 | 9m | 7m | 快攻 | 突破 |
|---|---|---|---|---|---|---|---|
| 2006 年亚运会中国队 | 31.4 | 20 | 27 | 42 | 14.3 | 20 | 28.6 |
| 2007 年世锦赛中国队 | 30 | 23 | 22 | 43 | 20 | 25 | 29 |
| 2008 年奥运会中国队 | 27 | 24 | 37 | 36 | 5 | 19 | 17 |
| 2009 年世锦赛中国队 | 32 | 37 | 39 | 40 | 10 | 18 | 40 |
| 2010 年亚运会中国队 | 38.5 | 23.1 | 37.5 | 44.2 | 25 | 42.9 | 40 |
| 2011 年世锦赛中国队 | 24 | 18 | 33 | 37 | 13 | 14 | 0 |
| 2013 年世锦赛中国队 | 20 | 20 | 24 | 24 | 8 | 16 | 19 |
| 2014 年亚运会中国队 | 23.7 | 36 | 21.4 | 44.4 | 10 | 22.2 | 19 |
| 2008 年奥运会冠军队 | 42 | 35 | 58 | 54 | 18 | 24 | 0 |
| 2012 年奥运会冠军队 | 37 | 22 | 41 | 54 | 15 | 17 | 19 |

表 4-117  2014 年仁川亚运会主要比赛中国队守门员封挡率统计

| 对手 | 中国队守门员 | 平均封挡 | 底线 | 边锋 | 9m | 7m | 快攻 | 突破 |
|---|---|---|---|---|---|---|---|---|
| 韩国队 | 侯一博 | 4/24（17%） | 1/5 | 2/5 | 0/2 | 1/6 | 0/3 | 0/3 |
| 韩国队 | 许沫 | 7/22（32%） | 1/2 | 1/3 | — | 0/3 | 3/8 | 2/6 |
| 日本队 | 侯一博 | 6/22（27%） | 4/12 | 0/1 | 0/1 | 1/6 | 1/1 | 0/1 |
| 日本队 | 许沫 | 2/14（14%） | 2/6 | — | 0/1 | 0/1 | 0/3 | 0/4 |
| 哈萨克斯坦队 | 侯一博 | 7/21（33.3%） | 3/4 | 0/2 | 4/5 | 0/2 | 0/2 | 0/6 |
| 哈萨克斯坦队 | 许沫 | 2/15（13%） | 2/7 | 0/3 | 0/1 | 0/2 | 0/1 | 0/1 |
| 合计 | 侯一博 | 17/67（25.4%） | 8/21 | 2/8 | 4/8 | 2/14 | 1/6 | 0/10 |
| 合计 | 许沫 | 11/51（21.6%） | 5/15 | 1/6 | 0/1 | 0/6 | 3/12 | 2/11 |

## （五）防守成功率统计

如表 4-118、表 4-119、图 4-21 所示，2014 年仁川亚运会中国女子手球队对主要对手的防守成功率为45%，与近年来大赛相比有所下降。

表4-118 2014年仁川亚运会中国队主要比赛防守成功率

| 比赛时间 | 对　手 | 防守成功率/% |
|---|---|---|
| 2014年9月24日 | 韩国队 | 39.7 |
| 2014年9月28日 | 日本队 | 47.2 |
| 2014年10月1日 | 哈萨克斯坦队 | 48.1 |
| 平　　均 | | 45.0 |

表4-119 中国队防守成功率比较

| 赛　事 | 防守成功率/% |
|---|---|
| 2006年亚运会 | 55.7 |
| 2007年世锦赛 | 49.6 |
| 2008年奥运会 | 58.4 |
| 2009年世锦赛 | 62.1 |
| 2010年亚运会 | 67.8 |
| 2013年世锦赛 | 51.0 |
| 2014年亚运会 | 45.0 |

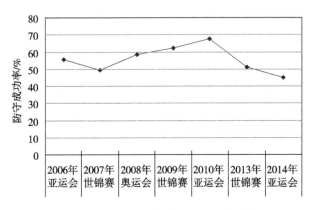

图4-21 中国队近年来防守成功率变化

## (六) 个人技术数据

2014年仁川亚运会中国队个人技术统计见表4-120。

得分排名：沈萍14、张海侠10、吴茵10、宫艳8、赵佳芹7、李瑶7、陈倩5、乔如4、王彬3、沙正文1、武娜娜1、杨娇1。一般来说场均得4分以上才能算得分点，从数据统计看只有沈萍为得分点。

上场时间排名（按时间长短）：赵佳芹、张海侠、沈萍、李瑶、乔如、吴茵、沙正文、许沫、侯一博、武娜娜、陈倩、宫艳、王彬、李晓晴、杨娇。

助攻排名：赵佳芹17、吴茵7、沈萍5、沙正文3、陈倩3。

封挡排名：沈萍2、沙正文1、乔如1、吴茵1。

射门成功率排名：陈倩83%、王彬60%、张海侠59%、沈萍54%、宫艳50%、李瑶50%、乔如50%、吴茵50%、赵佳芹44%。

失误排名：赵佳芹12、吴茵10、沈萍9、宫艳5、张海侠4、沙正文3、陈倩2、杨娇1、武娜娜1。

2min排名：乔如4、杨娇3、沈萍3、赵佳芹2、李晓晴1、宫艳1、武娜娜1。

表4-120　2014年仁川亚运会中国队个人技术统计表
（与韩国队、日本队、哈萨克斯坦队三场比赛汇总）

| 队员 | 底线 | 边锋 | 远射 | 7m | 快攻 | 突破 | 平均 | % | 助攻 | 抢断 | 封挡 | 2min | 失误 |
|---|---|---|---|---|---|---|---|---|---|---|---|---|---|
| 赵佳芹 | 4/10 | 1/1 | 0/3 | — | 1/1 | 1/1 | 7/16 | 44 | 17 | 1 | — | 2 | 12 |
| 陈倩 | 2/2 | 0/1 | — | — | 3/3 | — | 5/6 | 83 | 3 | — | — | — | 2 |
| 沈萍 | 6/12 | — | 3/9 | 4/4 | 1/1 | — | 14/26 | 54 | 5 | — | 2 | 3 | 9 |
| 杨娇 | 0/1 | — | — | 1/1 | — | — | 1/2 | 50 | — | — | — | 3 | 1 |
| 李瑶 | 3/5 | 1/3 | — | — | 3/6 | — | 7/14 | 50 | 2 | — | — | 1 | — |
| 沙正文 | 1/2 | — | — | — | 0/1 | — | 1/3 | 33 | 3 | — | 1 | — | 3 |
| 张海侠 | 2/2 | 5/11 | — | — | 3/4 | — | 10/17 | 59 | 2 | — | — | — | 4 |
| 武娜娜 | — | 0/1 | — | — | 1/3 | — | 1/4 | 25 | 2 | — | — | 1 | 1 |
| 吴茵 | 3/6 | — | 1/5 | 2/3 | 4/4 | 1/2 | 10/20 | 50 | 7 | — | 1 | — | 10 |
| 王彬 | — | 1/2 | — | — | 2/3 | — | 3/5 | 60 | — | — | — | — | — |
| 宫艳 | 4/7 | — | 2/4 | 3/5 | 0/2 | — | 9/18 | 50 | 1 | 1 | — | 1 | 5 |
| 乔如 | 3/6 | — | — | — | 1/2 | — | 4/8 | 50 | — | 1 | 1 | 4 | — |
| 李晓晴 | — | — | — | — | — | — | — | — | — | — | — | 1 | — |

## 三、2014 年仁川亚运会韩国队、日本队、哈萨克斯坦队特点

### （一）韩国队人员（教练、运动员）有所变化，但总体特点很稳定

1. 战术

（1）进攻。阵地技战术灵活，以外围突破带动连切射门或传切，小配合默契、进攻点多；快攻流畅高效，两边锋和底线超越下底很快，中路伺机跟进、接应、射门，层次分明，节奏清晰。

（2）防守。不同以往，现在防守多以 6/0 为主、3/2/1 为辅，移动对抗抢位能力强，防守技术和意识好；守门员一般。3/2/1 防守在关键时候可能还会采用。

2. 技术

脚下技术灵快，手上技术精巧，无球技术敏捷，位置突破和射门突出。

3. 其他

身材矮小，体能好，意识好，注意力集中，斗志旺盛。

4. 主要阵容

20 号、24 号、19 号均可打中卫，11 号（左手）打右内卫，17 号、14 号打左内卫，22 号打右边锋（2 号替补），21 号打左边锋（15 号替补）。重点队员：20 号、11 号、22 号、24 号。

### （二）日本队人员（教练、运动员）有所变化，但总体特点基本稳定

1. 战术

（1）进攻。阵地配合较多，配合默契，配合中的个人近身突破和切入攻击强，进攻点较多；快攻流畅高效，边锋和底线超越很快，中路伺机跟进、接应和射门。

（2）防守。以 3/2/1 扩大防守为主，移动对抗抢位能力较强，个人防守技术和意识较好；体格偏弱，但脚下技术灵快。

2. 技术

脚下技术灵快，手上技术较为精巧，无球技术较敏捷，位置突破和射门较突出。

3. 其他

身材矮小，体能好，意识好，注意力集中，斗志旺盛。

4. 主要阵容

10号没来，20号打中卫，17号打左内卫，15号打右内卫，9号打底线，29号（13号）打左边锋、3号打右边锋。重点队员：20号、17号、9号。

## （三）哈萨克斯坦队人员（教练、运动员）有变化，总体特点变化不大

1. 战术

（1）进攻。阵地战术以打外围远射及个人强力突破或双底和穿插双底为主；快攻近年来得到提高。

（2）防守。以5/1和扩大3/2/1为主，移动较慢；守门员高大。

2. 技术

脚下技术较慢的特点得到改进，外围远射技术较强，各位置均具备一定的突破能力。

3. 其他

身材高大，移动较慢，力量较强，耐力较差，斗志旺盛。

4. 主要阵容

（1）第一套进攻阵容（单底线结合外围攻击）：13号中卫（9号、17号替补）、15号左内卫（7号替补）、10号右内卫（17号、19号替补，19号左手）、9号左边锋（18号替补）、5号右边锋（4号替补，都是左手）、11号底线（3号替补）。

（2）第二套进攻阵容（双底加双外围攻击）：15号、13号外围（10号、19号、7号、17号、9号为替补），11号、3号双底，左边锋18号（9号替补），右边锋5号（4号替补）。

（3）重点队员：15号、13号（外围）、11号（底线）、5号（边锋）。

# 参 考 文 献

[1] 黄明心. 手球运动 [J]. 上海集邮, 2001 (11): 31-34.

[2] Rousanoglou E N, Noutsos K S, Bayios I A. Playing level and playing position differences of anthropometric and physical fitness characteristics in elite junior handball players [J]. J Sports Med Phys Fitness. 2014, 54 (5): 611-21.

[3] 白子平. 手球发展简史 [J]. 体育文化导刊, 1987 (02): 71-72.

[4] 李之文, 李长海. 我国手球运动技术水平初探 [J]. 体育科学, 1997, 17 (3): 41-46.

[5] Fleck S J, Smith S L, Craib M W. Upper extremity isokinetic torque and throwing velocity in team handball [J]. J. Appl. Sport Sci. Res, 1992 (6): 120-4.

[6] Bayios I A, Anastasopoulou E M, Sioudris DS. Relationship between isokinetic strength of the internal and external shoulder rotators and ball velocity in team handball [J]. J. Sports Med. Phys. Fitness, 2001 (41): 229-35.

[7] KEMPTON T, SIROTIC A C, CAMERON M, COUTTS A J. Match-related fatigue reduces physical and technical performance during elite rugby league match-play: a case study [J]. J Sports Sci, 2013, 31 (16): 1770-1780.

[8] R van den Tillaar and G Ettema, A three-dimensional analysis of overarm throwing in experienced handball players [J]. J Appl Biomech, February 1, 2007, 23 (1): 12-9.

[9] 王箴, 穆广才. 对我国优秀女子手球运动员神经类型的探讨 [J]. 中国体育科技, 1991 (11): 32, 41-43.

[10] MarijanaCavala and Ratko Katic. Morphological, Motor and Situation-Motor Characteristics of Elite Female Handball Players According to Playing Performance and Position [J]. Coll. Antropol. 2010, 34 (4): 1355-1361.

[11] V Srhoj, M Marinovic and N Rogulj. Position Specific Morphological Char-

acteristics of Top - Level Male Handball Players [J]. Coll. Antropol. 2002, 26 (1): 219 - 227.

[12] N Rogulj, V Srhoj, M Nazor, L Srhoj, and M Cavala. Some anthropologic characteristics of elite female handball players at different playing positions [J]. Coll Antropol, 2005, 29 (2): 705 - 9.

[13] N Rogulj, V Srhoj, and L Srhoj, The contribution of collective attack tactics in differentiating handball score efficiency [J]. Coll Antropol, 2004, 28 (2): 739 - 46.

[14] 高斌. 世界女子手球运动格局变化及发展特点分析 [J]. 中国体育科技, 2003, 39 (4): 54 - 56.

[15] 邱俊, 陈文鹤, 陈佩杰. 女子手球运动员无氧耐力的监控与评定 [J]. 2006, 42 (4): 50 - 52.

[16] VARLEY M, FAIRWEATHER I and AUGHEY R. Validity and reliability of GPS for measuring instantaneous velocity during acceleration, deceleration and constant motion [J]. Journal of Sports Sciences, 2012, 30 (2): 121 - 127.

[17] 钟璞, 冉锋. 足球、手球和篮球中体能特征的比较分析 [J]. 北京体育大学学报, 2004, 27 (6): 856 - 858.

[18] 丁轶建, 吴昊, 石延伟. 优秀女子赛艇运动员水陆最大功心率变化特点分析 [J]. 山东体育学院学报, 2010, 26 (2): 88 - 90.

[19] 丁轶建, 曾凡星, 彭希记. 男子公开级赛艇运动员机能变化规律的初步研究 [J]. 北京体育大学学报, 2005 (11).

[20] 丁轶建. 优秀多人艇赛艇运动员心率变化特点 [J]. 北京体育大学学报, 2007, 30 (12).

[21] 张冰雨, 王耀廷, 高斌. 中、韩、俄女子手球队攻防技术分析 [J]. 中国体育科技, 2002, 38 (10): 45, 46, 59.

[22] 王清明. 第 28 届奥运会中、丹、韩女子手球队攻防技术比较研究 [J]. 首都体育学院学报, 2007, 19 (2): 85 - 87.

[23] 王珽珽, 杜少武. 第 29 届奥运会女子手球队竞技表现特征分析 [J]. 西安体育学院学报, 2011, 28 (1): 118 - 124.

[24] 曹建民, 张爱芳, 徐晓阳, 冯美云, 张缨, 邱俊强, 付颖, 吕志华, 王耀庭, 张军. 女子手球比赛时生理、生化指标及运动负荷指标的研究 [J]. 北京体育大学学报, 2000, 23 (3): 332 - 334.

[25] Dufour A B, Rouard A, Pontier J, Maurin L. Profil morphologique des

handballeurs francais de haut niveau [J]. Science Montricite 1987 (2): 3 – 9. abstract.

[26] 崔银燕. 女子手球运动员专项身体素质的影响因素分析 [J]. 中国体育教练员, 2005 (1).

[27] 黄远翔, 刘志民, 张林. 我国手球运动训练存在的主要问题 [J]. 上海体育学院学报, 2004 (5) 28: 65 – 68, 75.

[28] 钟璞, 冉锋. 足球、手球和篮球中体能特征的比较分析 [J]. 地方体育大学学报, 2004 (6) 27: 856 – 858.

[29] Lidor R, Falk B, Arnon M, et al. Measurement of talent in team handball: the questionable use of motor and physical tests [J]. Strength Cond Res, May 1, 2005, 19 (2): 318 – 25.

[30] Rogulj N, Srhoj V, Nazor M, et al. Some anthropologic characteristics of elite female handball players at different playing positions [J]. Coll Antropol, December 1, 2005, 29 (2): 705 – 9.

[31] 杨士增, 王梅. 中国女子手球运动员形态特征与机能、素质的现状分析 [J]. 安徽体育科技, 19891: 46 – 52, 81.

[32] 王家正, 李镜绣. 青年男子手球运动员身体素质诸因素与比赛成绩相关性分析 [J]. 安徽体育科技, 1989 (4): 11 – 16.

[33] Rannou F, Prioux J, Zouhal H. Physiological profile of handball players [J]. J Sports Med Phys Fitness, 2001 (41): 349 – 353.

[34] 肖国强, 马冀平, 梁健. 手球运动员最大有氧能力、无氧阈及主观感觉的探讨 [J]. 成都体育学院学报, 1999, 25 (1): 82 – 86.

[35] 苏全生, 熊若虹, 何春江, 等. 我国优秀女子手球运动员有氧、无氧供能水平的研究, 1997, 23 (2): 87 – 89.

[36] 王箴, 穆广才. 对我国优秀女子手球运动员神经类型的探讨 [J]. 中国体育科技, 1991 (11): 32, 41 – 43.

[37] 杨继宏. 论青少年手球运动员的选材 [J]. 吉林体育学院学报, 2004, 20 (2): 68, 86.

[38] 邓沛玲, 凌赞孺, 夏蕙泉, 等. 对我国优秀手球运动员体型的探讨 [J]. 体育科学, 1990 (2): 48 – 53.

[39] Bayios I A, Bergeles N K, Apostolidis N G, et al, Anthropometric, body composition and somatotype differences of Greek elite female basketball, volleyball and handball players [J]. Sports Med. Phys. Fitness 2006 (46): 271 – 80.

[40] Granados C, Izquierdo M, Ibanez J, et al. Differences in physical fitness and throwing velocity among elite and amateur female handball players [J]. Int J Sports Med, October 1, 2007, 28 (10): 860 - 7.

[41] Gorostiaga E M, Granados C, Ibanez J, et al. Differences in physical fitness and throwing velocity among elite and amateur male handball players [J]. Int J Sports Med, 2005 (26): 225 - 32.

[42] Jansen R, Schmidtbleicher D, Cabri J. Cardiopulmonary responses during high intensity weight training in male handball players [J]. Sportverletz Sportschaden, March 1, 2007, 21 (1): 15 - 9.

[43] 郭希涛, 徐明, 杨肇云, 等. 女子手球运动员训练和比赛时某些生理生化指标的变化 [J]. 成都体育学院学报, 1997, 23 (4): 81 - 85.

[44] 徐明, 郭希涛, 肖娅娜. 男子手球运动员专项训练时的机能变化 [J]. 成都体育学院学报, 1999, 25 (2): 66 - 70.

[45] Ronglan L T. Neuromuscular fatigue and recovery in elite female handball players [J]. Scandinavian Journal of Medicine & Science in Sports, 2006, 16 (4): 267 - 7.

[46] 肖国强, 马冀平, 梁健, 等. 优秀手球运动员比赛前期高强度训练对有氧无氧能力的影响 [J]. 体育科学, 1999, 19 (2): 78 - 79.

[47] 刘浩, 刘春胜, 潘春光. 中国女子手球队备战第 28 届奥运会体能训练特点分析 [J]. 北京体育大学学报, 2006, (29) 8: 1131 - 1133.

[48] Gorostiaga E M, Granados C, Ibanez J, et al. Effects of an entire season on physical fitness changes in elite male handball players [J]. Med. Sci. Sports Exerc. 2006, 38 (2): 357 - 66.

[49] Granados C, Ibanez J, Izquierdo M, et al. Effects of an entire season on physical fitness in elite female handball players [J]. Med. Sci. Sports Exerc., 2008 (2): 351 - 361.

[50] Hechmi Toumi, Thomas M. best, Alain Martin. Muscle plasticity after weight and combined (weight + jump) training [J]. Med. Sci. Sports Exerc. 2004 (36): 1580 - 1588.

[51] 魏宏文, 高伟, 肖卓威, 等, 常压模拟高住低练对优秀男子手球运动员免疫机能的影响 [J]. 北京体育大学学报, 2006, 8 (8): 1057 - 1060.

[52] Goodman L R, Warren M P. The female athlete and menstrual function

[J]. Curr Opinobstet Gynecol. 2005（17）：466 – 70.

［53］ Redman L M, Loucks A B. Menstrual disorder in athletes［J］. Sports Med. 2005（35）：747 – 55.

［54］ Burrows M, Nevill A M, Bird S, et al. Physiological factors associated with low bone mineral density in female endurance runners［J］. Br J Sports Med 2003, 37（1）：67 – 71.

［55］ 郑陆. 不同强度运动对不同运动级别及不同项目女运动员性激素的影响及其特征［J］. 中国运动医学杂志, 1997, 16（3）：215 – 219.

［56］ Torstveit M K, Sundgot – Borgen J. The female athlete triad：are elite athletes at increased risk？［J］. Med. Sci. Sports Exerc 2005, 37（2）：184 – 193.

［57］ O'Donnell E, De Souza M J. The cardiovascular effects of chronic hypoestrogenism in amenorrhoeic athletes：a critical review［J］. Sports Med. 2004, 34（9）：601 – 627.

［58］ Hagmar M, Hirschberg A L, Berglund L, et al. Special attention to the weight – control strategies employed by Olympic athletes striving for leanness is required, abstract［J］. Clin J Sport Med, 2008, 18（1）：5 – 9.

［59］ Hoch A Z, Dempsey R L, Carrera G F, et al. Is there an association between athletic amenorrhea and endothelial cell dysfunction? Abstract［J］. Med. Sci. Sports Exerc 2003, 35（3）：377 – 83.

［60］ Leanne M Redman, Anne B Loucks. Menstrual Disorders in Athletes［J］. Sports Med, 2005, 35（9）：747 – 755.

［61］ 常波. 运动与下丘脑 – 垂体 – 性腺轴［J］. 沈阳体育学院学报, 2005, 24（6）.

［62］ 邹华, 彭芝兰. 对女性运动员月经紊乱认识的进展［J］. 中国组织工程研究与临床康复, 2007（30）.

［63］ 袁新荣, 陈旭, 袁莉, 等. 新兵训练对女性月经的影响［J］. 临床军医杂志, 2006, 34（6）：288 – 290.

［64］ Rickenlund A, Thoren M, Carlstrom K, et al. Diurnal profiles of testosterone and pituitary hormones suggest different mechanisms for menstrual disturbances in endurance athletes［J］. J Clin Endocrinol Metab, 2004; 89（2）：702 – 707.

［65］ Warren M P, Goodman L R. Exercise – induced endocrine pathologies

[J]. J Endocrinol Invest 2003, 26 (9): 873 - 878.

[66] 苑晓玲，王蕴红，邹延艾. 运动对大鼠下丘脑 GnRH 和 β - EP 含量的影响 [J]. 中国运动医学杂志，2000 (19) 3: 270 - 272.

[67] Hornum M, Cooper D, Brasel J A, et al. Exercise - induced changes in circulating growth factors wth cyclic variation in plasma estradiol in women [J]. J Appl Physiol 1997, 82 (6): 1946 - 1951.

[68] 顾卫琼，陈名道，唐金凤，等. 中国人血清瘦素水平与肥胖度的关系 [J]. 中华内分泌代谢杂志，2001，15 (1): 15 - 18.

[69] 周永列，刘建栋. 瘦素测定及临床意义的研究 [J]. 国外医学临床生物化学与检验学分册，2004 (3) 25: 155 - 156, 160.

[70] 彭慧霞，吴静，曲群，等. 正常月经周期中血清瘦素与雌激素的关系 [J]. 第四军医大学学报，2003 (10).

[71] Smith L L. Overtraining, excessive exercise, and altered immunity: is this a T helper - 1 versus T helper - 2 lymphocyte response ? [J]. Sports Med, 2003, 33 (5): 347 - 364.

[72] 许豪文. 运动性疲劳的研究进展——运动与免疫 [J]. 山西体育科技，1992 (3): 25 - 32.

[73] 余传霖，熊思东. 分子免疫学 [M]. 上海：复旦大学出版社，2001.

[74] Newman, Lee S. Immunotoxicology of Berylium lung disease, Enviromendal health and preventive, abstract [J]. Medicine, 2007, (12) 4: 161.

[75] 张宏杰，陈佩杰，段子才. 大学生篮球运动员集训期间部分淋巴细胞亚群和 Th1/Th2 细胞因子 mRNA 表达变化分析 [J]. 中国运动医学杂志，2007: 26 (4): 393 - 396.

[76] John O. Holloszy. A forty - year memoir of research on the regulation of glucose transport into muscle [J]. Am J Physiol Endocrinol Metab, 2003 (284): 453 - 467.

[77] Adam Steensberg, Anders Dyhr Toft, Helle Bruunsgaard, et al. Strenuous exercise decrease the percentage of type 1 T cell in the circulation [J]. J Appl Physiol, 2001 (91): 1708 - 1721.

[78] Peter H Connolly, Vincent J Caiozzo, Frank Zaldivar, et al. Effects of exercise on gene expression in human peripheral blood mononuclear cells [J]. J Appl Physiol, 2004 (97): 1461 - 1469.

[79] Chen P J, Li H W, Xu F P. Heavy load exercise induced dysfunction of

immunity and neuroendocrine responses in rats [J]. Life Sciences, 2003 (72): 2255 – 2262.

[80] Chen P J, Xu R B, Tao X M. Long – term endurance training induced changes in glucocorticoid receptors concentrations in rats and in man [J]. Journal of Sports Medcine and Physical Fitness, 2004 (44): 322 – 327.

[81] 范少光, 等. 神经内分泌系统与免疫系统之间的关系 [J]. 中国应用生理学杂志, 1992, 8 (3): 218 – 288a.

[82] 何伟, 黄朝晖. 急性运动对人体细胞免疫功能的影响 [J]. 中国体育科技, 2002, (38) 4: 34 – 36.

[83] 乔玉成. 健身运动对神经 – 内分泌 – 免疫网络的调整作用 [J]. 体育科学, 2003, (23) 5: 103 – 107.

[84] Matarese G. Leptin and the immune system: How nutritional status influences the immune response. abstract [J]. Eur Cytokine Netw, 2000, 11: 7 – 14.

[85] Lord G M, Matarese G, Howard J K, et al. Leptin modulates the T – cell immune response and reverses starvation – induced immunosuppression [J]. Nature, 1998 (394): 897 – 901.

[86] Astrid Junge, Gijs Langevoort, Andre Pipe. Injuries in team sport tournaments during the 2004 Olympic Games [J]. Am J Sports Med, 2006 (4): 565 – 75.

[87] Olsen O E, Myklebust G, Engebretsen L. Injury mechanisms for anterior cruciate ligament injuries in team handball: a systematic video analysis [J]. Am J Sports Med, 2004 (43): 257 – 60.

[88] Tonko Vlak, Dinko Pivalica. Handball: The beauty or the beast [J]. Croatian medical journal, 2004, 45 (5): 526 – 30.

[89] 张冰雨, 张云, 姜红, 等. 对我国优秀女子手球运动员运动创伤的调查研究 [J]. 北京体育大学学报, 2003, 26 (3): 204 – 205.

[90] J Bencke, H Nasborg, E B Simonsen, K Klausen. Motor pattern of the knee joint muscles during side – step cutting in European team handball influence on muscular co – ordination after an intervention study [J]. Scand J Med Sci Sports, 2000 (10): 68 – 77.

[91] 周春阳. 女子手球运动损伤特点及郑氏按摩手法的应用 [J]. 四川体育科学, 2004 (1): 24 – 25.

[92] 邱卓钢. 我国优秀体操和女子手球运动员某些运动损伤特征及其心

理应激研究 [J]. 体育科学, 2001, (21) 4: 69-74.

[93] 孙小华. 我国赛艇运动员的最大吸氧量值的测定 [J]. 体育科学, 1998, 18 (5): 68-69, 73.

[94] 冯连世, 冯美云, 冯炜权. 优秀运动员身体机能评定方法 [M]. 北京: 人民体育出版社, 2003.

[95] Mark Loftin, Peter Anderson, Lusy Lytton. Heart rate response during handball singles match – play and selected physical fitness components of experienced male handball players [J]. J Sports Med. Phys. Fitness, 1996 (36): 95-9.

[96] Luke A, Mank K C, Barkey N, et al. Simultaneous monitoring of heart rate and motion to assess energy expenditure [J]. Med. Sci. Sports Exerc., 1997 (29): 144-148.

[97] Juul Achten, Asker E. Jeukendrup, Heart Rate Monitoring [J]. Sports Med, 2003, 33 (7): 517-538.

[98] Matt Weston, Heart Rate Monitoring, http://www.thefa.com/TheFA/Refereeing/NewsAndFeatures/Postings/2004/07/Heart_Rate_Monitoring.htm.

[99] Gilman M B. (1996) The use of heart rate to monitor the intensity of endurance training [J]. Sports Medicine, 21 (2): 73-79.

[100] Marko Sibila, Dinko Vuleta, Primoz Pori. position – related differences in volume and intensity of large – scale cyclic movements of male players in handball [J]. Kinesiology, 2004, (36) 1: 58-68.

[101] 陈佩杰, 王茹, 董强刚. 生理状态下外周血白细胞 γ 干扰素、白细胞介素 2、白细胞介素 4 和白细胞介素 10 基因表达的荧光定量 PCR 检测 [J]. 体育科学, 2006, 26 (1): 74-76.

[102] 王人卫, 高勇, 陆爱云. 大强度运动训练对雌性大鼠性激素和骨密度的影响 [J]. 中国运动医学杂志, 2003, 22 (2): 121-125.

[103] Malecka T E, Zachurzok A, Wrzesniewski N, et al. Ovarian hyperandrogenism in adolescent girls with menstrual disorders [J]. Ginekol Pol, 2002, 73 (2): 93.

[104] Magnus Hagmar. Menstrual status and long – term cardiovascular effects of intense exercise in top elite athlete women, thesis from the Department of Wom ean and Child Health Division of Obstetrics and Gynecology, Karolinska Institutet, Stockholm, Sweden, 2008.

[105] Sparling P B, Snow T K, Rosskopf L B. Bone mineral density and body composition of the United States Olympic women's field hockey team [J]. Br J Sports Med, 1998 (32): 315 – 8.

[106] Frisch R E, Mcarthur J W. Menstrual cycles: fatness as a determinant of minimum weight for height necessary for their maintenance or onset [J]. abstract. Science, 1974 (185): 949 – 51.

[107] 江雷. 瘦素与运动 [J]. 科技信息, 2007 (25): 225 – 226.

[108] Pasco J A, Henry M J, Kotowicz M A, et al. Serum leptin levels are associated with bone mass in nonobese women [J]. J Clin Endocrinol Metab, 2001, 86 (5): 1884 – 1887.

[109] Hajime Watanobe, Leptin directly acts within the hypothalamus to stimulate gonadotropin – releasing hormone secretion in vivo in rats, Journal of Physiology (2002), 545.1, pp. 255 – 268.

[110] Miller K K, Grinspoon S, Gleysteen S, et al. Preservation of neuroendocrine control of reproductive function despite severe undernutrition [J]. J Clin Endocrinol Metab 2004; 89 (9): 4434 – 4438.

[111] 李之文. 中国女手参加世界锦标赛综述 [J]. 中国体育报, 2001 – 12 – 21 (2).

[112] Kawasaki, A. Mesaki N. Exercise – induced stress and menstrual dysfunction [J]. Japanese Journal of Clinical Sports Medicine, 2006, 14 (3): 399.

[113] MarxJ O. Ratamess N A, Nindl B C, et al. Low – volume versus high – volume circuit periodized resistance training in women [J]. Med Sci Sports Exerc, 2001, 33 (4): 635 – 643.

[114] 代毅, 梁眠, 柯遵渝, 等. 有氧健身操运动对中年女性激素水平影响的研究 [J]. 成都体育学院学报 1999, 25 (3): 71 – 74.

[115] Burrows M, Bird S R, Bishop N. The menstrual cycle and its effect on the immune status of female endurance runners [J]. Journal of Sports Sciences, 2002 (20): 339 – 344.

# 致　　谢

　　本人从 2006 年起一直从事竞技手球一线工作，为国家手球队服务是本人的荣幸。非常感谢我的合作伙伴徐希的不遗余力的帮助；非常感谢手、曲、棒、垒球运动管理中心和国家体育总局科教司对北京体育大学、南京理工大学和本人的信任；非常感谢手、曲、棒、垒球运动管理中心各位领导和工作人员对该科研工作的指导、支持和帮助；非常感谢中国女子手球队领导、教练、队员和工作人员对科研工作的指导和支持；非常感谢手、曲、棒、垒球运动管理中心奥保部、手球部的各位领导和工作人员对科研工作的支持和帮助；非常感谢北京体育大学、南京理工大学体育部的支持和帮助；非常感谢在科技实践中共事过的北京体育大学曾凡星教授、国家体育科学研究所张漓副研究员、北京体育科学研究所闫琪研究员、国家运动医学中心许宝华老师、首都体育学院高斌副教授等对本人和国家女子手球队科研工作的支持和帮助。